DIANLI QIYE
XINXI XITONG ANQUAN DENGJI BAOHU PEIXUN JIAOCAI

电力企业
信息系统安全等级保护
培训教材

山东省电力企业协会　组编
山东省网信信息安全与信息化技术中心　编著

中国电力出版社
CHINA ELECTRIC POWER PRESS

内 容 提 要

　　本书以电力行业信息安全等级保护制度为主线，以电力行业信息安全等级保护的各项工作为切入点，对信息安全等级保护制度、电力企业信息等级保护工作的实施、信息安全产品、事件的管理、信息系统安全管理体系的建设等方面进行了全面叙述和讲解。

　　本书在宣贯国家信息系统安全等级保护基本要求的基础上，结合了电力行业特点和《电力监控系统安全防护规定》要求，对相关规定、技术标准和安全防护措施予以了细化、补充和完善，使其更加符合行业实际，更有针对性和可操作性。

　　本书可作为电力企业信息安全等级保护的培训教材，也是电力企业实施网络与信息安全等级保护技术措施的一本具体参考资料，对电力企业了解掌握信息登记保护工作，做好电力企业信息安全等级保护和电力监控系统安全防护等工作将起到积极的推动作用。

图书在版编目（CIP）数据

电力企业信息系统安全等级保护培训教材／山东省电力
企业协会组编；山东省网信信息安全与信息化技术中心编
著．—北京：中国电力出版社，2015.3
ISBN 978-7-5123-7341-9

Ⅰ．①电…　Ⅱ．①山…　②山…　Ⅲ．①电力工业－工业
企业管理－管理信息系统－信息安全－山东省－技术培训－
教材　Ⅳ．①F426.61

中国版本图书馆 CIP 数据核字（2015）第 043181 号

中国电力出版社出版、发行
（北京市东城区北京站西街 19 号　100005　http://www.cepp.sgcc.com.cn）
航远印刷有限公司印刷
各地新华书店经售

*

2015 年 3 月第一版　2015 年 3 月北京第一次印刷
787 毫米×1092 毫米　16 开本　21.5 印张　551 千字
印数 0001—7000 册　定价 **70.00** 元

前　言

　　电力系统的信息安全是一项涉及电网调度自动化、继电保护及安全控制装置、厂站自动化、配电网自动化、电力市场交易、生产管理、电力营销、办公自动化系统等有关生产、经营和管理方面的多领域、复杂的大型系统工程。随着电力行业的不断发展和信息化水平的不断提高，信息安全问题已成为影响电力安全生产的重大问题。电力工业的特点决定了电力信息安全不仅具有一般计算机信息网络信息安全的特征，而且还具有电力实时运行控制系统信息安全的特征，任何一个安全漏洞，一旦遭受恶意破坏和攻击，都会造成严重后果，甚至威胁到整个系统的安全，导致电网瘫痪。2000 年以来，我国电力监控系统相继发生了"二滩电厂停机事件"、"时间逻辑炸弹事件"、"换流站感染病毒事件"等多起信息安全事件，造成事故或形成安全隐患，这些事例说明电力监控系统所面临的安全风险日益增大。如何确保电力系统不同企业之间及其内部在进行方便、高效信息交换和相互协作的同时，防止来自于内外域各种用户非法或无意的攻击、误操作，防止信息泄漏等，已成为电力安全工作中一项极为重要的任务。

　　为确保电力信息系统和基础信息网络安全，保障电力安全生产和系统稳定运行，2004 年以来，原国家电监会、国家能源局陆续发布了《电力二次系统安全防护规定》、《电力行业信息系统安全等级保护定级工作指导意见》、《电力行业网络与信息安全通报暂行办法》、《电力行业网络与信息安全应急预案》、《电力行业信息系统安全等级保护基本要求》、《电力行业网络与信息安全管理办法》等一系列规章、规定和文件，不断健全完善电力信息系统安全防护制度体系，引领电力行业信息安全等级保护、风险评估、信息通报、应急处置等工作逐渐走向规范化、法制化的道路。2014 年 9 月 1 日，国家发展改革委第 14 号令《电力监控系统安全防护规定》正式开始实施，对加强电力监控系统信息安全管理，防范黑客及恶意代码等对电力监控系统的攻击及侵害，保障电力系统安全稳定运行意义重大。

信息系统安全等级保护是在国家范围内推行的对于网络与信息安全的一项基本制度，电力监控系统安全防护主要针对与电力生产、供应密切相关的电力监控系统提出具体的安全防护措施。为切实做好电力行业信息安全等级保护相关规定的宣贯和培训工作，按照国家能源局山东监管办公室部署，山东省电力企业协会精心策划，邀请信息安全相关技术组织、技术人员编写了本教材。教材以电力行业信息安全等级保护制度为主线，以电力行业信息安全等级保护的各项工作为切入点，对信息安全等级保护制度、电力企业信息等级保护工作的实施、信息安全产品、事件的管理，信息系统安全管理体系的建设等方面进行了全面叙述和讲解。教材在宣贯国家信息系统安全等级保护基本要求的基础上，结合了电力行业特点和《电力监控系统安全防护规定》要求，对相关规定、技术标准和安全防护措施予以了细化、补充和完善，使其更加符合行业实际，更有针对性和可操作性。本教材除作为电力企业信息安全等级保护的培训教材之外，也是电力企业实施网络与信息安全等级保护技术措施的一本具体参考资料，对电力企业了解掌握信息登记保护工作，扎实做好电力企业信息安全等级保护和电力监控系统安全防护等工作将起到积极的推动作用。

教材在编写过程中得到了国家能源局山东监管办有关领导和同志们的指导帮助，在此一并表示衷心感谢。教材编写过程中参考了部分国家标准、有关书籍和资料，在此，谨向作者及编辑表示衷心的感谢。

由于编者水平有限，教材中还存在许多不足和纰漏，敬请读者批评指正，以便日臻完善，使之成为服务电力事业的一本好书。

编　者

2014 年 11 月 29 日

電力企業信息系統安全等级
保護培訓教材

目　录

信息安全等级保护制度简介

　　随着我国国民经济和社会信息化进程的全面加快，信息系统的基础性、全局性作用日益增强，信息资源已成为国家经济建设和社会发展的重要资源之一。保障信息安全、维护国家安全、公共利益和社会稳定，成为信息化发展中迫切要解决的重大问题。而我国的信息安全保障工作尚处于起步阶段，存在着信息安全滞后于信息化发展、信息安全缺乏统一的政策指导、信息系统安全建设和管理缺乏标准规范、信息安全防范能力不足等问题。为了从整体上解决我国信息安全存在的突出问题，党中央高度重视，各有关方面协调配合、共同努力，逐步建立了我国信息安全等级保护制度。信息安全等级保护是国家信息安全保障工作的基本制度，开展信息安全等级保护工作是实现国家对重要信息系统重点保护的重大措施，也是一项事关国家安全、社会稳定、公共利益的基础性工作。通过开展信息安全等级保护工作，可以有效解决我国信息安全面临的威胁和存在的主要问题，充分体现"适度安全、保护重点"的目的，将有限的财力、物力、人力投入到重要信息系统安全保护中，按标准建设安全保护措施，建立安全保护制度，落实安全责任，有效保护基础信息网络和关系国家安全、经济命脉、社会稳定的重要信息系统的安全，有效提高我国信息安全保障工作的整体水平。

第一节　开展信息安全等级保护工作的重要性和紧迫性

一、我国当前面临的信息安全形势

　　近年来，国际信息安全环境日趋复杂。西方各国不断加强网络战备，并通过安全壁垒打压我国高新技术企业。同时，我国基础网络、重要信息系统、工业控制系统的安全风险日益突出，网络犯罪和新兴技术的安全威胁持续加大。国内外因素交织，我国信息安全发展形势严峻而复杂。

　　1. 世界各国纷纷加强网络战备，网络空间剑拔弩张

　　当前，网络空间已经上升为与海、陆、空、太空并列的第五空间，世界各国都高度重视并加强网络战的攻防实力，发展各自的"网络威慑"能力。首先，世界各国都在加快组建网络部队，已经有美国、俄罗斯、以色列、伊朗、韩国等 40 多个国家成立了网络部队，并逐步扩大网络部队的规模。例如，美国网络部队总人数已经达到 7 万人以上；俄罗斯网络战部队规模达 7000人；以色列国防军网络部队"C4I"编制约 3000 人；韩国于 2011 年将网络司令部人员增加到 1000人，并将其提升为独立部队；日本防卫省于 2014 年 3 月成立了一支由 90 名自卫队队员组成，负责 24h 监视防卫省及自卫队的网络战部队；印度政府于 2012 年 10 月开始计划和私营部门联手实施培训 50 万"网络战士"。其次，世界各国不断增加网络武器、网络安全人才等方面的投入。例如，美国国防部 2012 年在网络安全和网络技术方面的预算达到 34 亿美元，主要用于新

一代网络武器研发方面；北约 C3 局（NC3A）于 2012 年 3 月份签署了合同价值约 5800 万欧元的网络防御投资计划；韩国于 2012 年投入 19 亿韩元启动"白色黑客"计划以培养网络安全人员。最后，各国不断加强网络演习，以提高网络对抗实战能力。欧盟网络与信息安全局（ENISA）发布的报告显示，近两年来网络演习的频率大幅提高。纵观当今各国在网络空间的战备竞赛，可以预见，未来的几年网络空间的局势将更加复杂，难免会出现局部网络冲突。

2. 西方启动贸易保护安全壁垒，相关企业将受重大冲击

随着中国经济的快速发展，西方各国频繁使用各种手段为中国企业设置贸易壁垒，如技术壁垒和绿色壁垒等，近来一些国家又启动了安全壁垒这种新的贸易保护主义工具。2012 年 3 月，澳大利亚政府以担心来自中国的网络攻击为由，禁止华为技术有限公司对数十亿澳元的全国宽带网设备项目进行投标。美国国会于 2012 年 10 月 8 日发布华为、中兴"可能对美国带来安全威胁"的调查结果报告，认为华为和中兴为中国情报部门提供了干预美国通信网络的机会，并建议相关美国公司尽量避免同华为和中兴合作。华为和中兴遭遇安全壁垒的根本原因在于他们国际竞争力的大幅提升，自身已经掌握该行业的核心技术和专利资源，技术壁垒等手段在他们身上已经无法产生效果。在美国调查报告发布之后，已经出现一些国家跟风的苗头，考虑到当前国际经济持续下行的趋势，2014 年后以国家安全为由的贸易保护主义行为将更加盛行，相关企业的国际化步伐将会长期受到影响，我国高新技术产业的全球布局也将面临新的阻力。

3. 关键信息基础设施安全状况堪忧，国家安全面临挑战

当前，我国基础网络、重要信息系统和工业控制系统等关键信息基础设施多使用国外的技术和产品。据统计，我国芯片、操作系统等软硬件产品，以及通用协议和标准 90%以上依赖进口，这些技术和产品的漏洞不可控，使得网络和系统更易受到攻击，同时也面临着敏感信息泄露、系统停运等重大安全事件的安全风险。以基础网络为例，由中国电信和中国联通运营的互联网骨干网络承担着中国互联网 80%以上的流量，然而这些骨干网络 70%～80%的网络设备都来自于思科，几乎所有的超级核心节点、国际交换节点、国际汇聚节点和互联互通节点都由思科掌握。与此同时，国际上针对关键信息基础设施的网络攻击持续增多，甚至出现了政府和恐怖分子支持的高级可持续性威胁 APT。APT 是针对特定组织的、复杂的、多方位的网络攻击，这类攻击目标性强，持续时间长，一旦攻击成功则可能导致基础网络、重要信息系统和工业控制系统等大面积瘫痪。我国关键信息基础设施核心技术受制于人的局面在短期内难以改变，这在未来几年中将成为我国国家安全的严峻挑战。

4. 新兴技术应用范围日益拓展，安全威胁将持续加大

随着移动互联网、下一代互联网和大数据等新兴技术的广泛应用，伴随这些技术而来的信息安全威胁将对我国信息安全带来新的挑战。在移动互联网领域，用户和应用的数量快速增长，相关数据显示，截止到 2014 年 6 月，中国移动互联网网民达到 6.86 亿，2014 年底全球互联网用户已有近 30 亿。与此同时，移动终端恶意软件数量暴增，据相关统计数据显示，2014 年一季度共监测到 Android 平台恶意、高危软件总数突破 200 万，隐私窃取类软件比例持续上升。手机病毒黑色产业链进一步强化，病毒攻击技术与攻击方式也得到广泛提升，针对网银、支付、汇款等敏感财产信息进行收集窃取等新的特征显露，安全威胁持续加大。在下一代互联网领域，IPv6 即将逐步取代 IPv4 成为支撑互联网运转的核心协议，但仍然存在一些难以解决的安全隐患，如难以应对拒绝服务攻击等，而且在从 IPv4 向 IPv6 进行迁移的过程中，还会出现一些新的安全风险。大数据分析技术的广泛应用将使我国一些关键数据面临安全威胁。2012 年 3 月，美国总统奥巴马宣布启动"大数据研究与开发计划"，旨在提高从庞大而复杂的科学数据中提取知识的能

力。我国目前有大量地理数据、经济运行数据被外企所掌握，如谷歌、沃尔玛等企业。大数据分析技术能够窃取这些数据中所隐含的一些关键信息，这将对我国国家安全产生重大的影响。随着这些新兴技术应用的日益深入，带来的安全风险将进一步加剧。

5. 网络犯罪技术方式不断革新，安全防范面临严峻挑战

随着网络技术的快速发展，网络犯罪的技术手段也不断革新，网络技术产品的功能越来越丰富，也带来了新的技术漏洞和安全隐患，这都增加了信息安全防范的压力。一方面，网络犯罪技术不断革新，呈现智能化趋势。2012 年 7 月，迈克菲和卫报研究人员发布的一份报告揭露，一种高度复杂的全球性金融服务欺诈活动在欧洲、南美和美国蔓延，该攻击基于成熟的 SpyEye 和 Zeus 恶意软件，犯罪分子增加了绕过物理身份验证、自动化数据库搜索等新特性，通过基于云服务器的自动化攻击手段在全球范围内进行诈骗，目前主要针对高额企业账户。另一方面，近场通信（NFC）和 WIFI 等技术手段成为网络犯罪分子关注的热点。在 Black Hat2012 大会上，研究人员展示了如何使用近场通信技术的漏洞入侵 Android 系统，并指出其他智能手机也存在类似的问题。研究人员于 2012 年 2 月确认公共场合的免费 WIFI 存在泄露用户隐私的安全隐患。在 Defense2012 大会上，一些黑客展示了针对 WIFI 的 MS-CHAPv2 身份验证协议的攻击手段。

6. 网络安全损失日趋严重，影响程度将进一步加剧

当前，因网络安全问题产生的经济损失大幅提高，造成的危害也明显增大。2012 年诺顿网络安全报告显示，在过去的一年中，网络犯罪致使全球个人用户蒙受的直接损失高达 1100 亿美元，每秒就有 18 位网民遭受网络犯罪的侵害，平均每位受害者蒙受的直接经济损失总额为 197 美元。对于中国而言，则有 84%的中国网民曾遭受过网络犯罪侵害，估计有超过 2.57 亿人成为网络犯罪受害者，所蒙受的直接经济损失达人民币 2890 亿元。惠普研究部门发现，典型的美国公司 2012 年因为网络犯罪而发生的成本为 890 万美元，较 2011 年增长 6%，较 2010 年增长 38%。从目前的发展趋势来看，网络犯罪等安全问题的影响范围和影响程度将进一步加大。

信息安全新形势要求我国必须加强信息安全保障工作，尤其是要确保关键基础设施的安全。

二、我国互联网近年信息安全事件回顾

中国互联网网络安全报告显示，去年国家互联网应急中心（CNCERT）共接收境内网络安全事件报告 30684 起，较 2012 年增长 71.2%。从数据不难看出，随着互联网的飞速发展，我国网络信息安全正面临严峻的挑战。以下是我国近年来关注度较高的网络信息安全事件：

2014 年 8 月 2 日，名为"××神器"的手机病毒开始通过网络大面积传播。电信运营商及时发现并采取应急措施，阻拦威胁短信千万余条，尽管如此，仍有上百万部手机在半天内受到感染。病毒会向受感染用户手机的通讯录自动群发短信，诱骗其他用户点击，该病毒会将短信记录转发至某固定手机号码，获取个人隐私和网银短信验证码等，受害用户个人信息安全受到极大威胁。

2014 年 1 月 21 日，国际互联网节点出现故障致使我国 2/3 的 DNS 服务器瘫痪，所有通用顶级域根出现异常，导致大量网站域名解析不正常，国内网络大面积瘫痪。包括百度在内的多家知名网站都未能幸免。

2013 年 8 月 25 日 00:06 起，中国互联网络信息中心管理运行的国家.CN 顶级域名服务器遭受大规模拒绝服务攻击，严重影响用户正常访问 CN 网站。调查发现，此次攻击系黑客利用僵尸网络向 CN 顶级域名系统持续发起大量查询请求，造成 CN 系统的互联网出口带宽

严重拥塞。

2012 年 11 月，包括 EMS 在内 10 余家主流快递企业的快递单号信息被大面积泄露，并衍生出多个专门从事快递单号信息交易的网站。在"淘单 114"和"单号吧"两家网站上，展示快递单号的信息均被明码标价，售价从 0.4～2 元不等。

2012 年 2 月 9 日，国内主流电商淘宝网、当当网、1 号店等 B2C 网站用户个人信息泄露。同年 7 月，京东商城、当当网、1 号店等多家电商网站再次"集体"被曝账户信息泄露。

此外，2011 年底，CSDN 中文 IT 社区、天涯等众多互联网公司的账户密码信息被公开下载。国家互联网应急中心通过公开渠道获得疑似泄露的数据库有 26 个，涉及账号、密码 2.78 亿条，这些信息均为黑客攻击商业网站后窃取并泄露。2014 年 4 月 8 日，微软公司在向 2 亿多用户发布通牒 100 天后，停止了对 Windows XP 系统提供技术支持。微软表示，Windows XP 的运行环境存在很大的漏洞，微软发布的补丁不能有效抑制病毒的攻击，因此不断在其官网上告知用户可能承受一些风险。2 亿多 Windows XP 用户在失去了保护伞后，陷入"裸奔"状态，电脑安全隐患增加。工业和信息化部总工程师张峰表示，Windows XP 停止服务直接关系到广大用户的信息安全和利益，XP 用户将面临安全威胁。中国工程院院士倪光南也表示，Windows XP 停止服务是一个"重大的信息安全事件"。就在 Windows XP 系统停止服务的当天，全球互联网通行的安全协议 OpenSSL 曝出本年度最严重的漏洞。据悉，利用该漏洞，黑客坐在自家的电脑前，就可以实时获取到很多 https 开头网址的用户登录账号密码。

三、我国信息安全等级保护制度发展历程

美国国防部早在 20 世纪 80 年代就针对国防部门的计算机安全保密开展了一系列有影响的工作，并于 1987 年出版了一系列有关可信计算机数据库、可信计算机网络的指南等（又称彩虹系列），根据所采用的安全策略、系统所具备的安全功能将系统分为四类七个安全级别，将计算机系统的可信程度划分为 D、C1、C2、B1、B2、B3 和 A1 七个层次。20 世纪 90 年代，西欧四国（英、法、荷、德）联合提出了信息技术安全评估标准（ITSEC），ITSEC（又称欧洲白皮书）除了吸收 TCSEC（美国可信计算机系统评价标准）的成功经验外，首次提出了信息安全的保密性、完整性、可用性的概念，把可信计算机的概念提高到可信信息技术的高度上来认识。1991 年 1 月，美国联合其他国家共同宣布了制定通用安全评估准则（CC）的计划。1996 年 1 月出版了 1.0 版，它的基础是欧洲的 ITSEC、美国的包括 TCSEC 在内的新的联邦评估标准、加拿大的 CTCPEC，以及国际标准化组织 ISO：SC27WG3 的安全评估标准。CC 标准吸收了各先进国家对现代信息系统信息安全的经验与知识，对信息安全的研究与应用带来重大影响。

我国于 20 世纪 80 年代末开始研究信息系统安全防护问题，1994 年国务院颁布《中华人民共和国计算机信息系统安全保护条例》，规定计算机信息系统实行安全等级保护。这一重大决定，明确了关于实行信息安全等级保护制度的有关规定，提出从整体上、根本上解决国家信息安全问题的办法。

1999 年，国家标准 GB 17859—1999《计算机信息系统安全保护等级划分准则》颁布，提出从整体上、根本上、基础上来解决等级保护问题，对计算机信息系统安全保护能力划分为五个等级，即用户自主保护级、系统审计保护级、安全标记保护级、结构化保护级和访问验证保护级，计算机信息系统安全保护能力随着等级的增高逐渐增强。

1999 年底，公安部与信息产业部、国家安全部、国家保密局、国家密码管理委员会等相关部门起草了《计算机信息系统安全保护等级制度建设纲要》，初步确立了安全保护等级制度的主

4

要适用范围、建设目标、建设原则、建设任务、实施步骤及措施等主要问题。

2000 年 11 月 10 日，国家发展计划委员会正式向公安部印发批复，同意将计算机信息系统安全保护等级评估认证体系建设项目列入 2000 年国家高技术产业发展项目计划。建设内容包括在北京和上海分别建立信息产品安全保护等级检测中心和计算机信息系统安全保护等级评估中心等。目标是初步建立我国计算机信息系统安全等级保护监督管理系统，为实施《计算机信息系统安全保护等级划分准则》提供基本条件。

2003 年，中共中央办公厅、国务院办公厅转发了《国务院信息化领导小组关于加强信息安全保障的意见》（中办发（2003）27 号），再次强调对信息安全进行等级保护，提出"要重点保护基础信息网络和关系国家安全、经济命脉、社会稳定等方面的重要信息系统，抓紧建立信息安全等级保护制度，制定信息安全等级保护的管理办法和技术指南"。

2004 年公安部联合国家保密局、国家密码管理局、国家保密委员会和国务院信息化工作办公室发布《关于信息安全等级保护工作的实施意见》（公通字（2004）66 号），对信息安全等级保护的基本制度框架进行了规划。

2005 年底，公安部和国务院信息化工作办公室联合印发了《关于开展信息系统安全等级保护基础调查工作的通知》（公信安（2005）1431 号）。2006 年上半年，公安部会同国信办在全国范围内开展了信息系统安全等级保护基础调查。通过基础调查，基本摸清和掌握了全国信息系统特别是重要信息系统的基本情况，为制定信息安全等级保护政策奠定了坚实的基础。

2006 年 6 月，公安部、国家保密局、国家密码管理局、国务院信息化工作办公室联合下发了《关于开展信息安全等级保护试点工作的通知》（公信安（2006）573 号）。在 13 个省区市和 3 个部委联合开展了信息安全等级保护试点工作。通过试点，完善了开展等级保护工作的模式和思路，检验和完善了开展等级保护工作的方法、思路、规范标准，探索了开展等级保护工作领导、组织、协调的模式和办法，为全面开展等级保护工作奠定了坚实的基础。

2007 年 6 月，公安部、国家保密局、国家密码管理局和国务院信息化工作办公室联合下发了《信息安全等级保护管理办法》（公通字（2007）43 号），对信息安全等级的划分与保护、等级保护的实施与管理、法律责任等进行了规定；7 月，又下发了《关于开展全国重要信息系统安全等级保护定级工作的通知》（公信安（2007）861 号），对重要信息系统安全等级保护定级工作提出要求，并召开了"全国重要信息系统定级电视电话会议"，部署在全国范围内开展重要信息系统安全等级保护定级工作。之后，公安部制定的四个标准《信息系统安全等级保护定级指南》、《信息系统安全等级保护基本要求》、《信息系统安全等级保护实施指南》、《信息系统安全等级保护测评要求》报批稿开始在试点工作中使用。

2007 年 10 月，公安部发布《信息安全等级保护备案实施细则》，规范了备案受理、审核和管理等工作。

2009 年 10 月，公安部出台了《关于开展信息安全等级保护建设整改工作的指导意见》（公信安〔2009〕1429 号），并对中央和国家机关九十多个部委和直属机构等进行了等级保护建设整改工作培训。同年，公安部下发了《信息系统安全等级保护测评报告模板（试行）》。

2010 年 4 月，公安部出台了《关于推动信息安全等级保护测评体系建设和开展等级测评工作的通知》（公信安（2010）303 号），对等级测评体系建设和信息系统的等级测评和建设整改工作提出了时间要求。

2010 年 12 月，公安部和国务院国有资产监督管理委员会联合出台了《关于进一步推进中央企业信息安全等级保护工作的通知》（公通字（2010）70 号），要求中央企业贯彻落实信息安全等级保护制度。

四、电力行业开展信息安全等级保护工作的重要性和紧迫性

电力是关系国计民生的重要基础产业，也是千家万户的公共事业。电力的安全可靠供应事关经济发展、人民生活和社会稳定，保障电力系统安全是国家安全的重要组成部分。现代电力工业具有高度网络化、系统化、自动化的特征，以网络、数据库及计算机自动控制技术为代表的信息处理技术已成为支撑电力生产控制和生产经营管理不可或缺的基础要素，保障电力网络与信息系统安全已经成为电力系统安全稳定运行的重要前提。

同时，世界各国尤其是大国之间，在网络空间的控制与反控制、渗透与反渗透的斗争更加激烈，维护网络空间安全、保障国家重要基础设施安全已经成为国家战略的制高点。近年来发生的"震网"和"棱镜门"事件表明，某些西方大国为维持其全球霸权，一直在利用信息技术的原发优势，不断加强对其他国家网络空间的渗透、控制和破坏，对这些国家的政治、经济和军事安全构成了严重威胁。我国在网络空间方面，由于核心技术尚未完全掌握、关键设备大多从国外进口、国产水平较低、信息安全基础薄弱，维护网络空间安全，保障电力等国家关键基础设施和信息系统的安全，实现信息安全"能控、在控、可控"的任务非常艰巨。

我国电力系统的信息化从 20 世纪 60 年代就已经开始起步，早期主要集中在发电厂和变电站自动监测、控制等电力生产过程自动化，20 世纪 80～90 年代开始进入电力系统专项业务应用，涉及电网调度自动化、电力负荷控制、计算机辅助设计、计算机仿真系统等的使用。20 世纪末，电力信息技术进一步发展到综合应用，各级电力企业开始建立治理信息系统，实现治理信息化，电力信息化逐渐从生产操作层走向治理层，并向更深层次拓展。

相对于传统行业，我国电力行业的信息化建设发展较早，已经有了一定的规模。到目前为止，电力企业的网络普遍建立，电力专用通信网已日趋完善，形成了微波、卫星、光纤、无线移动通信等多种类通信手段，通信范围覆盖全国。在此基础上，基本建成从国家电网公司→区域电网中心→省电力公司→地市电力公司→变电所（局）的四级计算机网络和电力生产调度网络，成为生产控制、电力调度以及信息传输和交换的重要基础设施。

随着电力市场化以及电网建设的进一步发展，传统的电力系统业务正在发生变化，这主要体现在电力交易系统、电能量计量系统的建设；会议电视、变电站视频监控（无人值守）、输变电线路监控及电厂视频监控等视频业务的出现；传统单一主机的调度自动化体系架构向客户机/服务器体系架构的转变；监视全网运行状况，提供故障记录和分析的故障录波系统的建设；雷电定位系统、气象信息系统的建设；多媒体业务的出现等。因此，基于 Internet/Intranet 的体现信息化综合业务应用的治理信息系统将成为电力企业信息化的发展重点。

电力工业的特点决定了电力信息安全不仅具有一般计算机信息网络信息安全的特征，还具有电力实时运行控制系统信息安全的特征。电力系统的信息安全是一项涉及电网调度自动化、继电保护及安全控制装置、厂站自动化、配电网自动化、电力市场交易、生产管理、电力营销、办公自动化系统等有关生产、经营和管理方面的多领域、复杂的大型系统工程。其中，电网调度自动化、继电保护及安全控制装置、厂站自动化、配电网自动化、电力市场交易等系统属于监控系统，生产管理、电力营销、办公自动化等系统属于管理信息系统。监控系统主要负责电力系统的生产控制业务，它又分为实时生产系统和准实生产系统；管理信息系统主要负责电力系统的信息化管理。监控系统的安全等级高于管理信息系统，实时生产系统的安全等级最高。系统的安全等级不同，安全防护措施也不一样，实时生产系统是电力系统安全防护的重点和核

心。首先，监控系统和管理信息系统之间应采用电力专用安全隔离装置进行物理隔离，然后，实时生产系统和准实时生产系统之间用硬件防火墙进行逻辑隔离。若不分系统类型，都采用最高安全强度的产品进行防护，则有可能降低系统的进行性能并提高运行成本。因此，在电力系统中，实行信息安全等级防护是非常必要的和紧迫的。

五、电力行业信息安全等级保护工作开展情况

现代电力生产具有高度信息化、网络化的特征，信息技术应用广泛，信息安全问题也及时得到了密切关注的关注。

2005 年原电监会印发《电力二次系统安全防护规定》，规范了电力二次系统安全防护工作。

2006 年，原国家网络与信息安全协调领导小组授权原国家电力监管委员会负责电力行业网络与信息安全监督管理工作。原国家电力监管委员会按照要求，整合力量，成立了电力行业网络与信息安全领导小组，领导小组下设办公室，设在原电监会信息中心（现国家能源局信息中心）。

2007 年，原电监会信息中心对于行业网络与信息安全监管工作进行了深入研究，并根据"统一领导、分级负责、统筹规划、突出重点、整合资源、形成合力，以我为主、兼收并蓄"的原则，对电力行业网络与信息安全监督管理规章制度体系进行了规划和设计，陆续印发了《电力行业网络与信息安全监督管理暂行规定》、《电力行业信息系统安全等级保护定级工作指导意见》、《电力行业网络与信息安全通报暂行办法》、《电力行业网络与信息安全应急预案》、《电力行业信息系统安全等级保护基本要求》等系列文件，使等级保护、风险评估、信息通报、应急处置等工作走向了规范化、法制化的道路，实现了依法监管。同年，电力行业开展了第一次全面定级工作。

2009 年，公安部组织信息安全等级保护测评机构体系建设试点工作，原电监会信息中心被确定为行业试点单位，并在 2010 年通过了测评机构能力认证。

2011 年，原电监会按照国家信息安全等级保护工作的总体部署，编制了《电力行业信息系统安全等级基本要求》，对电力系统不同安全保护等级的管理和技术要求，进行了控制和规范。同年，原电监会印发了《关于组织开展电力行业重要管理信息系统安全等级保护测评试点工作的通知》，启动了管理类信息系统等级测评试点工作，重点测评电力市场交易系统、ERP 系统、财务管理系统、营销管理系统、对外门户网站等。国家电网公司、中国南方电网有限责任公司、中国华能集团公司、中国大唐集团公司、中国华电集团公司、中国国电集团公司、中国电力投资集团公司、中国广核集团有限公司 8 家企业参与了试点工作。截止 2011 年底，基本完成了 8 家重点电力企业集团本部及下属省级单位重要管理信息系统的测评工作。

2012 年，原电监会印发了《关于组织开展电力二次系统安全防护评估试点工作的通知》，启动了生产控制类信息系统等级测评工作，重点测评调度自动化系统、新一代智能电网调度技术支持系统及华北区域担任重要发电或供电业务的三、四级信息系统。

2014 年 7 月 2 日，国家能源局以国能安全〔2014〕317 号印发《电力行业网络与信息安全管理办法》，进一步明确了监督管理职责、电力企业职责、监督检查流程。同时，2007 年 12 月 4 日国家电力监管委员会发布的《电力行业网络与信息安全监督管理暂行规定》（电监信息〔2007〕50 号）予以废止。

2014 年 8 月 1 日，国家发改委印发《电力监控系统安全防护规定》，明确了电力行业网络与信息安全工作坚持"积极防御、综合防范"的方针，遵循"统一领导、分级负责，统筹规划、

突出重点"的原则；国家能源局派出机构根据国家能源局的授权，负责具体实施本辖区电力企业网络与信息安全监督管理；电力企业主要负责人是本单位网络与信息安全的第一责任人，电力企业应当按照电力监控系统安全防护规定及国家信息安全等级保护制度的要求，对本单位的网络与信息系统进行安全保护；电力企业应当选用符合国家有关规定、满足网络与信息安全要求的信息技术产品和服务，开展信息系统安全建设或改建工作；电力企业应当按照国家有关规定，建立健全容灾备份制度，对关键系统和核心数据进行有效备份。

2014年9月10日，国家能源局在浙江杭州召开电力企业网络与信息安全专项监管启动会议。指出本次专项监管的工作任务是贯彻落实中央网信办近期工作部署、加强电力行业网络与信息安全监管、落实电力企业网络与信息安全主体责任及探索建立能源行业网络与信息安全监管工作机制，同时对本次专项监管的工作内容、监管事项、工作要求、组织机构等进行了说明。会议强调，要深入贯彻落实近期颁布实施的《电力监控系统安全防护规定》（国家发展改革委令2014年第14号）和《电力行业网络与信息安全管理办法》，完善和健全安全防护体系，确保重要信息系统和基础信息网络安全，保障电力安全生产，促进能源事业健康有序发展。

第二节　信息安全等级保护基本概念

信息安全等级保护是指对国家秘密信息、法人和其他组织及公民的专有信息以及公开信息和存储、传输、处理这些信息的信息系统分等级实行安全保护，对信息系统中使用的信息安全产品实行按等级管理，对信息系统中发生的信息安全事件分等级响应、处置。

一、信息安全等级保护基本内容

信息安全等级保护的三大核心内容是对信息系统分等级实行安全保护、按标准进行建设、管理和监督；对信息系统中使用的信息安全产品实行按等级管理；对信息系统中发生的信息安全事件分等级响应、处置。

信息系统是等级保护的对象，信息系统的含义是指由计算机及其相关和配套的设备、设施构成的，按照一定的应用目标和规则对信息进行储存、传输、处理的系统或者是网络；信息是指在信息系统中存储、传输、处理的数字化信息。

《信息安全等级保护管理办法》第六条、第七条规定，信息系统的安全保护等级应当根据信息系统在国家安全、经济建设、社会生活中的重要程度，遭到破坏后对国家安全、社会秩序、公共利益以及公民、法人和其他组织的合法权益的危害程度等因素确定。

1. 信息系统的安全保护等级分为以下五级

《信息安全等级保护管理办法》第七条将不同信息系统划分为五个等级。

第一级，信息系统受到破坏后，会对公民、法人和其他组织的合法权益造成损害，但不损害国家安全、社会秩序和公共利益。

第二级，信息系统受到破坏后，会对公民、法人和其他组织的合法权益产生严重损害，或者对社会秩序和公共利益造成损害，但不损害国家安全。

第三级，信息系统受到破坏后，会对社会秩序和公共利益造成严重损害，或者对国家安全造成损害。

第四级，信息系统受到破坏后，会对社会秩序和公共利益造成特别严重损害，或者对国家安全造成严重损害。

第五级，信息系统受到破坏后，会对国家安全造成特别严重损害。

2．不同等级信息系统的安全防护能力要求

《信息系统安全等级防护基本要求》对不同级别信息系统安全防护能力提出了明确要求。

第一级安全保护能力：应能够防护系统免受来自个人的、拥有很少资源的威胁源发起的恶意攻击、一般的自然灾难，以及其他相当危害程度的威胁所造成的关键资源损害，在系统遭到损害后，能够恢复部分功能。

第二级安全保护能力：应能够防护系统免受来自外部小型组织的、拥有少量资源的威胁源发起的恶意攻击、一般的自然灾难，以及其他相当危害程度的威胁所造成的重要资源损害，能够发现重要的安全漏洞和安全事件，在系统遭到损害后，能够在一段时间内恢复部分功能。

第三级安全保护能力：应能够在统一安全策略下防护系统免受来自外部有组织的团体、拥有较为丰富资源的威胁源发起的恶意攻击、较为严重的自然灾难，以及其他相当危害程度的威胁所造成的主要资源损害，能够发现安全漏洞和安全事件，在系统遭到损害后，能够较快恢复绝大部分功能。

第四级安全保护能力：应能够在统一安全策略下防护系统免受来自国家级别的、敌对组织的、拥有丰富资源的威胁源发起的恶意攻击、严重的自然灾难，以及其他相当危害程度的威胁所造成的资源损害能够发现安全漏洞和安全事件，在系统遭到损害后，能够迅速恢复所有功能。

第五级安全保护能力：（略）。

3．不同等级信息系统的监管方式

《信息安全等级保护管理办法》第八条将不同等级信息系统安全防护及监督管理进行了详细说明。

第一级信息系统运营、使用单位应当依据国家有关管理规范和技术标准进行保护。

第二级信息系统运营、使用单位应当依据国家有关管理规范和技术标准进行保护。国家信息安全监管部门对该级信息系统信息安全等级保护工作进行指导。

第三级信息系统运营、使用单位应当依据国家有关管理规范和技术标准进行保护。国家信息安全监管部门对该级信息系统信息安全等级保护工作进行监督、检查。

第四级信息系统运营、使用单位应当依据国家有关管理规范、技术标准和业务专门需求进行保护。国家信息安全监管部门对该级信息系统信息安全等级保护工作进行强制监督、检查。

第五级信息系统运营、使用单位应当依据国家管理规范、技术标准和业务特殊安全需求进行保护。国家指定专门部门对该级信息系统信息安全等级保护工作进行专门监督、检查。

4．不同等级信息系统的安全功能要求

《计算机信息系统安全等级保护划分准则》对不同信息系统安全防护功能进行了明确规定。

（1）第一级信息系统。本级的计算机信息系统可信计算机通过隔离用户与数据，使用户具备自主安全保护的能力。它具有多种形式的控制能力，对用户实施访问控制，即为用户提供可行的手段，保护用户和用户信息，避免其他用户对数据的非法读写与破坏。

1）自主访问控制。计算机信息系统可信计算机定义和控制系统中命名用户对命名客体的访问。实施机制（例如：访问控制表）允许命名用户以用户和（或）用户组的身份规定并控制客体的共享，阻止非授权用户读取敏感信息并控制访问权限扩散，自主访问控制机制根据用户指定方式或默认方式阻止非授权用户访问客体。访问控制的粒度是单个用户。没有存取权的用户只允许由授权用户指定对客体的访问权。

2）身份鉴别。计算机信息系统可信计算机初始执行时，首先要求用户标识自己的身份，并使用保护机制（例如：口令）来鉴别用户的身份，从而阻止非授权用户访问用户身份鉴别数据。通过为用户提供唯一标识，计算机信息系统可信计算机能够使用户对自己的行为负责，计算机信息系统可信计算基还具备将身份标识与该用户所有可审计行为相关联的能力。

3）数据完整性。计算机信息系统可信计算机通过自主完整性策略，阻止非授权用户修改或破坏敏感信息。

（2）第二级信息系统。与第一级相比，本级的计算机信息系统可信计算机实施了力度更细的自主访问控制，它通过登录规程、审计安全性相关事件和隔离资源，使用户对自己的行为负责。

1）自主访问控制。计算机信息系统可信计算机定义和控制系统中命名用户对命名客体的访问。实施机制（例如：访问控制表）允许命名用户以用户和（或）用户组的身份规定并控制客体的共享；阻止非授权用户读取敏感信息并控制访问权限扩散。自主访问控制机制根据用户指定方式或默认方式阻止非授权用户访问客体。访问控制的力度是单个用户。没有存取权的用户只允许由授权用户指定对客体的访问权。

2）身份鉴别。计算机信息系统可信计算机初始执行时，首先要求用户标识自己的身份，并使用保护机制（例如：口令）来鉴别用户的身份；阻止非授权用户访问用户身份鉴别数据。通过为用户提供唯一标识，计算机信息系统可信计算机能够使用户对自己的行为负责。计算机信息系统可信计算基还具备将身份标识与该用户所有可审计行为相关联的能力。

3）客体重用（剩余信息保护）。在计算机信息系统可信计算机的空闲存储客体空间中，对客体初始指定、分配或在分配一个主体之前，撤销该客体所含信息的所有授权。当主体获得对一个已被释放的客体的访问权时，当前主体不能获得原主体活动所产生的任何信息。

4）审计。计算机信息系统可信计算机能创建和维护受保护客体的访问审计跟踪记录，并能阻止非授权的用户对它访问或破坏。

计算机信息系统可信计算机能记录下述事件：使用身份鉴别机制；将客体引入用户地址空间（例如：打开文件、程序初始化）；删除客体；由操作员、系统管理员或（和）系统安全管理员实施的动作，以及其他与系统安全有关的事件。对于每一事件，其审计记录包括：事件的日期和时间、用户、事件类型、事件是否成功。对于身份鉴别事件，审计记录包含请求的来源（例如：终端标识符）；对于客体引入用户地址空间的事件及客体删除事件，审计记录包含客体名。

对不能由计算机信息系统可信计算机独立分辨的审计事件，审计机制提供审计记录接口，可由授权主体调用。这些审计记录区别于计算机信息系统可信计算基独立分辨的审计记录。

5）数据完整性。计算机信息系统可信计算基通过自主完整性策略，组织非授权用户修改或破坏敏感信息。

（3）第三级信息系统。本级的计算机信息系统可信计算机具有系统审计保护级的所有功能。此外，还需提供有关安全策略模型、数据标记以及主体对客体强制访问控制的非形式化描述，具有准确地标记输出信息的能力；消除通过测试发现的任何错误。

1）自主访问控制。计算机信息系统可信计算机定义和控制系统中命名用户对命名客体的访问。实施机制（例如：访问控制表）允许命名用户以用户和（或）用户组的身份规定并控制客体的共享；阻止非授权用户读取敏感信息并控制访问权限扩散。自主访问控制机根据用户指定方式或默认方式阻止非授权用户访问客体。

访问控制的力度是单个用户。没有存取权的用户只允许由授权用户指定对客体的访问权。阻止非授权用户读取敏感信息。

2）强制访问控制。计算机信息系统可信计算机对所有主体及其所控制的客体（例如：进程、文件、段、设备）实施强制访问控制，为这些主体及客体指定敏感标记，这些标记是等级分类和非等级类别的组合，它们是实施强制访问控制的依据。计算机信息系统可信计算基支持两种或两种以上成分组成的安全级。计算机信息系统可信计算机控制的所有主体对客体的访问应满足：仅当主体安全级中的等级分类高于或等于客体安全级中的等级分类，且主体安全级中的非等级类别包含了客体安全级中的全部非等级类别，主体才能读客体；仅当主体安全级中的等级分类低于或等于客体安全级中的等级分类，且主体安全级中的非等级类别包含于课题安全级中的非等级类别，主体才能写一个客体。计算机信息系统可信计算基使用身份和鉴别数据，鉴别用户的身份，并保证用户创建的计算机信息系统可信计算机外部主体的安全级和授权受该用户的安全级和授权的控制。

3）标记。计算机信息系统可信计算基应维护与主体及其控制的存储客体（例如：进程、文件、段、设备）相关的敏感标记。这些标记是实施强制访问的基础。为了输入未加安全标记的数据，计算机信息系统可信计算基向授权用户要求并接受这些数据的安全级别，且可由计算机信息系统可信计算基审计。

4）身份鉴别。计算机信息系统可信计算基初始执行时，首先要求用户标识自己的身份，而且，计算机信息系统可信计算基维护用户身份识别数据并确定用户访问权及授权数据。计算机信息系统可信计算基使用这些数据鉴别用户身份，并使用保护机制（例如：口令）来鉴别用户的身份；阻止非授权用户访问用户身份鉴别数据。通过为用户提供唯一标识，计算机信息系统可信计算基能够使用户对自己的行为负责。计算机信息系统可信计算基还具备将身份标识与该用户所有可审计行为相关联的能力。

5）客体重用（剩余信息保护）。在计算机信息系统可信计算基的空闲存储客体空间中，对客体初始指定、分配或再分配一个主体之前，撤销客体所含信息的所有授权。当主体获得对一个已被释放的客体的访问权时，当前主体不能获得原主体活动所产生的任何信息。

6）审计。计算机信息系统可心计算基能创建和维护受保护客体的访问审计跟踪记录，并能阻止非授权的用户对它访问或破坏。

计算机信息系统可信计算基能记录下述事件：使用身份鉴别机制；将客体引入用户地址空间（例如：打开文件、程序初始化）；删除客体；由操作员、系统管理员或（和）系统安全管理员实施的动作，以及其他与系统安全有关的事件。对于每一事件，其审计记录包括：事件的日期和时间、用户、事件类型、事件是否成功。对于身份鉴别事件，审计记录包含请求的来源（例如：终端标识符）；对于客体引入用户地址空间的事件及客体删除事件，审计记录包含客体名及客体的安全级别。此外，计算机信息系统可信计算基具有审计更改可读输出记号的能力。

对不能由计算机信息系统可信计算基独立分辨的审计事件，审计机制提供审计记录接口，可由授权主体调用。这些审计记录区别于计算机信息系统可信计算基独立分辨的审计记录。

7）数据完整性。计算机信息系统可信计算基通过自主和强制完整性策略，阻止非授权用户修改或破坏敏感信息。在网络环境中，使用完整性敏感标记来确信信息在传送中未受损。

（4）第四级信息系统。本级的计算机信息系统可信计算基建立于一个明确定义的形式安全策略模型之上，要求将第三级系统中的自主和强制访问控制扩展到所有主体与客体。此外，还要考虑隐蔽通道。本级的计算机信息系统可信计算基必须结构化为关键保护元素和非关键保护元素。计算机信息系统可信计算基的接口也必须明确定义，使其设计与实现能经受更充分的测试和更完整的复审。另外，计算机信息系统可信计算基也加强了鉴别机制；支持系统管理员和操作员的职能；提供可信设施管理；增强了配置管理控制；同时，系统具有相当的抗渗透能力。

1）自主访问控制。计算机信息系统可信计算基定义和控制系统中命名用户对命名客体的访问。实施机制（例如：访问控制表）允许命名用户和（或）以用户组的身份规定并控制客体的共享，阻止非授权用户读取敏感信息并控制访问权限扩散。

自主访问控制机制根据用户指定方式或默认方式，阻止非授权用户访问客体。访问控制的力度是单个用户。没有存取权的用户只允许由授权用户指定对客体的访问权。

2）强制访问控制。计算机信息系统可信计算基对外部主体能够或直接访问的所有资源（例如：主体、存储客体和输入输出资源）实施强制访问控制。为这些主体及客体指定敏感标记，这些标记是等级分类和非等级类别的组合，它们是实施强制访问控制的依据。计算机信息系统可信计算基支持两种或两种以上成分组成的安全级。计算机信息系统可信计算基外部的所有主体对客体的直接或间接的访问应满足：仅当主体安全级中的等级分类高于或等于客体安全级中的等级分类，且主体安全级中的非等级类别包含了客体安全级中的全部非等级类别，主体才能读客体；仅当主体安全级中的等级分类低于或等于客体安全级中的等级分类，且主体安全级中的非等级类别包含于客体安全级中的非等级类别，主体才能写一个客体。计算机信息系统可信计算基使用身份和鉴别数据，鉴别用户的身份，保证用户创建的计算机信息系统可信计算基外部主体的安全级和授权受该用户的安全级和授权的控制。

3）标记。计算机信息系统可信计算基维护与可被外部主体直接或间接访问到的计算机信息系统资源（例如：主体、存储客体、只读存储器）相关的敏感标记。这些标记是实施强制访问的基础。为了输入未加安全标记的数据，计算机信息系统可信计算基向授权用户要求并接受这些数据的安全级别，且可由计算机信息系统可信计算基审计。

4）身份鉴别。计算机信息系统可信计算基初始执行时，首先要求用户标识自己的身份，而且，计算机信息系统可信计算基维护用户身份识别数据并确定用户访问权及授权数据。计算机信息系统可信计算基使用这些数据鉴别用户身份，并使用保护机制（例如：口令）来鉴别用户的身份，从而阻止非授权用户访问用户身份鉴别数据。通过为用户提供唯一标识，计算机信息系统可信计算基能够使用户所有可审计行为相关联的能力。

5）客体重用（剩余信息保护）。计算机信息系统可信计算基的空闲存储客体空间中，对客体初始指定、分配或再分配一个主体之前，撤销客体所含信息的所有授权。当主体获得对一个已被释放的客体的访问权时，当前主体不能获得原主体活动所产生的任何信息。

6）审计。计算机信息系统可信计算基能创建和维护受保护客体的访问审计跟踪记录，并能阻止非授权的用户对它访问或破坏。

计算机信息系统可信计算基能记录下述事件：使用身份鉴别机制；将客体引入用户地址空间（例如：打开文件、程序初始化）；删除客体；由操作员、系统管理员或（和）系统安全管理员实施的动作，以及其他与系统安全有关的事件。对于每一事件，其审计记录包括：事件的日期和时间、用户、事件类型、事件是否成功。对于身份鉴别事件，审计记录包含请求的来源（例如：终端标识符）；对于客体引入用户地址空间的事件及客体删除事件，审计记录包含客体名及客体的安全级别。此外，计算机信息系统可信计算基具有审计更改可读输出记号的能力。

对不能由计算机信息系统可信计算基独立分辨的审计事件，审计机制提供审计记录接口，可由授权主体调用。这些审计记录区别于计算机信息系统可信计算基独立分辨的审计记录。

计算机信息系统可信计算基能够审计利用隐蔽存储信道时可能被使用的事件。

7）数据完整性。计算机信息系统可信计算基通过自主和强制完整性策略，组织非授权用户修改或破坏敏感信息。在网络环境中，使用完整性敏感标记来确信信息在传送中未受损。

8）隐蔽信道分析。系统开发者应彻底搜索隐蔽存储信道，并根据实际测量或工程估算确定每一个被标识信道的最大带宽。

9）可信路径。对用户的初始登录和鉴别，计算机信息系统可信计算基在它与用户之间提供可信通信路径。该路径上的通信只能由该用户初始化。

（5）第五级信息系统（略）。

二、信息等级保护工作的地位和作用

没有网络安全就没有国家安全，没有信息化就没有现代化。信息安全是国家安全的重要组成部分，信息安全等级保护制度是我国信息安全保障工作的基本制度，其重要性不言而喻，代表了国家信息安全保障工作中国家意志的体现。国家制定统一的的政策，依法开展信息安全等级保护，公安机关等有关安全监管部门对信息安全等级保护工作实施监督管理，通过制定统一的信息安全等级保护管理规范和技术标准，组织公民、法人和其他组织对信息系统分等级进行安全保护，提出了一整套标准规范和安全要求，贯穿了信息系统规划设计、开发建设、运行维护、废弃等 IT 系统工程的整个生命周期。

信息安全等级保护制度是国家在国民经济和社会信息化的发展过程中，提高信息安全保障能力和水平，维护国家安全、社会稳定和公共利益，保障和促进信息化建设健康发展的一项基本制度。开展信息安全等级保护工作不仅是实现国家对重要信息系统重点保护的重大措施，也是一项事关国家安全、社会稳定的政治任务。通过开展信息安全等级保护工作，可以有效解决我国信息安全面临的威胁和存在的主要问题，充分体现"适度安全、保护重点"的目的，将有限的财力、物力、人力投入到重要信息系统安全保护中，按标准建设安全保护措施，建立安全保护制度，落实安全责任，有效保护基础信息网络和关系国家安全、经济命脉、社会稳定的重要信息系统的安全，有效提高我国信息安全保障工作的整体水平。

实施信息安全等级保护，有利于在信息化建设过程中同步建设信息安全设施，保障信息安全与信息化建设相协调；有利于为信息系统安全建设和管理提供系统性、针对性、可行性的指导和服务；有利于优化信息安全资源的配置，对信息系统分级实施保护，重点保障基础信息网络和关系国家安全、经济命脉、社会稳定等方面的重要信息系统的安全；有利于明确国家、法人和其他组织、公民的信息安全责任，加强信息安全管理；有利于推动信息安全产业的发展，逐步探索出一条适应社会主义市场经济发展的信息安全模式。

实行信息安全等级保护制度，能够充分调动国家、法人和其他组织及公民的积极性，发挥各方面的作用，达到有效保护的目的，增强安全保护的整体性、针对性和实效性，使信息系统安全建设更加突出重点、统一规范、科学合理，对促进我国信息安全的发展将起到重要推动作用。

三、信息安全等级保护工作的五个主要环节

信息安全等级保护工作分为定级、备案、建设整改、等级测评、监督检查五个重要工作环节。定级工作是指信息系统运营使用单位按照信息安全等级保护管理办法和定级指南，自主确定信息系统的安全保护等级。备案工作是指二级以上（包含第二级）信息系统运营使用单位到所在地设区的市级以上公安机关办理备案手续。建设整改是指信息系统安全防护等级确定后，运营使用单位按照相关管理规范和技术标准，选择信息安全等级保护管理办法要求的信息安全

产品，建设符合系统相应等级要求的安全防护设施，建立安全组织，制定并落实安全管理制度。等级测评是指信息系统建设完成后，运用使用单位选择符合资质的等级测评机构，对信息系统安全等级状况开展等级测评。监督检查是指公安机关依据信息安全等级保护管理规范，监督检查运营使用单位开展等级保护工作，定期对三级以上的信息系统进行安全检查。运营使用单位应当接受公安机关的安全监督、检查和指导，如实向公安机关提供有关材料。

1. 信息系统定级工作

信息系统定级按照自主定级、专家评审、主管部门审批、公安机关审核的流程进行，信息系统运营使用单位按照《信息安全等级保护管理办法》和《信息系统安全等级保护定级指南》，自主确定信息系统的安全保护等级，为保证信息系统定级准确，需要邀请等级保护专家评审委员会给予咨询评审。对拟确定为第四级以上信息系统的，运营使用单位或者上级主管部门应当请国家信息安全等级保护专家评审委员会评审。有上级主管部门的，应当经上级主管部门审批，跨省或全国统一联网运行的信息系统可以由其主管部门统一确定安全保护等级。

定级工作是等级保护工作的基础，信息系统划分合理、定级准确是等级保护后续各个工作环节开展的前提和基础。因此，定级工作要科学定级，严格备案。信息和信息系统的运营使用单位按照等级保护的管理规范和技术标准，确定其信息和信息系统的安全保护等级，并报上级主管部门审批同意。

2. 信息系统备案工作

确定为第二级以上的信息系统，有信息系统运营使用单位到所在地设区的市级以上公安机关网络安全保卫部门办理备案手续。公安机关按照《信息安全等级保护备案实施细则》要求，对备案材料进行审核，定级准确、材料符合要求的颁发由公安部统一监制的备案证明。已运营（运行）的第二级以上信息系统，应当在安全保护等级确定后 30 日内，由其运营使用单位到所在地设区的市级以上公安机关办理备案手续。新建第二级以上信息系统，应当在投入运行后 30 日内，由其运营使用单位到所在地设区的市级以上公安机关办理备案手续。隶属于中央的在京单位，其跨省或者全国统一联网运行并由主管部门统一定级的信息系统，由主管部门向公安机关办理备案手续。跨省或者全国统一联网运行的信息系统在各地运行、应用的信息系统在各地运行、应用的分支系统，应到所在地设区的市级以上公安机关网络安全保卫部门办理备案。

3. 安全建设整改工作

信息系统安全保护等级确定后，运营使用单位按照《关于开展信息系统等级保护安全建设整改工作的指导意见》等有关管理规范和技术标准，选择《信息安全等级保护管理办法》要求的信息安全产品，制定并落实安全管理制度，落实安全责任，建设安全设施，落实安全技术措施。对新建、改建、扩建的信息系统，应当根据等级保护管理规范和技术标准进行信息系统的规划设计、建设施工。

信息安全等级保护工作中的安全建设整改工作具有鲜明的特点，安全建设整改工作是按照国家有关标准规范开展的安全建设整改工作，强调将技术措施和管理措施有机结合，着重建立信息系统综合安全防护体系，提高信息系统整体安全保护能力。公安机关会同国家保密部门、密码工作部门和信息化部门出台了一系列政策文件和工作指南，为各单位、各部门开展等级保护工作提供了政策支持。安全建设整改工作应以标准为依据，从安全现状出发，在安全需求分析的基础上，进行安全建设整改方案设计、形成安全保护体系，落实各项标准规范要求，最大程度发挥安全措施的保护能力。建设过程中要突出重点，将安全建设整改工作与业务发展、信息化建设工作有机结合，同步规划和实施，是等级保护工作常态化。

4. 等级测评工作

信息系统建设整改完成后，运营使用单位选择符合要求的测评机构，依据《信息安全等级保护管理办法》，定期对信息系统安全等级状况开展等级测评，测评机构通过等级测评工作的开展，检测出信息系统中存在的安全问题，分析安全风险、提出整改建议，按照《信息系统安全测评报告模板》编写等级测评报告。通过等级测评，信息系统运营使用单位可以掌握信息系统的安全状况、排查信息系统安全隐患和薄弱环节、明确信息系统安全建设整改需求。同时，明确信息系统的安全保护管理和技术措施是否符合国家信息安全等级保护的基本要求，检验是否具备了相应级别安全保护能力。等级测评结果也是公安机关等安全监管部门进行监督、检查、指导的工作依据。

在信息系统生命周期中，有三个阶段需要开展等级测评工作。在安全建设整改之前，信息系统运营使用单位可以通过等级测评分析判断目前信息系统所采取的安全措施与等级保护标准要求之间的差距，分析安全方面存在的问题，查找信息系统安全保护建设整改需要解决的问题，形成安全建设整改的安全需求。在安全建设整改完成后，信息系统运营使用单位应通过等级测评对信息系统的等级保护措施落实情况进行评判，形成信息系统安全等级测评报告，如发现问题将继续整改。在上线运行维护期间，应定期进行安全等级测评，及时发现和分析信息系统存在的安全问题，第三级信息系统每年至少进行一次等级测评，第四级信息系统每半年至少进行一次等级测评。

5. 安全自查和监督检查工作

公安机关依据《信息安全等级保护管理办法》和《公安机关信息安全等级保护检查工作规范》，监督检查信息系统运营使用单位开展等级保护工作，定期对第三级以上的信息系统进行安全检查。信息系统运营使用单位应当接受公安机关、国家指定的专门部门的安全监督、检查、指导，如实向公安机关、国家指定的专门部门提供有关信息安全等级保护的信息资料及数据文件。公安机关检查发现信息系统安全保护现状不符合信息安全等级保护有关管理规范和技术标准的，应当向运营使用单位发出整改通知。运营使用单位应当根据整改通知要求，按照管理规范和技术标准进行整改。整改完成后，应当将整改报告向公安机关备案。必要时，公安机关可以对整改情况组织检查。

信息系统运营使用单位应当定期对信息系统安全状况、安全保护制度及措施的落实情况进行自查。第三级信息系统应当每年至少进行一次自查，第三级信息系统应当每半年至少进行一次自查。经等级测评或自查，信息系统安全状况未达到安全保护等级要求的，运营使用单位应当制定方案进行整改。

四、信息安全等级保护工作中的责任分工

公安部等四部委联合签发的《信息安全等级保护管理办法》第二条至第五条明确了国家、信息安全监管部门、信息系统主管部门、信息系统运营使用单位的责任义务。

1. 国家责任

《信息安全等级保护管理办法》第二条明确了国家的责任：国家通过制定统一的信息安全等级保护管理规范和技术标准，组织公民、法人和其他组织对信息系统分等级实行安全保护，对等级保护工作的实施进行监督、管理。

2. 信息安全监管部门责任与义务

《信息安全等级保护管理办法》第三条明确了信息安全监管部门的职责：信息安全监管部

门（包括公安机关、保密部门、国家密码工作部门）组织制定等级保护管理规范和技术标准，组织公民、法人和其他组织对信息系统实行分等级安全保护，对等级保护工作的实施进行监督、管理。

（1）公安机关负责信息安全等级保护工作的监督、检查、指导。

（2）国家保密工作部门负责等级保护工作中有关保密工作的监督、检查、指导。

（3）国家密码管理部门负责等级保护工作中有关密码工作的监督、检查、指导。

（4）涉及其他职能部门管辖范围的事项，由有关职能部门依照国家法律法规的规定进行管理。

在信息安全等级保护工作中，坚持"分工负责、密切配合"的原则。公安机关牵头，负责全面工作的监督、检查、指导，国家保密工作部门、国家密码管理部门配合；涉及国家秘密的信息系统，主要由国家保密工作部门负责，其他部门参与、配合。因为涉及国家秘密信息系统中也会发生信息安全问题和密码问题；非涉及国家秘密的信息系统，主要由公安机关负责，其他部门参与、配合。因为非涉及国家秘密信息系统中也会发生保密问题和密码问题。一方为主负责某一领域工作，其他相关部门参与、配合。

需要强调的是，涉及工作秘密的信息系统不属于涉密信息系统，不能将涉密信息系统扩大化。当信息系统难以认定是否属于涉密信息系统时，可以由信息系统运营、使用单位、公安机关、国家保密工作部门共同认定。

3. 信息系统主管部门责任与义务

《信息安全等级保护管理办法》第四条明确了信息系统主管部门的责任义务，信息系统主管部门依照《信息安全等级保护管理办法》及相关标准规范，督促、检查、指导本行业、本部门或者本地区信息系统运营、使用单位的信息安全等级保护工作。

行业主管部门具有在本行业内贯彻落实等级保护制度的职责，在国家等级保护政策标准的指导下，行业主管部门负责督促、检查、指导本行业、本部门信息系统运营使用单位的信息安全等级保护工作，以等级保护工作为抓手，建立和完善本行业重要信息系统的安全保障体系，制定符合本行业特点的等级保护相关工作管理要求和指导意见，指导本行业等级保护工作的开展。定期组织行业自查，及时掌握本行业等级保护工作开展状况，定期分析本行业重要信息系统的安全保护状况，不断提升信息安全保障水平。

4. 信息系统运营、使用单位责任与义务

《信息安全等级保护管理办法》第五条明确了信息系统运营、使用单位的责任和义务，信息系统运营使用单位按照国家有关等级保护的管理规范和技术标准开展等级保护工作，建设安全设施、建立安全制度、落实安全责任，接受公安机关、保密部门、国家密码工作部门对信息安全等级保护工作的监督、指导，保障信息系统安全。

信息系统运营使用单位是信息安全等级保护工作具体落实的主体，在国家等级保护政策标准及行业主管部门的指导下，按照国家有关等级保护的管理规范和技术标准规范开展等级保护工作，通过信息系统的定级、备案、建设整改、等级测评等工作的开展，建立信息安全保护体系、完善信息安全管理制度、落实信息安全责任，切实保障重要信息系统的安全保障工作，接受公安机关、保密部门、密码工作部门对信息安全等级保护工作的监督、检查、指导，保障信息系统安全。

建立健全并落实符合相应等级要求的安全管理制度：一是信息安全责任制，明确信息安全工作的主管领导、责任部门、人员及有关岗位的信息安全责任；二是人员安全管理制度，明确人员录用、离岗、考核、教育培训等管理内容；三是系统建设管理制度，明确系统定级、备案、方案设计、产品采购使用、密码使用、软件开发、工程实施、验收交付、等级测评、安全服务等管理内容；四是系统运维管理制度，明确机房环境安全、存储介质安全、设备设施安全、安全监控、网络安全、系统安全、恶意代码防范、密码保护、备份与恢复、事件处置、应急预案管理等管理内容。此外，建立并落实监督检查机制，定期对各项管理制度的落实情况进行自查和监督检查。

开展信息安全等级保护安全技术措施建设，提高信息系统安全保护能力。按照《信息安全等级保护管理办法》和《信息系统安全等级保护基本要求》，参照《信息系统安全等级保护实施指南》、《信息系统通用安全技术要求》、《信息系统安全工程管理要求》、《信息系统等级保护安全设计技术要求》等标准规范要求，结合行业特点和安全需求，制定符合相应等级的信息系统安全技术建设整改方案，开展信息安全等级保护安全技术措施建设，落实相应的物理安全、网络安全、主机安全、应用安全和数据安全等安全保护技术措施，建立并完善信息系统综合防护体系，提高信息系统的安全防护能力和水平。

开展信息系统安全等级测评，使信息系统安全保护状况逐步达到等级保护要求。选择由省级（含）以上信息安全等级保护工作协调小组办公室审核并备案的测评机构，对信息系统开展等级测评工作。

5. 等级测评机构责任与义务

信息安全等级测评机构作为技术支撑单位，在各参与方中发挥重要作用。测评机构在为信息系统运营使用单位开展等级测评的同时，发挥自身熟悉国家信息安全等级保护政策、标准、方法的优势，提供更为专业和全面的安全服务，包括开展安全咨询、规划设计、应急保障等服务，将等级保护制度各项工作要求落实到信息安全规划、建设、评估、运行和维护等各个环节。安全咨询服务内容较为广泛，包括了定级备案、安全方案评审、建设整改指导等等。安全规划设计应当依据等级保护的制度和技术要求，以信息系统开发生命周期的安全考虑为基础框架，对运营使用单位业务框架进行深入分析，依据同步规划、同步建设、同步运行的原则，在信息系统立项阶段就实现良好规划。包括：总体安全策略制定、安全技术保障体系规划、安全管理保障体系设计。安全应急保障服务也是测评机构重要的服务内容之一，测评机构应当立足于重要信息系统的安全应急保障服务，基于对信息系统业务特点、安全防护策略、用户范围等熟悉和了解，提供专业性和人员可信性的应急响应服务，提高风险隐患发现、监测预警和突发事件处置能力。

6. 其他安全服务机构责任与义务

信息安全产品的研制、生产单位，信息系统的集成、风险评估等安全服务机构，依据国家有关管理规定和技术标准，开展技术服务、技术支持等工作，并接受信息安全监管部门的监督管理。

7. 公民、法人和其他组织责任与义务

公民、法人和其他组织应当按照国家有关等级保护的管理规范和技术标准开展等级保护工作，服从国家对信息安全等级保护工作的监督、指导，保障信息系统安全。

五、信息安全等级保护主要法律法规体系

近几年，为组织开展信息安全等级保护工作，公安部根据《中华人民共和国计算机信息系统安全保护条例》（国务院 147 号令）的授权，会同国家保密局、国家密码管理局和原国务院信

息办出台了一些文件，发改委会同公安部、国家保密局出台了相关文件，公安部对有些具体工作出台了一些指导意见和规范，这些文件初步构成了信息安全等级保护法律政策体系（见图1-1），为指导各地区、各部门开展等级保护工作提供了政策保障。

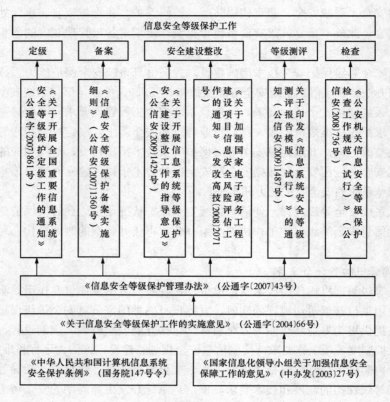

图 1-1 信息安全等级保护法律政策体系

1. 总体方面的政策文件

总体方面的文件有两个，这两个文件确定了等级保护制度的总体内容和要求，对等级保护工作的开展起到宏观指导作用。

（1）《关于信息安全等级保护工作的实施意见》（公通字〔2004〕66号）。该文件是为贯彻落实国务院第147号令和中办27号文件、由四部委共同会签印发、指导相关部门实施信息安全等级保护工作的纲领性文件，主要内容包括贯彻落实信息安全等级保护制度的基本原则，等级保护工作的基本内容、工作要求和实施计划，以及各部门工作职责分工等。

（2）《信息安全等级保护管理办法》（公通字〔2007〕43号）。该文件是在开展信息系统安全等级保护基础调查工作和信息安全等级保护试点工作基础上，由四部委共同会签印发的重要管理规范，主要内容包括信息安全等级保护制度的基本内容、流程及工作要求，信息系统定级、备案、安全建设整改、等级测评的实施与管理，信息安全产品和测评机构选择等，为开展信息安全等级保护工作提供了规范保障。

2. 具体环节的政策文件

对应等级保护工作的具体环节（信息系统定级、备案、安全建设整改、等级测评、安全检查），出台了相应的政策规范：

（1）定级环节。《关于开展全国重要信息系统安全等级保护定级工作的通知》（公通字〔2007〕861号）。2007年7月20日四部委在北京联合召开了"全国重要信息系统安全等级保护定级工作电视电话会议"，会议根据该通知精神部署在全国范围内开展重要信息系统安全等级保护定级工作，标志着全国信息安全等级保护工作全面开展。该文件由四部委共同会签印发。

（2）备案环节。《信息安全等级保护备案实施细则》（公信安〔2007〕1360号）。该文件规定了公安机关受理信息系统运营使用单位信息系统备案工作的内容、流程、审核等内容，并附带有关法律文书，指导各级公安机关受理信息系统备案工作。该文件由公安部网络安全保卫局印发。

（3）安全建设整改环节。

1）《关于开展信息系统等级保护安全建设整改工作的指导意见》（公信安〔2009〕1429号）。该文件明确了非涉及国家秘密信息系统开展安全建设整改工作的目标、内容、流程和要求等，文件附件包括《信息安全等级保护安全建设整改工作指南》和《信息安全等级保护主要标准简要说明》。该文件由公安部印发。

2）《关于加强国家电子政务工程建设项目信息安全风险评估工作的通知》（发改高技〔2008〕2071号）。该文件要求非涉密国家电子政务项目开展等级测评和信息安全风险评估要按照《信息安全等级保护管理办法》进行，明确了项目验收条件：公安机关颁发的信息系统安全等级保护备案证明、等级测评报告和风险评估报告。该文件由发改委、公安部、国家保密局共同会签印发。

（4）等级测评环节。关于印发《信息系统安全等级测评报告模版（试行）》的通知（公信安〔2009〕1487号）。该文件明确了等级测评的内容、方法和测评报告格式等内容，用以规范等级测评活动。该文件由公安部网络安全保卫局印发。

（5）安全检查环节。《公安机关信息安全等级保护检查工作规范（试行）》（公信安〔2008〕736号）。该文件规定了公安机关开展信息安全等级保护检查工作的内容、程序、方式以及相关法律文书等，使检查工作规范化、制度化。该文件由公安部网络安全保卫局印发。

六、信息安全等级保护主要技术标准体系

为推动我国信息安全等级保护工作的开展，十多年来，在公安部领导和支持下，在国内有关专家、企业的共同努力下，全国信息安全标准化技术委员会和公安部信息系统安全标准化技术委员会组织制订了信息安全等级保护工作需要的一系列标准，形成了比较完整的信息安全等级保护标准体系，为开展信息安全等级保护工作提供了标准保障。

1. 各类标准与等级保护工作的关系

（1）基础标准。《计算机信息系统安全保护等级划分准则》（见图1-2）是强制性国家标准，是等级保护的基础性标准，在此基础上制定出《信息系统通用安全技术要求》等技术类、《信息系统安全管理要求》、《信息系统安全工程管理要求》等管理类、《操作系统安全技术要求》等产品类标准，为相关标准的制定起到了基础性作用。

（2）安全要求类标准。《基本要求》以及行业标准规范或细则构成了信息系统安全建设整改的安全需求。

1）《信息系统安全等级保护基本要求》（以下简称《基本要求》）。该标准是在《计算机信息系统安全保护等级划分准则》、技术类标准和管理类标准基础上，总结几年的实践，结合当前信

息技术发展的实际情况研究制定的，该标准提出了各级信息系统应当具备的安全保护能力，并从技术和管理两方面提出了相应的措施。

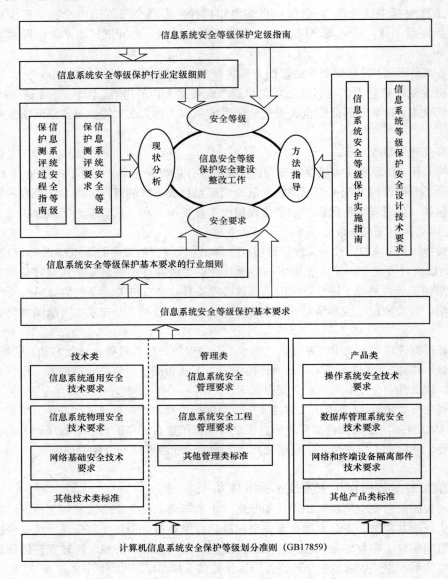

图 1-2　计算机信息系统安全保护等级划分准则

2）信息系统安全等级保护基本要求的行业细则。重点行业可以按照《基本要求》等国家标准，结合行业特点，在公安部等有关部门指导下，确定《基本要求》的具体指标，在不低于《基本要求》的情况下，结合系统安全保护的特殊需求，制定行业标准规范或细则。如《电力行业信息系统安全等级保护基本要求》等。

（3）定级类标准。《信息系统安全等级保护定级指南》和信息系统安全等级保护行业定级细则为确定信息系统安全保护等级提供支持。

1）《信息系统安全等级保护定级指南》（GB/T 22240—2008）。该标准规定了定级的依据、对象、流程和方法以及等级变更等内容，用于指导开展信息系统定级工作。

2）信息系统安全等级保护行业定级细则。重点行业可以按照《信息系统安全等级保护定级指南》等国家标准，结合行业特点和信息系统的特殊性，在公安部等有关部门指导下，制定行业信息系统定级规范或细则。

（4）方法指导类标准。《信息系统安全等级保护实施指南》和《信息系统等级保护安全设计技术要求》构成了指导信息系统安全建设整改的方法指导类标准。

1）《信息系统安全等级保护实施指南》（信安字〔2007〕10号）。该标准阐述了等级保护实施的基本原则、参与角色和信息系统定级、总体安全规划、安全设计与实施、安全运行与维护、信息系统终止等几个主要工作阶段中如何按照信息安全等级保护政策、标准要求实施等级保护工作。

2）《信息系统等级保护安全设计技术要求》（信安秘字〔2009〕059号）。该标准提出了信息系统等级保护安全设计的技术要求，包括第一级至第五级信息系统安全保护环境的安全计算环境、安全区域边界、安全通信网络和安全管理中心等方面的设计技术要求，以及定级系统互联的设计技术要求，明确了体现定级系统安全保护能力的整体控制机制，用于指导信息系统运营使用单位、信息安全企业、信息安全服务机构等开展信息系统等级保护安全技术设计。

（5）现状分析类标准。《信息系统安全等级保护测评要求》和《信息系统安全等级保护测评过程指南》构成了指导开展等级测评的标准规范。

1）《信息系统安全等级保护测评要求》。该标准阐述了等级测评的原则、测评内容、测评强度、单元测评要求、整体测评要求、等级测评结论的产生方法等内容，用于规范和指导测评人员如何开展等级测评工作。

2）《信息系统安全等级保护测评过程指南》。该标准阐述了信息系统等级测评的测评过程，明确了等级测评的工作任务、分析方法以及工作结果等，包括测评准备活动、方案编制活动、现场测评活动、分析与报告编制活动，用于规范测评机构的等级测评过程。

2. 应用有关标准中需注意的几个问题

（1）《信息系统安全等级保护基本要求》是信息系统安全建设整改的基本目标，《信息系统等级保护安全设计技术要求》是实现该目标的方法和途径之一。《信息系统安全等级保护基本要求》中不包含安全设计和工程实施等内容，因此，在系统安全建设整改中，可以参照《信息系统安全等级保护实施指南》、《信息系统等级保护安全设计技术要求》和《信息系统安全工程管理要求》进行。

（2）由于信息系统定级时是根据业务信息安全等级和系统服务安全等级确定的系统安全等级，因此，在进行信息系统安全建设整改时，应根据业务信息安全等级和系统服务安全等级确定《基本要求》中相应的安全保护要求。各单位、各部门在进行信息系统安全建设整改方案设计时，要按照整体安全的原则，综合考虑安全保护措施，建立系统综合防护体系，提高系统的整体保护能力。

（3）《信息系统等级保护安全设计技术要求》依据《计算机信息系统安全保护等级划分准则》从"计算环境安全、区域边界安全、通信网络安全和安全管理中心"（一个中心三维防护）四方面给出了五个级别信息系统安全保护设计的技术要求，用于指导信息系统等级保护安全技术设计。本标准不包括信息系统物理安全、安全管理、安全运维等方面的安全要求，所以应与《基本要求》等标准配合使用。

第三节　电力行业开展等级保护工作的
法律法规依据和技术标准介绍

1. 电力监控系统安全防护规定

《电力监控系统安全防护规定》经国家发展和改革委员会主任办公会审议通过，2014 年 8 月 1 日中华人民共和国国家发展和改革委员会令第 14 号公布。该《规定》分总则、技术管理、安全管理、保密管理、监督管理、附则 6 章 24 条，自 2014 年 9 月 1 日起施行。2004 年 12 月 20 日国家电力监管委员会发布的《电力二次系统安全防护规定》（国家电力监管委员会令第 5 号）予以废止。

2. 电力行业网络与信息安全管理办法

2014 年 7 月 2 日，国家能源局以国能安全〔2014〕317 号印发《电力行业网络与信息安全管理办法》。该《办法》分总则、监督管理职责、电力企业职责、监督检查、附则 5 章 22 条，自发布之日起实施，有效期 5 年。2007 年 12 月 4 日，国家电力监管委员会发布的《电力行业网络与信息安全监督管理暂行规定》（电监信息〔2007〕50 号）予以废止。

3. 电力行业信息安全等级保护管理办法

2007 年 6 月 22 日，公安部、国家保密局、国家密码管理局、国务院信息工作办公室联合下发（公通字〔2007〕43 号）。该办法自发布之日起施行，《信息安全等级保护管理办法（试行）》（公通字〔2006〕7 号）同时废止。

4. 电力行业信息系统安全等级保护基本要求

2012 年，国家电力监管委员会印发了《电力行业信息系统安全等级保护基本要求》，全面推进电力行业等级保护建设工作。

5. 电力行业信息系统等级保护定级工作指导意见

2007 年 11 月 16 日，国家电力监管委员会以电建信息（2007）44 号印发《电力行业信息系统等级保护定级工作指导意见》。

第四节　违反国家信息安全等级保护制度的法律责任

一、《信息安全等级保护管理办法》的有关规定

《信息安全等级保护管理办法》第四十条规定，第三级以上信息系统运营、使用单位违反本办法，有下列行为之一的，由公安机关、国家保密工作部门和国家密码工作管理部门按照职责分工责令其限期改正；逾期不改正的，给予警告，并向其上级主管部门通报情况，建议对其直接负责的主管人员和其他直接责任人员予以处理，并及时反馈处理结果：

（1）未按本办法规定备案、审批的。

（2）未按本办法规定落实安全管理制度、措施的。

（3）未按本办法规定开展系统安全状况检查的。

（4）未按本办法规定开展系统安全技术测评的。

（5）接到整改通知后，拒不整改的。

（6）未按本办法规定选择使用信息安全产品和测评机构的。

（7）未按本办法规定如实提供有关文件和证明材料的。

（8）违反保密管理规定的。

（9）违反密码管理规定的。

（10）违反本办法其他规定的。

违反前款规定，造成严重损害的，由相关部门依照有关法律、法规予以处理。

二、《信息安全等级保护备案实施细则》的有关规定

《信息安全等级保护备案实施细则》第十三条规定，对拒不备案的，公安机关应当依据《中华人民共和国计算机信息系统安全保护条例》等其他有关法律、法规规定，责令限期整改。逾期仍不备案的，予以警告，并向其上级主管部门通报。

三、《公安机关信息安全等级保护检查工作规范》的有关规定

《公安机关信息安全等级保护检查工作规范》第十三条规定，检查时，发现不符合信息安全等级保护有关管理规范和技术标准要求，具有下列情形之一的，应当通知其运营、使用单位限期整改，并发送《信息系统安全等级保护限期整改通知书》。逾期不改正的，给予警告，并向其上级主管部门通报。

（1）未按照《信息安全等级保护管理办法》开展信息系统定级工作的。

（2）信息系统安全保护等级定级不准确的。

（3）未按《信息安全等级保护管理办法》规定备案的。

（4）备案材料与备案单位、备案系统不符合的。

（5）未按要求及时提交《信息系统安全等级保护备案登记表》的有关内容的。

（6）系统发生变化，安全保护等级未及时进行调整并重新备案的。

（7）未按《信息安全等级保护管理办法》规定落实安全管理制度、技术措施的。

（8）未按《信息安全等级保护管理办法》规定开展安全建设整改和安全技术测评的。

（9）未按《信息安全等级保护管理办法》规定选择使用信息安全产品和测评机构的。

（10）未定期开展自查的。

（11）违反《信息安全等级保护管理办法》其他规定的。

四、《计算机信息网络国际联网安全保护管理办法》（公安部令第33号）、《互联网安全保护技术措施规定》（公安部令第82号）有关规定

《计算机信息网络国际联网安全保护管理办法》（公安部令第33号）第二十一条规定，有下列行为之一的，由公安机关责令限期改正，给予警告，有违法所得的，没收违法所得；在规定的期限内未改正的，对单位的主管负责人员和其他直接责任人员可以并处五千元以下的罚款，对单位可以并处一万五千元以下的罚款；情节严重的，并可以给予六个月以内的停止联网、停机整顿的处罚，必要时可以建议原发证、审批机构吊销经营许可证，或者取消联网资格。

（1）未建立安全保护管理制度的。

（2）未采取安全技术保护措施的。

（3）未对网络用户进行安全教育和培训的。

（4）未提供安全保护管理所需信息、资料及数据文件，或者所提供内容不真实的。

《互联网安全保护技术措施规定》（公安部令第82号）第三条规定，互联网服务提供者、

联网使用单位负责落实互联网安全保护技术措施，并保障互联网安全保护技术措施功能的正常发挥。

第四条规定，互联网服务提供者、联网使用单位应当建立相应的管理制度。

第七条规定，互联网服务提供者和联网使用单位应当落实以下互联网安全保护技术措施：

（1）防范计算机病毒、网络入侵和攻击破坏等危害网络安全事项或者行为的技术措施。

（2）重要数据库和系统主要设备的冗灾备份措施。

（3）记录并留存用户登录和退出时间、主叫号码、账号、互联网地址或域名、系统维护日志的技术措施。

（4）法律、法规和规章规定应当落实的其他安全保护技术措施。

第八条规定，提供互联网接入服务的单位除落实本规定第七条规定的互联网安全保护技术措施外，还应当落实具有以下功能的安全保护技术措施：

（1）记录并留存用户注册信息。

（2）使用内部网络地址与互联网网络地址转换方式为用户提供接入服务的，能够记录并留存用户使用的互联网网络地址和内部网络地址对应关系。

（3）记录、跟踪网络运行状态，监测、记录网络安全事件等安全审计功能。

第九条规定，提供互联网信息服务的单位除落实本规定第七条规定的互联网安全保护技术措施外，还应当落实具有以下功能的安全保护技术措施：

（1）在公共信息服务中发现、停止传输违法信息，并保留相关记录。

（2）提供新闻、出版以及电子公告等服务的，能够记录并留存发布的信息内容及发布时间。

（3）开办门户网站、新闻网站、电子商务网站的，能够防范网站、网页被篡改，被篡改后能够自动恢复。

（4）开办电子公告服务的，具有用户注册信息和发布信息审计功能。

（5）开办电子邮件和网上短信息服务的，能够防范、清除以群发方式发送伪造、隐匿信息发送者真实标记的电子邮件或者短信息。

第十条规定，提供互联网数据中心服务的单位和联网使用单位除落实本规定第七条规定的互联网安全保护技术措施外，还应当落实具有以下功能的安全保护技术措施：

（1）记录并留存用户注册信息。

（2）在公共信息服务中发现、停止传输违法信息，并保留相关记录。

（3）联网使用单位使用内部网络地址与互联网网络地址转换方式向用户提供接入服务的，能够记录并留存用户使用的互联网网络地址和内部网络地址对应关系。

第十四条规定，互联网服务提供者和联网使用单位不得实施下列破坏互联网安全保护技术措施的行为：

（1）擅自停止或者部分停止安全保护技术设施、技术手段运行。

（2）故意破坏安全保护技术设施。

（3）擅自删除、篡改安全保护技术设施、技术手段运行程序和记录。

（4）擅自改变安全保护技术措施的用途和范围。

（5）其他故意破坏安全保护技术措施或者妨碍其功能正常发挥的行为。

第十五条规定，违反本规定第七条至第十四条规定的，由公安机关依照《计算机信息网络国际联网安全保护管理办法》（公安部令第 33 号）第二十一条的规定予以处罚。

五、《电力行业网络与信息安全管理办法》的有关规定

2014 年 7 月 2 日，国家能源局以国能安全〔2014〕317 号印发《电力行业网络与信息安全管理办法》。该《办法》分总则、监督管理职责、电力企业职责、监督检查、附则 5 章 22 条，自发布之日起实施，有效期 5 年。2007 年 12 月 4 日国家电力监管委员会发布的《电力行业网络与信息安全监督管理暂行规定》（电监信息〔2007〕50 号）予以废止。

第一章　总　　则

第一条　为加强电力行业网络与信息安全监督管理，规范电力行业网络与信息安全工作，根据《中华人民共和国计算机信息系统安全保护条例》及国家有关规定，制定本办法。

第二条　电力行业网络与信息安全工作的目标是建立健全网络与信息安全保障体系和工作责任体系，提高网络与信息安全防护能力，保障网络与信息安全，促进信息化工作健康发展。

第三条　电力行业网络与信息安全工作坚持"积极防御、综合防范"的方针，遵循"统一领导、分级负责，统筹规划、突出重点"的原则。

第二章　监督管理职责

第四条　国家能源局是电力行业网络与信息安全主管部门，履行电力行业网络与信息安全监督管理职责。国家能源局派出机构根据国家能源局的授权，负责具体实施本辖区电力企业网络与信息安全监督管理。

第五条　国家能源局依法履行电力行业网络与信息安全监督管理工作职责，主要内容为：

（一）组织落实国家关于基础信息网络和重要信息系统安全保障工作的方针、政策和重大部署，并与电力生产安全监督管理工作相衔接；

（二）组织制定电力行业网络与信息安全的发展战略和总体规划；

（三）组织制定电力行业网络与信息安全等级保护、风险评估、信息通报、应急处置、事件调查与处理、工控设备安全性检测、专业人员管理、容灾备份、安全审计、信任体系建设等方面的政策规定及技术规范，并监督实施；

（四）组织制定电力行业网络与信息安全应急预案，督促、指导电力企业网络与信息安全应急工作，组织或参加信息安全事件的调查与处理；

（五）组织建立电力行业网络与信息安全工作评价与考核机制，督促电力企业落实网络与信息安全责任、保障网络与信息安全经费、开展网络与信息安全工程建设等工作；

（六）组织开展电力行业网络与信息安全信息通报、从业人员技能培训考核等工作；

（七）组织开展电力行业网络与信息安全的技术研发工作；

（八）电力行业网络与信息安全监督管理的其他事项。

第三章　电力企业职责

第六条　电力企业是本单位网络与信息安全的责任主体，负责本单位的网络与信息安全工作。

第七条　电力企业主要负责人是本单位网络与信息安全的第一责任人。电力企业应当建立健全网络与信息安全管理制度体系，成立工作领导机构，明确责任部门，设立专兼职岗位，定义岗位职责，明确人员分工和技能要求，建立健全网络与信息安全责任制。

第八条　电力企业应当按照电力监控系统安全防护规定及国家信息安全等级保护制度的要

求，对本单位的网络与信息系统进行安全保护。

第九条　电力企业应当选用符合国家有关规定、满足网络与信息安全要求的信息技术产品和服务，开展信息系统安全建设或改建工作。

第十条　电力企业规划设计信息系统时，应明确系统的安全保护需求，设计合理的总体安全方案，制定安全实施计划，负责信息系统安全建设工程的实施。

第十一条　电力企业应当按照国家有关规定开展电力监控系统安全防护评估和信息安全等级测评工作，未达到要求的应当及时进行整改。

第十二条　电力企业应当按照国家有关规定开展信息安全风险评估工作，建立健全信息安全风险评估的自评估和检查评估制度，完善信息安全风险管理机制。

第十三条　电力企业应当按照网络与信息安全通报制度的规定，建立健全本单位信息通报机制，开展信息安全通报预警工作，及时向国家能源局或其派出机构报告有关情况。

第十四条　电力企业应当按照电力行业网络与信息安全应急预案，制定或修订本单位网络与信息安全应急预案，定期开展应急演练。

第十五条　电力企业发生信息安全事件后，应当及时采取有效措施降低损害程度，防止事态扩大，尽可能保护好现场，按规定做好信息上报工作。

第十六条　电力企业应当按照国家有关规定，建立健全容灾备份制度，对关键系统和核心数据进行有效备份。

第十七条　电力企业应当建立网络与信息安全资金保障制度，有效保障信息系统安全建设、运维、检查、等级测评和安全评估、应急及其他的信息安全资金。

第十八条　电力企业应当加强信息安全从业人员考核和管理。从业人员应当定期接受相应的政策规范和专业技能培训，并经培训合格后上岗。

第四章　监　督　检　查

第十九条　国家能源局及其派出机构依法对电力企业网络与信息安全工作进行监督检查。

第二十条　国家能源局及其派出机构进行监督检查和事件调查时，可以采取下列措施：

（一）进入电力企业进行检查；

（二）询问相关单位的工作人员，要求其对有关检查事项作出说明；

（三）查阅、复制与检查事项有关的文件、资料，对可能被转移、隐匿、损毁的文件、资料予以封存；

（四）对检查中发现的问题，责令其当场改正或者限期改正。

第五章　附　　　则

第二十一条　本办法由国家能源局负责解释。

第二十二条　本办法自发布之日起实施，有效期五年。2007年12月4日原国家电力监管委员会发布的《电力行业网络与信息安全监督管理暂行规定》（电监信息〔2007〕50号）同时废止。

六、《电力行业信息安全等级保护管理办法》的有关规定

第一章　总　　　则

第一条　为规范电力行业信息安全等级保护管理，提高电力信息系统安全保障能力和水平，

维护国家安全、社会稳定和公共利益，保障和促进信息化建设，根据《中华人民共和国计算机信息系统安全保护条例》、《信息安全等级保护管理办法》，制定本办法。

第二条 国家能源局根据国家信息安全等级保护管理规范和技术标准要求，督促、检查、指导电力行业信息系统运营、使用单位的信息安全等级保护工作，结合行业实际，组织制定适用于电力行业的信息安全等级保护管理规范和技术标准，组织电力企业对信息系统分等级实行安全保护，对等级保护工作的实施进行监督管理。

国家能源局派出机构根据国家能源局的授权，负责对本辖区电力企业信息系统安全等级保护工作的实施进行监督管理管理。

第三条 电力信息系统运营、使用单位应当依照本办法及其相关标准规范，履行信息安全等级保护的义务和责任。

第二章 等 级 划 分 与 保 护

第四条 电力行业信息安全等级保护坚持自主定级、自主保护的原则。信息系统的安全保护等级应当根据信息系统在国家安全、经济建设、社会生活中的重要程度，信息系统遭到破坏后对国家安全、社会秩序、公共利益以及公民、法人和其他组织的合法权益的危害程度等因素确定。

第五条 信息系统的安全保护等级分为以下四级：

第一级，信息系统受到破坏后，会对公民、法人和其他组织的合法权益造成损害，但不损害国家安全、社会秩序和公共利益。

第二级，信息系统受到破坏后，会对公民、法人和其他组织的合法权益产生严重损害，或者对社会秩序和公共利益造成损害，但不损害国家安全。

第三级，信息系统受到破坏后，会对社会秩序和公共利益造成严重损害，或者对国家安全造成损害。

第四级，信息系统受到破坏后，会对社会秩序和公共利益造成特别严重损害，或者对国家安全造成严重损害。

第六条 电力信息系统运营、使用单位依据本办法和相关技术标准对信息系统进行保护，国家有关信息安全监管部门对其信息安全等级保护工作进行监督管理。

第一级电力信息系统运营、使用单位应当依据国家有关管理规范和技术标准进行保护。

第二级信息系统运营、使用单位应当依据国家有关管理规范和技术标准进行保护。国家信息安全监管部门对该级信息系统信息安全等级保护工作进行指导。

第三级信息系统运营、使用单位应当依据国家有关管理规范和技术标准进行保护。国家信息安全监管部门对该级信息系统信息安全等级保护工作进行监督、检查。

第四级信息系统运营、使用单位应当依据国家有关管理规范、技术标准和业务专门需求进行保护。国家信息安全监管部门对该级信息系统信息安全等级保护工作进行强制监督、检查。

第三章 等级保护的实施与管理

第七条 电力信息系统运营、使用单位应当按照《信息系统安全等级保护实施指南》（GB/T 25058—2010）具体实施等级保护工作。电力信息系统运营、使用单位应当依据本办法、《信息系统安全等级保护定级指南》（GB/T 22240—2008）和《电力行业信息系统安全等级保护定级指导意见》确定信息系统的安全保护等级。

第八条　全国电力安全生产委员会成员单位汇总本单位运行、使用的信息系统的定级结果报国家能源局备案。各区域（省）内的电力企业汇总本单位运行、使用的信息系统的定级结果报国家能源局派出机构备案。

第九条　电力信息系统的安全保护等级确定后，运营、使用单位应当按照国家信息安全等级保护管理规范和技术标准，使用符合国家有关规定，满足信息系统安全保护等级需求的信息技术产品，开展信息系统安全建设或者改建工作。

第十条　在电力信息系统建设过程中，运营、使用单位应当按照《计算机信息系统安全保护等级划分准则》（GB 17859—1999）、《信息安全技术信息系统安全等级保护基本要求》（GB/T 22239—2008）《电力行业信息系统安全等级保护基本要求》等技术标准，参照《信息系统等级保护安全设计要求》（GB/T 25070—2010）、《信息安全技术信息系统通用安全技术要求》（GB/T 20271—2006）、《信息安全技术网络基础安全技术要求》（GB/T 20270—2006）、《信息安全技术操作系统安全技术要求》（GB/T 20272—2006）、《信息安全技术数据库管理系统安全技术要求》（GB/T 20273—2006）、《信息安全技术服务器技术要求》（GB/T 21028—2007）、《信息安全技术终端计算机系统安全等级技术要求》（GA/T671—2006）等技术标准同步建设符合该等级要求的信息安全设施。

第十一条　电力信息系统运营、使用单位应当参照《信息安全技术 信息系统安全管理要求》（GB/T 20269—2006）、《信息安全技术 信息系统安全工程管理要求》（GB/T 20282—2006）、《信息安全技术信息系统安全等级保护基本要求》（GB/T 22239—2008）《信息系统安全等级保护基本要求》等管理规范，制定并落实符合本系统安全保护等级要求的安全管理制度。

第十二条　电力信息系统建设完成后，运营、使用单位或者其主管部门应当选择符合本办法规定条件的测试机构，依据《信息安全技术 信息系统安全等级保护测试过程指南》（GB/T 28449—2012）、《信息安全技术 信息系统安全等级保护基本要求》（GB/T 22239—2008）、《信息系统安全等级保护测试要求》（GB/T 28448—2012）、《电力行业信息系统安全等级保护基本要求》等标准或规范要求，定期对电力信息系统安全等级状况开展测评。电力监控系统信息安全等级测评工作应当与电力监控系统安全防护评估工作同步进行。

电力信息系统运营、使用单位及其主管部门应当定期对信息系统安全状况、安全保护制度及措施的落实情况进行自查。第三级信息系统应当每年至少进行一次自查，第四级信息系统应当每半年至少进行一次自查，第五级信息系统应当依据特殊安全需求进行自查。

经测评或者自查，信息系统安全状况未达到安全保护等级要求的，运营、使用单位应当制定方案进行整改。

承担第三级及以上电力信息系统测评任务的测试机构需对测评报告组织专家评审，并将测评报告报国家能源局备案。

第十三条　已运营（运行）的第二级以上信息系统，应当在安全保护等级确定后 30 日内，由其运营、使用单位到所在地设区的市级以上公安机关办理备案手续。

新建第二级以上信息系统，应当在投入运行后 30 日内，由其运营、使用单位到所在地设区的市级以上公安机关办理备案手续。

属于全国电力安全生产委员会成员单位的电力集团公司，其跨省或者全国统一联网运行的电力信息系统，由电力集团公司向公安部办理备案手续。跨省或者全国统一联网运行的电力信息系统在各地运行、应用的分支系统，应当向当地设区的市级以上公安机关备案。

第十四条　办理信息系统安全保护等级备案手续时，应当填写《信息系统安全等级保护备案表》，第三级以上信息系统应当同时提供以下材料：

（一）系统拓扑结构及说明；

（二）系统安全组织机构和管理制度；

（三）系统安全保护设施设计实施方案或者改建实施方案；

（四）系统使用的信息安全产品清单及其认证、销售许可证明；

（五）测评后符合系统安全保护等级的技术检测评估报告；

（六）信息系统安全保护等级专家评审意见；

（七）本企业的上级信息部门对信息系统安全保护等级的意见。

在备案过程中，应当按照公安机关的审核意见，对不符合等级保护要求的备案材料进行纠正后重新备案。

第十五条 国家能源局及派出机构对第三级及以上电力信息系统的运营、使用单位的信息安全等级保护工作情况进行检查。根据《信息安全等级保护管理办法》，每年应至少组织一次对第三级及以上电力信息系统的检查。

检查事项主要为：

（一）信息系统安全需求是否发生变化，原定保护等级是否准确；

（二）运营、使用单位安全管理制度、措施的落实情况；

（三）运营、使用单位及其主管部门对信息系统安全状况的检查情况；

（四）系统安全等级测评是否符合要求；

（五）信息安全产品使用是否符合要求；

（六）信息系统安全整改情况；

（七）备案材料与运营、使用单位、信息系统的符合情况；

（八）其他应当进行监督检查的事项。

第十六条 电力信息系统运营、使用单位应当接受国家能源局及其指定的专门机构的安全监督、检查、指导，如实向国家能源局及其指定的专门机构提供下列有关信息安全保护的信息资料及数据文件：

（一）信息系统备案事项变更情况；

（二）安全组织、人员的变动情况；

（三）信息安全管理制度、措施变更情况；

（四）信息系统运行状况记录；

（五）运营、使用单位及主管部门定期对信息系统安全状况的检查记录；

（六）对信息系统开展等级测评的技术测评报告；

（七）信息安全产品使用的变更情况；

（八）信息安全事件应急预案，信息安全事件应急处置结果报告；

（九）信息系统安全建设、整改结果报告。

（十）信息安全事件应急预案，信息安全事件应急处置结果报告。

第十七条 电力信息系统运营、使用单位应当根据信息安全等级保护工作检查整改通知要求，按照信息安全等级保护管理规范和技术标准进行整改。必要时，国家能源局及其派出机构可对整改情况进行抽查。

第十八条 电力信息系统应当选择使用通过国家检测认证的信息安全产品。

第十九条 第二级及以上电力信息系统应当选择符合下列条件的等级保护测评机构进行

测评：

（一）在中华人民共和国境内注册成立（港澳台地区除外）；

（二）由中国公民投资、中国法人投资或者国家投资的企事业单位（港澳台地区除外）；

（三）从事相关检测评估工作两年以上，无违法记录；

（四）工作人员仅限于中国公民；

（五）法人及主要业务、技术人员无犯罪记录；

（六）使用的技术装备、设施应当符合本办法对信息安全产品的要求；

（七）具有完备的保密管理、项目管理、质量管理、人员管理和培训教育等安全管理制度；

（八）对国家安全、社会秩序、公共利益不构成威胁；

（九）从事电力信息系统测评的技术人员应当通过国家能源局组织的电力系统专业技术和考核，开展电力信息系统测评的机构应向国家能源局备案且通过电力测评机构技术能力评估。

第二十条 从事信息系统安全等级测评的机构，应当履行下列义务：

（一）遵守国家有关法律法规和技术标准，提供安全、客观、公正的检测评估服务，保证测评的质量和效果；

（二）保守在测评活动中知悉的国家秘密、商业秘密和个人隐私，防范测评风险；

（三）对测评人员进行安全保密教育，与其签订安全保密责任书，规定应当履行的安全保密义务和承担的法律责任，并负责检查落实。

第二十一条 涉密信息系统应当依据国家信息安全等级保护的基本要求，按照国家保密工作部门有关涉密信息系统分级保护的管理规定和技术标准，结合系统实际情况进行保护。

非涉密电力信息系统不得处理国家秘密信息。

第四章 涉及国家秘密信息系统的分级保护管理

第二十二条 电力信息系统运营、使用单位采用密码进行等级保护的，应当遵照《信息安全等级保护密码管理办法》、《信息安全等级保护商用密码技术要求》等密码管理规定和相关标准。

第二十三条 电力信息系统安全等级保护中密码的配备、使用和管理等，应当严格执行国家密码管理的有关规定。

第二十四条 电力信息系统运营、使用单位应当充分运用密码技术对信息系统进行保护。采用密码对涉及国家秘密的信息和信息系统进行保护的，应报经国家密码管理局审批，密码的设计、实施、使用、运行维护和日常管理等，应当按照国家密码管理有关规定和相关标准执行；采用密码对不涉及国家秘密的信息和信息系统进行保护的，须遵守《商用密码管理条例》和密码分类分级保护有关规定与相关标准，其密码的配备使用情况应当向国家密码管理机构备案。

第二十五条 电力信息系统运营、使用单位运用密码技术对电力信息系统进行系统等级保护建设和整改的，必须采用经国家密码管理部门批准使用或者准于销售的密码产品进行安全保护，不得采用国外引进或者擅自研制的密码产品；未经批准不得采用含有加密功能的进口信息技术产品。

第二十六条 电力信息系统中采用的密码及密码设备的测评工作由国家密码管理局认可的测评机构承担，其他任何部门、单位和个人不得对密码进行评测和监控。

第二十七条 各级密码管理部门对电力信息系统等级保护工作中密码配备，使用和管理的情况进行检查和测评时，相关电力企业应当积极配合。对于检查和测评中所反馈的问题，应当按照国家密码管理的相关规定要求及时整改。

第五章 法 律 责 任

第二十八条 第二级及以上电力信息系统运营、使用单位违反国家相关规定及本办法规定，由国家相关部门按照职责分工责令其限期改正；逾期不改正的，给予警告，并向其上级主管部门通报情况，建议对其直接负责的主管人员和其他直接责任人员予以处理，造成严重损害的，由相关部门依照有关法律、法规予以处理。

第二十九条 信息安全监管部门及其工作人员在履行监督管理职责中，玩忽职守、滥用职权、徇私舞弊的，依法给予行政处分；构成犯罪的，依法追究刑事责任。

第六章 附 则

第三十条 本办法由国家能源局负责解释。

第三十一条 本办法自发布之日起施行，有效期五年。

七、《电力监控系统安全防护规定》的有关规定（国家发改委令 2014 年第 14 号）

第一章 总 则

第一条 为了加强电力监控系统的信息安全管理，防范黑客及恶意代码等对电力监控系统的攻击及侵害，保障电力系统的安全稳定运行，根据《电力监管条例》、《中华人民共和国计算机信息系统安全保护条例》和国家有关规定，结合电力监控系统的实际情况，制定本规定。

第二条 电力监控系统安全防护工作应当落实国家信息安全等级保护制度，按照国家信息安全等级保护的有关要求，坚持"安全分区、网络专用、横向隔离、纵向认证"的原则，保障电力监控系统的安全。

第三条 本规定所称电力监控系统，是指用于监视和控制电力生产及供应过程的、基于计算机及网络技术的业务系统及智能设备，以及作为基础支撑的通信及数据网络等。

第四条 本规定适用于发电企业、电网企业以及相关规划设计、施工建设、安装调试、研究开发等单位。

第五条 国家能源局及其派出机构依法对电力监控系统安全防护工作进行监督管理。

第二章 技 术 管 理

第六条 发电企业、电网企业内部基于计算机和网络技术的业务系统，应当划分为生产控制大区和管理信息大区。

生产控制大区可以分为控制区（安全区Ⅰ）和非控制区（安全区Ⅱ）；管理信息大区内部在不影响生产控制大区安全的前提下，可以根据各企业不同安全要求划分安全区。根据应用系统实际情况，在满足总体安全要求的前提下，可以简化安全区的设置，但是应当避免形成不同安全区的纵向交叉连接。

第七条 电力调度数据网应当在专用通道上使用独立的网络设备组网，在物理层面上实现与电力企业其他数据网及外部公用数据网的安全隔离。

电力调度数据网划分为逻辑隔离的实时子网和非实时子网，分别连接控制区和非控制区。

第八条 生产控制大区的业务系统在与其终端的纵向连接中使用无线通信网、电力企业其他数据网（非电力调度数据网）或者外部公用数据网的虚拟专用网络方式（VPN）等进行通信的，应当设立安全接入区。

第九条　在生产控制大区与管理信息大区之间必须设置经国家指定部门检测认证的电力专用横向单向安全隔离装置。生产控制大区内部的安全区之间应当采用具有访问控制功能的设备、防火墙或者相当功能的设施，实现逻辑隔离。安全接入区与生产控制大区中其他部分的连接处必须设置经国家指定部门检测认证的电力专用横向单向安全隔离装置。

第十条　在生产控制大区与广域网的纵向连接处应当设置经过国家指定部门检测认证的电力专用纵向加密认证装置或者加密认证网关及相应设施。

第十一条　安全区边界应当采取必要的安全防护措施，禁止任何穿越生产控制大区和管理信息大区之间边界的通用网络服务。生产控制大区中的业务系统应当具有高安全性和高可靠性，禁止采用安全风险高的通用网络服务功能。

第十二条　依照电力调度管理体制建立基于公钥技术的分布式电力调度数字证书及安全标签，生产控制大区中的重要业务系统应当采用认证加密机制。

第十三条　电力监控系统在设备选型及配置时，应当禁止选用经国家相关管理部门检测认定并经国家能源局通报存在漏洞和风险的系统及设备；对于已经投入运行的系统及设备，应当按照国家能源局及其派出机构的要求及时进行整改，同时应当加强相关系统及设备的运行管理和安全防护。

生产控制大区中除安全接入区外，应当禁止选用具有无线通信功能的设备。

第三章　安　全　管　理

第十四条　电力监控系统安全防护是电力安全生产管理体系的有机组成部分。电力企业应当按照"谁主管谁负责，谁运营谁负责"的原则，建立健全电力监控系统安全防护管理制度，将电力监控系统安全防护工作及其信息报送纳入日常安全生产管理体系，落实分级负责的责任制。电力调度机构负责直接调度范围内的下一级电力调度机构、变电站、发电厂涉网部分的电力监控系统安全防护的技术监督，发电厂内其他监控系统的安全防护可以由其上级主管单位实施技术监督。

第十五条　电力调度机构、发电厂、变电站等运行单位的电力监控系统安全防护实施方案必须经本企业的上级专业管理部门和信息安全管理部门以及相应电力调度机构的审核，方案实施完成后应当由上述机构验收。接入电力调度数据网络的设备和应用系统，其接入技术方案和安全防护措施必须经直接负责的电力调度机构同意。

第十六条　建立健全电力监控系统安全防护评估制度，采取以自评估为主、检查评估为辅的方式，将电力监控系统安全防护评估纳入电力系统安全评价体系。

第十七条　建立健全电力监控系统安全的联合防护和应急机制，制定应急预案。电力调度机构负责统一指挥调度范围内的电力监控系统安全应急处理。当遭受网络攻击，生产控制大区的电力监控系统出现异常或者故障时，应当立即向其上级电力调度机构以及当地国家能源局派出机构报告，并联合采取紧急防护措施，防止事态扩大，同时应当注意保护现场，以便进行调查取证。

第四章　保　密　管　理

第十八条　电力监控系统相关设备及系统的开发单位、供应商应当以合同条款或者保密协议的方式保证其所提供的设备及系统符合本规定的要求，并在设备及系统的全生命周期内对其负责。电力监控系统专用安全产品的开发单位、使用单位及供应商，应当按国家有关要求做好保密工作，禁止关键技术和设备的扩散。

第十九条　对生产控制大区安全评估的所有评估资料和评估结果，应当按国家有关要求做好保密工作。

第五章　监　督　管　理

第二十条　国家能源局及其派出机构负责制定电力监控系统安全防护相关管理和技术规范，并监督实施。

第二十一条　对于不符合本规定要求的，相关单位应当在规定的期限内整改；逾期未整改的，由国家能源局及其派出机构依据国家有关规定予以处罚。

第二十二条　对于因违反本规定，造成电力监控系统故障的，由其上级单位按相关规程规定进行处理；发生电力设备事故或者造成电力安全事故（事件）的，按国家有关事故（事件）调查规定进行处理。

第六章　附　　　则

第二十三条　本规定下列用语的含义或范围：

（一）电力监控系统具体包括电力数据采集与监控系统、能量管理系统、变电站自动化系统、换流站计算机监控系统、发电厂计算机监控系统、配电自动化系统、微机继电保护和安全自动装置、广域相量测量系统、负荷控制系统、水调自动化系统和水电梯级调度自动化系统、电能量计量系统、实时电力市场的辅助控制系统、电力调度数据网络等。

（二）电力调度数据网络，是指各级电力调度专用广域数据网络、电力生产专用拨号网络等。

（三）控制区，是指由具有实时监控功能、纵向连接使用电力调度数据网的实时子网或者专用通道的各业务系统构成的安全区域。

（四）非控制区，是指在生产控制范围内由在线运行但不直接参与控制、是电力生产过程的必要环节、纵向连接使用电力调度数据网的非实时子网的各业务系统构成的安全区域。

第二十四条　本规定自 2014 年 9 月 1 日起施行。2004 年 12 月 20 日原国家电力监管委员会发布的《电力二次系统安全防护规定》（国家电力监管委员会令第 5 号）同时废止。

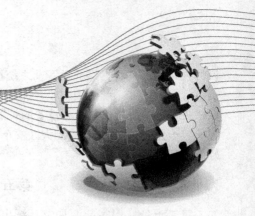

第二章

电力信息系统安全等级保护工作的实施

根据《信息安全等级保护管理办法》的规定，信息系统安全等级保护工作主要分为定级、备案、建设整改、等级测评、监督检查五个环节。

定级、备案是信息安全等级保护的首要环节，通过定级，信息系统主管部门和运营、使用单位可以梳理出信息系统类型、重要程度和数量等，确定信息安全保护的重点。安全建设整改是落实信息安全等级保护工作的关键，通过建设整改使信息系统具备相应等级的基本保护能力。等级测评是第三方测评机构针对信息系统开展测评工作，检验和评价信息系统安全保护能力是否达到相关标准要求。监督检查是公安机关等信息安全监管部门定期对备案单位等级保护工作的开展和落实情况进行监督检查。

第一节 定 级 工 作

信息安全等级保护制度是国家信息安全保障的基本制度，而定级是等级保护工作的首要环节和关键环节，定级不准，系统备案、建设、整改、等级测评等后续工作都会失去意义，信息系统安全就没有保证。定级时应主要考虑信息系统破坏后对国家安全、社会稳定的影响。确定为三级以上的信息系统，均属于国家的重要信息系统，是国家要保护的重点，国家财政、有关部门要投入财力、物力、人力，保证其安全。重要信息系统属于国家关键基础设施，需要运营使用单位、主管部门真正承担起安全责任，同时，信息安全监管部门代表国家对重要信息系统的安全进行监督、检查、指导。在重要信息系统安全方面，运营使用单位和主管部门是第一责任部门，负主要责任，信息安全监管部门是第二责任部门，负监管责任。运营使用单位、主管部门和信息安全监管部门密切配合，共同承担责任，才能保护好国家基础信息网络和重要信息系统的安全。

电力行业信息系统安全保护等级定级工作，应按照《电力监控系统安全防护规定》、《电力行业网络与信息安全管理办法》有关规定，参照《电力行业信息系统安全等级保护定级工作指导意见》定级工作流程进行。

一、工作组织

国家能源局监管办及派出机构：组织领导并统一协调电力行业信息系统安全等级保护定级工作，对信息系统运营使用单位的定级工作进行督促、检查和指导。

电力行业信息系统安全等级保护定级工作专家组（以下简称专家组）：对电力行业信息系统安全定级工作进行专家指导、咨询，对定级结果进行评审。

各有关电力公司（电力行业网络与信息安全领导小组成员单位）：负责组织开展本单位（系统）信息系统安全等级保护定级工作。

信息系统运营使用单位（以下简称运营使用单位）：具体负责所运营、使用的信息系统的安全定级工作。

技术支持单位：××等单位为信息安全定级工作的技术支持单位，负责提供技术支持。

二、定级原理

1. 信息系统安全保护等级

根据等级保护相关管理文件，信息系统的安全保护等级分为以下五级：

第一级，信息系统受到破坏后，会对公民、法人和其他组织的合法权益造成损害，但不损害国家安全、社会秩序和公共利益。

第二级，信息系统受到破坏后，会对公民、法人和其他组织的合法权益产生严重损害，或者对社会秩序和公共利益造成损害，但不损害国家安全。

第三级，信息系统受到破坏后，会对社会秩序和公共利益造成严重损害，或者对国家安全造成损害。

第四级，信息系统受到破坏后，会对社会秩序和公共利益造成特别严重损害，或者对国家安全造成严重损害。

第五级，信息系统受到破坏后，会对国家安全造成特别严重损害。

2. 信息系统安全保护等级的定级要素

信息系统的安全保护等级由两个定级要素决定：等级保护对象受到破坏时所侵害的客体和对客体造成侵害的程度。

受侵害的客体

等级保护对象受到破坏时所侵害的客体包括以下三个方面：

（1）公民、法人和其他组织的合法权益；

（2）社会秩序、公共利益；

（3）国家安全。

对客体的侵害程度

对客体的侵害程度由客观方面的不同外在表现综合决定。由于对客体的侵害是通过对等级保护对象的破坏实现的，因此，对客体的侵害外在表现为对等级保护对象的破坏，通过危害方式、危害后果和危害程度加以描述。

等级保护对象受到破坏后对客体造成侵害的程度归结为以下三种：

（1）造成一般损害；

（2）造成严重损害；

（3）造成特别严重损害。

3. 定级要素与等级的关系

定级要素与信息系统安全保护等级的关系见表 2-1。

表 2-1　　　　　　　　　　　定级要素与安全保护等级的关系

受侵害的客体	对客体的侵害程度		
	一般损害	严重损害	特别严重损害
公民、法人和其他组织的合法权益	第一级	第二级	第二级
社会秩序、公共利益	第二级	第三级	第四级
国家安全	第三级	第四级	第五级

三、定级方法

1. 定级流程

信息系统安全包括业务信息安全和系统服务安全，与之相关的受侵害客体和对客体的侵害程度可能不同，因此，信息系统定级也应由业务信息安全和系统服务安全两方面确定。

从业务信息安全角度反映的信息系统安全保护等级称业务信息安全保护等级。

从系统服务安全角度反映的信息系统安全保护等级称系统服务安全保护等级。

确定信息系统安全保护等级的一般流程如下：

（1）确定作为定级对象的信息系统；

（2）确定业务信息安全受到破坏时所侵害的客体；

（3）根据不同的受侵害客体，从多个方面综合评定业务信息安全被破坏对客体的侵害程度；

（4）依据表 2-2，得到业务信息安全保护等级；

（5）确定系统服务安全受到破坏时所侵害的客体；

（6）根据不同的受侵害客体，从多个方面综合评定系统服务安全被破坏对客体的侵害程度；

（7）依据表 2-3，得到系统服务安全保护等级；

（8）将业务信息安全保护等级和系统服务安全保护等级的较高者确定为定级对象的安全保护等级。

表 2-2　　　　　　　　　　业务信息安全保护等级矩阵表

业务信息安全被破坏时所侵害的客体	对相应客体的侵害程度		
	一般损害	严重损害	特别严重损害
公民、法人和其他组织的合法权益	第一级	第二级	第二级
社会秩序、公共利益	第二级	第三级	第四级
国家安全	第三级	第四级	第五级

表 2-3　　　　　　　　　　系统服务安全保护等级矩阵表

系统服务安全被破坏时所侵害的客体	对相应客体的侵害程度		
	一般损害	严重损害	特别严重损害
公民、法人和其他组织的合法权益	第一级	第二级	第二级
社会秩序、公共利益	第二级	第三级	第四级
国家安全	第三级	第四级	第五级

上述步骤如图 2-1 所示。

2. 确定定级对象

一个单位内运行的信息系统可能比较庞大，为了体现重要部分重点保护，有效控制信息安全建设成本，优化信息安全资源配置的等级保护原则，可将较大的信息系统划分为若干个较小的、可能具有不同安全保护等级的定级对象。

（1）作为定级对象的基本特征。

1）具有唯一确定的安全责任单位。作为定级对象的信息系统应能够唯一地确定其安全责任单位。如果一个单位的某个下级单位负责信息系统安全建设、运行维护等过程的全部安全责任，则这个下级单位可以成为信息系统的安全责任单位；如果一个单位中的不同下级单位分别承担信息系统不同方面的安全责任，则该信息系统的安全责任单位应是这些下级单位共同所属的单位。

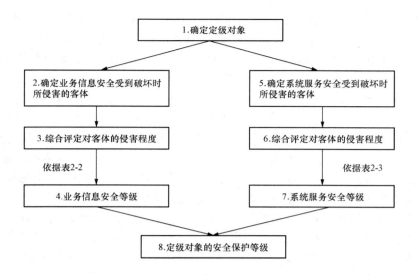

图 2-1　确定信息系统安全保护等级的一般流程

2）具有信息系统的基本要素。作为定级对象的信息系统应该是由相关的和配套的设备、设施按照一定的应用目标和规则组合而成的有形实体。应避免将某个单一的系统组件，如服务器、终端、网络设备等作为定级对象。

3）承载单一或相对独立的业务应用。定级对象承载"单一"的业务应用是指该业务应用的业务流程独立，且与其他业务应用没有数据交换，且独享所有信息处理设备。定级对象承载"相对独立"的业务应用是指其业务应用的主要业务流程独立，同时与其他业务应用有少量的数据交换，定级对象可能会与其他业务应用共享一些设备，尤其是网络传输设备。

（2）定级对象的识别方法。一般来讲单位信息系统可以划分为几个定级对象，如何划分系统是定级之前的主要问题。信息系统的划分没有绝对的对与错，只有合理与不合理，合理地划分信息系统有利于信息系统的保护及安全规划，反之可能给将来的应用和安全保护带来不便，又可能需要重新进行信息系统的划分。由于信息系统的多样性，不同的信息系统在划分过程中所侧重考虑的划分依据会有所不同。通常，在信息系统划分过程中，应当结合信息系统的现状，从信息系统的管理机构、业务特点或物理位置等几个方面考虑对信息系统进行划分，当然也可以根据信息系统的实际情况，选择其他的划分依据，只要最终划分结果合理就可以。

1）安全责任单位。依据安全责任单位的不同，划分信息系统。如果信息系统由不同的单位负责运行维护和管理，或者说信息系统的安全责任分属不同机构，则可以根据安全责任单位的不同划分成不同的信息系统。一个运行在局域网的信息系统，其安全责任单位一般只有一个，但对一个跨不同地域运行的信息系统来说，就可能存在不同的安全责任单位，此时可以考虑根据不同地域的信息系统的安全责任单位的不同，划分出不同的信息系统。

在一个单位中，信息系统的业务管理和运行维护可能由不同部门负责，例如科技部门或信息中心负责信息系统所有设备和设施的运行、维护和管理，各业务部门负责其中的业务流程的制定和业务操作，信息系统的安全管理责任不仅指在信息系统的运行、维护和管理方面的责任，承担安全责任的不应是科技部门，而应当是该单位本身。

一个运行在局域网的信息系统，其管理边界比较明确，但对一个跨不同地域运行的信息系统，其管理边界可能有不同情况：如果不同地域运行的信息系统分属不同单位（如上级单位和下级单位）负责运行和管理，上下级单位的管理边界为本地的信息系统，则该信息系统可以划分为两个信息系统；如果不同地域运行的信息系统均由其上级单位直接负责运行和管理，运维人员由上级单位指派，安全责任由上级单位负责，则上级单位的管理边界应包括本地和远程的运行环境。

2）业务类型和业务重要性。根据业务的类型、功能、阶段的不同，对信息系统进行划分，不同类型的业务之间会存在重要程度、环境、用户数量等方面的不同，这些不同会带来安全需求和受破坏后的影响程度的差异，例如，一个是以信息处理为主的系统，其重要性体现在信息的保密性，而另一个是以业务处理为主的系统，其重要性体现在其所提供服务的连续性，因此，可以按照业务类型的不同划分为不同的信息系统。又比如，在整个业务流程中，核心处理系统的功能重要性可能远大于终端处理系统，有需要时，可以将其划分为不同的信息系统。

归结起来，以下几种情况可能划分为不同等级的信息系统：

a）可能涉及不同客体的系统。例如对内服务与对外运营的业务系统，对内服务的办公系统，一般来说其中的信息和提供的服务是面向本单位的，涉及的等级保护客体一般是本单位，而对外运营的业务系统往往关系到其他单位、个人或面向社会，因此这两类业务可能涉及不同的客体，可能具有不同的安全保护等级，可以考虑划分为不同的信息系统。又比如处理涉及国家秘密信息的信息系统与处理一般单位敏感信息的信息系统应分开。

b）可能对客体造成不同程度损害的系统。例如全国大集中系统数据中心的数据量和服务范围都远大于各省级节点和市级节点，其受到破坏后的损害程度和影响范围也有很大差别，可能具有不同的安全等级，可以考虑划分为不同的信息系统。

c）处理不同类型业务的系统。

3）分析物理位置的差异。根据物理位置的不同，对信息系统进行划分。物理位置的不同，信息系统面临的安全威胁就可能不同，不同物理位置之间通信信道的不可信，使不同物理位置的信息系统也不能视为可以互相访问的一个安全域，即使等级相同可能也需要划分为不同的信息系统分别加以保护。因此，物理位置也可以作为信息系统划分的考虑因素之一。

在进行信息系统的划分过程中，进行分析，可以选择上述三个方面中的一个方面因素作为划分的依据，也可以综合几个方面因素作为划分的依据。同时，还要结合信息系统的现状，避免由于信息系统的划分而引起大量的网络改造和重复建设工作，影响原有系统的正常运行。一般单位的信息系统建设和网络布局，一般都会或多或少考虑系统的特点、业务重要性及不同系统之间的关系，进行信息系统的等级划分应尽可能以现有网络条件为基础进行划分，以免引起不必要的网络改造和建设工作，影响原有系统的业务运行。

此外，有些信息系统中不同业务的重要程度虽然会有所差异，但是由于业务之间联系紧密，不容易拆分，可以作为一个信息系统按照同样级别保护。但是，如果其中某一个业务对信息防护或服务保障性要求较高，比如与互联网相连，可能会影响到其他的业务，就应当将其从该信息系统中分离出来，单独定级而实施增强保护。

经过合理划分，一个单位或机构的信息系统最终可能会划分为不同等级的多个信息系统。同时，通过在信息系统划分阶段对各种系统服务业务信息、业务流程的深入分析，明确了各个信息系统之间的边界和逻辑关系以及他们各自的安全需求，有利于信息系统安全保护的实施。

（3）定级对象信息系统边界和边界设备的确定方法。定级对象确定后就需要确定定级对象信息系统的边界和边界设备。由于定级对象信息系统有可能是单位信息系统的一部分，如果该信息系统与其他系统在网络上是独立的，没有设备共用情况，边界则容易确定，但当不同信息系统之间存在共用设备时，应加以分析。

由于信息系统的边界保护一般在物理边界或网络边界上实现，系统边界一般不应出现在服务器内部。

两个信息系统边界存在共用设备时，共用设备的安全保护措施按两个信息系统安全保护等级较高者确定。例如，一个2级系统和一个3级系统之间有一个防火墙或两个系统共用一个核心交换机，此时防火墙和交换机可以作为两个系统的边界设备，但其安全保护措施应满足3级系统的要求。

终端设备一般包括系统管理终端、内部用户终端和外部用户终端。对于外部用户终端，由于用户和设备一般都不在信息系统的管理边界内，这些终端设备不在信息系统的边界范围内。信息系统的管理终端是与被管理设备相对应的，服务器、网络设备及安全设备等属于哪个系统，终端就应归在哪个信息系统中。内部用户终端就比较复杂，内部用户终端往往与多个系统相连，当信息系统进行等级化保护后，应尽可能为不同的信息系统分配不共用的终端设备，以免在终端处形成不同等级信息系统的边界。但如果无法做到不同等级的信息系统使用不同的终端设备，则应将终端设备划分为其他的信息系统，并在服务器与内部用户终端之间建立边界保护，对终端通过身份鉴别和访问控制等措施加以控制。

处理涉密信息的终端必须划分到相应的信息系统中，且不能与非涉密系统共用终端。

（4）电力行业信息系统安全等级保护定级对象分类。根据电力行业实际，按照上述定级对象确定方式，综合考虑信息系统的责任单位、业务类型和业务重要性及物理位置差异等各种因素，可将电力行业信息系统分为生产控制系统、生产管理系统、网站系统、管理信息系统、信息网络五大类。

3. 确定受侵害的客体

定级对象受到破坏时所侵害的客体包括国家安全、社会秩序、公众利益以及公民、法人和其他组织的合法权益。

（1）侵害国家安全的事项包括以下方面：

——影响国家政权稳固和国防实力；

——影响国家统一、民族团结和社会安定；

——影响国家对外活动中的政治、经济利益；

——影响国家重要的安全保卫工作；

——影响国家经济竞争力和科技实力；

——其他影响国家安全的事项。

（2）侵害社会秩序的事项包括以下方面：

——影响国家机关社会管理和公共服务的工作秩序；

——影响各种类型的经济活动秩序；

——影响各行业的科研、生产秩序；

——影响公众在法律约束和道德规范下的正常生活秩序等；

——其他影响社会秩序的事项。

（3）影响公共利益的事项包括以下方面：

——影响社会成员使用公共设施；

——影响社会成员获取公开信息资源；

——影响社会成员接受公共服务等方面；

——其他影响公共利益的事项。

影响公民、法人和其他组织的合法权益是指由法律确认的并受法律保护的公民、法人和其他组织所享有的一定的社会权力和利益。

确定作为定级对象的信息系统受到破坏后所侵害的客体时，应首先判断是否侵害国家安全，然后判断是否侵害社会秩序或公众利益，最后判断是否侵害公民、法人和其他组织的合法权益。

各单位可根据本单位业务特点，分析各类信息和各类信息系统与国家安全、社会秩序、公共利益以及公民、法人和其他组织的合法权益的关系，从而确定本行业各类信息和各类信息系统受到破坏时所侵害的客体。

4. 确定对客体的侵害程度

（1）侵害的客观方面。在客观方面，对客体的侵害行为外在表现为对定级对象的破坏，其危害方式表现为对信息安全的破坏和对信息系统服务的破坏，其中信息安全是指确保信息系统内信息的保密性、完整性和可用性等，系统服务安全是指确保信息系统可以及时、有效地提供服务，以完成预定的业务目标。由于业务信息安全和系统服务安全受到破坏所侵害的客体和对客体的侵害程度可能会有所不同，在定级过程中，需要分别处理这两种危害方式。

（2）信息安全和系统服务安全受到破坏后，可能产生以下危害后果：

——影响行使工作职能；

——导致业务能力下降；

——引起法律纠纷；

——导致财产损失；

——造成社会不良影响；

——对其他组织和个人造成损失；

——其他影响。

（3）综合判定侵害程度。侵害程度是客观方面的不同外在表现程度，因此，应首先根据不同的受侵害客体、不同危害后果分别确定其危害程度。对不同危害后果确定其危害程度所采取的方法和所考虑的角度可能不同，例如系统服务安全被破坏导致业务能力下降的程度可以从信息系统服务覆盖的区域范围、用户人数或业务量等不同方面确定，业务信息安全被破坏导致的财物损失可以从直接的资金损失大小、间接的信息恢复费用等方面进行确定。

在针对不同的受侵害客体进行侵害程度的判断时，应参照以下不同的判别基准：

——如果受侵害客体是公民、法人或其他组织的合法权益，则以本人或本单位的总体利益作为判断侵害程度的基准；

——如果受侵害客体是社会秩序、公共利益或国家安全，则应以整个行业或国家的总体利益作为判断侵害程度的基准。

（4）不同危害后果的三种危害程度描述如下：

1）一般损害：工作职能受到局部影响，业务能力有所降低但不影响主要功能的执行，出现较轻的法律问题，较低的财产损失，有限的社会不良影响，对其他组织和个人造成较低损害。

2）严重损害：工作职能受到严重影响，业务能力显著下降且严重影响主要功能执行，出现较严重的法律问题，较高的财产损失，较大范围的社会不良影响，对其他组织和个人造成较严重损害。

3）特别严重损害：工作职能受到特别严重影响或丧失行使能力，业务能力严重下降且功能无法执行，出现极其严重的法律问题，极高的财产损失，大范围的社会不良影响，对其他组织和个人造成非常严重损害。

信息安全和系统服务安全被破坏后对客体的侵害程度，由对不同危害结果的危害程度进行综合评定得出。由于各单位信息系统所处理的信息种类和系统服务特点各不相同，信息安全和系统服务安全受到破坏后关注的危害结果、危害程度的计算方式均可能不同，各单位可根据本单位信息特点和系统服务特点，制定危害程度的综合评定方法，并给出侵害不同客体造成一般损害、严重损害、特别严重损害的具体定义。

5. 可能侵害的客体及侵害程度的确定方法

（1）电力信息系统受到破坏后可能侵害的客体。电力行业各类别信息系统受到破坏后可能侵害的客体参见表2-2。

表2-4　　　　　　　　　电力行业各类别信息系统受到破坏后可能侵害的客体

信息系统类别	可能侵害的客体
生产控制系统	国家安全，社会秩序、公共利益，公民、法人和其他组织的合法权益
生产管理系统	国家安全，社会秩序、公共利益，公民、法人和其他组织的合法权益
管理信息系统	社会秩序、公共利益，公民、法人和其他组织的合法权益
网站系统	社会秩序、公共利益，公民、法人和其他组织的合法权益
信息网络	国家安全，社会秩序、公共利益，公民、法人和其他组织的合法权益

（2）确定对客体的侵害程度。电力行业信息系统受到破坏时，不同危害后果的三种危害程度描述如下：

1）对公民、法人和其他组织的合法权益的危害程度。

一般损害：对信息系统所属单位造成一定的经济损失，或对个别公民、法人或其他组织的利益造成较低的损害。

严重损害：对信息系统所属单位造成严重的经济损失，或对个别公民、法人或其他组织的利益造成一定的损害。

特别严重损害：对信息系统所属单位造成重大的经济损失，或对个别公民、法人或其他组织的利益造成严重的损害。

2）对社会秩序、公共利益的危害程度。

一般损害：使电力生产面临明显的中断威胁，影响波及一个地市的部分地区，对公众利益造成一定损害，可能扰乱社会秩序。

严重损害：使电力生产面临严重的中断威胁，影响波及一个或多个地市的部分地区，对公众利益造成严重损害，对社会秩序造成一定的影响。

特别严重损害：使电网瓦解，发电机组停运，影响波及一个或多个地市的大部分地区，严重扰乱社会秩序，对电力行业造成巨大经济损失，对公众利益造成重大损害。

3）对国家安全的危害程度。

一般损害：使电网瓦解，发电机组停运，影响波及一个或多个地市的部分地区，明显影响社会安定。

严重损害：使电网瓦解，发电机组停运，影响波及一个或多个地市的大部分地区，对社会安定造成了严重的影响，明显影响国家安全。

特别严重损害：造成电网瓦解，发电机组停运，影响波及一个或多个省市的大部分地区，引起社会动荡，严重威胁国家安全。

6. 确定定级对象的安全保护等级

根据业务信息安全被破坏时所侵害的客体以及对相应客体的侵害程度，依据表2-5业务信息安全保护等级矩阵表，即可得到业务信息安全保护等级。

表 2-5　　　　　　　　　　　业务信息安全保护等级矩阵表

业务信息安全被破坏时所侵害的客体	对相应客体的侵害程度		
	一般损害	严重损害	特别严重损害
公民、法人和其他组织的合法权益	第一级	第二级	第二级
社会秩序、公共利益	第二级	第三级	第四级
国家安全	第三级	第四级	第五级

根据系统服务安全被破坏时所侵害的客体以及对相应客体的侵害程度，依据表 2-6 系统服务安全保护等级矩阵表，即可得到系统服务安全保护等级。

表 2-6　　　　　　　　　　　系统服务安全保护等级矩阵表

系统服务安全被破坏时所侵害的客体	对相应客体的侵害程度		
	一般损害	严重损害	特别严重损害
公民、法人和其他组织的合法权益	第一级	第二级	第二级
社会秩序、公共利益	第二级	第三级	第四级
国家安全	第三级	第四级	第五级

作为定级对象的信息系统的安全保护等级由业务信息安全保护等级和系统服务安全保护等级的较高者决定。

7. 关于定级过程的说明

信息系统定级既可以在新系统规划、设计时进行，也可在已建成系统中进行。对于新建系统，尽管信息系统尚未建成，但信息系统的运营使用者应首先分析该信息系统处理哪几种主要业务，预计处理的业务信息和服务安全被破坏所侵害的客体，以及根据可能的对信息系统的损害方式判断可能的客体侵害程度等基本信息，确定信息系统的安全保护等级。

对于已建系统，可以通过系统基本情况调查、调查结果分析、确定等级，形成定级报告等过程完成。

通过定级调查，可以了解单位信息系统的全貌，了解定级对象信息系统与单位其他信息系统的关系。根据用户需求或工作需要，定级调查活动既可以针对单位整个信息系统进行，也可在用户指定的范围内进行。

（1）识别单位基本信息。调查了解对目标系统负有安全责任的单位的性质、隶属关系、所属行业、业务范围、地理位置等基本情况，以及其上级主管机构（如果有）的信息。

了解单位基本信息有助于判断单位的职能特点，单位所在行业及单位在行业所处的地位和所用，由此判断单位主要信息系统的宏观定位。

（2）识别管理框架。调查了解定级对象信息系统所在单位的组织管理结构、管理策略、部门设置和部门在业务运行中的作用、岗位职责。了解信息系统的管理、使用、运维的责任部门，特别是当该单位的信息系统存在分布于不同的物理区域的情况时，应了解不同区域系统运行的安全管理责任。安全管理的责任单位就是等级保护备案工作的责任单位。

了解管理框架还有利于将来对整个单位制定等级保护管理框架及单个定级对象等级管理策略。

（3）识别业务种类、流程和服务。调查了解定级对象信息系统内部处理多少种业务，各项业务具体要完成的工作内容、服务目标和业务流程等。了解这些业务与单位职能的关联，单位对定级对象信息系统完成业务使命的期待和依赖程度，由此判断该信息系统在单位的作用和影响程度。

调查还应关注每个信息系统的业务流，以及不同信息系统之间的业务关系，因为不同信息系统之间的业务关系和数据关系表明其他信息系统对该信息系统的服务的关联和依赖。

应重点了解定级对象信息系统中不同业务系统提供的服务在影响履行单位职能方面具体方式和程度，影响的区域范围、用户人数、业务量的具体数据以及对本单位以外机构或个人的影响等方面。

（4）识别信息。调查了解定级对象信息系统所处理的信息，了解单位对信息的三个安全属性的需求，了解不同业务数据在其保密性、完整性和可用性被破坏后在单位职能、单位资金、单位信誉、人身安全等方面可能对国家、社会、本单位造成的影响，对影响程度的描述应尽可能量化。

根据系统不同业务数据可能是用户数据、业务处理数据、业务过程记录（流水）数据、系统控制数据或文件等。

了解数据信息还应关注信息系统的数据流，以及不同信息系统之间的数据交换或共享关系。

（5）识别网络结构和边界。调查了解定级对象信息系统所在单位的整体网络状况和安全防护情况，包括网络覆盖范围（全国、全省或本地区），网络的构成（广域网、城域网或局域网等），内部网段/VLAN 划分，网段/VLAN 划分与系统的关系，与上级单位、下级单位、外部用户、合作单位等的网络连接方式，与互联网的连接方式。目的是了解定级对象信息系统自身网络在单位整个网络中的位置，该信息系统所处的单位内部网络环境和外部环境特点，以及该信息系统的网络安全保护与单位内部网络环境的安全保护的关系。

（6）识别主要的软硬件设备。调查了解与定级对象信息系统相关的服务器、网络、终端、存储设备以及安全设备等，设备所在网段，在系统中的功能和作用。信息系统的安全保护等级仅与其重要性有关，与具体设备情况没有关系，但由于在划分信息系统时，不可避免地会涉及设备共用问题，调查设备的位置和作用主要就是发现不同信息系统在设备使用方面的共用程度。

（7）识别用户类型和分布。调查了解各系统的管理用户和一般用户，内部用户和外部用户，本地用户和远程用户等类型，了解用户或用户群的数量分布，各类用户可访问的数据信息类型和操作权限。

了解用户类型和数量，有助于判断系统服务中断或系统信息被破坏可能影响的范围和程度。

（8）形成定级结果。定级人员需要将定级对象信息系统中的不同类重要信息分别分析其安全性受到破坏后所侵害的客体及对客体的侵害程度，取其中最高结果作为业务信息安全保护等级。

再将定级对象信息系统中的不同类重要系统服务分别分析其受到破坏后所侵害的客体及对客体的侵害程度，取其中最高结果作为业务服务安全保护等级。

8. 关于审批流程的说明

按照"谁主管，谁负责"的原则，为进一步明确各级主管部门责任，现将审批流程说明如下：

信息系统各运营使用单位按照本意见确定信息系统安全保护等级后，填写备案表，报上一级主管部门审核，经审核批准后按要求到公安机关办理备案手续。

各有关电力公司负责汇总本单位（系统）信息系统定级情况，与本单位（系统）信息系统安全定级工作总结报告一同报送属地能源局监管机构审核。

其他电力企业负责汇总本单位（系统）信息系统定级情况，与本单位（系统）信息系统安全定级工作总结报告一同报送属地能源局监管机构审核。

9. 等级变更

在信息系统的运行过程中，信息系统安全保护等级应随着信息系统所处理的信息和业务状态的变化进行适当的变更，尤其是当状态变化可能导致业务信息安全或系统服务受到破坏后的受侵害客体和对客体的侵害程度有较大的变化，可能影响到系统的安全保护等级时，应重新定级。重新定级后，应按要求向公安机关重新备案。

10. 电力行业重要信息系统安全等级保护定级建议

根据公安部等四部委印发的《信息安全等级保护管理办法》要求，原电监会组织电力行业网络与信息安全领导小组成员单位，经商公安部，并在广泛征求各方意见的基础上，提出以下电力行业重要信息系统安全等级保护定级建议（见表 2-7），未列出的信息系统请各单位根据实际自主确定信息系统安全保护等级。

表 2-7　　　　　　　　　　电力行业重要信息系统安全等级保护定级建议

系统类别	系统名称	范围	建议等级	备注
生产控制系统	能量管理系统	省级及以上	4	
		省级以下	3	
	变电站自动化系统（含开关站、换流站）	220kV 及以上	3	
		220kV 以下	2	
	配网自动化系统		3	
	电力负荷管理系统		3	
	火电机组控制系统 DCS（含辅机控制系统）	单机容量 300MW 及以上	3	
		单机容量 300 MW 以下	2	
	水电厂监控系统	总装机 1000 MW 及以上	3	
		总装机 1000 MW 以下	2	
	梯级调度监控系统	总装机 2000 MW 及以上	3	若无控制功能则属生产管理系统
		总装机 2000 MW 以下	2	
生产管理系统	继电保护和故障录波信息管理系统		2	
	电能量计量系统		3	
	广域相量测量系统		3	若有控制功能则属生产控制系统
	水调自动化系统		2	
	调度生产管理系统	省级及以上	3	
		省级以下	2	
	发电厂 SIS	总装机 1000MW 及以上	3	若有控制功能则属生产控制系统
		总装机 1000MW 以下	2	
	梯级水调自动化系统		2	
	大坝自动监测系统		2	
	雷电（气象）监测系统		2	
	核电站环境监测系统		3	
网站系统	企业内部网站系统		2	
	企业对外网站系统	集团公司本部	3	
		二级公司、网省公司及以下	2	

续表

系统类别	系统名称	范围	建议等级	备注
网站系统	电力监管门户网站系统	电监会本部	3	
		电监会派出机构	2	
管理信息系统	生产管理信息系统		2	
	电力市场信息系统		3	
	财务（资金）管理系统	集团公司本部、二级公司、网省公司	3	
		二级公司、网省公司以下	2	
	营销管理系统		2	
	办公自动化（OA）系统	集团公司本部	3	
		二级公司、网省公司及以下	2	
	邮件系统		2	
	人力资源管理系统		2	
	物资管理系统		2	
	项目管理系统		2	
	ERP 系统		2	
	修造管理信息系统		2	
	施工管理信息系统		2	
	电力设计管理信息系统	省院（或甲级资质）及以上设计单位	3	
		省院（或甲级资质）以下设计单位	2	
	电力监管信息系统		3	
信息网络	电力调度数据网络		3	
	电力企业广域网		2	
	电力监管广域网		2	

四、定级过程中需要注意的九个问题

定级工作是一个繁杂的系统过程，定级工作中需要注意以下几个方面的问题：

1. 关于行业定级指导意见

《信息安全等级保护管理办法》第十条规定，信息系统运营、使用单位应当依据《信息安全等级保护管理办法》和《信息系统安全等级保护定级指南》确定信息系统的安全保护等级。有主管部门的，应当经主管部门审核批准。跨省或者全国统一联网运行的信息系统可以由主管部门统一确定安全保护等级。

《关于开展全国重要信息系统安全等级保护定级工作的通知》要求各行业主管部门要根据行业特点提出指导本地区、本行业定级工作的指导意见。

与此相对应，在《信息系统安全等级保护定级指南》中提出"各行业可根据本行业业务特点，分析各类信息和各类信息系统与国家安全、社会秩序、公共利益以及公民、法人和其他组织的合法权益的关系，从而确定本行业各类信息和各类信息系统受到破坏时所侵害的客体。"

每个行业在国家政治、经济、军事、外交等活动中的职能不同，信息系统在行业内所发挥的作用对行业职能影响不同，信息和信息系统被破坏后对等级保护客体的影响也有所不同。对本行业职能的认识，行业主管部门一般比信息系统的运营、使用单位具有更高的站位、更宏观的视野，从而可以做出更准确的判断，因此需要行业主管部门对本行业哪些业务系统的等级保护客体是国家安全、哪些是社会秩序、公共利益、哪些是公民、法人和其他组织的合法权益给出基本判断，从而指导本行信息系统的不同的运营、使用单位作出一致的判断。

2．关于国家安全

随着信息化的不断推进，我国国家安全和经济生活已经极大地依赖于信息技术和信息基础设施，尤其是国防、电力、银行、政府机构、电信系统以及运输系统等重要基础设施一旦受到破坏，会对国家安全构成严重威胁。因此在考虑信息系统的信息和服务安全被破坏后，可能对国家安全的影响时，也应从多方面加以考虑。

举例来说，涉及影响国家安全事项的信息系统可能包括：重要的国家事务处理系统、国防工业生产系统和国防设施的控制系统等属于影响国家政权稳固和国防实力的信息系统；广播、电视、网络等重要新闻媒体的发布或播出系统，其受到非法控制可能引发影响国家统一、民族团结和社会安定的重大事件；处理国家对外活动信息的信息系统；处理国家重要安全保卫工作信息的信息系统和重大刑事案件的侦查系统；尖端科技领域的研发、生产系统等影响国家经济竞争力和科技实力的信息系统，以及电力、通信、能源、交通运输、金融等国家重要基础设施的生产、控制、管理系统等。

3．关于社会秩序

完善社会管理体系，维护良好的社会秩序是建设社会主义和谐社会的重要任务之一，借助信息化手段提高国家机关的社会管理和公共服务水平，提高经济活动效率，更方便地从事科研、生产、生活活动正是维护良好社会秩序的表现。

可能影响到社会秩序的信息系统非常多，包括各级政府机构的社会管理和公共服务系统，如财政、金融、工商、税务、公检法、海关、社保等领域的信息系统，也包括教育、科研机构的工作系统，以及所有为公众提供医疗卫生、应急服务、供水、供电、邮政等必要服务的生产系统或管理系统。

4．关于公共利益

公共利益所包括的范围是非常宽泛的，既可能是经济利益，也可能是包括教育、卫生、环境等各个方面的利益。

借助信息化手段为社会成员提供使用的公共设施和通过信息系统对公共设施进行管理控制都应当是要考虑方面，例如：公共通信设施、公共卫生设施、公共休闲娱乐设施、公共管理设施、公共服务设施等。

公共利益与社会秩序密切相关，社会秩序的破坏一般会造成对公共利益的损害。

5．关于公民、法人和其他组织的合法权益

《信息系统安全等级保护定级指南》中的公民、法人和其他组织的合法权益则是指拥有信息系统的个体或确定组织所享有的社会权力和利益。它不同于公共利益，选择客体为公共利益是指受侵害的对象是"不特定的社会成员"，而选择公民、法人和其他组织的合法权益时，受侵害的对象是明确的，就是拥有信息系统的个体或某个单位。

6．关于危害后果

《定级指南》给出了以下几种危害后果具体说明如下：

（1）影响行使工作职能，工作职能包括国家管理职能、公共管理职能、公共服务职能等国家或社会方面的职能。

（2）导致业务能力下降，下降的表现形式可能包括业务范围的减少、业务处理性能的下降、可服务的用户数量的下降以及其他各种业务指标的下降，每个行业业务都有本行业关注的业务指标。例如电力行业关注发电量和用电量，税务行业关注税费收入，银行业关注存款额、贷款额、交易量等，证券经纪行业关注股民数和交易额。

（3）引起法律纠纷是比较严重的影响，在较轻的程度时可能表现为投诉、索赔、媒体曝光等形式。

（4）导致财产损失，包括系统资产被破坏的直接损失、业务量下降带来的损失、直接的资金损失、为客户索赔所支付的资金等，以及由于信誉下降、单位形象降低、客户关系损失等导致的间接经济损失。

（5）直接造成人员伤亡，例如医疗服务系统，公安行业的某些系统等。

（6）造成社会不良影响，包括在社会风气、执政信心等方面的影响。

上述几类影响不一定是独立的，有时也会是相关的，例如人员伤亡可能引发法律纠纷，进而可能造成资金的赔偿，业务能力下降既可能影响管理职能的履行，同时也可能造成单位收入的下降。

在上述危害后果中，各行业的某个类型的信息系统一般主要关注其中的一种后果。例如银行系统一般关注业务能力下降的影响，党政系统主要关注管理职能的履行等，而将其他后果作为参考。行业主管部门通过梳理本行业信息系统的现状，通过对这些不同类型、不同程度后果的定量、半定量描述，给出对等级保护客体的一般损害、严重损害和特别严重损害的指导性意见，以便本行业的信息系统运营、使用单位可以参照执行，确定本单位系统的安全保护等级，只有这样，一个行业内确定的安全保护等级才具有较好的一致性。

7．定级对象的识别方法

各企事业单位信息系统可以划分为几个定级对象，如何划分系统是定级之前的主要问题。信息系统的划分没有绝对的对与错，只有合理与不合理，合理地划分信息系统有利于信息系统的保护及安全规划，反之可能给将来的应用和安全保护带来不便，又可能需要重新进行信息系统的划分。由于信息系统的多样性，不同的信息系统在划分过程中所侧重考虑的划分依据会有所不同。

通常，在信息系统划分过程中，应当结合信息系统的现状，从信息系统的管理机构、业务特点或物理位置等几个方面考虑对信息系统进行划分，当然也可以根据信息系统的实际情况，选择其他的划分依据，只要最终划分结果合理就可以。

（1）依据责任单位划分信息系统。依据安全责任单位的不同，划分信息系统。如果信息系统由不同的单位负责运行维护和管理，或者说信息系统的安全责任分属不同机构，则可以根据安全责任单位的不同划分成不同的信息系统。一个运行在局域网的信息系统，其安全责任单位一般只有一个，但对一个跨不同地域运行的信息系统来说，就可能存在不同的安全责任单位，此时可以考虑根据不同地域的信息系统的安全责任单位的不同，划分出不同的信息系统。

在一个单位中，信息系统的业务管理和运行维护可能由不同部门负责，例如科技部门或信息中心负责信息系统所有设备和设施的运行、维护和管理，各业务部门负责其中的业务流程的制定和业务操作，信息系统的安全管理责任不仅指在信息系统的运行、维护和管理方面的责任，承担安全管理责任的不应是科技部门，而应当是该单位。

一个运行在局域网的信息系统，其管理边界比较明确，但对一个跨不同地域运行的信息系统，其管理边界可能有不同情况：如果不同地域运行的信息系统分属不同单位（如上级单位和下级单位）负责运行和管理，上下级单位的管理边界为本地的信息系统，则该信息系统可以划分为两个信息系统；如果不同地域运行的信息系统均由其上级单位直接负责运行和管理，运维人员由上级单位指派，安全责任由上级单位负责，则上级单位的管理边界应包括本地和远程的运行环境。

（2）根据业务的类型、功能、阶段划分信息系统。根据业务的类型、功能、阶段的不同，对信息系统进行划分，不同类型的业务之间会存在重要程度、环境、用户数量等方面的不同，这些不同会带来安全需求和受破坏后的影响程度的差异，例如，一个是以信息处理为主的系统，其重要性体现在信息的保密性，而另一个是以业务处理为主的系统，其重要性体现在其所提供服务的连续性，因此，可以按照业务类型的不同划分为不同的信息系统。又比如，在整个业务流程中，核心处理系统的功能重要性可能远大于终端处理系统，有需要时，可以将其划分为不同的信息系统。

归结起来，以下几种情况可能划分为不同等级的信息系统：

1）可能涉及不同客体的系统。例如对内服务与对外运营的业务系统，对内服务的办公系统，一般来说其中的信息和提供的服务是面向本单位的，涉及的等级保护客体一般是本单位，而对外运营的业务系统往往关系到其他单位、个人或面向社会，因此这两类业务可能涉及不同的客体，可能具有不同的安全保护等级，可以考虑划分为不同的信息系统。又比如处理涉及国家秘密信息的信息系统与处理一般单位敏感信息的信息系统应分开。

2）可能对客体造成不同程度损害的系统。例如全国性信息系统数据中心的数据量和服务范围都远大于各省级节点和市级节点，其受到破坏后的损害程度和影响范围也有很大差别，可能具有不同的安全等级，可以考虑划分为不同的信息系统。

3）处理不同类型业务的系统。

（3）依据物理位置的差异划分信息系统。根据物理位置的不同，对信息系统进行划分。物理位置的不同，信息系统面临的安全威胁就不同，不同物理位置之间通信信道的不可信，使不同物理位置的信息系统也不能视为可以互相访问的一个安全域，即使等级相同可能也需要划分为不同的信息系统分别加以保护，因此，物理位置也可以作为信息系统划分的考虑因素之一。

在进行信息系统的划分过程中，进行分析，可以选择上述三个方面中的一个方面因素作为划分的依据，也可以综合几个方面因素作为划分的依据。同时，还要结合信息系统的现状，避免由于信息系统的划分而引起大量的网络改造和重复建设工作，影响原有系统的正常运行。一般单位的信息系统建设和网络布局，一般都会或多或少考虑系统的特点、业务重要性及不同系统之间的关系，进行信息系统的等级划分应尽可能以现有网络条件为基础进行划分，以免引起不必要的网络改造和建设工作，影响原有系统的业务运行。

例如政府机构内部一般由三个网络区域组成，政务内网、政务外网和互联网接入网，三个网络相对独立，可以先以已有的网络边界将单位的整个系统划分为三个大的信息系统，然后再分析各信息系统内部的业务特点、业务重要性及不同系统之间的关系，如果内部还存在相对独立的网络结构，业务边界也比较清晰，也可以再进一步将该信息系统细分为更小规模的信息系统。

8. 识别定级对象需要注意的问题

有些信息系统中不同业务的重要程度虽然会有所差异，但是由于业务之间联系紧密，不容易拆分，可以作为一个信息系统按照同样级别保护。但是，如果其中某一个业务面临风险或威胁较大，比如与互联网相连，可能会影响到其他的业务，就应当将其从该信息系统中分离出来，单独作为一个信息系统而实施保护。

经过合理划分，一个单位或机构的信息系统最终可能会划分为不同等级的多个信息系统。同时，通过在信息系统划分阶段对各种系统服务业务信息、业务流程的深入分析，明确了各个信息系统之间的边界和逻辑关系以及他们各自的安全需求，有利于信息系统安全保护的实施。

9. 如何确定定级对象信息系统边界和边界设备

定级对象确定后就需要确定定级对象信息系统的边界和边界设备。由于定级对象信息系统有可能是单位信息系统的一部分，如果该信息系统与其他系统在网络上是独立的，没有设备共用情况，边界则容易确定，但当不同信息系统之间存在共用设备时，应加以分析。

由于信息系统的边界保护一般在物理边界或网络边界上实现，系统边界不应出现在服务器内部，服务器共用的系统一般归入同一个信息系统，因此不同信息系统的共用设备一般是网络/边界设备或终端设备。

两个信息系统边界存在共用设备时，共用设备的安全保护等级按两个信息系统安全保护等级较高者确定。例如，一个 2 级系统和一个 3 级系统之间有一个防火墙或两个系统共用一个核心交换机，此时防火墙和交换机可以作为两个系统的边界设备，但应满足 3 级系统的要求。

终端设备一般包括系统管理终端（如服务器和网络设备的管理终端、业务管理终端、安全设备管理终端等），内部用户终端（如办公系统用户的终端、银行系统的业务终端、移动用户终端等）和外部用户终端（如网银用户终端、清算系统中的商业银行终端、证券交易系统的交易客户等）。对于外部用户终端，由于用户和设备一般都不在信息系统的管理边界内，这些终端设备不在信息系统的边界范围内。

信息系统的管理终端是与相应被管理设备相对应的，服务器、网络设备及安全设备等属于哪个系统，终端就应归在哪个信息系统中。内部用户终端就比较复杂，内部用户终端往往与多个系统相连，当信息系统进行等级化保护后，应尽可能为不同的信息系统分配不共用的终端设备，以免在终端处形成不同等级信息系统的边界。但如果无法做到不同等级的信息系统使用不同的终端设备，则应将终端设备划分为其他的信息系统，并在服务器与内部用户终端之间建立边界保护，对终端通过身份鉴别和访问控制等措施加以控制。

五、定级报告模版

信息系统安全等级保护定级报告（模版）如下。

一、×××信息系统描述

简述确定该系统为定级对象的理由。从三方面进行说明：一是描述承担信息系统安全责任的相关单位或部门，说明本单位或部门对信息系统具有信息安全保护责任，该信息系统为本单位或部门的定级对象；二是该定级对象是否具有信息系统的基本要素，描述基本要素、系统网络结构、系统边界和边界设备；三是该定级对象是否承载着单一或相对独立的业务，业务情况描述。

二、×××信息系统安全保护等级确定

（定级方法参见国家标准《信息系统安全等级保护定级指南》）

（一）业务信息安全保护等级的确定

1．业务信息描述

描述信息系统处理的主要业务信息等。

2．业务信息受到破坏时所侵害客体的确定

说明信息受到破坏时侵害的客体是什么，即对三个客体（国家安全；社会秩序和公众利益；公民、法人和其他组织的合法权益）中的哪些客体造成侵害。

3．信息受到破坏后对侵害客体的侵害程度的确定

说明信息受到破坏后，会对侵害客体造成什么程度的侵害，即说明是一般损害、严重损害还是特别严重损害。

4．业务信息安全等级的确定

依据信息受到破坏时所侵害的客体以及侵害程度，确定业务信息安全等级。

（二）系统服务安全保护等级的确定

1．系统服务描述

描述信息系统的服务范围、服务对象等。

2．系统服务受到破坏时所侵害客体的确定

说明系统服务受到破坏时侵害的客体是什么，即对三个客体（国家安全；社会秩序和公众利益；公民、法人和其他组织的合法权益）中的哪些客体造成侵害。

3．系统服务受到破坏后对侵害客体的侵害程度的确定

说明系统服务受到破坏后，会对侵害客体造成什么程度的侵害，即说明是一般损害、严重损害还是特别严重损害。

4．系统服务安全等级的确定

依据系统服务受到破坏时所侵害的客体以及侵害程度确定系统服务安全等级。

（三）安全保护等级的确定

信息系统的安全保护等级由业务信息安全等级和系统服务安全等级较高者决定，最终确定×××系统安全保护等级为第几级。

信息系统名称	安全保护等级	业务信息安全等级	系统服务安全等级
×××信息系统	×	×	×

六、定级报告案例

信息系统安全等级保护定级报告

一、某铝电有限公司 DCS 控制系统描述

1．系统编号为 0001 的主厂房 DCS 控制系统和编号为 0002 的脱硫 DCS 控制系统于 1987 年由美国福克斯波罗公司推出的 I/A 系统，经过完善发展，于 1988 年底第一次在中国工业现场安装并使用。目前该系统由某铝电有限公司发电部负责运行，由生技部热控班负责维护。生技部热控是该系统业务的主管部门，某铝电有限公司安全等级评定小组为该信息系统定级的责任单位。

2．此系统是计算机及其相关的和配套的设备、设施构成的，是按照一定的应用目标和规则对生产作业信息进行采集、计算、存储、传输等处理的人机系统。整个网络是业务专网为性质的局域网。I/A 8.0 以后的版本采用商用交换机组成 Mesh 网。通信标准 IEEE 802.3u/802.1w，传

输速率 100M/1G，传送介质光缆，传送距离多模光缆 2km；单模光缆 10km；单模光缆加中继器 100km。网络结构可以有线型、环型、星型和树型，树型结构最多四层，最多可挂 1920 个站/节点。

整个信息系统的无网络系统边界设备。

3. 该 DCS 系统功能主要包含：锅炉-汽机协调控制（MCS）、锅炉点火，制粉系统启停及主燃料跳闸（FSSS）、锅炉汽机电气启停顺序控制（SCS）、单元机组电气控制（ECS）等功能。

二、某铝电有限公司 DCS 控制系统安全保护等级确定

（一）业务信息安全等级确定

1. 业务信息描述

主要为 DCS 控制系统提供实时数据信息，通过参数调节完成机组稳定、有效运行。主要测点由液位，温度，流量，压力，振动等。通过过程控制使温度、压力、流量、液位和成分等参数作为被控变量的完成自动控制。信号处理主要是现场信号和控制室信号进行转换；对信号的质量进行检验，检验其是否在有效的范围之内；重要参数应采用多点测量，综合处理；对测量信号补偿处理。自动控制主要是反映控制器的动态规律；反映控制器作用方向；在系统手动时，调节器应具备跟踪功能，以使系统实现无扰切换。控制系统手/自动切换和手动操作，在控制系统中一般每一个执行器应配一个操作器；操作器可根据系统需要手/自动切换、手动操作及阀位显示、定值和测量值显示；系统正常时，由操作员在操作器上通过按自动按键使系统投入自动状态；而在系统有故障或控制系统控制品质差时，控制系统应由自动状态自动地切换到手动状态。在系统手动时，控制系统的输出由操作员在操作台按键输入操作输出。调节器输出对应的操作器切至手动时，对应调节器的输出应切至跟踪状态，以使系统实现无扰切换。信号报警对于关键参数，应根据工艺要求规定其高低报警值；通常设计的信号报警信号有：测量值越限；调节器的入口偏差过大；阀位和控制输出偏差；测量质量差；阀位达限值。连锁保护系统是指当生产出现严重故障时，为保证设备、人身的安全，使各个设备按一定的顺序紧急停止运转或运转在某个特定的状态。

2. 业务信息受到破坏时所侵害客体的确定

该业务信息遭到破坏后，所侵害的客体是设备本身，公民及其他组织的合法权益。

侵害的客观方面表现为：一旦信息系统的业务信息遭到修改、增加、删除等不明侵害，会对设备，公民和其他组织的合法权益造成影响和损害，可以表现为：对信息系统所属单位造成一定损失，可能导致发电机组停运，同时对公众利益造成一定损害。

3. 业务信息受到破坏后对侵害客体的侵害程度

是电力生产面临明显的中断威胁，对公民利益造成一定损害，可能扰乱组织秩序。若导致发电机组停运，对整个公众利益造成一定损失。

4. 确定业务信息安全等级

根据下表业务信息安全等级确定为第二级。

系统服务被破坏时所侵害的客体	对相应客体的侵害程度		
	一般损害	严重损害	特别严重损害
公民、法人和其他组织的合法权益	第一级	第二级	第二级
社会秩序、公共利益	第二级	第三级	第四级
国家安全	第三级	第四级	第五级

（二）系统服务安全等级确定

1．系统服务描述

该系统属于为发电生产提供服务的信息控制系统，其服务范围为电厂范围内设备。该控制系统 MCS 是完成锅炉-汽机协调控制，机组负荷指令，旁路控制，锅炉控制，除氧器水位和压力控制，凝汽器热井水位控制，汽机润滑油和 EH 油冷却控制，高压加热器水位控制，低压加热器水位控制，汽机轴封压力控制，汽机温度控制及其他单冲量调节回路，包括暖风器疏水箱水位控制，连排扩容器水位调节，辅助蒸汽联箱压力调节，闭式循环冷却水温度调节，闭式循环冷却水箱水位调节等，手动，炉跟随等功能。FSSS 包含 BCS 和 FSS。BCS 包括点火准备，点火枪启停，油枪启停，煤燃烧器管理，制粉系统启停顺序控制五个功能。FSS 完成炉膛吹扫，油燃料系统泄漏试验，主燃料跳闸，OFT 系统功能。顺序控制系统完成锅炉，汽轮机及其辅助系统，循环水泵房，发电机/变压器组及厂用电源系统的启停顺序控制。单元机组电气控制包括发电机-变压器组，启备电源，励磁系统，同期，厂用电源快速切换装置等，公用电源部分控制由 DCS 公用系统实现。

2．系统服务受到破坏时所侵害客体的确定

该业务信息控制系统遭到破坏后，所侵害的客体是公民，法人及其他组织的合法权益，同时也侵害社会秩序和公共利益但不损害国家安全。客观方面表现得侵害结果为：①公民，法人和其他组织合法权益造成侵害；②可以对社会秩序公共利益造成侵害。根据《定级指南》的要求，出现上述两个侵害客体时，优先考虑社会秩序和公共利益，另外一个不做考虑。

3．系统服务受到破坏后对侵害客体的侵害程度

上述结果的程度表现为：使电力生产面临明显的中断威胁，影响波及部分地区，对社会秩序和公共利益造成一定损害。

4．确定系统服务安全等级

根据侵害的程度如下表，确定系统服务安全保护等级为第二级。

系统服务被破坏时所侵害的客体	对相应客体的侵害程度		
	一般损害	严重损害	特别严重损害
公民、法人和其他组织的合法权益	第一级	第二级	第二级
社会秩序、公共利益	第二级	第三级	第四级
国家安全	第三级	第四级	第五级

（三）安全保护等级确定

控制系统的安全保护等级由业务信息安全等级和系统服务安全等级的较高者决定，由于二者都是二级，所以某铝电有限公司生产控制系统安全保护等级为第二级。

信息系统名称	安全保护等级	业务信息安全等级	系统服务安全等级
生产控制系统系统	第二级	第二级	第二级

第二节　备　案　工　作

《信息安全等级保护管理办法》第十五条规定已运营（运行）的第二级以上信息系统，应当在安全保护等级确定后 30 日内，由其运营使用单位到所在地设区的市级以上公安机关办理备案手续。

新建第二级以上信息系统，应当在投入运行后 30 日内，由其运营使用单位到所在地设区的市级以上公安机关办理备案手续。

隶属于中央的在京单位，其跨省或者全国统一联网运行并由主管部门统一定级的信息系统，由主管部门向公安部办理备案手续。跨省或者全国统一联网运行的信息系统在各地运行、应用的分支系统，应当向当地设区的市级以上公安机关备案。

备案工作包括：信息系统备案、受理、审核和备案信息管理。

公安部《信息安全等级保护备案工作实施细则》对备案工作进行了详细说明。

经过系统定级相关一系列工作后，系统运营使用单位初步确定信息系统安全保护等级，接下来的工作就是要到公安机关进行备案。要完成系统备案工作应该按照以下工作流程进行：

——召开专家评审会；

——按照要求填写《信息系统安全等级保护备案表》；

——听取上级主管部门的意见；

——准备备案所需要的所有文件材料；

——到管辖的公安机关备案。

一、召开专家评审会

信息系统运营使用单位或主管部门在初步确定信息系统安全等级后，为保证定级合理、准确，可聘请信息安全专家或行业专家进行评审，并出具专家评审意见。初步定为第三级信息系统的应聘请地方信息安全专家或行业专家进行评审，初步定为第四级以上的信息系统的应请国家信息安全等级保护专家评审委员会评审。

专家评审会主要是对《信息系统安全等级保护定级报告》进行评审，聘请的专家要对等级保护定级工作有深刻的理解，并多次参加此类评审会，建议各单位可从国家信息安全等级保护专家库或地方信息安全等级保护专家库里抽选专家进行评审，专家人数一定是三人以上的单数。同时由于系统定级内容要向上级主管部门或本单位信息安全管理部门进行汇报，建议评审会也邀请上述单位的有关人员参与，以方便工作开展。

会议的主要议程是，首先有运营使用单位介绍信息系统主要情况，分别介绍业务信息和系统服务安全保护等级的确定过程及理由，介绍信息系统定级情况，而后由专家进行质询，听取专家意见。如果专家评审通过，编制《专家评审意见表》并签字，如果专家评审未通过，则需要运营使用单位重新进行定级梳理工作，重新撰写《信息系统安全等级保护定级报告》，并再次召开专家评审会。

二、按照要求填写《信息系统安全等级保护备案表》

1. 备案准备

信息系统运营使用单位或者其主管部门（以下简称"备案单位"）应当在信息系统安全保护等级确定后 30 日内，到当地市级以上公安机关网络安全保卫部门办理备案手续。办理备案手续时，第二级以上的信息系统运营使用单位或主管部门到中国信息安全等级保护网下载《信息系统安全等级保护备案表》和辅助备案工具，持填写的备案表和利用辅助备案工具生成的备案电子数据，到指定公安机关办理备案手续，提交有关备案材料及电子数据文件。

2. 填写备案表格

《信息系统安全等级保护备案表》是信息系统运营使用单位到公安机关备案时必须提供的重要文件资料。《信息系统安全等级保护备案表》的获取途径有很多，各省级公安网站、地市级以上公安机关以及公安部信息安全等级保护评估中心网站等都可下载。

《信息系统安全等级保护备案表》是依据《信息安全等级保护管理办法》中的有关规定制作的，是由第二级以上信息系统运营使用单位或主管部门填写；本表由四张表单构成，表一为单位信息，每个填表单位填写一张；表二为信息系统基本信息，表三为信息系统定级信息，表二、表三每个信息系统填写一份；表四为第三级以上信息系统需要提交的材料内容，每个第三级以上信息系统填写一张，并在完成系统建设、整改、测评等工作，投入运营后三十日内向受理备案公安机关提交；表二、表三、表四可以复印使用。

《信息系统安全等级保护备案表》规定的表格样式如下。

备案表编号：

信息系统安全等级保护
备案表

备 案 单 位：_____（盖章）_____

备 案 日 期：_____

受理备案单位：_____（盖章）_____

受 理 日 期：_____

中华人民共和国公安部监制

填 表 说 明

一、制表依据。根据《信息安全等级保护管理办法》（公通字〔2007〕43 号）之规定。制作本表；

二、填表范围。本表由第二级以上信息系统运营使用单位或主管部门（以下简称"备案单位"）填写；本表由四张表单构成，表一为单位信息，每个填表单位填写一张；表二为信息系统基本信息，表三为信息系统定级信息，表二、表三每个信息系统填写一张；表四为第三级以上信息系统需要同时提交的内容，由每个第三级以上信息系统填写一张，并在完成系统建设、整改、测评等工作，投入运行后三十日内向受理备案公安机关提交；表二、表三、表四可以复印使用；

三、保存方式。本表一式两份，一份由备案单位保存，一份由受理备案公安机关存档；

四、本表中有选择的地方请在选项左侧"□"划"√"，如选择"其他"，请在其后的横线中注明详细内容；

五、封面中备案表编号（由受理备案的公安机关填写并校验）；分两部分共 11 位，第一部分 6 位，为受理备案公安机关代码前六位（可参照行标 GA 380—2002），第二部分 5 位，为受理备案的公安机关给出的备案单位的顺序编号；

六、封面中备案单位：是指负责运营使用信息系统的法人单位全称；

七、封面中受理备案单位：是指受理备案的公安机关公共信息网络安全监察部门名称。此项由受理备案的公安机关负责填写并盖章；

八、表一 04 行政区划代码：是指备案单位所在的地（区、市、州、盟）行政区划代码；

九、表一 05 单位负责人：是指主管本单位信息安全工作的领导；

十、表一 06 责任部门：是指单位内负责信息系统安全工作的部门；

十一、表一 08 隶属关系：是指信息系统运营使用单位与上级行政机构的从属关系，须按照单位隶属关系代码（GB/T 12404—1997）填写；

十二、表二 02 系统编号：是由运营使用单位给出的本单位备案信息系统的编号；

十三、表二 05 系统网络平台：是指系统所处的网络环境和网络构架情况；

十四、表二 07 关键产品使用情况：国产品是指系统中该类产品的研制、生产单位是由中国公民、法人投资或者国家投资或者控股，在中华人民共和国境内具有独立的法人资格，产品的核心技术、关键部件具有我国自主知识产权；

十五、表二 08 系统采用服务情况：国内服务商是指服务机构在中华人民共和国境内注册成立（港澳台地区除外），由中国公民，法人或国家投资的企事业单位；

十六、表三 01、02、03 项：填写上述三项内容，确定信息系统安全保护等级时可参考《信息系统安全等级保护定级指南》，信息系统安全保护等级由业务信息安全等级和系统服务安全等级较高者决定。01、02 项中每一个确定的级别所对应的损害客体及损害程度可多选；

十七、表三 06 主管部门：是指对备案单位信息系统负领导责任的行政或业务主管单位或部门，部级单位此项可不填；

十八、解释：本表由公安部公共信息网络安全监察局监制并负责解释，未经允许，任何单位和个人不得对本表进行改动。

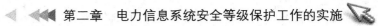

表一

单 位 基 本 情 况

01 单位名称				
02 单位地址	_____省（自治区、直辖市）　　_____地（区、市、州、盟） _____县（区、市、旗）			
03 邮政编码			04 行政区划代码	
05 单位负责人	姓名		职务/职称	
	办公电话		电子邮件	
06 责任部门				
07 责任部门联系人	姓名		职务/职称	
	办公电话		电子邮件	
	移动电话			
08 隶属关系	□1 中央　　□2 省（自治区、直辖市）　　□3 地（区、市、州、盟） □4 县（区、市、旗）　　　　□9 其他			
09 单位类型	□1 党委机关　□2 政府机关　□3 事业单位　□4 企业　□9 其他			
10 行业类别	□11 电信　　　　　　□12 广电　　　　　　□13 经营性公众互联网 □21 铁路　　　　　　□22 银行　　　　　　□23 海关　　　　　　□24 税务 □25 民航　　　　　　□26 电力　　　　　　□27 证券　　　　　　□28 保险 □31 国防科技工业　　□32 公安　　　　　　□33 人事劳动和社会保障　□34 财政 □35 审计　　　　　　□36 商业贸易　　　　□37 国土资源　　　　□38 能源 □39 交通　　　　　　□40 统计　　　　　　□41 工商行政管理　　□42 邮政 □43 教育　　　　　　□44 文化　　　　　　□45 卫生　　　　　　□46 农业 □47 水利　　　　　　□48 外交　　　　　　□49 发展改革　　　　□50 科技 □51 宣传　　　　　　□52 质量监督检验检疫　　　　　　　　　　□99 其他			
11 信息系统总数	个	12 第二级信息系统数	个	13 第三级信息系统数　　　　个
		14 第四级信息系统数	个	15 第三级信息系统数　　　　个

表二　　　　　　　　　　　　　　（/）信息系统情况

01 系统名称			02 系统编号				

03 系统承载业务情况	业务类型	□1 生产作业　　□2 指挥调度　　□3 管理控制　　□4 内部办公 □5 公众服务　　□9 其他
	业务描述	

04 系统服务情况	服务范围	□10 全国　　　　　　　　　□11 跨省（区、市）跨＿＿＿个 □20 全省（区、市）　　　　□21 跨地（市、区）跨＿＿＿个 □30 地（市、区）内 □99 其他＿＿＿
	服务对象	□1 单位内部人员　　□2 社会公众人员　　□3 两者均包括　　□9 其他＿＿＿

05 系统网络平台	覆盖范围	□1 局域网　　　　　□2 城域网　　　　　□3 广域网　　　　　□9 其他
	网络性质	□1 业务专网　　　　□2 互联网　　　　　□9 其他＿＿＿

06 系统互联情况	□1 与其他行业系统连接　　　　　　□2 与本行业其他单位系统连接 □3 与本单位其他系统连接　　　　　□9 其他

07 关键产品使用情况	序号	产品类型	数量	使用国产品率		
				全部使用	全部未使用	部分使用及使用率
	1	安全专用产品		□	□	□ ＿＿＿%
	2	网络产品		□	□	□ ＿＿＿%
	3	操作系统		□	□	□ ＿＿＿%
	4	数据库		□	□	□ ＿＿＿%
	5	服务器		□	□	□ ＿＿＿%
	6	其他＿＿＿		□	□	□ ＿＿＿%

08 系统采用服务情况	序号	服务类型		服务责任方类型		
				本行业（单位）	国内其他服务商	国外服务商
	1	等级测评	□有□无	□	□	□
	2	风险评估	□有□无	□	□	□
	3	灾难恢复	□有□无	□	□	□
	4	应急响应	□有□无	□	□	□
	5	系统集成	□有□无	□	□	□
	6	安全咨询	□有□无	□	□	□
	7	安全培训	□有□无	□	□	□
	8	其他＿＿＿		□	□	□

09 等级测评单位名称	
10 何时投入运行使用	年　　　月　　　日
11 系统是否是分系统	□是　　　　□否（如选择是请填下两项）
12 上级系统名称	
13 上级系统所属单位名称	

表三　　　　　　　　　　　　　　　（/）信息系统定级情况

	损害客体及损害程度	级别
01　确定业务信息安全保护等级	□仅对公民、法人和其他组织的合法权益造成损害	□第一级
	□对公民、法人和其他组织的合法权益造成严重损害 □对社会秩序和公共利益造成损害	□第二级
	□对社会秩序和公共利益造成严重损害 □对国家安全造成损害	□第三级
	□对社会秩序和公共利益造成特别严重损害 □对国家安全造成严重损害	□第四级
	□对国家安全造成特别严重损害	□第五级
02　确定系统服务安全保护等级	□仅对公民、法人和其他组织的合法权益造成损害	□第一级
	□对公民、法人和其他组织的合法权益造成严重损害 □对社会秩序和公共利益造成损害	□第二级
	□对社会秩序和公共利益造成严重损害 □对国家安全造成损害	□第三级
	□对社会秩序和公共利益造成特别严重损害 □对国家安全造成严重损害	□第四级
	□对国家安全造成特别严重损害	□第五级
03 信息系统安全保护等级	□第一级　　　□第二级　　　□第三级　　　□第四级　　　□第五级	
04 定级时间	年　　月　　日	
05 专家评审情况	□已评审　　　□未评审	
06 是否有主管部门	□有　　　　　□无（如选择有请填下两项）	
07 主管部门名称		
08 主管部门审批定级情况	□已评审　　　□未评审	
09 系统定级报告	□有　　　□无　　　附件名称_____	
填表人：	填表日期：　年　月　日	

备案审核民警：　　　　　　　　　　　　　　　　　　审核日期：　年　月　日

表四　　　　　　　　　　　（/）第三级以上信息系统提交材料情况

01 系统拓扑结构及说明	□有　　□无　　附件名称_____
02 系统安全组织机构及管理制度	□有　　□无　　附件名称_____
03 系统安全保护设施设计实施方案或改建实施方案	□有　　□无　　附件名称_____
04 系统使用的安全产品清单及验证、销售许可证明	□有　　□无　　附件名称_____
05 系统等级测评报告	□有　　□无　　附件名称_____
06 专家评审情况	□有　　□无　　附件名称_____
07 上级主管部门审批意见	□有　　□无　　附件名称_____

涉及国家秘密的信息系统分级保护备案表

单　位　名　称	
涉密信息系统名称	
系统密级（保护等级）	□秘密　　□机密　　□绝密
系统连接范围	□局域网　□城域网　□广域网（跨　个省或地）
系统安全域划分和安全域密级确定	□未划分安全域 □划分安全域（共有____个，其中绝密级____个，机密级____个，秘密级____个，内部级____个）
系统主要承建单位	
系统投入使用时间	
系统运行管理部门	
系统安全保密管理部门	
系统分级保护实施情况	□已经实施　　□正在实施　　□计划____年实施

填表日期：　　年　月　日　　　　　　　　　　　　　　　　　填表单位：（盖章）

填表说明：

1. "系统密级"依据《涉及国家秘密的信息系统分级保护管理办法》和国家保密标准 BMB17—2006 确定。
2. 涉密信息系统一般应划分安全域，同一系统内的不同安全域根据所处理信息的重要程度，可分别确定密级。
3. 表中"□"项，确认划"√"。
4. 填报多个涉密信息系统，可复印此表。

国家保密局制

在填写《信息系统安全等级保护备案表》时，除了"填写说明"中的内容外，重点还要注意以下几点：

《信息系统安全等级保护备案表》是二级以上信息系统运营使用单位或主管部门填写的，也就是说一级信息系统是不用填写的；

封面中的"备案单位"，是指负责运营使用信息系统的法人单位全称，这里注意一定是"法人单位全称"，而不是非法人单位。根据我国法律有关条款规定，法人单位是具备以下条件的单位：1.依法成立，有自己的名称、组织机构和场所，能够独立承担民事责任；2.独立拥有和使用（或授权使用）资产，承担负债，有权与其他单位签订合同；3.会计上独立核算，能够编制资产负债表。法人单位包括企业法人、事业单位法人、机关法人、社会团体法人和其他法人。

运营使用单位的信息系统会有多个，表一每个填表的单位仅需填写一张，如果分别多次去备案，表一如无变化可以不用再次填写。表一的变化主要在"单位负责人"、"责任部门联系人"以及"信息系统总数"这几项中。如果有变化还需要认真填写。

表二、表三需要每个信息系统填写一份，并在标题中加以区分。例如"表二（XXXXX 信息系统/YYYYY 单位）信息系统情况。"

表二中"07　关键产品使用情况"和"08　系统采用服务情况"的填写一定要客观准确，避免后期安全检查工作中出现异议。另外需要特别注意的是，有关"使用国产率"中，如果是部分使用，请在"部分使用及使用率"这个项目左侧"□"中划"√"，并填写百分率。实际填表操作中经常出现忘记打钩的现象。

"09　等级测评单位名称"这一列中，也是需要根据实际情况在应选项目左侧"□"中划"√"，实际填表操作中也经常出现忘记打钩的现象。

《信息系统安全等级保护备案表》一式两份，一份由备案单位保存，一份由受理备案公安机关存档。

三、听取上级主管部门意见

如果在专家评审会的时候邀请了上级主管部门的有关人员参加，那么这一步就可以简化。如果没有，那就需要带着《信息系统安全等级保护定级报告》、《信息系统安全等级保护备案表》和专家评审意见向上级主管部门汇报，并听取他们的意见。

若本单位自建的信息系统等级确定后，是否报上级主管部门审批，由各行业自行决定。如果评审专家评审意见与运营使用单位意见不一致时，由运营使用单位自主决定；若有上级主管部门应经上级主管部门对安全保护等级进行审核批准；如果是跨地域联网运营使用的信息系统，则必须由其上级主管部门审批。

四、准备备案所需要的所有文件材料

备案时备案单位应当提交《信息系统安全等级保护备案表》（一式两份）及其电子文档。第二级信息系统的备案单位只需填写备案表中的表一、表二和表三。第三级及以上信息系统应当同时提供以下材料：

（1）系统拓扑结构及说明（说明可以是对系统结构的简要说明）。

（2）系统安全组织机构和管理制度（安全组织机构包括机构名称、负责人、成员、职责分工等。管理制度包括安全管理规范、章程等）。

（3）系统安全保护设施设计实施方案或者改建实施方案（简要的安全建设、整改方案）。

（4）系统使用的信息安全产品清单及其认证、销售许可证明（主要信息安全产品的清单，确认有认证、销售许可标记）。

（5）测评后符合系统安全保护等级的技术检测评估报告（最近一次测评的等级测评报告）。

（6）信息系统安全保护等级专家评审意见（评审意见表，附专家名单）。

（7）主管部门审核批准信息系统安全保护等级的意见（审批表、领导审批签字、盖章）。

五、到管辖的公安机关备案

设区的市级以上公安机关网络安全保卫部门受理本辖区内信息系统的备案工作。

省直单位及相应级别单位信息系统的备案，以及其他跨地（市）联网运行的信息系统的备案，由省级公安机关网络安全保卫部门受理。

跨省或者全国统一联网运行并由主管部门统一定级的信息系统在各地运行、应用的分支系统（包括由上级主管部门定级，在当地有应用的信息系统），由所在地市级以上公安机关网络安全保卫部门受理备案。

公安机关网络安全保卫部门收到备案单位提交的备案材料后，对属于本级公安机关受理范围且备案材料齐全的，向备案单位出具《信息系统安全等级保护备案材料接收回执》；备案材料不齐全的，当场或者在五日内一次性告知其补正内容；对不属于本级公安机关受理范围的，书面告知备案单位到有管辖权的公安机关办理。

接收备案材料后，公安机关网络安全保卫部门对下列内容进行审核：

（1）备案材料填写是否完整，是否符合要求，其纸质材料和电子文档是否一致。

（2）信息系统所定安全保护等级是否准确。

经审核，对符合等级保护要求的，公安机关网络安全保卫部门自收到备案材料之日起的十个工作日内，将加盖本级公安机关印章（或等级保护专用章）的《备案表》一份反馈备案单位，一份存档；对不符合等级保护要求的，公安机关网络安全保卫部门在十个工作日内通知备案单位进行整改，并出具《信息系统安全等级保护备案审核结果通知》。

《备案表》中表一、表二、表三内容经审核合格的，公安机关网络安全保卫部门出具《信息系统安全等级保护备案证明》（以下简称《备案证明》）。

公安机关网络安全保卫部门对定级不准的备案单位，在通知整改的同时，建议备案单位组织专家进行重新评审定级，并报上级主管部门审批。

备案单位仍然坚持原定等级的，公安机关网络安全保卫部门可以受理其备案，但应当书面告知其承担由此引发的责任和后果，经上级公安机关网络安全保卫部门同意后，同时通报备案单位上级主管部门。

第三节 安全建设整改

根据《信息安全等级保护安全建设整改工作指南》要求，信息系统安全建设整改的主要工作目标，就是信息系统运营、使用单位在做好信息系统安全等级保护定级备案工作基础上，按照信息安全等级保护有关政策和标准，通过组织开展信息安全等级保护管理制度建设、技术措施建设和等级测评，落实等级保护制度的各项要求，使信息系统安全管理水平明显提高，安全防范能力明显增强，安全隐患和安全事故明显减少，有效保障信息化健康发展，维护国家安全、社会秩序和公共利益。

在组织信息系统安全建设整改时，按照"整体保护"的原则进行整改方案设计，可采取"分区、

"分域"的方法，对信息系统进行加固改造，缺什么补什么。对于新建系统，在规划设计时应确定信息系统安全保护等级，按照信息系统等级，同步规划、同步设计、同步实施安全保护技术措施。

一、安全建设整改的主要工作内容

使用单位在信息系统运营、开展信息安全等级保护建设整改工作中，应按照国家有关规定和标准规范要求，坚持管理和技术并重的原则，将技术措施和管理措施有机结合，建立信息系统综合防护体系，提高信息系统整体安全保护能力。依据《信息系统安全等级保护基本要求》，落实信息安全责任制，建立并落实各类安全管理制度，开展人员安全管理、系统建设管理和系统运维管理等工作，落实物理安全、网络安全、主机安全、应用安全和数据安全等安全保护技术措施，具体内容如图2-2所示。

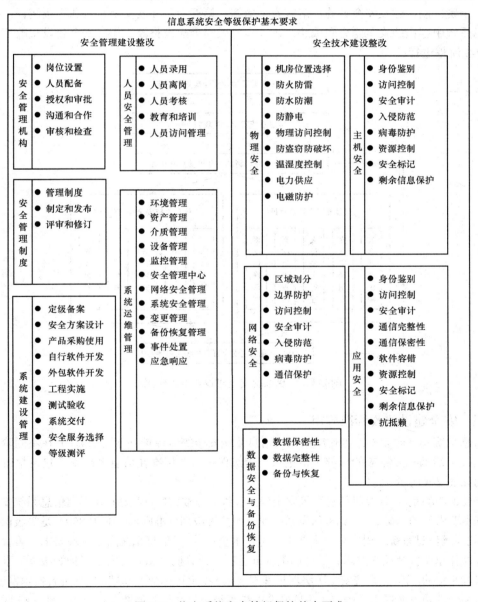

图2-2 信息系统安全等级保护基本要求

需要说明的是，不同级别信息系统安全建设整改的具体内容应根据信息系统定级时的业务信息安全等级和系统服务安全等级，以及信息系统安全保护现状来确定。信息系统安全建设整改工作具体实施可以根据实际情况，将安全管理和安全技术整改内容一并实施，或分步实施。

二、安全建设整改工作流程

信息系统安全建设整改工作分五步进行。第一步：制定信息系统安全建设整改工作规划，对信息系统安全建设整改工作进行总体部署；第二步：开展信息系统安全保护现状分析，从管理和技术两个方面确定信息系统安全建设整改需求；第三步：确定安全保护策略，制定信息系统安全建设整改方案；第四步：开展信息系统安全建设整改工作，建立并落实安全管理制度，落实安全责任制，建设安全设施，落实安全措施；第五步：开展安全自查和等级测评，及时发现信息系统中存在的安全隐患和威胁，进一步开展安全建设整改工作。安全建设整改工作可参考图 2-3 流程进行。

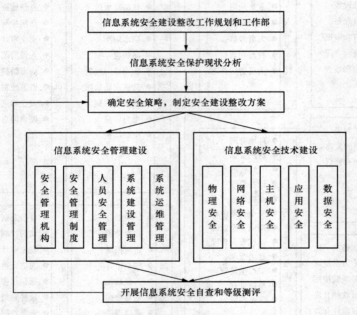

图 2-3　信息系统安全建设整改工作流程

三、安全建设整改标准应用

信息系统安全建设整改工作应依据《信息系统安全等级保护基本要求》，并在不同阶段、针对不同技术活动参照相应的标准规范进行。等级保护有关标准在信息系统安全建设整改工作中的作用如图 2-4 所示。

需要说明的是，《计算机信息系统安全保护等级划分准则》及配套标准是《信息系统安全等级保护基本要求》的基础。《计算机信息系统安全保护等级划分准则》（GB 17859）是等级保护的基础性标准，《信息系统通用安全技术要求》等技术类标准、《信息系统安全管理要求》等管理类标准和《操作系统安全技术要求》等产品类标准是在《计算机信息系统安全保护等级划分准则》基础上研究制定的。《信息系统安全等级保护基本要求》以上述标准为基础，根据现有技术发展水平，从技术和管理两方面提出并确定了不同安全保护等级信息系统的最低保护要求，即基线要求。

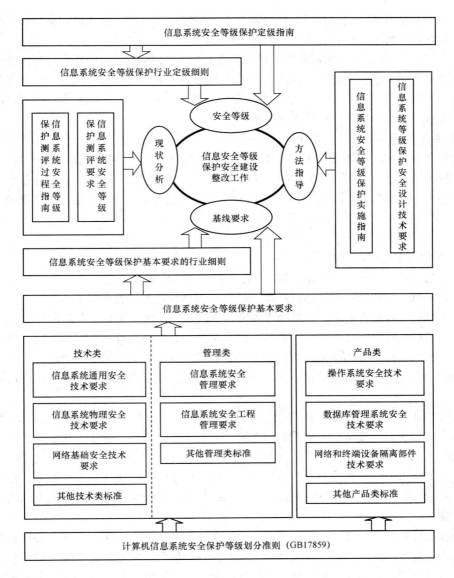

图 2-4 等级保护有关标准在信息系统安全建设整改工作中的作用

《信息系统安全等级保护基本要求》是信息系统安全建设整改的依据。信息系统安全建设整改应以落实《信息系统安全等级保护基本要求》为主要目标。信息系统运营、使用单位应根据信息系统安全保护等级选择《信息系统安全等级保护基本要求》中相应级别的安全保护要求作为信息系统的基本安全需求。当信息系统有更高安全需求时，可参考《信息系统安全等级保护基本要求》中较高级别保护要求或《信息系统通用安全技术要求》、《信息系统安全管理要求》等其他标准。行业主管部门可以依据《信息系统安全等级保护基本要求》，结合行业特点和信息系统实际出台行业细则，行业细则的要求应不低于《信息系统安全等级保护基本要求》。

《信息安全等级保护定级指南》为定级工作提供了指导；《信息系统安全等级保护定级指南》为信息系统定级工作提供了技术支持。行业主管部门可根据《信息系统安全等级保护定级指南》，结合行业特点和信息系统实际情况，出台本行业的定级细则，保证行业内信息系统在不同地区等级的一致性，以指导本行业信息系统定级工作的开展。

《信息系统安全等级保护测评要求》等标准规范等级测评活动。等级测评是评价信息系统安全保护状况的重要方法。《信息系统安全等级保护测评要求》为等级测评机构开展等级测评活动提供了测评方法和综合评价方法。《信息系统安全等级保护测评过程指南》对等级测评活动提出了规范性要求，以保证测评结论的准确性和可靠性。

《信息系统安全等级保护实施指南》等标准指导等级保护建设。《信息系统安全等级保护实施指南》是信息系统安全等级保护建设实施的过程控制标准，用于指导信息系统运营、使用单位了解和掌握信息安全等级保护工作的方法、主要工作内容以及不同的角色在不同阶段的作用。《信息系统等级保护安全设计技术要求》对信息系统安全建设的技术设计活动提供指导，是实现《信息系统安全等级保护基本要求》的方法之一。

四、安全保护能力目标

各级信息系统应通过安全建设整改分别达到以下安全保护能力目标：

第一级信息系统：经过安全建设整改，信息系统具有抵御一般性攻击的能力，防范常见计算机病毒和恶意代码危害的能力；系统遭到损害后，具有恢复系统主要功能的能力。

第二级信息系统：经过安全建设整改，信息系统具有抵御小规模、较弱强度恶意攻击的能力，抵抗一般的自然灾害的能力，防范一般性计算机病毒和恶意代码危害的能力；具有检测常见的攻击行为，并对安全事件进行记录的能力；系统遭到损害后，具有恢复系统正常运行状态的能力。

第三级信息系统：经过安全建设整改，信息系统在统一的安全保护策略下具有抵御大规模、较强恶意攻击的能力，抵抗较为严重的自然灾害的能力，防范计算机病毒和恶意代码危害的能力；具有检测、发现、报警、记录入侵行为的能力；具有对安全事件进行响应处置，并能够追踪安全责任的能力；在系统遭到损害后，具有能够较快恢复正常运行状态的能力；对于服务保障性要求高的系统，应能快速恢复正常运行状态；具有对系统资源、用户、安全机制等进行集中控管的能力。

第四级信息系统：经过安全建设整改，信息系统在统一的安全保护策略下具有抵御敌对势力有组织的大规模攻击的能力，抵抗严重的自然灾害的能力，防范计算机病毒和恶意代码危害的能力；具有检测、发现、报警、记录入侵行为的能力；具有对安全事件进行快速响应处置，并能够追踪安全责任的能力；在系统遭到损害后，具有能够较快恢复正常运行状态的能力；对于服务保障性要求高的系统，应能立即恢复正常运行状态；具有对系统资源、用户、安全机制等进行集中控管的能力。

五、安全管理制度建设整改

按照《信息安全等级保护管理办法》规定，信息系统运营、使用单位依据《信息系统安全等级保护基本要求》，参照《信息系统安全管理要求》等标准规范要求，开展信息系统等级保护安全管理制度建设工作。安全管理制度建设整改工作可参考图 2-5 工作流程进行。

安全管理制度建设整改工作的主要内容：明确领导机构和责任部门，设立或明确信息安全领导机构，明确主管领导，落实责任部门；建立岗位和人员管理制度，根据职责分工，分别设置安全管理机构和岗位，明确每个岗位的职责与任务，落实安全管理责任制；建立安全教育和

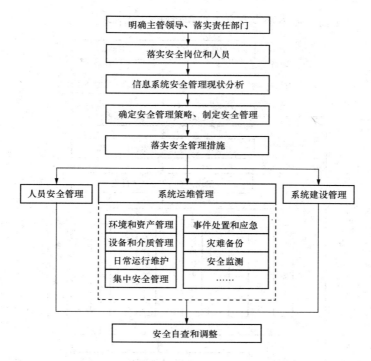

图 2-5　安全管理制度建设整改工作流程

培训制度，对信息系统运维人员、管理人员、使用人员等定期进行培训和考核，提高相关人员的安全意识和操作水平，具体依据《信息系统安全等级保护基本要求》中的"安全管理机构"内容，同时可参照《信息系统安全管理要求》等。

六、安全技术措施建设整改

按照《信息安全等级保护管理办法》规定，信息系统运营、使用单位信息系统安全技术措施建设整改可参照《信息系统通用安全技术要求》、《信息系统等级保护安全设计技术要求》等标准规范开展相应工作。工作流程如图 2-6 所示。

七、信息系统安全建设工作

信息系统运营使用单位在做好信息系统安全等级保护定级备案工作基础上，按照国家有关规定和标准规范要求，新建系统需开展信息安全等级保护安全建设工作。通过落实安全责任制，开展管理制度建设、技术措施建设，落实等级保护制度的各项要求，使信息系统安全管理水平明显提高，安全保护能力明显增强，安全隐患和安全事故明显减少，有效保障信息化健康发展，维护国家安全、社会秩序和公共利益。

根据新建信息系统的划分情况、信息系统的定级情况、信息系统承载业务情况，通过分析明确信息系统安全需求，设计合理的、满足等级保护要求的总体安全方案，并制定出安全实施计划，以指导后续的信息系统安全建设工程实施。

1. 需求分析

安全需求分析是进行信息系统安全建设工作的基础。安全需求分析工作需要通过了解信息系统的安全保护等级，明确安全建设方案设计中需要解决的安全问题，最终确定信息系统安全建设的安全需求。安全需求分为基本安全需求和特殊安全需求。

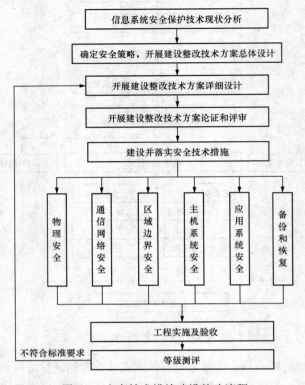

图 2-6　安全技术措施建设整改流程

（1）基本安全需求的确定。基本安全需求主要来源于系统所确定的安全保护等级相应的安全保护要求。具体包括信息系统安全技术需求和安全管理需求，各类需求可参见《信息安全技术信息系统等级保护基本要求》。

（2）特殊（行业）安全需求的确定。通过对信息系统重要资产特殊保护要求的分析，确定超出相应等级保护基本要求的部分或具有特殊安全保护要求的部分。采用需求分析/风险分析的方法，确定可能的安全风险，判断对超出等级保护基本要求部分实施特殊安全措施的必要性，提出信息系统的特殊安全保护需求。确定特殊安全需求主要包括以下工作内容：

1）重要资产的分析。明确信息系统中的重要部件，如边界设备、网关设备、核心网络设备、重要服务器设备、重要应用系统等。

2）重要资产安全弱点评估。检查或判断上述重要部件可能存在的弱点，包括技术上和管理上的；分析安全弱点被利用的可能性。

3）重要资产面临威胁评估。分析和判断上述重要部件可能面临的威胁，包括外部的威胁和内部的威胁，威胁发生的可能性或概率。

4）综合风险分析。分析威胁利用弱点可能产生的结果，结果产生的可能性或概率，结果造成的损害或影响的大小，以及避免上述结果产生的可能性、必要性和经济性。按照重要资产的排序和风险的排序确定安全保护的要求。

（3）需求分析的内容要素。根据基本安全需求和特殊的安全保护需求等形成安全需求分析报告。安全需求分析报告包含以下内容：

- 信息系统描述；
- 安全管理状况；
- 安全技术状况；
- 存在的不足和可能的风险；
- 安全需求描述。

（4）实施要点。在进行安全需求分析工作时，尽可能保证安全需求分析来源的全面性。除了要从信息安全工作的国家管理要求（等级保护工作）分析外，行业管理需求和机构自身安全需求也是重要的分析来源。

（5）国家管理要求。国家信息安全主管部门会同相关部门出台一些法律、法规文件中对信息系统安全建设有一些管理要求，具体如下：

1）《关于信息安全等级保护工作的实施意见》（公通字【2004】66 号）。2004 年 9 月 15 日公安部、国家保密局、国家密码管理委员会办公室和前国务院信息化工作办公室等四部委共同会签印发了《关于信息安全等级保护工作的实施意见》，即 66 号文规定：

- 信息和信息系统的运营、使用单位按照等级保护的管理规范和技术标准，确定其信息和信息系统的安全保护等级。
- 信息和信息系统的运营、使用单位按照等级保护的管理规范和技术标准对新建、改建、扩建的信息系统进行信息系统的安全规划设计、安全建设施工。

2）《信息安全等级保护管理办法》（公通字【2007】43 号）。2007 年 6 月 22 日，公安部、国家保密局、国家密码管理局、国务院信息化工作办公室制定了《信息安全等级保护管理办法》。其中：

- 第十一条规定信息系统的安全保护等级确定后，运营、使用单位应按照国家信息安全等级保护管理规范和技术标准，使用符合国家有关规定，满足信息系统安全保护等级需求的信息技术产品，开展信息系统安全建设或者改建工作。
- 第十二条规定在信息系统建设过程中，运营、使用单位应按照《计算机信息系统安全保护等级划分准则》（GB 1 7859—1999）、《信息系统安全等级保护基本要求》等技术标准，参照《信息安全技术信息系统通用安全技术要求》（GB/T 20271—2006）、《信息安全技术网络基础安全技术要求》（GB/T 20270—2006）、《信息安全技术操作系统安全技术要求》（GB/T 20272—2006）、《信息安全技术数据库管理系统安全技术要求》（GB/T 20273—2006）、《信息安全技术服务器技术要求》、《信息安全技术终端计算机系统安全等级技术要求》（GA/T 671—2006）等技术标准同步建设符合该等级要求的信息安全设施。
- 第十三条规定运营、使用单位应参照《信息安全技术信息系统安全管理要求》（GB/T 20269—2006）、《信息安全技术信息系统安全工程管理要求》（GB/T 20282—2006）、《信息系统安全等级保护基本要求》等管理规范，制定并落实符合本系统安全保护等级要求的安全管理制度。

3）《关于进一步推进中央企业信息安全等级保护工作的通知》（公通字【2010】70 号）第四项工作要求：中央企业要在信息系统定级备案工作基础上，按照开展信息安全等级保护安全建设整改工作的有关要求，组织开展等级保护安全建设整改工作。对照《信息系统安全等级保护基本要求》等有关标准，通过开展等级测评、风险评估等方式，确定信息系统安全建设整改需求，对信息系统进行加固改造和完善，落实安全保护技术措施和安全管理制度，建立信息系统综合防护体系，提高网络和信息系统的整体保护能力。

（6）行业安全管理要求。截止目前，很多行业主管部门已经根据《信息安全技术信息系统安全等级保护基本要求》（GB/T 22239—2008）、《信息安全技术信息系统安全保护等级定级指南》（GB/T 22240—2008）和《信息安全技术信息系统安全等级保护实施指南》（GB/T 25058—2010）等国家标准，结合其行业特点，组织编写完成本行业内的信息安全等级保护标准与规范。在进行安全需求分析时候，要根据所处行业特点，结合其行业标准与规范进行。

（7）机构自身安全需求。要对机构的信息系统重要资产特殊保护要求的分析，根据其行业特点和业务特点确定其自身特殊安全要求，采用需求分析/风险分析的方法，确定可能的安全风险，判断对超出等级保护基本要求部分实施特殊安全措施的必要性，提出信息系统的特殊安全保护需求。

2. 总体安全设计

在信息系统安全建设需求分析的基础上，开展信息系统总体安全规划设计工作，包括制定总体安全策略、安全技术体系结构规划设计工作和安全管理体系结构规划设计工作，为安全详细设计及后续安全建设工程实施提供依据。

（1）总体安全策略设计。总体安全技术策略设计是基于安全需求分析结果形成的机构纲领性的安全技术策略要求。信息系统运营使用单位单独或与信息安全服务机构合作通过对信息系统详细描述文件、信息系统安全保护等级定级报告和安全需求分析报告进行深入分析，形成机构纲领性的安全策略文件，包括确定安全方针和制定安全策略，以便结合等级保护基本要求和安全保护特殊要求，构建机构信息系统的安全技术体系结构和安全管理体系结构。

制定总体安全策略主要包括以下工作内容：

1）确定安全方针。形成机构最高层次的安全方针文件，阐明安全工作的使命和意愿，定义信息安全的总体目标，规定信息安全资任机构和职责，建立安全工作运行模式等。

2）制定安全策略。形成机构高层次的安全策略文件，说明安全工作的主要策略，包括安全组织机构划分策略，业务系统分级策略、数据信息分级策略、安全区域的划分策略、区域之间的互连策略、区域之间的信息流控制策略等。

（2）安全技术体系结构设计。《基本要求》中对不同等级信息系统的安全功能和措施提出了具体要求，信息系统安全技术体系结构设计应以《基本要求》为设计目标，根据信息系统安全等级保护基本要求、安全需求分析结果、总体安全技术策略文件等，提出信息系统需要实现的安全技术机制或安全技术措施，全面落实物理安全、网络安全、主机安全、应用安全和数据安全及备份恢复等方面基本要求，形成机构特定的信息系统安全技术体系结构，用以指导信息系统安全技术建设工作的具体实现。

安全技术体系结构设计主要包括以下工作内容：

1）规定骨干网/城域网的安全保护技术措施。根据机构总体安全策略文件、等级保护基本要求和安全需求，提出骨干网/城域网的安全保护策略和安全技术措施。骨干网/城域网的安全保护策略和安全技术措施提出时应考虑网络线路和网络设备共享的情况，如果不同级别的子系统通过骨干网/城域网的同一线路和设备传输数据，线路和设备的安全保护策略和安全技术措施应满足最高级别子系统的等级保护基本要求。

2）规定子系统之间互联的安全技术措施。根据机构总体安全策略文件、等级保护基本要求和安全需求，提出跨局域网互联的子系统之间的信息传输保护策略要求和具体的安全技术措施，包括同级互联的策略、不同级别互联的策略等；提出局域网内部互联的子系统之间的信息传输保护策略要求和具体的安全技术措施，包括同级互联的策略、不同级别互联的策略等。

3）规定不同级别子系统的边界保护技术措施。根据机构总体安全策略文件、等级保护基本要求和安全需求，提出不同级别子系统边界的安全保护策略和安全技术措施。子系统边界安全保护策略和安全技术措施提出时应考虑边界设备共享的情况，如果不同级别的子系统通过同一设备进行边界保护，这个边界设备的安全保护策略和安全技术措施应满足最高级别子系统的等级保护基本要求。

4）规定不同级别子系统内部系统平台和业务应用的安全保护技术措施。根据机构总体安全策略文件、等级保护基本要求和安全需求，提出不同级别子系统内部网络平台、系统平台和业务应用的安全保护策略和安全技术措施。

5）规定不同级别信息系统机房的安全保护技术措施。根据机构总体安全策略文件、等级保护基本要求和安全需求，提出不同级别信息系统机房的安全保护策略和安全技术措施。信息系统机房安全保护策略和安全技术措施提出时应考虑不同级别的信息系统共享机房的情况，如果不同级别的信息系统共享同一机房，机房的安全保护策略和安全技术措施应满足最高级别信息系统的等级保护基本要求。

6）形成信息系统安全技术体系结构。将骨干网/城域网、通过骨干网/城域网的子系统互联、局域网内部的子系统互联、子系统的边界、子系统内部各类平台、机房以及其他方面的安全保护策略和安全技术措施进行整理、汇总，形成信息系统的安全技术体系结构。

（3）安全管理体系结构设计。根据等级保护基本要求、安全需求分析报告、机构总体安全策略文件等，调整原有管理模式和管理策略，既从全局高度考虑为每个等级信息系统制定统一的安全管理策略，又从每个信息系统的实际需求出发，选择和调整具体的安全管理措施，最后形成统一的整体安全管理体系结构。全面落实安全管理制度、安全管理机构、人员安全管理、系统建设管理和系统运维管理等方面基本要求，形成机构特定的信息系统安全管理体系结构，用以指导信息系统安全管理建设工作的具体实现。

安全管理体系结构设计主要包括以下工作内容：

1）规定信息安全的组织管理体系和对各信息系统的安全管理职责。根据机构总体安全策略文件、等级保护基本要求和安全需求，提出机构的安全组织管理机构框架，分配各个级别信息系统的安全管理职责，规定各个级别信息系统的安全管理策略等。

2）规定各等级信息系统的人员安全管理策略。根据机构总体安全策略文件、等级保护基本要求和安全需求，提出各个不同级别信息系统的管理人员框架，分配各个级别信息系统的管理人员职责，规定各个级别信息系统的人员安全管理策略等。

3）规定各等级信息系统机房及办公区等物理环境的安全管理策略。根据机构总体安全策略文件、等级保护基本要求和安全需求，提出各个不同级别信息系统的机房和办公环境的安全策略。

4）规定各等级信息系统介质、设备等的安全管理策略。根据机构总体安全策略文件、等级保护基本要求和安全需求，提出各个不同级别信息系统的介质、设备等的安全策略。

5）规定各等级信息系统运行安全管理策略。根据机构总体安全策略文件、等级保护基本要求和安全需求，提出各个不同级别信息系统的安全运行与维护框架和运维安全策略等。

6）规定各等级信息系统安全事件处置和应急管理策略。根据机构总体安全策略文件、等级保护基本要求和安全需求，提出各个不同级别信息系统的安全事件处置和应急管理策略等。

7）形成信息系统安全管理策略框架。将上述各个方面的安全管理策略进行整理、汇总，形成信息系统的整体安全管理体系结构。

（4）总体安全设计的内容要素。对安全需求分析报告、信息系统安全技术体系结构和安全管理体系结构等文档进行整理，形成信息系统总体安全方案。信息系统总体安全设计包含以下内容：

- 信息系统概述；
- 总体安全策略；
- 信息系统安全技术体系结构；
- 信息系统安全管理体系结构。

█ 实施要点

在完成总体安全设计之后，为保证设计方案的科学性、合理性和可实施性，需邀请行内外专家进行方案评审。可从国家信息安全等级保护专家库或地方信息安全专家库里抽选专家进行评审，也可以邀请上级主管部门或行业的技术专家。

总体设计方案评审主要关注方案设计的科学性、前瞻性、全面性等。由于总体设计方案是对整个安全保障体系进行设计，覆盖全面、涉及内容较多，保证整个设计体系的科学性、全面性尤为重要。评审时应关注整个设计方案的理论模型及设计方法是否具有可推导性，是否代表主流设计思路。同时，作为整体方案设计，为保证后续信息安全工作开展的统一性，设计方案还应具有一定的前瞻性。在设计内容上应考虑未来一段时间的单位信息化工作规划，并结合当下主流技术、产品及未来 3～5 年内新技术应用等因素，保证在技术方法、技术产品设计上具有一定的时间跨越性。

3. 安全设计实现

信息系统运营使用单位在开展信息安全等级保护安全建设工作中，应按照国家有关规定和标准规范要求，坚持管理和技术并重的原则，将技术措施和管理措施有机结合，建立信息系统综合防护体系，提高信息系统整体安全保护能力。要依据《基本要求》在总体安全设计的基础上进行安全方案详细设计，并具体落实安全技术设计实现和安全管理设计实现。

（1）安全方案详细设计。

1）技术措施实现内容设计。根据建设目标和建设内容将信息系统安全总体设计方案中要求实现的安全策略、安全技术体系结构、安全措施和要求落实到产品功能或物理形态上，提出能够实现的产品或组件及其具体规范，并将产品功能特征整理成文档。使得在信息安全产品采购和安全控制开发阶段具有依据。安全方案详细设计主要包括以下工作内容：

a）结构框架设计。依据本次实施项目的建设内容和信息系统的实际情况，给出与总体安全规划阶段的安全体系结构一致的安全实现技术框架，内容可能包括安全防护的层次、信息安全产品的使用、网络子系统划分、IP 地址规划其他内容。

b）功能要求设计。对安全实现技术框架中使用到的相关信息安全产品，如防火墙、VPN、网闸、认证网关、代理服务器、网络防病毒、PKI 等提出功能指标要求。对需要开发的安全控制组件，提出功能指标要求。

c）性能要求设计。对安全实现技术框架中使用到的相关信息安全产品，如防火墙、VPN、网闸、认证网关、代理服务器、网络防病毒、PKI 等提出性能指标要求。对需要开发的安全控制组件，提出性能指标要求。

d）部署方案设计。结合目前信息系统网络拓扑，以图示的方式给出安全技术实现框架的实现方式，包括信息安全产品或安全组件的部署位置、连线方式、IP 地址分配等。对于需对原有网络进行调整的，给出网络调整的图示方案等。

e）制定安全策略实现计划。依据信息系统安全总体方案中提出的安全策略的要求，制定设计和设置信息安全产品或安全组件的安全策略实现计划。活动输出：技术措施落实方案。

f）项目投资概算。根据信息系统的安全建设内容提出详细的经费预算，包括产品名称、型号、配置、数量、单价、总价和合计等，同时应包括集成费用、等级测评费用、服务费用和管理费用等。对于跨年度的安全建设提供分年度的经费预算。

g）项目建设蓝图。通过分析项目间或者子项目之间的依赖关系与项目的优先级（综合考虑项目重要性与实施紧迫性两方面因素）后，设计出项目的总体建设蓝图。

h）工程实施计划。根据信息系统的安全建设内容提出详细的工程实施计划，包括建设内容、工程组织、阶段划分、项目分解、时间计划和进度安排等。对于跨年度的安全建设，要对安全建设方案明确的主要安全建设内容进行适当的项目分解，比如分解网络安全建设项目、系统平台和应用平台安全建设项目等，分别制定中期和短期的实施计划，短期内主要解决目前急迫和关键的问题。

2）管理措施实现内容设计。根据机构当前安全管理需要和安全技术保障需要提出与信息系统安全总体方案中管理部分相适应的安全管理实施内容，以保证安全技术建设的同时，安全管理的同步建设。

结合系统实际安全管理需要和本次技术建设内容，确定本次安全管理建设的范围和内容，同时注意与信息系统安全总体方案的一致性。安全管理设计的内容主要考虑：安全管理机构和人员的配套、安全管理制度的配套、人员安全管理技能的配套等。

a）安全管理机构和人员配套。明确信息安全领导机构和责任部门，设立信息安全领导机构，明确主管领导，落实责任部门。建立岗位和人员管理制度，根据职责分工，分别设置安全管理机构和岗位，明确每个岗位的职责与任务，落实安全管理责任制。

b）安全管理制度的配套。根据安全管理需求，确定安全管理目标和安全策略，针对信息系统的各类管理活动，明确需制定的管理制度。

制定信息安全管理策略要能够指出完成各层面的具体目标，用于指导信息安全管理制度的完善，可能制定的安全管理策略主要包括但不限于以下内容：

- 信息安全组织管理策略；
- 物理环境安全管理策略；
- 人员安全管理策略；
- 信息及资产管理策略；
- 系统开发管理策略；
- 系统维护管理策略；
- 恶意代码管理策略；
- 安全事件管理策略；
- 数据备份与恢复策略；
- 应急预案管理策略；
- 其他管理策略。

可能的安全管理制度主要包括但不限于表2-6内容。

表2-6　　　　　　　　　　　　　　可能的安全管理制度

序号	制　度　说　明	范　　例
1	机构总体安全方针和政策方面的管理制度	《信息系统安全管理制度》

序号	制 度 说 明	范 例
2	部门设置、岗位设置及工作职责定义方面的管理制度	《岗位责任书》
3	授权审批、审批流程等方面的管理制度	《信息安全管理制度》；授权与审批《系统运维管理制度》；变更管理（《变更管理制度》）
4	安全审核和安全检查方面的管理制度	《信息系统安全管理制度》
5	管理制度、操作规程修订、维护方面的管理制度	《文档管理制度》
6	人员录用、离岗、考核等方面的管理制度	《人员管理制度》
7	人员安全教育和培训方面的管理制度	《人员管理制度》；教育和培训《培训管理制度》
8	第三方人员访问控制方面的管理制度	《机房管理制度》、《办公环境管理制度》
9	工程实施过程管理方面的管理制度	工程实施《系统建设管理制度》
10	产品选型、采购方面的管理制度	产品采购《系统建设管理制度》；采购、管理、下拨《资产管理制度》
11	软件外包开发或自我开发方面的管理	《软件开发管理制度》
12	测试、验收方面的管理制度	系统验收《系统建设管理制度》
13	机房安全管理方面的管理制度	《机房管理制度》
14	办公环境安全管理方面的管理制度	《办公环境管理制度》
15	资产、设备、介质安全管理方面的管理制度	《资产管理制度》、《设备管理制度》、《存储介质管理制度》
16	配套设施、软硬件维护方面的管理制度	《资产管理制度》、《设备管理制度》、《存储介质管理制度》
17	网络安全管理（网络设置、账号管理等）方面的管理制度	网络管理《系统运维管理制度》；《网络管理制度》
18	系统安全管理（系统配置、账号管理等）方面的管理制度	《系统运维管理制度》；主机管理《主机管理制度》
19	系统监控、风险评估、漏洞扫描方面的管理制度	《系统运维管理制度》；安全管理《系统安全管理制度》
20	病毒和恶意代码防范方面的管理制度	《系统运维管理制度》；恶意代码防范《系统安全管理制度》
21	系统变更控制方面的管理制度	《系统运维管理制度》；变更管理《变更管理制度》
22	密码管理方面的管理制度	《系统运维管理制度》；密码管理《密码管理制度》
23	备份和恢复方面的管理制度	《系统运维管理制度》；备份与恢复管理《备份与恢复管理制度》
24	安全事件报告和处置方面的管理制度	《系统运维管理制度》；安全事件处置《系统安全管理制度》、《安全事件处理流程》、《信息系统应急预案》
25	应急响应方法、应急响应计划等方面的文件	《信息系统应急预案》、《网络安全应急预案》、《主机安全应急预案》、《应用安全应急预案》、《机房安全应急预案》

3）安全详细设计的内容要素。将技术措施落实方案、管理措施落实方案汇总，同时考虑工时和费用，最后形成指导安全实施的指导性文件。对技术措施落实方案中技术实施内容和管理

措施落实方案中管理实施内容等文档进行整理，形成信息系统安全建设详细设计方案。安全详细设计方案包含以下内容：

- 本期建设目标和建设内容；
- 技术实现框架；
- 信息安全产品或组件功能及性能；
- 信息安全产品或组件部署；
- 安全策略和配置；
- 配套的安全管理建设内容；
- 工程实施计划；
- 项目投资概算。

（2）技术设计实现。

1）信息安全产品采购。进入设计实现阶段后，首先需按照安全详细设计方案中对于产品的具体指标要求进行产品采购，根据产品或产品组合实现的功能满足安全设计要求的情况来选购所需的信息安全产品。信息安全产品采购主要包括以下工作内容：

a）制定产品采购说明书。信息安全产品选型过程首先依据安全详细设计方案的设计要求，制定产品采购说明书，对产品的采购原则、采购范围、指标要求、采购方式、采购流程等方面进行说明，然后依据产品采购说明书对现有产品进行比对和筛选。对于产品的功能和性能指标可以依据国家认可的测试机构所出具的产品测试报告，也可以依据用户自行组织的信息安全产品功能和性能选型测试所出具的报告。

b）产品选择。在依据产品采购说明书对现有产品进行选择时，不仅要考虑产品的使用环境、安全功能、成本（包括采购和维护成本）、易用性、可扩展性、与其他产品的互动和兼容性等因素，还要考虑产品质量和可信性。产品可信性是保证系统安全的基础，用户在选择信息安全产品时应确保符合国家关于信息安全产品使用的有关规定。对于密码产品的使用，应当按照国家密码管理的相关规定进行选择和使用。

2）安全控制开发。对于一些不能通过采购现有信息安全产品来实现的安全措施和安全功能，通过专门进行的设计、开发来实现。安全控制的开发应当与系统的应用开发同步设计、同步实施，而应用系统一旦开发完成后，再增加安全措施会造成很大的成本投入。因此，在应用系统开发的同时，要依据安全详细设计方案进行安全控制的开发设计，保证系统应用与安全控制同步建设。

安全控制开发主要包括以下工作内容：

a）安全措施需求分析。以规范的形式准确表达安全方案设计中的指标要求，确定软件设计的约束和软件同其他系统相关的接口细节。

b）概要设计。概要设计要考虑安全方案中关于身份鉴别、访问控制、安全审计、剩余信息保护、通信完整性、通信保密性、抗抵赖等方面的指标要求，设计安全措施模块的体系结构，定义开发安全措施的模块组成，定义每个模块的主要功能和模块之间的接口。

c）详细设计。依据概要设计说明书，将安全控制开发进一步细化，对每个安全功能模块的接口，函数要求，各接口之间的关系，各部分的内在实现机理都要进行详细的分析和细化设计。按照功能的需求和模块划分进行各个部分的详细设计，包含接口设计和管理方式设计等。详细设计是设计人员根据概要设计书进行模块设计，将总体设计所获得的模块按照单元、程序、过程的顺序逐步细化，详细定义各个单元的数据结构、程序的实现算法以及程序、单元、模块之间的接口等，作为以后编码工作的依据。

d）编码实现。按照设计进行硬件调试和软件的编码，在编码和开发过程中，要关注硬件组合的安全性和编码的安全性，并通过论证和测试。

e）测试。开发基本完成后要进行测试，保证功能的实现和安全性的实现。测试分为单元测试、集成测试、系统测试和以用户试用为主的用户测试四个步骤。

f）安全控制开发过程文档化。安全控制开发过程需要将概要设计说明书、详细设计说明书、开发测试报告以及开发说明书等整理归档。活动输出：安全控制开发过程相关文档。

3）安全控制集成。将不同的软硬件产品集成起来，依据安全详细设计方案，将信息安全产品、系统软件平台和开发的安全控制模块与各种应用系统综合、整合成为一个系统。安全控制集成的过程需要把安全实施、风险控制、质量控制等有机结合起来，遵循运营使用单位与信息安全服务机构共同参与相互配合的实施的原则。安全控制集成主要包括以下工作内容：

a）集成实施方案制定。主要工作内容是制定集成实施方案，集成实施方案的目标是具体指导工程的建设内容、方法和规范等，实施方案有别于安全设计方案的一个显著特征之处就是它的可操作性很强，要具体落实到产品的安装、部署和配置中，实施方案是工程建设的具体指导文件。

b）集成准备。主要工作内容是对实施环境进行准备，包括硬件设备准备、软件系统准备、环境准备。为了保证系统实施的质量，信息安全服务机构应该依据系统设计方案，制定一套可行的系统质量控制方案，以便有效地指导系统实施过程。该质量控制方案应该确定系统实施各个阶段的质量控制目标、控制措施、工程质量问题的处理流程、系统实施人员的职责要求等，并提供详细的安全控制集成进度表。

c）集成实施。主要工作内容是将配置好策略的信息安全产品和开发控制模块部署到实际的应用环境中，并调整相关策略。集成实施应严格按照集成进度安排进行，出现问题各方应及时沟通。系统实施的各个环节应该遵照质量控制方案的要求，分别进行系统测试，逐步实现质量控制目标。例如：综合布线系统施工过程中，应该及时利用网络测试仪测定线路质量，及早发现并解决质量问题。

d）培训。信息系统建设完成后，安全服务提供商应当向运营和使用单位提供信息系统使用说明书及建设过程文档，同时需要对系统维护人员进行必要培训，培训效果的好坏将直接影响到今后系统能否安全运行。

e）形成安全控制集成报告。应将安全控制集成过程相关内容文档化，并形成安全控制集成报告，其包含集成实施方案、质量控制方案、集成实施报告以及培训考核记录等内容。活动输出：安全控制集成报告。

4）系统验收。检验系统是否严格按照安全详细设计方案进行建设，是否实现了设计的功能和性能。在安全控制集成工作完成后，系统测试及验收是从总体出发，对整个系统进行集成性安全测试，包括对系统运行效率和可靠性的测试，也包括对管理措施落实内容的验收。系统验收主要包括以下工作内容：

a）系统验收准备。安全控制开发、集成完成后，要根据安全设计方案中需要达到的安全目标，准备系统验收方案。系统验收方案应当立足于合同条款、需求说明书和安全设计方案，充分体现用户的安全需求。成立系统验收工作组对验收方案进行审核，组织制定验收计划、定义验收的方法和严格程度。

b）组织系统验收。由系统验收工作组按照验收计划负责组织实施，组织测试人员根据已通过评审的系统验收方案系统进行测试。

c）验收报告。在测试完成后形成验收报告，验收报告需要用户与建设方进行确认。验收报告将明确给出验收的结论，安全服务提供商应当根据验收意见尽快修正有关问题，重新进行验收或者转入合同争议处理程序。

d）系统交付。在系统验收通过以后，要进行系统的交付，需要安全服务提供商提交系统建设过程中的文档、指导用户进行系统运行维护的文档、服务承诺书等。活动输出：系统验收报告。

（3）管理设计实现。管理设计实现工作主要考虑管理机构设置和人员落实、管理制度的制修订、人员安全技能培训和安全实施过程管理等相关内容，具体设计实现应包括且不限于如下内容：

1）管理机构设置和人员落实。通过建立配套的安全管理职能部门，实现管理机构的岗位设置、人员的分工以及各种资源的配备，为信息系统的安全管理提供组织上的保障。工作内容主要包括：

- 安全组织确定。识别与信息安全管理有关的组织成员及其角色，例如：文档管理员、系统管理员、安全管理员等，形成安全组织结构表。
- 角色说明。以书面的形式详细描述每个角色与职责，确保每个人明确相应的工作职责。

2）管理制度的建设和修订。建设或修订与信息系统安全管理相配套的管理制度，包括所有信息系统的建设、开发、运维、升级和改造等各个阶段和环节所应当遵循的行为规范和操作规程。工作内容主要包括：

- 应用范畴明确。管理制度建立首先要明确制度的应用范围，如机房管理、账户管理、远程访问管理、特殊权限管理、设备管理、变更管理等方面的内容。
- 人员职责定义。管理制度的建立要明确相关岗位人员的责任和权利范围，并要征求相关人员的意见，要保证责任明确。
- 行为规范规定。管理制度是通过制度化、规范化的流程和行为，来保证各项管理工作的一致性。
- 评估与完善。制度在发布、执行过程中，要定期对其进行评估，根据实际环境和情况的变化，对制度进行修改和完善，必要时考虑管理制度的重新制定。

3）人员安全技能培训。通过对人员的职责、素质、技能等方面进行培训，保证人员具有与其岗位职责相适应的技术能力和管理能力，以减少人为因素给系统带来的安全风险。工作内容主要包括：

针对普通员工、管理员、开发人员、主管人员以及安全人员的特定技能培训和安全意识制定培训计划并进行培训，培训后进行考核，合格者发给上岗资格证书等。

4）安全实施过程管理。在系统定级、规划设计、实施过程中，对工程的质量、进度、文档和变更等方面的工作进行监督控制和科学管理。工作内容主要包括：

- 质量管理。质量管理首先要控制系统建设的质量，保证系统建设始终处于等级保护制度所要求的框架内进行。同时，还要保证用于创建系统的过程的质量。在系统建设的过程中，要建立一个不断测试和改进质量的过程。在整个系统的生命周期中，通过测量、分析和修正活动，保证所完成目标和过程的质量。
- 风险管理。为了识别、评估和减低风险，以保证系统工程活动和全部技术工作项目都成功实施。在整个系统建设过程中，风险管理要贯穿始终。

- 变更管理。在系统建设的过程中，由于各种条件的变化，会导致变更的出现，变更发生在工程的范围、进度、质量、费用、人力资源、沟通、合同等多方面。每一次的变更处理，必须遵循同样的程序，即相同的文字报告、相同的管理办法、相同的监控过程。必须确定每一次变更对系统成本、进度、风险和技术要求的影响。一旦批准变更，必须设定一个程序来执行变更。

- 进度管理。系统建设的实施必须要有一组明确的可交付成果，同时也要求有结束的日期。因此，在建设系统的过程中，必须制订项目进度计划，绘制网络图，将系统分解为不同的子任务，并进行时间控制确保项目的如期完成。

- 文档管理。文档是记录项目整个过程的书面资料，在系统建设的过程中，针对每个环节都有大量的文档输出，文档管理涉及系统建设的各个环节，主要包括：系统定级、规划设计、方案设计、安全实施、系统验收、人员培训等方面。

实施要点

（1）安全方案详细设计。安全方案的编制过程中，应结合自身业务特点及实际条件，并通过方案评审对如下要素进行审定：

1）可实施性。在企业制定安全建设方案时，首先要结合自身安全需求，现有网络及应用系统的实际情况确认方案的可实施性。鉴于此，在设计建设方案时，要结合企业的实际情况，尽可能考虑实施难度和复杂度，降低或减少实施中产生的风险。安全建设方案在技术实施部分外，往往会遇到很多阻力。如果推行难度过大，可能会使方案的建设受到影响，甚至部分夭折。因此，在安全建设方案时应考虑以下因素：

a）安全建设方案与员工以往的工作习惯是否相距甚远；

b）安全建设方案的收益需要很长时间才能看出来，可带来的不便立即可以感觉出来；

c）安全建设方案对员工的管理近乎苛刻，比如员工对互联网的使用或个人 PC 中应用软件的使用。

如果推行难度太大，在编制方案的过程中，应予以充分的考虑。当然，但如果有多种方案可供选择，应该进行方案的比选。

2）经济性。在安全设计实现中，企业需要考虑建设成本与经济性，一般建设成本需要考虑两方面：一是方案的推行成本；二是这个方案如果一直运行下去，客户需要支付的运维成本。前者是指这个方案从提出到在客户处得到全面实施所需要付出的代价。如：基础网络建设成本，软件客户化成本，培训成本，实施成本等。后者是指本方案正常执行后，客户需要支付的各种日常维护费用等。在方案中，应充分考虑建设方案的经济性。在能够满足自身安全需求的前提下，减少项目开支，以达到安全建设方案的经济性。

3）产品选型。在安全建设方案中，产品选型是指购置设备时，根据生产工艺要求和市场供应情况，按照技术上先进、经济上合理、生产上适用的原则，以及可行性、维修性、操作性和能源供应等要求，进行调查和分析比较，以确定设备的优化方案。

（2）技术设计实现。为保证信息系统安全设计方案的有效落实，可通过安全咨询和委托第三方测评机构的方式对安全工作进行监管或测试。在系统安全技术实现过程中，主要关注以下实施要点：

1）制定的实施方案和实施计划应明确各阶段任务、阶段成果及时间节点，每个阶段的人员分配和职责，实施方案要符合实际情况，并考虑到项目中存在的风险；在进行安全产品采购时，应与产品厂商签订售后服务承诺书，明确产品的后期相关维护服务事项，确定厂商方的接口人及其联系方式；

2）安全建设范围广的项目，如在全国多个地市进行的项目，可选择 2～3 个有代表性的实施点作为试点进行信息系统网络环境的搭建及安全产品的部署测试，对试点中出现的问题进行总结，并修改实施方案，以指导其他实施点的工作；

3）在应用软件开发过程中，应从以下几方面进行安全监管：①应用系统的运行需要操作系统、中间件、数据库及通用软件的支撑，在开发过程中这些基础软件和通用软件的安全非常重要，因此在软件的选择和采购过程中，运营使用单位应监管软件开发商是否选择稳定的、安全的、较新版本的软件；②在软件代码编写之前，应审核软件开发商是否制定了代码编写安全规范，从接口输入数据验证、剩余信息释放防止系统信息泄漏等方面进行代码编写约束，并且要求在编码过程中严格按照代码编写安全规范执行；应将开发环境与生产环境相分离，要求在开发环境中进行应用软件的测试；

在应用软件编码完成后，运营使用单位应在软件开发商提交无高风险问题的源代码安全测试报告（由第三方安全测评机构出具）后，再允许软件开发商进行应用软件的实施工作；

4）在信息系统实施前，运营使用单位应审核系统承建商出具的信息系统实施方案是否包含网络设备、安全设备、服务器操作系统、应用软件的安全加固内容，并且要求针对实施过程中的变动及时进行安全加固方案的调整，为以后的系统安全运维工作提供依据。信息系统实施后，要求系统承建商提交信息系统安全加固记录。

（3）管理设计实现。对于新建系统，管理体系的实现主要关注管理人员配备齐全到位、职责明确和管理制度健全及实际落实。管理人员的配备情况和管理制度的制定情况需根据单位目前管理架构的实际情况开展。单就目前的管理架构设置可能有两种情况：

1）若目前管理机构设置基本健全，则只需考虑新建系统的开发管理人员和日常运维管理人员的到位及相关职责明确。在目前已有的机构设置和管理工作基础上，增加该系统的相关开发人员和日常运维管理人员配置以及相应管理工作。若系统无特殊的要求，可将目前已运行的管理制度范刚覆盖住该系统。若有特殊要求，则在目前运行的管理制度体系中增加该系统特定的要求。

2）若目前管理机构基本无设置，则需全盘考虑管理机构的合理设置。需根据目前所管理的信息安全工作、信息系统情况等综合判断后确定管理机构人员设置的数量。另外，需明确安全管理机构应得到单位最高管理层的认可。管理制度的制定需本着"基础先行、全面覆盖"的原则逐步建立健全。

无论是以上哪种情况，对于管理制度的落实除了加强对管理人员意识的培训外，还需强化日常的监督检查，督促各项管理要求真正落到实处。

八、信息系统安全整改工作实施

1. 信息系统安全问题分析

信息系统安全问题分析是开展安全整改工作的基础。在开展信息系统安全建设整改之前，通过信息系统安全现状分析，查找出信息系统安全整改需要解决的问题，从而明确信息系统安全建设整改的需求，知道日后的安全整改方案设计工作。安全问题分析包括安全管理问题分析和安全技术问题分析两部分：

（1）安全管理问题分析。可以依据《基本要求》等标准，采取登记测评、风险评估、安全检查等方法，对运营使用单位的现有管理制度、操作规程、安全配置规范收集、整理与梳理，明确运营使用单位的总体策略、组织架构、安全管理制度、操作规范等，分析判断目前所采取的安全管理措施与等级保护标准要求之间的差距，分析系统已发生的事件或事故，分析安全管理方面存在的问题，最终形成安全管理建设整改的需求并进行论证。

（2）安全技术问题分析。

1）信息系统构成情况分析。对信息系统的范围、构成和所承载的业务应用等总体情况进行分析，包括网络结构、对外边界、信息系统包含的各个区域和各个子系统的数量和级别、不同安全保护等级子系统的分布情况和承载业务应用情况等。

信息系统总体情况分析关注信息系统的支撑网络，如骨干网、城域网和局域网等，分析网络结构、网络区域、对外边界等，同时关注信息系统中子系统的数量、每个子系统的级别、每个子系统所处的网络区域、每个子系统承载的应用情况等。

2）基础安全防护技术问题分析。根据信息系统的安全保护等级，采取等级测评、风险评估、安全检查等方法，对信息系统进行安全保护技术现状分析，分析判断目前信息系统所采取的安全技术措施与该级别等级保护标准要求之间的差距，差距作为信息系统安全技术方面存在的问题，并将这些问题作为信息系统安全建设整改的基本安全需求，这是信息系统安全技术建设整改设计的基础。

如果信息系统曾经发生过安全事件或事故的，还需要对这些安全事件或事故进行详细分析，分析判断信息系统在安全技术方面存在的问题，并将存在的问题也作为信息系统安全技术建设整改的基本安全需求。

3）特殊安全防护技术问题分析。通过对信息系统重要资产特殊保护要求的分析，确定超出相应等级保护基本要求的部分或具有特殊安全保护要求的部分，判断这些部分可能存在安全问题以及解决特殊安全问题的必要性，并将待解决的安全问题也作为信息系统安全技术建设整改的基本安全需求。

实施要点

信息系统运营使用单位在安全整改工作的问题分析阶段应关注以下实施要点：

（1）在进行信息系统安全整改工作之前，应先确定安全整改对象范围和安全整改指标，确定整改信息系统的数量和等级、所处的网络区域以及信息系统所承载的业务应用情况等内容，对未定级的信息系统应先进行信息系统的定级工作；

（2）等级测评报告、风险评估报告、渗透测试报告、安全检查报告等是安全问题分析的主要依据，应委托符合条件的测评机构对信息系统进行等级测评、风险评估、渗透测试等，利用检查结果形成的报告展开安全技术和安全管理的问题分析工作；

（3）在进行安全问题分析的过程中，应关注安全问题的分类分级。以信息系统等级测评报告、风险评估报告、渗透测试报告、安全检查报告为依据，分析解决各安全问题的紧迫程度和难易程度，进行安全问题分类和整改优先级确定，以指导日后的安全整改方案设计工作。

（4）完成安全问题分析后，形成信息系统安全问题分析报告。信息系统运营使用单位应组织相关专家对安全问题分析报告进行评审论证和确定。

2．整改方案设计

安全问题分析完成后，系统运营使用单位需结合本单位实际情况，进行安全整改方案设计。安全整改方案设计主要包括安全技术措施整改设计和安全管理措施整改设计，其中安全技术措施整改设计包括网络结构合理化调整、设备更新、应用系统安全功能设计完善、安全配置加固、产品清单及规格要求与项目预算等。安全管理措施整改包括组织结构调整、安全管理制度完善、人员能力提升、加强日常考核等。

（1）安全技术整改方案设计。安全技术整改方案的设计是以现有网络和现有应用系统为基础，以等级测评、风险评估或安全检查的结果为依据进行升级改造。升级改造方案应包括且不限于如下内容：

1）网络结构合理化调整。在早期建设的网络中，由于技术条件或安全需求的不同，网络结构可能无法满足等级保护《基本要求》中的相关条款。因此，在技术整改方案的设计过程中，需要对现有网络进行结构性调整。调整的内容可能涉及网络出口、网络核心、DMZ 区域、内部服务器部署区域等，同时可能涉及网络管理区域的设计调整等。

2）设备更新。在建设完成时间较早的网络中，有部分设备可能因为使用年限或设备自身性能的原因，已经无法满足整改后网络的使用需求。因此，在技术整改方案设计中应充分考虑这部分设备的更新换代，对无法满足使用需求的设备进行下架，并采购新设备进行替换。

3）应用系统安全功能设计完善。在建或已完成上线的应用系统应根据相关标准，对安全功能进行二次设计开发，从而满足相关标准要求。应用系统安全建设内容可能包括设计账户的身份认证功能、审计功能、访问控制功能等模块。

4）安全配置加固。在安全技术整改方案中，应包括对基础网络平台、主机操作系统、中间件及应用系统的配置加固部分，加固内容应包括账户权限分配、文件权限管理及访问控制等。

5）产品清单及规格要求。在安全技术整改方案中应包括详细的产品清单，产品清单应包括网络设备、安全设备，以及各相关的软硬件产品。产品清单应有详细的设备型号、数量、单价、总价及详细的产品规格要求，并做必要的说明。

6）项目预算。安全技术整改方案应包括详细的项目预算，预算内容应包括工程建设费用（本项内容又分为网络设备费用、安全设备费用、软件系统费用、服务器设备费用及集成费用等）、工程建设其他费用（本项内容又分为招标代理费、监理费及建设单位管理费等），另外预算中还应包括等级测评费用及不可预见费等。

（2）安全管理整改方案设计。安全管理整改方案的设计工作是以现有安全管理现状为基础，以风险评估、等级测评或安全检查的结果为依据进行整改建设。整改建设方案应包括且不限于如下内容：

1）机构调整与人员配备。安全管理机构的规范化设置，如信息安全领导小组或信息安全委员会的建立与职责。各类安全岗位的设置包括安全主管、安全管理各个方面的负责人以及信息安全管理有关的角色，如安全管理员、网络管理员、系统管理员和数据库管理员。明确各类岗位职责，如信息安全领导小组或委员会负责制定组织的信息安全长远规划，监督和指导信息安全工作的贯彻和执行；安全主管负责检查、协调和规范信息系统安全工作；网络管理员负责信息系统的网络资源规划配置；系统管理员负责信息系统主机的按照维护；数据库管理员负责信息系统数据库状态的检查维护等。

2）安全管理制度完善。根据安全管理现状梳理各类安全管理制度，依照等级保护安全管理要求或国内国外各类最佳安全管理实践标准对组织内的安全管理体系进行比较，寻找出所需要新增、修订或废止的安全管理制度，完善安全制度管理体系。

3）人员能力提升。增加人员的安全意识教育与培训，针对发现的薄弱环节进行有目的的强化学习，提升人员的安全意识和安全技能，保证人员具有与其岗位职责相适应的安全技术能力和管理能力。同时，在培训过程中加入适当的考核，确保只有经过培训考核成绩合格后才能正式上岗。

4）日常安全管理强化。明确信息系统生命周期中的各项环节和活动，通过采取适当的授权与审批措施，保证这些环节与活动的顺利实施及可控。通过建立授权与审批流程，明确授权审批部门、批准人、审批程序、审批范围等内容。常见的需求审批的事项包括系统变更、系统操作、物理访问、制度的制定与发布、人员培训等。同时为了保证安全制度和安全措施的贯彻执行，需要定期组织安全检查，安全检查的结果报告主管领导及相关负责人。

实施要点

在信息系统安全整改方案设计过程中遵循的基本原则是：依据国家有关政策法规，国家标准、信息安全等级保护系列标准和国家标准，从业务系统的重要程序入手，全面、准确的确定信息系统的安全整改而来，从而为信息系统"量身定制"使用的安全技术整改方案，落实安全整改工作，提高信息系统的整体防护能力。

在信息系统安全整改方案设计中，参照等级保护的具体要求，遵循"统一规划、纵深防御、集中管理"的指导思想和设计原则。

1）统一规划、分步实施。在设计过程中，应根据企业自身信息系统的实际需求和目前现状进行统一规划。同时，信息系统安全技术保障体系的建设，要随着信息安全的发展和技术的提高循序渐进，安全整改要立足于现有基础，进行规范整合，各个层次的安全保护应分步实施，避免造成人力、物力、财力的浪费。

2）纵深防御、基础先行。企业信息系统由基础平台和各类业务应用构成，在设计过程中，应根据信息系统的业务流向，从网络边界、核心网络、服务器区实现纵深防御体系。具体实施时应首先考虑保护基础网络平台，实现基本安全保护措施和支撑性基础平台。

3）集中管理、控制风险。大型企业的网络设备和系统设备众多，运维人员数量又相对较少，应通过集中管理有效控制信息技术风险、提高决策效率、有效降低计算机信息系统管理的总体成本、提升系统服务能力。

（1）安全技术方案设计。企业在进行安全技术整改方案的编制过程中，应结合自身业务特点及实际条件，在安全需求分析的基础上，对下列要点进行点评：

1）安全整改方案合理性。安全技术整改方案应能够解决差距分析中的各项问题，另外，安全技术整改方案应充分考虑现有网络特点，结合安全需求分析的结果，使技术整改方案紧密符合企业自身的实际情况。

2）资金投入及人员安全。安全技术整改方案应根据具体的设计，针对设备采购、工程实施及各种其他费用的实际使用情况，合理编制项目预算。项目预算应有合理的安排及可靠的来源。另外，安全在技术整改方案中，应制定合理的人力资源使用计划，在自身技术力量及人员的前提下，可以考虑借助外部技术力量共同完成方案的编制及项目的具体实施。

3）项目时间周期。安全技术整改方案中应包含详细的项目进度计划。内容应包含项目的启动、项目符分项的实施进度、项目验收、项目结项等。

4）产品选型。产品选型应按照技术整改方案对设备功能、性能的具体要求，有针对性的进行设备选型。首先，考虑到目前信息化建设发展的需求，同时在不铺张浪费的前提下，建议设备性能应有 30%～50%的性能冗余，以保障在建网络能够适应未来信息化发展的需要。其次，考虑到目前信息安全发展的趋势及国际信息安全环境的需要，建议在关键节点采购国产产品，如有特殊需求，建议采用异构的方式进行部署。另外，在设备采购时应适当考虑原有设备品牌及型号的延续性，保护原有建设投资。

（2）管理方案设计。安全管理整改方案设计主要关注现有安全管理机构设置的调整、人员增补和管理制度体系完善等方面。在进行安全管理机构设置调整设计时，需结合机构目前的设置情况进行考虑。结构调整设计的原则是尽量不完全颠覆现有的安全管理结构，而是在此基础上通过小的调整和改进使得安全管理机构的结构合理化和合规化，能够合理的支撑机构信息安全工作。人员配备整改设计上需结合单位目前所管理的信息安全工作量进行考虑。若单位规模小（几十人左右），所属信息系统数量少，且重要信息系统（安全保护等级三级及以上的）数量少，则在信息安全管理人员配备上只需按照该等级管理要求中的人员配备要求进行设计即可。若单位规模相对较大（百余人以上），所属信息系统数量相对较多，且含有一定数量的重要信息系统，则信息系统管理人员的配备除满足该等级管理要求外，还应对每个岗位人员配备多人。此外，对人员能力的要求设计也应在安全整改方案中进行考虑。应将人员的安全意识、安全技能培训纳入到整改方案设计中，明确设计出不同岗位人员的培训要求和考核要求。

管理制度体系的完善是安全管理整改方案设计的重点。对于三级以上的信息系统，管理制度体系的完善首先是体系的健全，形成方针策略、管理制度、操作手册及操作记录等制度体系。其次才是各类管理制度内容的补充完善。管理制度内容的完善需结合单位目前现有的管理制度，在现有管理制度的基础上通过梳理分别形成需新增、修订、合并等后期不同实现方式的管理制度清单。安全整改方案中应明确"先建立管理体系，后完善管理制度"的原则。

3.　整改措施实施

安全整改设计方案完成后，系统运营使用单位需结合本单位实际情况，合理安排系统整改工作。整改工作主要包括安全技术措施整改和安全管理措施整改，其中，安全技术措施整改包括网络结构调整、安全配置加固、应用二次开发以及产品采购与部署等工作。安全管理措施整改包括组织结构调整、安全管理制度完善、人员能力提升、加强日常考核等。

（1）安全技术整改措施实现。安全技术格改措施工作主要分为网络结构调整、产品采购部署、应用二次开发以及现有设备加固等方面，增强信息系统在安全技术方面的安全防护能力。

1）产品采购部署。依据整改方案中的产品设备清单，制定产品采购计划，根据计划制定或授权专门部门负责采购软硬件产品。产品到货后进行加电测试、产品部署和连调测试。

2）网络结构调整。在整改措施实施过程中，网络结构调整是所有整改工作的基础工作，是基础网络平台的整改。结合产品采购部署，网络结构调整是在整改工作中相对容易完成也容易凸显成果的部分。依据整改实施方案，对信息系统的基础网络平台通过增加网络设备或安全设备、变更设备配置、链路变换等方式进行网络结构调整，实现网络结构安全，增强信息系统网络的安全防护能力。

3）应用系统二次开发及测试实施。新增的应用系统安全功能需要通过二次开发的方式实现。在原有应用系统的基础上，对新增的安全功能进行详细设计和编码实现工作，在开发环境中进行测试。通过源代码安全测试后，在实际生产环境中完成部署实施和功能测试工作。对二次开发的变更内容应进行文档记录，为日后的应用系统维护工作提供依据。

4）安全配置加固。安全配置加固是整改措施落实的主要手段，安全整改工作中的安全配置加固包括对已有设备的安全配置加固和对新增设备的安全配置加固。对已有设备的安全配置加固主要是对已有设备进行安全配置变更；对新增设备的安全加固，应先制定安全加固方案，方案中应覆盖网络设备、安全设备、服务器操作系统、应用软件的安全加固内容。依照方案完成安全配置，并且对于实施过程中的变动及时进行安全加固方案的调整，为日后的系统安全运维工作提供依据。通过安全加固主要能解决以下安全问题：

- 安装、配置不符合安全需求；
- 使用、维护不符合安全需求；
- 系统完整性被破坏；
- 账户、口令策略问题；
- 安全漏洞没有及时修补；
- 应用服务和应用程序滥用等。

安全加固共分为四个阶段，具体如下：

- 数据收集：收及客户单位的网络、应用系统、安全设备等信息，明确加固对象以及其加固前的配置现状、工作现状。
- 系统备份：为防止在加固过程中出现的异常的情况，所有被加固对象均应在被加固之前作一次完整的系统备份或者关闭正在进行的操作，以便在系统发生灾难后及时恢复。
- 加固实施：结合巡检数据、安全扫描数据与相关信息的分析，实施安全加固操作。
- 加固确认：验证安全加固后应用服务是否正常运行，是否需要系统回滚操作；对系统和设备所加固的内容进行再次评估。

（2）管理整改措施实现。根据安全整改方案，管理整改措施主要包含机构调整与人员配备、安全管理制度完善、人员安全能力提升和日常安全管理强化等几个方面：

1）机构调整与人员配备。参照安全整改方案的要求，设立相关信息安全职能部门或者对已有的安全管理职能部门进行调整，明确各部门安全管理的职责和范围。参照信息系统规模大小和复杂程度，配备相应的安全管理人员，其中安全管理员必须为专职人员。

2）安全管理制度完善。明确需要新增、修订和废止的安全管理制度，成立安全制度编写小组或者明确安全管理制度编制部门。新增或修订完的安全管理制度通过规范化审核后按照正式、有效的方式发布，信息安全领导小组或委员会需要定期对安全管理制度体系的合理性和适用性进行审定。

3）人员安全能力提升。定期对从事信息系统操作和维护的人员进行培训，培训内容可以参照个人岗位职责的不同进行适当的优化调整，培训内容可以包括：计算机维护培训、应用软件操作培训、信息系统安全培训、网络设备操作培训、数据库认证培训等。对于涉及安全设备操作和管理的人员，除进行上述培训外，还应由相应的部门进行专门的安全保密培训。全体人员上岗后仍需不定期的接受安全保密教育和培训。

4）日常安全管理强化。根据安全整改方案的要求，加强日常安全管理，如强化信息系统授权与审批方面的要求，建立一整套完善的授权与审批流程，加强对各类日常运维记录的管理，及时保存并归档，确保发生安全问题时有据可查。加强内外合作，确保与外联单位的沟通和合作渠道畅通，避免信息安全事件的发生或在安全事件发生时能尽快得到支撑与帮助，外联单位包括供应商、业界专家、专业的安全公司、上级主管单位、电信运营商、执法部门等。建立一套完整的安全检查流程，编制各类安全检查表单，定期对信息系统组织安全自查，检查内容可以包括安全管理制度的落实情况、安全配置与安全策略的一致性、安全机制的有效性、用户使用情况、系统漏洞等方面，确保信息系统安全可靠运行。

实施要点

在整改方案设计完成后，系统运营使用单位需结合本单位实际情况，合理安排系统整改工作。整改工作开展需遵循以下原则：

1）急需先上原则。部分安全问题的风险较高，如不尽快解决将对信息系统的安全产生威胁，因此对这种急需解决的安全问题，应优先采取措施消除其安全隐患。

2）投资小、见效快原则。采购设备部署等整改措施需要投入大量资金，资金申请和设备采购需要一定的时间周期，因此，对于投资小、见效快的整改措施应优先实施，尽快减少网络中的安全威胁，降低现存的安全风险。

3）整体性原则。信息系统是一个有机整体，因此安全整改的实施工作应从信息系统整体考虑，在进行系统某部分整改时，应考虑是否对系统的其他部分产生影响。

4）分期部署原则。安全整改工作可能涉及范围较广、投资较多，无法一次实施完成，应采取分期分批、有计划地进行部署实施，保证安全整改实施的有序进行。

（1）安全技术实施要点。

1）产品采购与部署。在保障设备采购预算及时到位的前提下，应提前制定产品采购计划，保障整个项目按时完成。同时，应要求厂商提供完善的售后服务；

在整改工作开展前应制定详细的实施方案，方案内容应包括阶段成果及详细的时间节点，明确实施过程中网络设备如何部署，安全设备如何部署，安全策略如何配置，设备间链路如何连接等内容；设备上线后如何实现新老网络的切换，以及突发事件的应对措施。同时，在完成上述工作的前提下，应充分考虑已建网络的利用，保护以往的建设投资。

2）系统安全加固。

- 安全加固过程中的风险控制。在系统安全加固中由于涉及操作系统、数据库系统、网络设备和安全设备的补丁安装、修改安全配置、增加安全机制等，风险程度比较高，因此应针对不同目标操作系统或设备，根据系统情况制定相应测试方案、加固方案和回退方案，尽量降低或减少系统加固所带来的风险。

- 降低对应用的影响。应用系统的可用性是最大的安全性。对网络设备、安全设备和主机系统的安全配置应该选在业务负载最低时进行，防止由于对设备进行安全配置而影响业务系统的正常运行。如果是双机运行模式的系统，建议先升级配置其中一台设备，测试正常完毕后再升级配置另外一台设备。

- 原始数据备份。开始安全配置之前，应对设备系统软件和配置文件进行备份，然后再进行安全配置操作，防止由于不确定因素导致的系统宕机。出现系统宕机情况时可以使用备份的系统软件和配置文件对设备进行恢复。

- 故障应急保障。开始安全配置之前，应制定详细的故障应急保障计划，确保在安全配置遇到问题，导致设备或主机系统宕机时，可以按照计划保证设备或系统能够短时间内恢复正常运行。

3）应用系统改造或升级。在应用系统的改造或升级过程中，应关注的实施要点包括以下两点：

- 由于安全整改工作是在已建成应用系统中进行改造和升级，信息系统运营使用单位应监管软件开发商将开发环境与生产环境分离，要求软件开发商的升级模块在开发环境中测试通过后再部署到生产环境中；

- 在对应用系统的安全功能进行改造升级时，应尽量减少系统架构的改动，减少对系统已有模块的影响，如有些安全功能可以通过运行平台配置实现，尽量不改动原有代码。

（2）管理体系完善。在考虑安全管理整改措施落实先后顺序时，需要考虑整改措施落实的难易程度和紧迫程度。措施落实工作相对容易，能够短期解决，且成效明显的则可优先进行。

落实工作相对困难，一时难以完成的，需长远规划。具体结合安全管理整改方案来看，整改措施的落实可分为短期实现和长期规划、分步实现两类：

1）短期落实：部分管理制度（如机房管理制度、网络安全管理制度、安全事件报告及处置制度、应急预案、变更管理制度等）对于系统运行管理比较重要，单位应先完善相应的管理制度内容并在单位内部发布实施。

2）长期规划、分步实现：安全管理机构架构的调整可能涉及多个部门，工作职责的划分也存在一定的部门利益之分，因此架构上大的调整并非在短期内能够解决。需要单位最高管理层作为总协调，通盘考虑各部门利益，在保证各部门利益合理、相对有利的情况下，逐步完成管理机构的调整和完善。在此过程中，逐步进行人员的增补和职责的明确。另外，管理制度体系的完善也并非一朝一夕完成。需要在明确管理制度体系框架建立的基础上，本着"急用先上"的原则补充完善系统运维急需的管理制度，再逐步健全管理制度体系的其他部分。

第四节 等 级 测 评

信息安全等级保护测评工作是指经国家级主管部门推荐的专业等级测评机构，依据国家信息安全等级保护制度的规定，按照有关管理规范和技术标准，对非涉及国家秘密的信息系统进行安全等级保护状况检测评估的活动。等级测评工作能够检测评估信息系统安全等级保护状况是否达到相应等级的基本要求，是落实信息安全等级保护制度的重要环节。

等级测评机构是指具备《信息安全等级保护测评工作管理规范（试行）》的基本条件，经能力评估和审核，由省级以上信息安全等级保护工作协调小组办公室推荐，从事等级测评工作的机构。

依据《信息安全等级保护管理办法》（公通字【2007】43 号），信息系统运营、使用单位在进行信息系统备案后，都应当选择具备测评资质的测评机构进行等级测评。等级测评是测评机构依据《信息安全技术信息系统安全等级保护测评要求》（GB/T 28448—2012）等管理规范和技术标准，检测评估信息系统安全等级保护状况是否达到相应等级基本要求的过程，是落实信息安全等级保护制度的重要环节。

在信息系统建设和运维过程中，信息系统运营、使用单位通过定期委托测评机构开展等级测评工作，对信息系统安全保护状况进行分析，对信息安全管控能力进行考察和评价，从而判定信息系统是否具备《信息安全技术信息系统安全等级保护基本要求》（GB/T 22239—2008）中相应等级安全保护能力，并在此基础上确定系统整改的安全需求。

电力行业等级测评工作可根据《电力行业信息系统安全等级保护基本要求》，参考《电力行业信息系统信息安全等级测评》（金波 著）。

在信息系统建设、整改时，信息系统运营、使用单位通过等级测评进行现状分析，确定系统的安全保护现状和存在的安全问题，并在此基础上确定系统的整改安全需求。在信息系统运维过程中，运营、使用单位通过等级测评，对信息安全管控能力进行考察和评价，从而判定信息系统是否具备相应等级安全保护能力。而且，等级测评报告是信息系统开展整改加固的重要指导性文件，也是信息系统备案的重要附件材料。

我省对等级测评工作的有关管理规定，可参照省等保办发布的《山东省信息安全等级保护测评工作管理规范（试行）》执行。

一、等级测评原则

1. 客观公正原则

测评人员应当在没有偏见和最小主观判断情形下，按照测评双方相互认可的测评方案，基于明确定义的测评方法和过程，实施测评活动。

2. 充分性原则

为客观反映被测评信息系统的安全状况，测评活动要保证必需的广度和深度，以满足国家标准和行业标准的测评指标的要求。

3. 经济性原则

测评活动应尽可能降低成本，减少投入。基于测评成本和工作复杂性，鼓励测评工作部分使用能反映信息系统当前安全状态的已有测评结果，包括商业安全产品测评结果和信息系统已有的安全测评结果。

4. 结果一致性原则

针对同一信息系统的等级测评，不同测评机构依据同一的测评方案和测评方法得出的测评结果应当一致，同一测评机构重复执行相同测评过程得出的结果应当一致。

5. 安全性原则

测评机构和测评人员在测评活动中，应当履行安全保密义务，承担相应的法律责任，确保被测评信息系统安全运行和用户的工作秘密及商业秘密不被泄露。

二、等级测评的内容

信息系统安全等级测评主要包括单元测评和整体测评两部分。

1. 单元测评

单元测评从信息安全管理制度、信息安全管理机构、人员安全管理、信息系统建设管理、信息系统运维管理、物理安全、网络安全、主机安全、应用安全、数据安全等层面，测评《信息系统安全等级保护基本要求》（GB/T 22239—2008）所要求的基本安全控制在信息系统中的实施配置情况。

2. 整体测评

整体测评主要测评分析信息系统的整体安全性。在内容上主要包括安全控制间、层面间和区域间相互作用的安全测评以及系统结构的安全测评等，是在单元测评基础上进行的进一步测评分析。

（1）安全控制间的测评主要考虑同一区域内、同一层面上的不同安全控制间存在的功能增强、补充或削弱等关联作用。

（2）层面间的安全测评主要考虑同一区域内的不同层面之间存在的功能增强、补充和削弱等关联作用。

（3）区域间的安全测评主要考虑互连互通（包括物理上和逻辑上的互连互通等）的不同区域之间存在的安全功能增强、补充和削弱等关联作用，特别是有数据交换的两个不同区域。

（4）系统结构安全测评主要考虑信息系统整体结构的安全性和整体安全防范的合理性。测评信息系统整体结构的安全性，主要是指从信息安全的角度，分析信息系统的物理布局、网络结构和业务逻辑等在整体结构上是否合理、简单、安全有效；测评信息系统整体安全防范的合理性，主要从系统的角度，分析研究信息系统安全防范在整体上是否遵循纵深防御的思路，明

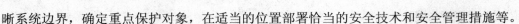

晰系统边界，确定重点保护对象，在适当的位置部署恰当的安全技术和安全管理措施等。

三、等级测评的方法和强度

等级测评的方法一般包括访谈、检查和测试等三种。

1. 访谈

访谈是测评人员通过与被测评单位的相关人员进行交谈和问询，了解被测信息系统安全技术和安全管理方面的相关信息，以对测评内容进行确认。

2. 检查

检查是测评人员通过简单比较或使用专业知识分析的方式获得测评证据的方法，包括：评审、核查、审查、观察、研究和分析等方法。

3. 测试

测试是指测评人员通过使用相关技术工具对信息系统进行验证测评的方法，包括功能测试、性能测试、渗透测试等。

等级测评的强度是指测评过程中实施测评工作的强度，反映测评的广度和深度，体现为测评工作的实际投入程度。访谈的深度体现在访谈过程的严格和详细程度，广度体现在访谈人员的构成和数量上；检查的深度体现在检查过程的严格和详细程度，广度体现在检查对象的种类（文档、机制等）和数量上；测试的深度体现在执行的测试类型上（功能/性能测试和渗透测试），广度体现在测试使用的机制种类和数量上。

信息系统的等级测评方法和强度的确定，主要依照《信息系统安全等级保护测评要求》、《信息系统安全等级保护测评过程指南》以及行业有关技术标准规定的方法进行。不同安全保护等级信息系统的测评强度要求，具体见表2-7。

表 2-7 不同安全保护等级信息系统测评强度要求

测评强度		信息系统安全保护等级			
		第一级	第二级	第三级	第四级
访谈	广度	测评对象在种类和数量上抽样，种类和数量都较少	测评对象在种类和数量上抽样，种类和数量都较多	测评对象在数量上抽样，在种类上基本覆盖	测评对象在数量上抽样，在种类上全部覆盖
	深度	简要	充分	较全面	全面
检查	广度	测评对象在种类和数量上抽样，种类和数量都较少	测评对象在种类和数量上抽样，种类和数量都较多	测评对象在数量上抽样，在种类上基本覆盖	测评对象在数量上抽样，在种类上全部覆盖
	深度	简要	充分	较全面	全面
测试	广度	测评对象在种类和数量、范围上抽样，种类和数量都较少，范围小	测评对象在种类和数量、范围上抽样，种类和数量都较多，范围大	测评对象在数量和范围上抽样，在种类上基本覆盖	测评对象在数量、范围上抽样，在种类上基本覆盖
	深度	功能测试/性能测试	功能测试/性能测试	功能测试/性能测试，渗透测试	功能测试/性能测试，渗透测试

四、等级测评的对象

等级测评对象是在被测信息系统中实现特定测评指标所对应的安全功能的具体系统组件。

正确选择测评对象的种类和数量是整个等级测评工作能够获取足够证据、了解到被测系统的真实安全保护状况的重要保证。测评对象一般采用抽查信息系统中具有代表性组件的方法确定，在测评对象确定中应兼顾工作投入与结果产出两者的平衡关系。

1. 第二级信息系统测评对象选择

第二级信息系统的等级测评对象重点抽查重要的设备、设施、人员和文档等。可以抽查的测评对象种类主要考虑以下几个方面：

（1）主机房（包括其环境、设备和设施等），如果某一辅机房中放置了服务于整个信息系统或对信息系统的安全性起决定作用的设备、设施，那么也应该作为测评对象；

（2）存储被测系统重要数据的介质的存放环境；

（3）整个系统的网络拓扑结构；

（4）安全设备，包括防火墙、入侵检测设备、防病毒网关等；

（5）边界网络设备（可能会包含安全设备），包括路由器、防火墙和认证网关等；

（6）对整个信息系统或其局部的安全性起决定作用的网络互联设备，如核心交换机、汇聚层交换机、核心路由器等；

（7）承载被测系统核心或重要业务、数据的服务器（包括其操作系统和数据库）；

（8）重要管理终端；

（9）能够代表被测系统主要使命的业务应用系统；

（10）信息安全主管人员、各方面的负责人员；

（11）涉及信息系统安全的所有管理制度和记录。

在本级信息系统测评时，信息系统中配置相同的安全设备、边界网络设备、网络互联设备以及服务器应至少抽查两台作为测评对象。

2. 第三级信息系统测评对象选择

第三级信息系统的等级测评，测评对象种类上基本覆盖、数量进行抽样，重点抽查主要的设备、设施、人员和文档等。可以抽查的测评对象种类主要考虑以下几个方面：

（1）主机房（包括其环境、设备和设施等）和部分辅机房，应将放置了服务于信息系统的局部（包括整体）或对信息系统的局部（包括整体）安全性起重要作用的设备、设施的辅机房选取作为测评对象；

（2）存储被测系统重要数据的介质的存放环境；

（3）办公场地；

（4）整个系统的网络拓扑结构图；

（5）安全设备，包括防火墙、入侵检测设备和防病毒网关等；

（6）边界网络设备（可能会包含安全设备），包括路由器、防火墙、认证网关和边界接入设备（如楼层交换机）等；

（7）对整个信息系统或其局部的安全性起作用的网络互联设备，如核心交换机、汇聚层交换机、路由器等；

（8）承载被测系统主要业务或数据的服务器（包括其操作系统和数据库）；

（9）管理终端和主要业务应用系统终端；

（10）能够完成被测系统不同业务使命的业务应用系统；

（11）业务备份系统；

（12）信息安全主管人员、各方面的负责人员、具体负责安全管理的当事人、业务负责人；

（13）涉及信息系统安全的所有管理制度和记录。

在本级信息系统测评时，信息系统中配置相同的安全设备、边界网络设备、网络互联设备、服务器、终端以及备份设备，每类应至少抽查两台作为测评对象。

3. 第四级信息系统测评对象选择

第四级信息系统的等级测评，测评对象种类上完全覆盖、数量进行抽样，重点抽查不同种类的设备、设施、人员和文档等。可以抽查的测评对象种类主要考虑以下几个方面：

（1）主机房和全部辅机房（包括其环境、设备和设施等）；

（2）介质的存放环境；

（3）办公场地；

（4）整个系统的网络拓扑结构；

（5）安全设备，包括防火墙、入侵检测设备和防病毒网关等；

（6）边界网络设备（可能会包含安全设备），包括路由器、防火墙、认证网关和边界接入设备（如楼层交换机）等；

（7）主要网络互联设备，包括核心和汇聚层交换机；

（8）主要服务器（包括其操作系统和数据库）；

（9）管理终端和主要业务应用系统终端；

（10）全部应用系统；

（11）业务备份系统；

（12）信息安全主管人员、各方面的负责人员、具体负责安全管理的当事人、业务负责人；

（13）涉及信息系统安全的所有管理制度和记录。

在本级信息系统测评时，信息系统中配置相同的安全设备、边界网络设备、网络互联设备、服务器、终端以及备份设备，每类应至少抽查三台作为测评对象。

五、等级测评指标

信息安全等级测评指标的确定主要是按照《信息系统安全等级保护基本要求》（GB/T 22239—2008）中选择相应等级的安全要求作为基本测评指标。《山东省信息安全等级保护测评工作管理规范（试行）》对确定不同等级信息系统测评指标进行了说明。

1. 第二级信息系统等级测评指标的确定

第二级信息系统等级测评指标，除按照《信息系统安全等级保护基本要求》所规定的物理安全、网络安全、主机安全、应用安全、数据安全、管理制度、管理机构、人员安全管理、系统建设安全管理、系统运维管理的 66 项基本要求（177 个控制点）作为基础测评指标以外，还应参照《信息系统通用技术要求》中的 83 个控制点、《信息系统安全管理要求》中的 70 个控制点、《信息系统安全工程管理要求》中的 51 个控制点以及行业测评标准所规定的其他控制点，结合不同的定级结果组合情况进行确定。

2. 第三级信息系统等级测评指标的确定

第三级信息系统等级测评指标确定，除按照《信息系统安全等级保护基本要求》所规定的物理安全、网络安全、主机安全、应用安全、数据安全、管理制度、管理机构、人员安全管理、系统建设安全管理、系统运维管理的 73 项基本要求（290 个控制点）作为测评指标以外，还应参照《信息系统通用技术要求》中的 109 个控制点、《信息系统安全管理要求》中的 104 个控制点、《信息系统安全工程管理要求》中的 42 个控制点以及行业测评标准所规定的其他控制点，结合不同的定级结果组合情况进行确定。

3. 第四级信息系统等级测评指标的确定

第四级信息系统等级测评指标确定，除按照《信息系统安全等级保护基本要求》所规定的物理安全、网络安全、主机安全、应用安全、数据安全、管理制度、管理机构、人员安全管理、系统建设安全管理、系统运维管理的 77 项基本要求（317 个控制点）作为测评指标以外，还应参照《信息系统通用技术要求》中的 120 个控制点、《信息系统安全管理要求》中的 104 个控制点、《信息系统安全工程管理要求》中的 35 个控制点以及行业测评标准所规定的其他控制点，结合不同的定级结果组合情况进行确定。

对于由多个不同等级的信息系统组成的被测系统，应分别确定各个定级对象的测评指标。如果多个定级对象共用物理环境或管理体系，而且测评指标不能分开，则不能分开的测评指标应采用就高原则。

六、等级测评质量保障

等级测评工作应该由测评机构与委托单位联合成立等级测评工作组，共同控制等级测评质量，建立通畅的沟通联络机制，确保等级测评活动的顺利开展。测评机构开展等级测评工作时，通过对投入人员、投入设备、测评周期、测评文档等方面进行要求，从而保障测评的质量。

1. 人员保障

等级测评机构开展等级测评时，必须保证足够的现场测评等级测评师。

（1）开展第二级信息系统的等级测评活动时，测评机构至少应由一名中级等级测评师、一名管理类等级测评师、两名技术类等级测评师参与等级测评活动。

（2）开展第三级信息系统的等级测评活动时，测评机构至少应由一名高级等级测评师、两名中级等级测评师、两名管理类等级测评师、三名技术类等级测评师参与等级测评活动。

（3）开展第四级信息系统的等级测评活动时，测评机构至少应由两名高级等级测评师、两名中级等级测评师、两名管理类等级测评师、四名以上技术类等级测评师参与等级测评活动。

2. 设备保障

等级测评机构开展等级测评时，应当投入满足测评需要的拓扑发现设备、网络安全配置核查设备、网络协议分析设备、漏洞扫描设备、渗透攻击集成设备等功能测试、性能测试、渗透测试工具以及必要的交通、通信设备。

3. 测评周期保障

等级测评活动包括测评准备、方案编制、现场测评、分析及报告编制四个基本阶段。第二级信息系统单个业务系统等级测评全过程，一般不少于 5 个工作日。第三级信息系统单个业务系统等级测评全过程，一般不少于 10 个工作日。第四级信息系统单个业务系统等级测评全过程，一般不少于 20 个工作日。

4. 测评过程文档保障

等级测评活动中，测评机构需要提交给委托方的资料不少于以下纸质文档：

（1）项目计划书。

（2）公正性声明。

（3）保密协议。

（4）等级测评方案。

（5）现场测评记录。

（6）等级测评报告。

（7）安全建设整改意见。

5. 等级测评经费保障

等级测评经费是各信息系统运营、使用单位开展等级测评工作的基本保障，也是等级测评机构依照等级保护有关技术标准进行测评活动发生的必要费用。信息系统的等级测评经费预算，要在充分保障相应等级测评深度和广度的基础上，根据不同等级信息系统不同测评对象、不同测评指标中的基本安全控制点进行综合计算。

七、等级测评管理

等级测评管理是市级以上信息安全等级保护工作协调小组办公室对辖区内等级测评工作进行管理的过程，包括对测评工作的指导、监督、检查和考核。

1. 对测评工作的管理

市级以上信息安全等级保护工作协调小组办公室负责辖区内等级测评工作的指导、监督、检查和考核。

第三级以上信息系统的运营、使用单位或主管部门应当选择年审合格的测评机构，按照《信息系统安全等级保护测评要求》等技术标准，定期对信息系统的安全状况开展等级测评。

第三级信息系统应每年进行一次等级测评，第四级信息系统应每半年进行一次等级测评。重要的第二级信息系统可参照第三级信息系统的测评要求进行等级测评。符合测评条件的新建、扩建信息系统及信息系统发生重大改变时，应及时安排等级测评。

等级测评活动结束后，测评机构应在 15 个工作日内向被测评信息系统的运营、使用单位提供等级测评报告，并应向省级或省、市两级等保办提交第三级（含）以上信息系统的等级测评报告。

被测评信息系统安全状况未达到信息安全等级保护制度要求的，由等级测评机构提出安全建设整改意见，运营、使用单位应当及时制定方案进行整改。

2. 对测评机构的管理

公安部等级保护测评中心负责对全国等级测评机构的能力审核和认证，省等保办负责对省内等级测评机构等保活动的考核和监督管理。

（1）省等保办负责对省内等级测评机构的推荐、考核、年审和监督管理。

（2）省内信息系统的等级测评工作原则上由省内等级测评机构完成，特殊行业等级测评机构或省外其他等级测评机构在省内开展等级测评活动时，应在省等保办办理登记备案手续，按照本规范开展等级测评活动，并接受省等保办的监督管理。

（3）测评机构及其测评人员应当严格执行有关管理规范和技术标准，开展客观、公正、安全的测评服务。

（4）测评机构可以从事等级测评活动以及信息系统安全等级保护定级、安全建设整改建议、信息安全等级保护宣传教育等工作的技术支持，但不得从事下列活动：

1）影响被测评信息系统正常运行，危害被测评信息系统安全；

2）泄露被测评单位及被测信息系统的敏感信息和工作秘密；

3）故意隐瞒测评过程中发现的安全问题，或者在测评过程中弄虚作假，未如实出具等级测评报告；

4）未按规定格式出具等级测评报告；

5）非授权占有、使用等级测评活动中的获得的相关资料及数据文件；

6）分包或转包等级测评项目；

7）从事信息安全产品开发、销售和信息系统安全集成；

8）限定被测评单位购买、使用其指定的信息安全产品；

9）其他危害国家安全、社会秩序、公共利益以及被测单位利益的活动。

测评机构或者其测评人员违反相关规定，由省等保办责令其限期改正；逾期不改正的，给予警告。情节严重的，不予年审，直至取消测评机构推荐证书或注销责任人员的等级测评师证书，并向社会公告；造成严重损害的，由相关部门依照有关法律、法规予以处罚。

测评机构或者测评人员违反本规范的规定，给被测评单位造成损失的，应当依法承担民事责任。

八、等级测评工作实施

1. 测评机构选择

等级测评工作的第一个环节是选择测评机构。等级测评工作是指等级测评机构依据国家信息安全等级保护制度规定，按照有关管理规范和技术标准，对非涉及国家秘密信息系统安全等级保护状况进行检测评估的活动。等级测评机构是指依据国家信息安全等级保护制度规定，具备本办法规定的基本条件，经审核推荐，从事等级测评等信息安全服务的机构。

等级测评机构不仅可以从事等级测评工作，也可以根据信息系统运行使用单位安全保障需求，提供信息安全咨询、应急保障、安全运维和安全建设指导等服务。

等级测评机构分两大类：一类是隶属国家信息安全职能部门和重点行业主管部门的。另一个类是隶属省（区、直辖市）申请单位的。信息系统运行使用单位在选择测评机构时可以到WWW.DJBH.NET 查询相关信息。

根据《信息安全等级保护管理办法》（公信安【2013】755 号）的要求，在选择测评机构时注意选择符合条件的测评机构进行等级测评工作，等级测评机构应具备以下基本条件：

（1）在中华人民共和国境内注册成立，由中国公民、法人投资或者国家投资的企事业单位；

（2）产权关系明晰，注册资金 100 万元以上；

（3）从事信息系统安全相关工作两年以上，无违法记录；

（4）测评人员仅限于中华人民共和国境内的中国公民，且无犯罪记录；

（5）具有信息系统安全相关工作经验的技术人员，不少于 10 人；

（6）具备必要的办公环境、设备、设施，使用的技术装备、设施应满足测评工作需求；

（7）具有完备的安全保密管理、项目管理、质量管理、人员管理和培训教育等规章制度；

（8）自觉接受等保办的监督、检查和指导，对国家安全、社会秩序、公共利益不构成威胁；

（9）不涉及信息安全产品开发、销售或信息系统安全集成等业务；

（10）应具备的其他条件。

测评机构的一般测评人员、项目负责人（或项目组长）和技术负责人（或技术总监）三个工作岗位分别报考初级、中级和高级等级测评师，初级等级测评师又分为技术和管理两类。因此在选择测评机构时要注意测评机构的能力水平和人员配备是否满足项目需求。

另外等级测评机构实行等级化管理。根据信息系统测评数量、机构规模、测评技术能力和服务质量等指标，对等级测评机构划分为五个星级，最低为一星级，最高为五星级。等级测评机构星级评定标准由国家等保办另行制定。信息系统运行使用单位也可根据自身的需求选择合适的星级单位作为测评服务机构。

- 里程碑：测评合同

在完成测评机构选择后就是走商务流程，可以采用招投标、单一来源采购等方式进行。

本阶段工作的里程碑是正式的测评合同。

2. 项目启动会

在签订了测评合同后，测评工作进入实际执行阶段。测评项目的第一项活动应该是项目启动会，目的是让双方项目主要参与者相互了解，对项目合同中的相关条款的理解达成一致，讨论内容包括但不限于合同交付物具体的名称、项目执行开始时间、提交项目成果时间、项目验收的相关内容等。

启动会的参与者应包括可能参与到项目的有关各方人员。信息系统运行使用单位参与人员有：信息系统运行使用单位分管领导、信息系统的运维部分、研发/应用开发部门、具体信息系统的负责部门/团队、人事部门（人员安全管理访谈时可能涉及）、保卫部门（涉及机房物理安全）、相关集成商、其他需要参与的人员等。测评机构参与人员有：测评机构单位分管领导、技术负责人/项目经理、测评师、商务人员等。

启动会的另一大主题是双方主要技术负责人/项目经理交流项目技术环节，通常为测评机构项目技术负责人/项目经理介绍等级测评流程，包括整个项目的技术方案（启动会参与人员不一定都参与过商务招标，对合同技术方案可能不了解）、每个环节如何开展、每个环节具体怎么操作、每个环节的大致时间安排、在不同的阶段需要信息系统运行使用单位提供什么样的配合等，这部分的具体内容本书将在以下章节详细展开。

启动会的另一讨论内容是项目组织和协调沟通方式。例如项目组织架构可采用由信息系统运行使用单位和测评机构各出一名项目经理形成的双负责制，也可采用全权委托测评机构项目经理对项目整体进度和质量进行把控。其他需要讨论的内容有：沟通机制、周报日报频率、文件传输和加密方式、项目资料交接人等。

通过启动会还应确定以下内容：入场调研启动的时间；提交项目成果的最后结束时间；

最终提交物的准确名称（根据测评系统数量级复杂程度，在商务合同签订阶段不一定能确定下来）；双方主要技术负责人/项目经理；还可进一步确定双方主要技术人员。例如主机、网络、应用、管理等测评的主要测评人员和信息系统运行使用单位主要配合人员等（如果在启动会时无法确定也没关系，因为有时候没有调研系统，测评机构就无法确定需要什么样的测评师，可在现场测评前几天确定）。

启动会通常定在信息系统运行使用单位现场召开，这样有利用测评机构提前熟悉项目配合人员和环境。

- 里程碑：《×××信息系统安全等级测评项目技术方案》

启动会后如有必要，测评机构将根据会上讨论的结果修订技术方案并将最终技术方案反馈给信息系统运行使用单位。该方案可被视为本阶段工作的里程碑。技术方案通常应包含以下内容：项目概述、工作依据、技术路线、主要工作内容、测评方案和工具、工作产品、项目实施方案、项目质量管理、项目风险控制和实施人员简历。

3. 系统调研

在确认技术方案后，测评项目进入系统调研阶段。调研是为了了解被测信息系统的基本情况，如系统拓扑、服务器部署、应用流程和管理架构等相关内容。通常从调研开始，整个测评的技术工作会根据主机、网络、应用、管理和物理、渗透和测试等几个方面并行开展。搜集这些信息是为根据信息系统的特点（威胁、特殊需求），选取一定数量和比例的设备，调研工作的主要内容大致分为如下几个方面：

（1）机房信息：指与本次测评信息系统相关的机房名称和位置等信息；

（2）应用软件系统信息：指与本次测评信息系统相关的业务应用系统信息；

（3）主机操作系统及安全相关软件信息：包括但不限于主机名称、IP 地址、操作系统等；

（4）数据库管理系统信息：包括但不限于数据库服务器名称、版本等；

（5）网络互联设备操作系统信息：包括但不限于网络拓扑、各网络设备、安全设备的互联地址、设备厂商类型、功能等；

（6）安全管理文档信息：已有的管理体系文档；

（7）访谈人员信息：后续测评中可能的配合人员名称、职务、联系方式等。

作为信息系统运行使用单位，在调研阶段应如实详细的提供相关信息。通常情况下可根据测评机构提供的调研表自行填写。在填写时注意所填设备对象与信息系统的对应关系不要弄混，以免出现 A 系统的设备出现在 B 系统的调研表当中。信息系统运行使用单位自行填写结束后可以现场调研会的形式，由信息系统运行使用单位和测评机构共同确认调研表内容，这样可以确保双方对调研内容理解的一致性和准确性。

调研阶段另一个重要内容是信息系统运行使用单位和测评机构双方技术人员确定漏洞扫描接入点。根据扫描对象的不同，在现场测评时测评人员会将漏洞扫描器接入网络中的不同位置，以模拟不同类别的潜在访问者或攻击者扫描被测对象。因此需要确定漏洞扫描设备接入的网络设备是否具备接入条件。经常遇到的情况是漏洞扫描设备接入的交换机或防火墙没有多余的接入端口，这时就要在网络拓扑上找到一个扫描路径上和这个网络设备相邻（通常在同一个 VLAN 或域当中）、具备冗余网口的设备作为漏洞扫描接入设备的接入点。

在选择接入点时应特别注意，一个常见的错误是为接入漏扫设备而调整现有的网络访问控制策略。如临时增加或删除一条路由策略而使原本不能访问核心服务器的网络区域可以访问了，这样等于人为增加了一种安全威胁。

- 里程碑：信息系统调研表

信息系统调研的内容因不同的项目而略有不同，但至少应该涉及主机、网络、应用、管理、物理等几个方面。在调研工作结束后，测评机构应将系统调研表提交信息系统运行使用单位作为系统调研阶段工作的里程碑。

4. 测评方案评审

调研工作结束后，测评机构就可根据获取的调研信息编制《信息系统安全等级测评方案》。具体的编制工作由测评机构完成，测评机构在完成内部专家评审后将测评方案提交给信息系统运行使用单位进行确认。测评方案是指导整个测评活动的基础技术文档，其内容大致包括：项目概述、被测信息系统情况、测评对象、测评方法与工具、测评内容与实施、漏洞扫描、配合资源要求等。

（1）项目概述包括项目的简介、测评的信息系统名称、主要功能，还包括测评依据。

（2）被测信息系统情况是对该系统的一个现有情况的扫描。具体包括承载的业务情况、定级情况、网络结构、系统构成。这里要根据调研的信息把整个系统的各种对象以列表的形式详细展现出来。

（3）测评对象部分是根据测评对象抽取原则，选择一定数量且有代表性的设备作为测评对象，同样要以列表的形式详细展现出来。

（4）测评方法和工具部分具体描写本次测评将采用的测评方法。可能的测评方法包括访谈、检查、和测试。还应该对本次测评使用的漏洞扫描设备和渗透测试工具做简介。

（5）漏洞扫描部分需要完整的描述测评方案。包括接入点、各个接入点的扫描对象和路径以及相应的说明。同时应有一个包含扫描路径的拓扑图。

（6）测评方案中还应有一个《现场测评计划表》作为附件，见表2-8。

表2-8　　　　　　　　　　　　　　　　现 场 测 评 计 划 表

测评时间	工作内容		测评人员	配合人员/电话	测评地点/时间
第一天 （周五）	网络				
	主机				
	应用				
	管理				
	漏扫				

表2-8中，"测评时间"可以是相对时间或绝对时间。"工作内容"填写当天需要测评的设备名称、应用系统名称或机房名称等。有些情况下测评现场可能在不同地点，特别是漏洞扫描，采取避开业务高峰期的形式降低因漏扫对系统带来的影响，所以"测评地点和时间"要提前规划好。

测评方案的评审参与人主要是可能参与到项目的有关各方人员。信息系统运行使用单位参与人员有：信息系统运行使用单位分管领导、信息系统的运维部分、研发/应用开发部门、具体信息系统的负责部门/团队、人事部门（人员安全管理访谈时可能涉及）、保卫部门（涉及机房物理安全）、相关集成商、其他需要参与的人员等。测评机构参与人员有：测评机构单位分管领导、技术负责人/项目经理、测评师等。

- 里程碑：《×××信息系统安全等级测评方案》

5. 现场测评

现场测评是等级测评工作的重要环节，这部分工作是现场获取测评结果的重要阶段。在正式开始测评前，信息系统运行使用单位应提前做好入场准备，包括提前备份所有应用数据和系统配置数据、提前安排好测评配合人员、为测评机构安排相对独立的办公环境，提供打印机、打印纸等必要的办公设施，如有需求还应准备好互联网接入。

现场测评工作通常按不同测评对象分组进行，主要包括：

（1）主机测评要上机检查操作系统和数据库管理系统安全配置情况，需要信息系统运行使用单位配合人员（有最高权限的系统管理员或数据库管理员）上机操作。注意上机操作严禁测评机构测评人员直接操作，测评机构测评人员只能记录屏幕显示内容。

（2）网络设备的测评过程与主机类似，同样需要上机查看安全配置。与主机测评不同的是，一般网络设备的配置可以导出到文件，为降低对生产系统的影响及节省测评时间，网络管理员可以提前将网络设备的配置文件导出并放置在信息系统运行使用单位提供的单机上，测评机构测评人员在这台单机上查看配置文件并记录。

（3）应用测评一般是先查看应用开发文档，然后访谈相关开发人员或应用管理员，最后上机检验各种安全措施有效性，必要时会采取网络抓包分析等技术手段。

管理方面的测评主要以文档审查和人员访谈为主。根据访谈的内容不同访谈对象也有所小同。

（4）例如人员安全方面需要访谈信息系统运行使用单位领导或其人事部门领导；系统运维部分需要访谈各系统的管理员；系统建设部分可能会访谈到项目建设部门等。

信息系统运行使用单位应安排专人负责现场测评工作的协调、文档交接等工作。现场测评结束后，信息系统运行使用单位配合人员应浏览测评结果记录，确保不会因为沟通问题导致结果记录和实际情况存在差异。

- 里程碑：《现场测评结果记录表》

《现场测评结果记录表》应准确记录信息系统现状，并包含测评机构测评人员签字和信息系统运行使用单位配合人员签字。

如有必要，现场测评结束后可召开一个小型的初步安全问题反馈会。测评机构测评人员根据现场测评的初步结果介绍比较突出的安全问题。这些问题尚未经整体分析和风险分析，因此在正式提交报告时，可能与现场反馈问题存在一定差异。

第五节　安全自查和监督检查

安全自查是指信息系统运营、使用单位及其主管部门定期对信息系统安全状况、安全保护制度及措施的落实情况进行自查；监督检查是指公安机关依据《公安机关等级保护监督检查工作规范》规定，检查信息系统运营、使用单位建设安全设施、落实安全措施、建立并落实安全管理制度、落实安全责任、落实责任部门和人员情况。

一、定期信息安全自查

《信息安全等级保护管理要求》规定，信息系统运营、使用单位及其主管部门应当建立检查和改进制度，定期对安全管理活动的各个方面进行检查和评估工作，根据检查过程中发现的不足对安全管理体系进行不断改进；做到接受国家监管和自我管理相结合。安全自查工作内容参考如下：

（1）对照组织机构的安全策略和管理制度做到自管、自查、自评，并应落实责任制；
（2）定期检查实施的所有安全程序是否遵从了组织机构制定的安全方针和政策；
（3）检查信息系统在技术方面是否依从了安全标准。

二、公安机关监督检查

《公安机关信息安全等级保护检查工作规范》规定，公安机关信息安全等级保护检查工作是指公安机关依据有关规定，会同主管部门对非涉密重要信息系统运营、使用单位等级保护工作开展和落实情况进行检查，督促、检查其建设安全设施、落实安全措施、建立并落实安全管理制度、落实安全责任、落实责任部门和人员。公安机关按照"严格依法，热情服务"的原则，采取询问情况，查阅、核对材料，调看记录、资料，现场查验等方式开展信息安全等级保护监督检查工作。

1. 公安机关监督检查的职责范围

《公安机关信息安全等级保护检查工作规范》规定，各级公安机关按照"谁受理备案，谁负责检查"的原则开展检查工作。具体要求如下：

（1）对跨省或者全国联网运行、跨市或者全省联网运行等跨地域的信息系统，由部、省、市级公安机关分别对所受理备案的信息系统进行检查。

（2）对辖区内独自运行的信息系统，由受理备案的公安机关独自进行检查。

（3）对跨省或者全国联网运行的信息系统进行检查时，需要会同其主管部门。因故无法会同的，公安机关可以自行开展检查。

2．公安机关监督检查项目

《公安机关信息安全等级保护检查工作规范》规定，等级保护工作监督检查主要包括以下内容：

（1）等级保护工作部署和组织实施情况。

1）下发开展信息安全等级保护工作的文件，出台有关工作意见或方案，组织开展信息安全等级保护工作情况。

2）建立或明确安全管理机构，落实信息安全责任，落实安全管理岗位和人员。

3）依据国家信息安全法律法规、标准规范等要求制定具体信息安全工作规划或实施方案。

4）制定本行业、本部门信息安全等级保护行业标准规范并组织实施。

（2）信息系统安全等级保护定级备案情况。

1）了解未定级、备案信息系统情况以及第一级信息系统有关情况，对定级不准的提出调整建议。

2）现场查看备案的信息系统，核对备案材料，备案单位提交的备案材料与实际情况相符合情况。

3）补充提交《信息系统安全等级保护备案登记表》表四中有关备案材料。

4）信息系统所承载的业务、服务范围、安全需求等发生变化情况，以及信息系统安全保护等级变更情况。

5）新建信息系统在规划、设计阶段确定安全保护等级并备案情况。

（3）信息安全设施建设情况和信息安全整改情况。

1）部署和组织开展信息安全建设整改工作。

2）制定信息安全建设规划、信息系统安全建设整改方案。

3）按照国家标准或行业标准建设安全设施，落实安全措施。

（4）信息安全管理制度建立和落实情况。

1）建立基本安全管理制度，包括机房安全管理、网络安全管理、系统运行维护管理、系统安全风险管理、资产和设备管理、数据及信息安全管理、用户管理、备份与恢复、密码管理等制度。

2）建立安全责任制，系统管理员、网络管理员、安全管理员、安全审计员是否与本单位签订信息安全责任书。

3）建立安全审计管理制度、岗位和人员管理制度。

4）建立技术测评管理制度，信息安全产品采购、使用管理制度。

5）建立安全事件报告和处置管理制度，制定信息系统安全应急处置预案，定期组织开展应急处置演练。

6）建立教育培训制度，定期开展信息安全知识和技能培训。

（5）信息安全产品选择和使用情况。

1）按照《信息安全等级保护管理办法》要求的条件选择使用信息安全产品。

2）要求产品研制、生产单位提供相关材料。包括营业执照，产品的版权或专利证书，提供的声明、证明材料，计算机信息系统安全专用产品销售许可证等。

3）采用国外信息安全产品的，经主管部门批准，并请有关单位对产品进行专门技术检测。

（6）聘请测评机构开展技术测评工作情况。

1）按照《信息安全等级保护管理办法》的要求部署开展技术测评工作。对第三级信息系统每年开展一次技术测评，对第四级信息系统每半年开展一次技术测评。

2）按照《信息安全等级保护管理办法》规定的条件选择技术测评机构。

3）要求技术测评机构提供相关材料。包括营业执照、声明、证明及资质材料等。

4）与测评机构签订保密协议。

5）要求测评机构制定技术检测方案。

6）对技术检测过程进行监督，采取了哪些监督措施。

7）出具技术检测报告，检测报告是否规范、完整，检查结果是否客观、公正。

8）根据技术检测结果，对不符合安全标准要求的，进一步进行安全整改。

（7）定期自查情况。

1）定期对信息系统安全状况、安全保护制度及安全技术措施的落实情况进行自查。第三级信息系统是否每年进行一次自查，第四级信息系统是否每半年进行一次自查。

2）经自查，信息系统安全状况未达到安全保护等级要求的，运营、使用单位进一步进行安全建设整改。

3. 等级保护监督检查时信息系统运营、使用单位需提交的材料

《信息安全等级保护管理办法》规定，信息系统运营、使用单位应当接受公安机关、国家指定的专门部门的安全监督、检查、指导，如实向公安机关、国家指定的专门部门提供下列有关信息安全保护的信息资料及数据文件：

（1）信息系统备案事项变更情况；

（2）安全组织、人员的变动情况；

（3）信息安全管理制度、措施变更情况；

（4）信息系统运行状况记录；

（5）运营、使用单位及主管部门定期对信息系统安全状况的检查记录；

（6）对信息系统开展等级测评的技术测评报告；

（7）信息安全产品使用的变更情况；

（8）信息安全事件应急预案，信息安全事件应急处置结果报告；

（9）信息系统安全建设、整改结果报告。

4. 需要限期整改的 11 种类型

《公安机关信息安全等级保护检查工作规范》规定，检查时，发现不符合信息安全等级保护有关管理规范和技术标准要求，具有下列情形之一的，应当通知其运营、使用单位限期整改，并发送《信息系统安全等级保护限期整改通知书》。逾期不改正的，给予警告，并向其上级主管部门通报：

（1）未按照《信息安全等级保护管理办法》开展信息系统定级工作的；

（2）信息系统安全保护等级定级不准确的；

（3）未按《信息安全等级保护管理办法》规定备案的；

（4）备案材料与备案单位、备案系统不符合的；

（5）未按要求及时提交《信息系统安全等级保护备案登记表》表四有关内容的；

（6）系统发生变化，安全保护等级未及时进行调整并重新备案的；

（7）未按《信息安全等级保护管理办法》规定落实安全管理制度、技术措施的；

（8）未按《信息安全等级保护管理办法》规定开展安全建设整改和安全技术测评的；

（9）未按《信息安全等级保护管理办法》规定选择使用信息安全产品和测评机构的；

（10）未定期开展自查的；

（11）违反《信息安全等级保护管理办法》其他规定的。

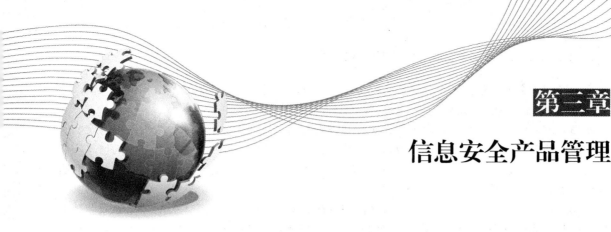

第三章
信息安全产品管理

《关于信息安全等级保护工作的实施意见》（公通字【2004】66号）第三条规定："国家对信息安全产品实行分等级管理"。对信息安全产品实行按等级管理，其核心内容是对信息安全产品的研发、生产、检测按等级管理，对信息安全产品的销售、使用和管理按等级进行管理，目的是保证信息系统中使用的信息安全产品的安全性、可靠性和可控性。

对信息安全产品实行按等级管理，是国家信息安全等级保护制度建设的重要组成部分，使用具有确定安全强度/等级的信息安全产品，构建不同安全保护等级的信息系统，是落实信息安全等级保护制度的基础，也是保障我国重要信息系统安全运行的基本保证。

本章节，以信息系统安全建设整改为重点，着重介绍重要信息系统运营、使用单位在信息系统安全建设整改工作中对信息安全专用产品采购、使用和运行维护等方面的管理要求及应该注意的问题。

第一节　信息安全产品的概念

《信息系统安全等级保护体系框架》（GA/T 708—2007）中对信息安全产品是这样定义的："信息安全产品（information security production）是具有确定安全强度/等级，用于构建安全信息系统的信息产品。信息安全产品分为信息技术安全产品和信息安全专用产品。信息技术安全产品是对信息技术产品附加相应的安全技术和机制组成的产品（如安全路由器）；信息安全专用产品是专门为增强信息系统的安全性而开发的信息安全产品（如防火墙）。"

也就是说，从广义上讲信息安全产品是指具备安全功能（保密性、完整性、可用性、可鉴别性与不可否认性）的信息技术产品，狭义上讲是指实现上述安全功能的专用信息通信技术产品。这些产品可能是硬件、固件和软件，也可能是软、固、硬件的结合。从范畴上讲，信息安全产品除直接实现信息系统安全功能的产品（如防火墙、防病毒系统等）之外，还包括重要的基础性产品（如基础网络设备、通信介质设备、操作系统、数据库管理系统等），它们虽然没有直接实现信息系统的安全功能，但作为信息系统的功能支撑是系统安全保障的重要组成部分。

第二节　信息安全产品分等级管理

对信息安全产品实行按等级管理是等级保护制度的基本内容之一，结合等级保护政策法规和技术标准体系，可以将信息安全产品按等级管理理解为四个层面的管理。

（1）国家信息安全监管职能部门制定信息安全产品分等级管理的政策法规、分级检测标准，并对计算机信息系统安全专用产品销售实行许可制度。

（2）信息安全产品科研机构和生产、经营单位根据国家政策法规、分级和检测标准研发、生产、经营符合分级使用安全强度要求的信息安全产品，并由国家指定检测机构检测认证，信息安全专用产品销售必须取得公安部销售许可。

（3）重要信息系统营运使用单位按照不同级别信息系统保护能力要求，从国家信息安全监管职能部门公布的信息安全产品推荐目录中采购、使用具有满足相应等级安全强度的信息安全产品，建立和完善信息系统安全保障机制，并按照等级保护管理要求对这些信息安全产品的运行维护进行有效管理。

（4）各地公安机关等信息安全监管部门依据国家信息安全分等级管理相关政策法规和技术标准，对重要信息系统运营、使用单位的不同保护等级的信息系统安全建设整改中信息安全产品采购、使用和管理情况，进行符合性监督检查，并对违反信息安全产品分级使用管理规定的责任单位追究法律责任。

《信息安全等级保护管理办法》（公通字【2007】43 号）第四十一条规定：第三级以上信息系统运营、使用单位违反本办法规定，未按本办法规定选择使用信息安全产品的，由公安机关、国家保密工作部门和国家密码工作管理部门按照职责分工责令其限期改正；逾期不改正的，给予警告，并向其上级主管部门通报情况，建议对其直接负责的主管人员和其他直接责任人员予以处理，并及时反馈处理结果，造成严重损害的，由相关部门依照有关法律、法规予以处理。

第三节　信息安全产品的分类

根据公安部 1997 年 4 月 21 日发布，从 1997 年 7 月 1 日开始实施的中华人民共和国公共安全行业标准《计算机信息系统安全专用产品分类原则》（GA163—1997）的规定，按照信息安全保密所需要防护的对象及所需要的专用产品的功能进行分类，将保护计算机信息系统安全专用产品分为 A、B、C 三大类，涉及实体安全（A 类）、运行安全（B 类）和信息安全（C 类）三个方面。比较全面、科学地对计算机信息系统安全专用产品进行了分类。

（1）实体安全（A 类）：包括环境安全、设备安全和媒体安全三个小类。在各个小类中，又分为 11 个细类计 27 个方面。

（2）运行安全（B 类）：包括风险分析、审计跟踪、备份恢复、应急四个小类。在各个小类中，又分为 2 个细类计 15 个方面。

（3）信息安全（C 类）：包括操作系统安全、数据库安全、网络安全、病毒防护、访问控制、加密和鉴别七个小类，在各个小类中，又分为 16 个细类 39 个方面，共计 81 个方面。

随着信息安全技术飞速发展和人们对信息安全防护意识的不断提高，新形势下的信息系统安全保护对计算机信息系统安全专用产品功能提出了新的要求。比如管理技术产品、综合类产品（如 UTM 类产品）、取证类、渗透性检测工具、木马防护、数据恢复、非法拨号外联监控产品等新出现的技术和产品等新技术、新产品应运而生。部分业界专家认为，新形势下，信息安全产品应该按信息安全技术在信息安全保障中发挥的作用进行分类，建议在《计算机信息系统安全专用产品分类原则》中，增加保密类、监管类、审计类、检查类、管理类、综合类、其他类，对现有分类体系进行扩展和完善。

第四节　信息安全产品的分级使用

信息安全产品是信息系统的有机构成部分，对于信息安全产品的使用，不同的信息系统应依据安全保护等级从安全功能强度和可信程度进行综合衡量和恰当选择，并进行合理的配置来提供系统所需的安全保护。

信息安全产品分级使用主要是公安机关根据信息安全产品的技术来源、研发生产过程和环境以及保密条件、测评认证、企业资质，划分其使用等级，规范其使用范围，对其进行监督管理。对来源和性能不能确保达到一定等级安全需求的产品，用等级管理方式形成管理和技术屏障，限制其使用范围，防止其进入高安全保护等级的信息系统。不同安全保护等级的信息系统对信息安全产品的安全功能有着不同的需求，具有一定安全水平的信息安全产品只能在与其安全保护功能相适应的信息系统中使用。

一、国家对信息安全产品的分级使用要求

《信息安全等级保护管理办法》（公通字【2007】43 号）第十一条规定"信息系统的安全保护等级确定后，运营、使用单位应当按照国家信息安全等级保护管理规范和技术标准，使用符合国家有关规定，满足信息系统安全保护等级需求的信息技术产品，开展信息系统安全建设或者改建工作。"

第二十一条规定第三级以上信息系统应当选择使用符合以下条件的信息安全产品：

（1）产品研制、生产单位是由中国公民、法人投资或者国家投资或者控股的，在中华人民共和国境内具有独立的法人资格；

（2）产品的核心技术、关键部件具有我国自主知识产权；

（3）产品研制、生产单位及其主要业务、技术人员无犯罪记录；

（4）产品研制、生产单位声明没有故意留有或者设置漏洞、后门、木马等程序和功能；

（5）对国家安全、社会秩序、公共利益不构成危害；

（6）对已列入信息安全产品认证目录的，应当取得国家信息安全产品认证机构颁发的认证证书。

《信息系统安全工程管理要求》（GB/T 20282—2006）对使用信息安全产品的要求是：信息安全产品应具有在国内生产、经营、销售的许可证，并符合相应的等级。

二、信息安全产品分级检测标准

为落实《关于信息安全等级保护工作的实施意见》中提出的"对信息系统中使用的信息安全产品实行按等级管理"的要求，公安部发布了《关于调整更新计算机信息系统安全专用产品检测执行标准规范的公告》（公信安【2009】1157 号），对已有分级标准的 29 类 31 个信息安全产品开展分级检测工作。对于检测并审核通过的产品，产品销售许可证书标注产品分级信息，便于重要信息系统运营、使用单位在信息系统安全建设整改中，根据信息系统不同安全防护等级的安全需求选择相应等级的产品。

三、不同保护等级信息系统对信息安全产品功能和可信性保证的要求

《信息安全等级保护实施指南》（GB/T 25058—2010）规定，在依据产品采购说明书对现有产品进行选择时，不仅要考虑产品的使用环境、安全功能、成本（包括采购和维护成本）、易用性、可扩展性、与其他产品的互动和兼容性等因素，还要考虑产品质量和可信性。产品可信性是保证系统安全的基础，用户在选择信息安全产品时应确保其符合国家关于信息安全产品使用的有关规定。对于密码产品的使用，应当按照国家密码管理的相关规定进行选择和使用。

分析研究信息安全等级保护政策法规和技术标准，不难看出对于信息安全产品的使用，不同安全保护等级的信息系统在安全功能强度和可信度上有着不同的要求。

1. 第一级信息系统

从提供安全保护能力的角度看：该等级信息系统中使用的信息安全产品应具备以下安全功能：

（1）基本的身份鉴别功能，如基于用户名/口令的身份鉴别方式；

（2）基本的访问控制功能，如基于角色的自主访问控制；

（3）基本的数据完整性保护功能，如基于校验码的完整性保护；

（4）基本的事件检测功能，如病毒检测与清除；

（5）重要数据的备份恢复功能。

从可信程度看：该等级信息系统中使用的信息安全产品应有证据表明该产品能够提供其声明的安全功能，如供应商提供的功能测试结果。

2. 第二级信息系统

从提供的安全保护能力的角度看：与第一级信息系统相比，该等级信息系统中使用的信息安全产品应具备以下增强的安全功能：

（1）增强的身份鉴别功能，采用基于用户名/口令的身份鉴别方式时，口令具备一定的复杂度；

（2）增强的数据保护功能，增加了保密措施；

（3）增强的事件检测功能，增加了入侵防范、安全审计记录功能；

（4）增强的备份恢复功能，增加了硬件冗余要求。

从可信程度看：与第一级信息系统相比，该等级信息系统中使用的信息安全产品有第三方的证据表明该产品能够提供其声明的安全功能，如国家有关信息安全监管部门认可的测评机构出具的功能测评报告。

3. 第三级信息系统

从提供的安全保护能力的角度看：与第二级信息系统相比，该等级信息系统中使用的信息安全产品应具备以下增强的安全功能：

（1）复杂的身份鉴别功能，采用两种或者两种以上的鉴别技术；

（2）进一步增强的访问控制功能，支持基于敏感标签的访问控制功能；

（3）基于密码技术的数据保护功能；

（4）进一步增强的事件检测功能，增加了审计分析功能。

从可信程度看：与第二级信息系统相比，该等级信息系统中使用的信息安全产品应具备以下增强的可信程度：

（1）产品的核心技术、关键部件具有我国自主知识产权；

（2）产品研制、生产单位及其主要业务、技术人员无犯罪记录；

（3）有第三方的证据表明该产品正确设计和实现其所声明的安全功能，如国家有关信息安全部门认可的测评机构出具的安全性测评报告，证明产品声明、设计与功能测试结果的一致性；

（4）产品研制、生产单位以书面方式声明没有故意留有或者设置漏洞、后门、木马等程序和功能。

4. 第四级信息系统

从提供的安全保护能力的角度看：与第三级信息系统相比，该等级信息系统中使用的信息安全产品应具备以下增强的安全功能：

（1）不可伪造的身份鉴别功能，采用基于用户名/口令的身份鉴别方式时，口令具备一定的复杂度；

（2）集中审计功能；

（3）支持异地灾备。

从可信程度看：该等级信息系统中使用的信息安全产品应具备以下可信程度：

（1）产品的核心技术、关键部件具有我国自主知识产权；

（2）产品研制、生产单位及其主要业务、技术人员无犯罪记录；

（3）有第三方的证据表明该产品正确设计和实现其所声明的安全功能，且没有故意留有或者设置漏洞、后门、木马等程序和功能，如国家有关信息安全部门认可的测评机构出具的安全性测评报告，证明产品声明、设计、实现（源代码）与功能验证结果的一致性。

5. 第五级信息系统（略）

第五节　信息安全产品的分级使用管理

在信息系统安全建设整改过程中，对信息安全产品的分级使用管理，主要体现在两个方面：一是信息系统运营、使用单位按照《信息安全等级保护管理办法》及相关技术标准选择采购和使用与不同安全保护级别相对应的信息安全产品，并落实管理责任。二是公安机关对运营、使用单位的安全产品分级使用和管理情况进行工作指导和监督检查。

一、信息系统运营、使用单位按规定分级使用信息安全产品

在信息系统安全建设整改工作中，信息系统运营、使用单位必须按照等级保护工作要求建立健全信息安全产品的选型、采购、使用、报废管理制度，落实管理责任。根据按照《计算机信息系统安全保护等级划分准则》（GB 17859—1999）、《信息系统安全等级保护基本要求》等技术标准，参照《信息安全技术信息系统通用安全技术要求》（GB/T 20271—2006）、《信息安全技术网络基础安全技术要求》（GB/T 20270—2006）、《信息安全技术操作系统安全技术要求》（GB/T 20272—2006）、《信息安全技术数据库管理系统安全技术要求》（GB/T 20273—2006）、《信息安全技术服务器技术要求》、《信息安全技术终端计算机系统安全等级技术要求》（GA/T 671—2006）等技术标准选择使用满足不同安全保护等级安全需要、符合《信息安全等级保护管理办法》要求的信息安全产品，并在公安机关监督检查中，如实提供信息安全产品分级使用的有关证明材料。采用国外信息安全产品的，需经主管部门批准，并请有关单位对产品进行专门技术检测。

二、公安机关对信息系统运营、使用单位分级使用信息安全产品的指导和监督检查

在信息系统安全建设整改工作中，公安机关应根据《信息安全等级保护管理办法》等有关要求，对信息系统运营、使用单位的信息安全产品分级使用进行工作指导，并按照《公安机关等级保护监督检查工作规范》对各单位、各部门信息安全产品分级使用情况进行定期或不定期监督检查，发现违反信息安全产品分级使用规定的，责令限期整改。逾期不改正的，给予警告，并向其上级主管部门通报。

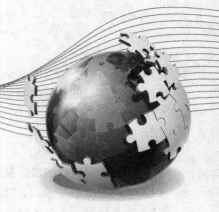

第四章
信息安全事件管理

　　信息安全事件分等级响应、处置，可以简单理解为对不同安全保护等级信息系统发生不同等级信息安全事件的响应和处置。主要工作内容，就是重要信息系统运营、使用单位按照国家有关标准规定，确定信息安全事件的等级，结合信息系统安全保护等级，制定信息安全事件分级应急处置预案，明确应急处置策略，落实应急指挥部门、执行部门和技术支撑部门，建立应急协调机制，落实安全事件报告制度。

　　第三级（含）以上信息系统发生较大、重大、特别重大安全事件时，运营、使用单位按照相应预案开展应急处置，并及时向受理备案的公安机关报告。组织应急技术支撑力量和专家队伍，按照应急预案定期组织开展应急演练。落实安全自查和监督检查制度，对本单位信息安全事件管理情况，自觉接受公安机关等信息安全监管部门的监督检查等。

　　本章节结合等级保护有关技术标准规定的信息安全事件分类、分级方法和不同等级的信息安全事件的响应、处置管理要求，对不同保护等级的信息系统发生不同等级的信息安全事件响应、处置进行简单的介绍。

第一节　信息安全事件定义

　　《信息安全事件分类分级指南》将安全事件定义为"由于自然或者人为以及软硬件本身缺陷或故障的原因，对信息系统造成危害，或对社会造成负面影响的事件。"

　　信息安全事件是由单个或一系列意外或有害的信息安全事态所组成的，极有可能危害业务运行和威胁信息安全。包括事故、故障、病毒、黑客攻击性活动、犯罪活动、信息战等；通常可能包括（但不限于）不可抗拒的事件、设备故障事件、病毒爆发事件、外部网络入侵事件、内部信息安全事件、内部误用和误操作等事件。

第二节　信息安全事件分类

　　《信息安全事件分类分级指南》将信息安全事件分为有害程序事件、网络攻击事件、信息破坏事件、信息内容安全事件、设备设施故障、灾害性事件和其他信息安全事件 7 个基本分类，每个基本分类分别包括若干个子类。

一、有害程序事件（MI）

　　有害程序事件是指蓄意制造、传播有害程序，或是因受到有害程序的影响而导致的信息安全事件。有害程序是指插入到信息系统中的一段有害程序危害系统中数据、应用程序或操作系统的保密性、完整性或可用性，或影响信息系统的正常运行。有害程序事件包括计算机病毒事件（CVI）、蠕虫事件（WI）、特洛伊木马事件（THI）、僵尸网络事件（BI）、混合攻击程序事件（BAI）、网页内嵌恶意代码事件（WBPI）和其他有害程序事件（OMI）7 个子类。

二、网络攻击事件（NAI）

网络攻击事件是指通过网络或其他技术手段，利用信息系统的配置缺陷、协议缺陷、程序缺陷或使用暴力攻击对信息系统实施攻击，并造成信息系统异常或对信息系统当前运行造成潜在危害的信息安全事件。网络攻击事件包括拒绝服务攻击事件（DOSAI）、后门攻击事件（BDAI）、漏洞攻击事件（VAI）、网络扫描窃听事件（NSEI）、网络钓鱼事件（PI）、干扰事件（II）和其他网络攻击事件（ONAI）7 个子类。

三、信息破坏事件（IDI）

信息破坏事件是指通过网络或其他技术手段，造成信息系统中的信息被篡改、假冒、泄露、窃取等而导致的信息安全事件。信息破坏事件包括信息篡改事件（IAI）、信息假冒事件（IMI）、信息泄漏事件（ILEI）、信息窃取事件（III）、信息丢失事件（ILOI）和其他信息破坏事件（OIDI）6 个子类。

四、信息内容安全事件（ICSI）

信息内容安全事件是指利用信息网络发布、传播危害国家安全、社会稳定和公共利益的内容的安全事件。信息内容安全事件包括以下 4 个子类：

（1）违反宪法和法律、行政法规的信息安全事件；

（2）针对社会事项进行讨论、评论形成网上敏感的舆论热点，出现一定规模炒作的信息安全事件；

（3）组织串连、煽动集会游行的信息安全事件；

（4）其他信息内容安全事件。

五、设备设施故障（FF）

设备设施故障是指由于信息系统自身故障或外围保障设施故障而导致的信息安全事件，以及人为的使用非技术手段有意或无意的造成信息系统破坏而导致的信息安全事件。设备设施故障包括软硬件自身故障（SHF）、外围保障设施故障（PSFF）、人为破坏事故（MDA）和其他设备设施故障（IF-OT）4 个子类。

六、灾害性事件（DI）

灾害性事件是指由于不可抗力对信息系统造成物理破坏而导致的信息安全事件。

灾害性事件包括水灾、台风、地震、雷击、坍塌、火灾、恐怖袭击、战争等导致的信息安全事件。

七、其他事件（OI）

其他事件类别是指不能归为以上 6 个基本分类的信息安全事件。

第三节　信息安全事件的分级

《信息安全事件分类分级指南》规定，对信息安全事件的分级主要考虑三个要素：信息系统的重要程度、系统损失和社会影响。

（1）信息系统的重要程度：信息系统的重要程度主要考虑信息系统所承载的业务对国家安全、经济建设、社会生活的重要性以及业务对信息系统的依赖程度，划分为特别重要信息系统、重要信息系统和一般信息系统。

（2）系统损失：系统损失是指由于信息安全事件对信息系统的软硬件、功能及数据的破坏，导致系统业务中断，从而给事发组织所造成的损失，其大小主要考虑恢复系统正常运行和消除安全事件负面影响所需付出的代价，划分为特别严重的系统损失、严重的系统损失、较大的系统损失和较小的系统损失。

（3）社会影响：社会影响是指信息安全事件对社会所造成影响的范围和程度，其大小主要考虑国家安全、社会秩序、经济建设和公众利益等方面的影响，划分为特别重大的社会影响、重大的社会影响、较大的社会影响和一般的社会影响。

《信息安全事件分类分级指南》根据信息安全事件的分级考虑要素，将信息安全事件划分为四个级别：特别重大事件（Ⅰ级）、重大事件（Ⅱ级）、较大事件（Ⅲ级）和一般事件（Ⅳ级）。

一、特别重大事件（Ⅰ级）

特别重大事件是指能够导致特别严重影响或破坏的信息安全事件，包括以下情况：

（1）会使特别重要信息系统遭受特别严重的系统损失；

（2）产生特别重大的社会影响。

二、重大事件（Ⅱ级）

重大事件是指能够导致严重影响或破坏的信息安全事件，包括以下情况：

（1）会使特别重要信息系统遭受严重的系统损失，或使重要信息系统遭受特别严重的系统损失；

（2）产生的重大的社会影响。

三、较大事件（Ⅲ级）

较大事件是指能够导致较严重影响或破坏的信息安全事件，包括以下情况：

（1）会使特别重要信息系统遭受较大的系统损失，或使重要信息系统遭受严重的系统损失，一般信息系统遭受特别严重的系统损失；

（2）产生较大的社会影响。

四、一般事件（Ⅳ级）

一般事件是指不满足以上条件的信息安全事件，包括以下情况：

（1）会使特别重要信息系统遭受较小的系统损失，或使重要信息系统遭受较大的系统损失，一般信息系统遭受严重或严重以下级别的系统损失；

（2）产生一般的社会影响。

第四节　信息安全事件的管理流程

《信息安全事件管理指南》把信息安全事件管理划分为 4 个过程：规划和准备（Plan and Prepare）、使用（Use）、评审（Review）、改进（Improve）。

一、规划和准备

有效的信息安全事件管理需要适当的规划和准备。为使信息安全事件的响应有效，下列措施是必要的：

（1）制定信息安全事件管理策略并使其成为文件，获得所有关键利益相关人，尤其是高级管理层对策略的可视化承诺；

（2）制定信息安全事件管理方案并使其全部成为文件，用以支持信息安全事件管理策略。用于发现、报告、评估和响应信息安全事件的表单、规程和支持工具，以及事件严重性衡量尺度的细节，均应包括在方案文件中（应指出，在有些组织中，方案即为信息安全事件响应计划）；

（3）更新所有层面的信息安全和风险管理策略，即全组织范围的，以及针对每个系统、服务和网络的信息安全和风险管理策略，均应根据信息安全事件管理方案进行更新；

（4）确定一个适当的信息安全事件管理的组织结构，即信息安全事件响应组（ISIRT），给那些可调用的、能够对所有已知的信息安全事件类型作出充分响应的人员指派明确的角色和责任。在大多数组织中，ISIRT 可以是一个虚拟小组，是由一名高级管理人员领导的、得到各类特定主题专业人员支持的小组，例如，在处理恶意代码攻击时，根据相关事件类型召集相关的专业人员；

（5）通过简报和/或其他机制使所有的组织成员了解信息安全事件管理方案、方案能带来哪些益处以及如何报告信息安全事态。应该对管理信息安全事件管理方案的负责人员、判断信息安全事态是否为事件的决策者，以及参与事件调查的人员进行适当培训；

（6）全面测试信息安全事件管理方案。

二、使用

下列过程是使用信息安全事件管理方案的必要过程：

（1）发现和报告所发生的信息安全事态（人为或自动方式）；

（2）收集与信息安全事态相关的信息，通过评估这些信息确定哪些事态应归类为信息安全事件；

（3）对信息安全事件作出响应：

（4）立刻、实时或接近实时；

（5）如果信息安全事件在控制之下，按要求在相对缓和的时间内采取行动（例如，全面开展灾难恢复工作）；

（6）如果信息安全事件不在控制之下，发起"危机求助"行动（如召唤消防队/部门或者启动业务连续性计划）；

（7）将信息安全事件及任何相关的细节传达给内部和外部人员和/或组织（其中可能包括按要求上报以便进一步评估和/或决定）；

（8）进行法律取证分析；

（9）正确记录所有行动和决定以备进一步分析之用；

（10）结束对已经解决事件的处理。

三、评审

在信息安全事件已经解决或结束后，进行以下评审活动是必要的：

（1）按要求进行进一步法律取证分析；

（2）总结信息安全事件中的经验教训；

（3）作为从一次或多次信息安全事件中吸取经验教训的结果，确定信息安全防护措施实施方面的改进；

（4）作为从信息安全事件管理方案质量保证评审（例如根据对过程、规程、报告单和/或组织结构所作的评审）中吸取经验教训的结果，确定对整个信息安全事件管理方案的改进。

四、改进

应该强调的是，信息安全事件管理过程虽然可以反复实施，但随着时间的推移，有许多信息安全要素需要经常改进。这些需要改进的地方应该根据对信息安全事件数据、事件响应以及一段时间以来的发展趋势所作评审的基础上提出。其中包括：

（1）修订组织现有的信息安全风险分析和管理评审结果；

（2）改进信息安全事件管理方案及其相关文档；

（3）启动安全的改进，可能包括新的和/或经过更新的信息安全防护措施的实施。

第五节　信息安全事件管理的关键过程

信息安全事件管理的关键过程一般为：

（1）发现和报告发生的信息安全事态，无论是由组织人员/顾客引起的还是自动发生的（如防火墙警报）；

（2）收集有关信息安全事态的信息，由组织的运行支持人员进行第一次评估，确定该事态是属于信息安全事件还是发生了误报；

（3）ISIRT 进行第二次评估，首先确认该事态是否属于信息安全事件，如果的确如此，则作出立即响应，同时启动必要的法律取证分析和沟通活动；

（4）由 ISIRT 进行评审以确定该信息安全事件是否处于控制下：

1）如果处于控制下，则启动任何所需要的进一步的后续响应，以确保所有相关信息准备完毕，以供事件后评审所用；

2）如果不在控制下，则采取"危机求助"活动并召集相关人员，如组织中负责业务连续性的管理者和工作组；

（5）在整个阶段按要求进行上报，以便进一步评估和/或决策；

（6）确保所有相关人员，尤其是 ISIRT 成员，正确记录所有活动以备后面分析所用；

（7）确保对电子证据进行收集和安全保存，同时确保电子证据的安全保存得到持续监视，以备法律起诉或内部处罚所需；

（8）确保包括信息安全事件追踪和事件报告更新的变更控制制度得到维护，从而使得信息安全事态/事件数据库保持最新。

第六节　信息安全事态的发现与报告

信息安全事态可以被由技术、物理或规程方面出现的某种情况引起注意的一人或多人发现。例如，发现可能来自火/烟探测器或者入侵（防盗）警报，并通知到预先指定位置以便有人采取行动。技术型的信息安全事态可通过自动方式发现，如由审计追踪分析设施、防火墙、入侵检测系统和防病毒工具在预设参数被激发的情况下发出的警报。

无论发现信息安全事态的源头是什么，得到自动方式通知或直接注意到某些异常的人员要负责启动发现和报告过程。发现人应遵照相关规程，并使用信息安全事件管理方案规定的信息安全事态报告单在第一时间把信息安全事态报告给运行支持组和管理层。

如何处理一个信息安全事态取决于该事态的性质以及它的意义和影响。对于许多人来说，这种决定超出了他们的能力。因此，报告信息安全事态的人员应尽量使用叙述性文字和当时可用的其他信息完成信息安全事态报告单，必要的话，与本部门管理者取得联系。报告单最好是电子格式的（例如以电子邮件或 web 表单的方式提交），应该安全地发送给指定的运行支持组（它最好应提供 7×24h 服务），并将一份拷贝交给信息安全事件响应组（ISIRT）管理者。

在填写《信息安全事态报告单》的内容时，既要保证准确性，也要保证及时性。当调查初期就明显表明，信息安全事态极有可能被确定为信息安全事件，特别是重大事件时，可通过人、电话或文本消息等有效方式报告。

第七节　信息安全事态/事件的评估与决策

运行支持组中负责接收报告的人员应签收已填写完毕的《信息安全事态报告单》，将其输入到信息安全事态/事件数据库中，并进行评审。该人员应该从报告信息安全事态的人处得到详细说明，并从该报告人或其他地方进一步收集可用的任何必要和已知信息。随后，运行支持组的人员应该进行评估，以确定这个信息安全事态是属于信息安全事件还是仅为一次误报。

如果确定该信息安全事态属于误报，应将信息安全事态报告单填写完毕并发送给信息安全事件响应组（ISIRT），供添加信息安全事态/事件数据库和评审所用，同时将拷贝发送给事态报告人及其部门管理者。

如果确定信息安全事态很可能是一个信息安全事件，而且运行支持组成员具有适当资质，则可以进行进一步评估。当一个信息安全事态被确定为重大信息安全事件（根据组织内预先制定的事件严重性衡量尺度）时，应该直接通知 ISIRT 管理者。

如果信息安全事件被确定是真实的，ISIRT 成员（包括必要的合作伙伴）应进行进一步的评估，以尽快确认：

（1）该信息安全事件是什么样的情形，是如何被引起的——由什么或由谁引起，带来或可能带来什么危害，对组织业务造成的影响或潜在影响，是否属于重大事件（根据组织预先制定的事件严重性衡量尺度而定）；

（2）对任何信息系统、服务和/或网络进行的故意的、人为的技术攻击，例如：

• 系统、服务和/或网络被渗透的程度，以及攻击者的控制程度；

• 攻击者访问

• 可能复制、篡改或毁坏了哪些数据；

- 攻击者复制、篡改或毁坏了哪些软件;

（3）对任何信息系统、服务和/或网络的硬件和/或物理位置进行的故意的、人为的物理攻击,例如:

物理损害造成了什么直接和间接影响（是否设置了物理访问安全保护措施？）;

（4）并非直接由人为活动引起的信息安全事件,其直接和间接影响（例如,是因火灾而导致物理访问开放？是因某些软件或通信线路故障或人为错误而使信息系统变得脆弱？）;

（5）到目前为止信息安全事件是如何被处理的。

当从以下方面评审信息安全事件对组织业务的潜在或实际负面影响时:

（1）未授权泄露信息;

（2）未授权修改信息;

（3）抵赖信息;

（4）信息和/或服务不可用;

（5）信息和/或服务遭受破坏;

有必要确认哪些后果与之相关,如以下示例类别:

（1）对业务运行造成的财务损失/破坏;

（2）商业和经济利益;

（3）个人信息;

（4）法律法规义务;

（5）管理和业务运行;

（6）声誉损失。

对于那些被认为与信息安全事件相关的后果,应使用相关类别的《信息安全事件分类分级指南》确定潜在或实际影响,并输入到信息安全事件报告单中,确定信息安全事件分级中系统损失这一参考要素的级别,结合信息系统的重要程度和社会影响,可明确信息安全事件的级别大小以及处理安全事件的方式。

第八节 信息安全事件的响应

对信息安全事件的响应一般分为立即响应、判断事件是否在控制之下、后续响应、"危急求助"行动、法律取证分析、通报、上报、活动日志和变更控制 8 个环节。

一、立即响应

在多数情况下,ISIRT 成员的下一步工作是确定立即响应措施,以处理信息安全事件、在信息安全事件单上记录细节并输入信息安全态/事件数据库,以及向相关人员或工作组通报必要的措施。这可能导致采取应急防护措施（例如在得到相关 IT 和/或业务管理者同意后切断/关闭受影响的信息系统、服务和/或网络）和/或增加已被确定的永久防护措施并将行动通报相关人员或工作组。如果尚不能这么做,则应根据组织预先确定的信息安全事件严重性衡量尺度确定信息安全事件的严重程度,如果事件足够严重,应直接上报组织相关高级管理人员。例如,如果事件明显是一种"危机"情况,应通知业务连续性管理者以备可能启动业务连续性计划,同时还要通知 ISIRT 管理者和高级管理层。

无论确定下一步采取什么行动,ISIRT 成员都应尽最大能力更新信息安全事件报告,并将其添加到信息安全事态/事件数据库，同时按需要通知 ISIRT 管理者和其他必要人员。更新可能包括有关以下内容的更多信息：

（1）信息安全事件是什么样的情形；

（2）它是如何被引起的——由什么或由谁引起；

（3）它带来或可能带来什么危害；

（4）它对组织业务造成的影响或潜在影响；

（5）它是否属于重大事件（根据组织预先制定的事件严重性衡量尺度）；

（6）到目前为止它是如何被处理的。

如果信息安全事件已被解决，报告应包含已经采取的防护措施的详细情况和其他任何经验教训（例如用来预防相同或类似事件再次发生的进一步防护措施）。被更新的报告应该添加到信息安全事态/事件数据库中，并通报 ISIRT 管理者和其他必要人员。

如果 ISIRT 成员确定的确发生了信息安全事件，还应采取如下其他重要措施，如：

（1）开始法律取证分析；

（2）向负责对内对外沟通的人员通报情况，同时建议应该以什么形式向哪些人员报告什么内容。

（3）何时必须将问题上报以及应该向谁报告；

（4）ISIRT 进行的所有活动均应遵循正式成文的变更控制规程。

（5）得出信息安全事件属于严重事件的结论；

（6）确定出现了"危机"情况时，应在第一时间将信息安全事件通过人、电话或文本方式报告给相关人员。

ISIRT 管理者在同组织的信息安全负责人及相关高级管理人员保持联络的同时，被认为有必要同所有相关方（组织内部的和外部的）也应保持联络。为了确保这样的联络快速有效，有必要事先建立一条不完全依赖于受信息安全事件影响的系统、服务和/或网络的安全通信渠道，包括指定联系人不在时的备用人选或代表。

二、判断事件是否在控制之下

在 ISIRT 成员作出立即响应，并进行了法律取证分析和通报相关人员后，必须迅速得出信息安全事件是否处于控制之下的结论。如果需要，ISIRT 成员可以就这一问题征求同事、ISIRT 管理者和/或其他人员或工作组的意见。如果确定信息安全事件处于控制之下，ISIRT 成员应启动需要的后续响应，并进行法律取证分析和向相关人员通报情况，直至结束信息安全事件的处理工作，使受影响的信息系统恢复正常运行。如果确定信息安全事件不在控制之下，ISIRT 成员应启动"危机求助行动"。

三、后续响应

在确定信息安全事件处于控制之下、不必采取"危机求助"行动之后，ISIRT 成员应确定是否需要对信息安全事件作出进一步响应以及作出什么样的响应。其中可能包括将受影响的信息系统、服务和/或网络恢复到正常运行。然后，该人员应该将有关响应细节记录到信息安全事件报告单和信息安全事态/事件数据库中，并通知负责采取相关行动的人员。一旦这些行动成功完成后，应该将结果细节记录到信息安全事件报告单和信息安全事态/事件数据库中，然后结束信息安全事件处理工作，并通知相关人员。

有些响应旨在预防同样或类似信息安全事件再次发生。例如，如果确定信息安全事件的原因是 IT 硬件或软件故障，而且没有补丁可用，应该立即联系供应商。如果信息安全事件涉及一个已知的 IT 脆弱性，则应装载相关的信息安全升级包。任何被信息安全事件突现出来的 IT 配置问题均应得到妥善处理。降低相同或类似 IT 信息安全事件再次发生可能性的其他措施还包括变更系统口令和关闭不用的服务。

响应行动的另一个方面涉及 IT 系统、服务和/或网络的监控。在对信息安全事件进行评估之后，应在适当的地方增加监视防护措施，以帮助发现具有信息安全事件症状的异常和可疑事态。这样的监视还可以更深刻地揭露信息安全事件，同时确定还有哪些其他 IT 系统受到危及。

启动相关业务连续性计划中特定的响应可能很必要。这一点既适用于 IT 信息安全事件，同时也适用于非 IT 的信息安全事件。这样的响应应涉及业务的所有方面，不仅包括那些与 IT 直接相关的方面，同时还应包括关键业务功能的维护和以后的恢复——其中包括（如果相关的话）语音通信、人员级别和物理设施。

响应行动的最后一个方面是恢复受影响系统、服务和/或网络。通过应用针对已知脆弱性的补丁或禁用易遭破坏的要素，可将受影响的系统、服务和/或网络恢复到安全运行状态。如果因为信息安全事件破坏了日志而无法全面了解信息安全事件的影响程度，可能要考虑对整个系统、服务和/或网络进行重建。这种情况下，启动相关的业务连续性计划十分必要。

如果信息安全事件是非 IT 相关的，例如由火灾、洪水或爆炸引起，就应该依照正式成文的相关业务连续性计划开展恢复工作。

四、危急求助

ISIRT 确定一个信息安全事件是否处于控制下时，很可能会得出事件不在控制之下，必须按预先制定计划采取"危机求助"行动的结论。有关如何处理可能会在一定程度上破坏信息系统可用性/完整性的各类信息安全事件的最佳选择，应该在组织的业务连续性战略中进行标识。这些选择应该与组织的业务优先顺序和相关恢复时间表直接相关，从而也与 IT 系统、语音通信、人员和食宿供应的最长可承受中断时间直接关联。业务连续性战略应该明确标明所要求的：

（1）预防、恢复和业务连续性支持措施；

（2）管理业务连续性规划的组织结构和职责；

（3）业务连续性计划的体系结构和概述。

业务连续性计划以及支持启动计划的现行防护措施，一旦经检验合格并得到批准后，便可构成开展"危机求助"行动的基础。其他可能类型的"危机求助"行动包括（但不限于）启用：

（1）灭火设施和撤离规程；

（2）防洪设施和撤离规程；

（3）爆炸"处理"及相关撤离规程；

（4）专家级信息系统欺诈调查程序；

（5）专家级技术攻击调查程序。

五、法律取证分析

当前面的评估确定需要收集证据时——在发生重大信息安全事件的背景下，ISIRT 应进行法律取证分析。法律取证分析的整个过程应包括以下相关活动：

（1）确保目标系统、服务和/或网络在法律取证分析过程中受到保护，防止其变得不可用、被改变或受其他危害（包括病毒入侵），同时确保对正常运行的影响没有或最小；

（2）对证据的捕获按优先顺序进行，也就是从最易变化的证据开始到最不易变化的证据结束（这在很大程度上取决于信息安全事件的性质）；

（3）识别主体系统、服务和/或网络中的所有相关文件，包括正常文件、看似（但并没有）被删除的文件、口令或其他受保护文件和加密文件；

（4）尽可能恢复已发现的被删除文件和其他数据；

（5）揭示 IP 地址、主机名、网络路由和 Web 站点信息；

（6）提取应用软件和操作系统使用的隐藏、临时和交换文件的内容；

（7）访问受保护或被加密文件的内容（除非法律禁止）；

（8）分析在特别（通常是不可访问的）磁盘存储区中发现的所有可能的相关数据；

（9）分析文件访问、修改和创建的时间；

（10）分析系统/服务/网络和应用程序日志；

（11）确定系统/服务/网络中用户和/或应用程序的活动；

（12）分析电子邮件的来源信息和内容；

（13）进行文件完整性检查，检测系统特洛伊木马和原来系统中不存在的文件；

（14）如果可行，分析物理证据，如查看指纹、财产损害程度、监视录像、警报系统日志、通行卡访问日志以及会见目击证人等；

（15）确保所提取的潜在证据被妥善处理和保存，使之不会被损害或不可使用，并且敏感材料不会被未授权人员看到。应该强调的是，收集证据的行为要遵守相关法律的规定；

（16）总结信息安全事件的发生原因以及在怎样的时间框架内采取的必要行动，连同具有相关文件列表的证据一起附在主报告中；

（17）如果需要，为内部惩罚或法律诉讼行动提供专家支持。

六、通报

许多情况下，当信息安全事件被 ISIRT 确定属实时，需要同时通知某些内部人员（不在 ISIRT/管理层的正常联系范围内）和外部人员（包括新闻界）。任何有关信息安全事件的消息在发布给新闻界时，均应遵照组织的信息发布策略。需要发布的消息应由相关方审查，其中包括组织高级管理层、公共关系协调员和信息安全人员。

七、上报

有时会出现必须将事情上报给高级管理层、组织内其他部门或组织外人员/组织的情况。

八、活动日志和变更控制

所有参与信息安全事件报告和管理的人员应该完整地记录下所有的活动以供日后分析之用。这些内容应该包含在信息安全事件报告单和信息安全事态/事件数据库中，而且要在从第一次报告单到事件后评审完成的整个过程中不断更新。记录下来的信息应该妥善保存并留有完整备份。此外，在追踪信息安全事件以及更新信息安全事件报告单和信息安全事态/事件数据库的过程中所做的任何变更，均应遵照已得到正式批准的变更控制方案进行。

第九节　信息安全事件的分级处置

《信息系统安全等级保护基本要求》对不同保护级别的信息系统发生的信息安全事件处置，提出了基本要求：

1.　第一级信息系统

（1）应报告所发现的安全弱点和可疑事件，但任何情况下用户均不应尝试验证弱点；

（2）应制定安全事件报告和处置管理制度，规定安全事件的现场处理、事件报告和后期恢复的管理职责。

2.　第二级信息系统

（1）应报告所发现的安全弱点和可疑事件，但任何情况下用户均不应尝试验证弱点；

（2）应制定安全事件报告和处置管理制度，明确安全事件类型，规定安全事件的现场处理、事件报告和后期恢复的管理职责；

（3）应根据国家相关管理部门对计算机安全事件等级划分方法和安全事件对本系统产生的影响，对本系统计算机安全事件进行等级划分；

（4）应记录并保存所有报告的安全弱点和可疑事件，分析事件原因，监督事态发展，采取措施避免安全事件发生。

3.　第三级信息系统

（1）应报告所发现的安全弱点和可疑事件，但任何情况下用户均不应尝试验证弱点；

（2）应制定安全事件报告和处置管理制度，明确安全事件的类型，规定安全事件的现场处理、事件报告和后期恢复的管理职责；

（3）应根据国家相关管理部门对计算机安全事件等级划分方法和安全事件对本系统产生的影响，对本系统计算机安全事件进行等级划分；

（4）应制定安全事件报告和响应处理程序，确定事件的报告流程，响应和处置的范围、程度，以及处理方法等；

（5）应在安全事件报告和响应处理过程中，分析和鉴定事件产生的原因，收集证据，记录处理过程，总结经验教训，制定防止再次发生的补救措施，过程形成的所有文件和记录均应妥善保存；

（6）对造成系统中断和造成信息泄密的安全事件应采用不同的处理程序和报告程序。

4.　第四级信息系统

（1）应报告所发现的安全弱点和可疑事件，但任何情况下用户均不应尝试验证弱点；

（2）应制定安全事件报告和处置管理制度，明确安全事件类型，规定安全事件的现场处理、事件报告和后期恢复的管理职责；

（3）应根据国家相关管理部门对计算机安全事件等级划分方法和安全事件对本系统产生的影响，对本系统计算机安全事件进行等级划分；

（4）应制定安全事件报告和响应处理程序，确定事件的报告流程，响应和处置的范围、程度，以及处理方法等；

（5）应在安全事件报告和响应处理过程中，分析和鉴定事件产生的原因，收集证据，记录处理过程，总结经验教训，制定防止再次发生的补救措施，过程形成的所有文件和记录均应妥善保存；

（6）对造成系统中断和造成信息泄密的安全事件应采用不同处理程序和报告程序；

（7）发生可能涉及国家秘密的重大失、泄密事件，应按照有关规定向公安、安全、保密等部门汇报；

（8）应严格控制参与涉及国家秘密事件处理和恢复的人员，重要操作要求至少两名工作人员在场并登记备案。

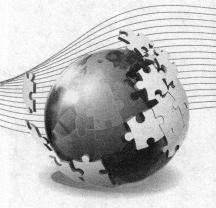

第五章

信息系统安全管理体系建设

　　信息安全等级保护从信息系统安全相关的物理层面、网络层面、系统层面、应用层面和管理层面对信息和信息系统实施分等级安全保护。管理层面贯穿于其他层面之中，是其他层面实施分等级安全保护的保证。《信息安全等级保护管理办法》第十三条规定"运营、使用单位应当参照《信息安全技术　信息系统安全管理要求》（GB/T 20269—2006）、《信息安全技术　信息系统安全工程管理要求》（GB/T 20282—2006）、《信息系统安全等级保护基本要求》等管理规范，制定并落实符合本系统安全保护等级要求的安全管理制度。"

　　基于信息安全等级保护的信息系统安全管理体系建设，是从安全管理制度、安全管理机构、人员安全管理、系统建设管理和系统运维管理几个方面提出，主要通过控制各种角色的活动，从政策、制度、规范、流程以及记录等方面做出规定来实现。

　　本章节依据等级保护有关技术标准，结合当前各单位信息系统安全管理现状和存在的共性问题，从管理制度建设、管理机构设置、人员安全管理、系统建设安全管理、系统运维安全管理五个方面，将信息系统安全管理体系建设做一简单介绍，为各信息系统运营、使用单位的信息系统安全建设整改提供参考。

第一节　信息系统安全管理的原则

　　按照等级保护相关技术标准，信息系统安全管理需要遵循的基本原则有以下几个方面：

　　（1）基于安全需求原则：组织机构应根据其信息系统担负的使命，积累的信息资产的重要性，可能受到的威胁及面临的风险来分析安全需求，按照信息系统等级保护要求确定相应的信息系统安全保护等级，遵从相应等级的规范要求，从全局上恰当地平衡安全投入与效果；

　　（2）主要领导负责原则：主要领导应确立其组织统一的信息安全保障的宗旨和政策，负责提高员工的安全意识，组织有效安全保障队伍，调动并优化配置必要的资源，协调安全管理工作与各部门工作的关系，并确保其落实、有效；

　　（3）全员参与原则：信息系统所有相关人员应普遍参与信息系统的安全管理，并与相关方面协同、协调，共同保障信息系统安全；

　　（4）系统方法原则：按照系统工程的要求，识别和理解信息安全保障相互关联的层面和过程，采用管理和技术结合的方法，提高实现安全保障的目标的有效性和效率；

　　（5）持续改进原则：安全管理是一种动态反馈过程，贯穿整个安全管理的生存周期，随着安全需求和系统脆弱性的时空分布变化，威胁程度的提高，系统环境的变化以及对系统安全认识的深化等，应及时地将现有的安全策略、风险接受程度和保护措施进行复查、修改、调整以至提升安全管理等级，维护和持续改进信息安全管理体系的有效性；

　　（6）依法管理原则：信息安全管理工作主要体现为管理行为，应保证信息系统安全管理主体合法、管理行为合法、管理内容合法、管理程序合法。对安全事件的处理，应由授权者适时发布准确一致的有关信息，避免带来不良的社会影响；

（7）分权和授权原则：对特定职能或责任领域的管理功能实施分离、独立审计等实行分权，避免权力过分集中所带来的隐患，以减小未授权的修改或滥用系统资源的机会。任何实体（如用户、管理员、进程、应用或系统）仅享有该实体需要完成其任务所必需的权限，不应享有任何多余权限；

（8）选用成熟技术原则：成熟的技术具有较好的可靠性和稳定性，采用新技术时要重视其成熟的程度，并应首先局部试点然后逐步推广，以减少或避免可能出现的失误；

（9）分等级保护原则：按等级划分标准确定信息系统的安全保护等级，实行分级保护；对多个子系统构成的大型信息系统，确定系统的基本安全保护等级，并根据实际安全需求，分别确定各子系统的安全保护等级，实行多级安全保护；

（10）管理与技术并重原则：坚持积极防御和综合防范，全面提高信息系统安全防护能力，立足国情，采用管理与技术相结合，管理科学性和技术前瞻性结合的方法，保障信息系统的安全性达到所要求的目标；

（11）自保护和国家监管结合原则：对信息系统安全实行自保护和国家保护相结合。组织机构要对自己的信息系统安全保护负责，政府相关部门有责任对信息系统的安全进行指导、监督和检查，形成自管、自查、自评和国家监管相结合的管理模式，提高信息系统的安全保护能力和水平，保障国家信息安全。

第二节　管理制度建设

《信息安全等级保护管理办法》规定，信息系统运营、使用单位应当参照《信息系统安全管理要求》（GB/T 20269—2006）、《信息系统安全工程管理要求》（GB/T 20282—2006）、《信息系统安全等级保护基本要求》等管理规范，制定并落实符合本系统安全保护等级要求的安全管理制度。

《信息系统安全管理要求》（GB/T 20269—2006）中规定，在基于等级保护的信息安全体系化管理制度建设中，管理制度建设包括了总体管理策略和规章管理制度两个部分。

一、总体安全管理策略

不同安全等级的信息系统总体安全策略应有选择地满足以下要求：

（1）第一级信息系统：依照国家政策法规和技术及管理标准进行自主保护；阐明管理者对信息系统安全的承诺，并陈述组织机构管理信息系统安全的方法；说明信息系统安全的总体目标、范围和安全框架；申明支持信息系统安全目标和原则的管理意向；简要说明对组织机构有重大意义的安全方针、原则、标准和符合性要求；

（2）第二级信息系统：在一级的基础上，信息安全管理策略还包括在信息安全系统监管职能部门的指导下，依照国家政策法规和技术及管理标准自主进行保护；明确划分信息系统（分系统/区域）的安全保护等级（按区域分等级保护）；制定风险管理策略、业务连续性策略、安全培训与教育策略、审计策略等较完整的信息安全策略；

（3）第三级信息系统：在二级的基础上，信息安全管理策略还包括在接受信息系统安全监管职能部门监督、检查的前提下，依照国家政策法规和技术及管理标准自主进行保护；制定目标策略、规划策略、机构策略、人员策略、管理策略、安全技术策略、控制策略、生存周期策略、投资策略、质量策略等，形成体系化的信息系统安全策略；

（4）第四级信息系统：在三级的基础上，信息安全管理策略还包括在接受信息系统安全监管职能部门的强制监督、检查的前提下，依照国家政策法规和技术及管理标准自主进行保护；制定体系完整的信息系统安全管理策略。

（5）第五级信息系统：（略）。

二、安全管理策略的制定

信息系统安全管理策略的制定，不同安全等级应有选择地满足以下要求：

（1）第一级信息系统：应由安全管理人员为主制定，由分管信息安全工作的负责人召集，以安全管理人员为主，与相关人员一起制定基本的信息系统安全管理策略，包括总体策略和具体策略，并以文件形式表述；

（2）第二级信息系统：应由信息安全职能部门负责制定，由分管信息安全工作的负责人组织，信息安全职能部门负责制定较完整的信息系统安全管理策略，包括总体策略和具体策略，并以文件形式表述；

（3）第三级信息系统：应由信息安全领导小组组织制定，由信息安全领导小组组织并提出指导思想，信息安全职能部门负责具体制定体系化的信息系统安全管理策略，包括总体策略和具体策略，并以文件形式表述；

（4）第四级信息系统：应由信息安全领导小组组织并提出指导思想，由信息安全职能部门指派专人负责制定强制保护的信息系统安全管理策略，包括总体策略和具体策略，并以文件形式表述；涉密系统安全策略的制定应限定在相应范围内进行；必要时，可征求信息安全监管职能部门的意见。

（5）第五级信息系统：（略）。

三、安全管理策略的发布

信息系统安全管理策略应以文档形式发布，不同安全等级应有选择地满足以下要求：

（1）第一级信息系统：安全管理策略文档应由分管信息安全工作的负责人签发，并向信息系统的用户传达，其形式应针对目标读者，并能够为读者接受和理解；

（2）第二级信息系统：在一级的基础上，安全管理策略文档应经过组织机构负责人签发，按照有关文件管理程序发布；

（3）第三级信息系统：在二级的基础上，安全管理策略文档应注明发布范围，并有收发文登记；

（4）第四级信息系统：在三级的基础上，安全管理策略文档应注明密级，并在监管部门备案；

（5）第五级信息系统：（略）。

四、安全管理规章制度内容

根据机构的总体安全策略和业务应用需求，制定信息系统安全管理的规程和制度，不同安全等级的安全管理规章制度的内容应有选择地满足以下要求：

（1）第一级信息系统：包括网络安全管理规定，系统安全管理规定，数据安全管理规定，防病毒规定，机房安全管理规定，以及相关的操作规程等；

（2）第二级信息系统：在一级的基础上，应增加设备使用管理规定，人员安全管理规定，安全审计管理规定，用户管理规定，风险管理规定，信息分类分级管理规定，安全事件报告规定，事故处理规定，应急管理规定和灾难恢复管理规定等；

（3）第三级信息系统：在二级的基础上，应制定全面的安全管理规定，包括：机房、主机设备、网络设施、物理设施分类标记等系统资源安全管理规定；安全配置、系统分发和操作、系统文档、测试和脆弱性评估、系统信息安全备份和相关的操作规程等系统和数据库方面的安全管理规定；网络连接检查评估、网络使用授权、网络检测、网络设施（设备和协议）变更控制和相关的操作规程等方面的网络安全管理规定；应用安全评估、应用系统使用授权、应用系统配置管理、应用系统文档管理和相关的操作规程等方面的应用安全管理规定；人员安全管理、安全意识与安全技术教育、操作安全、操作系统和数据库安全、系统运行记录、病毒防护、系统维护、网络互联、安全审计、安全事件报告、事故处理、应急管理、灾难恢复和相关的操作规程等方面的运行安全管理规定；信息分类标记、涉密信息管理、文档管理、存储介质管理、信息披露与发布审批管理、第三方访问控制和相关的操作规程等方面的信息安全管理规定等；

（4）第四级信息系统：在三级的基础上，应增加信息保密标识与管理规定，密码使用管理规定，安全事件例行评估和报告规定，关键控制措施定期测试规定等；

（5）第五级信息系统：（略）。

五、安全管理规章制度的制定

安全管理制度的制定及发布，应有明确规定的程序，不同安全等级应有选择地满足以下要求：

（1）第一级信息系统：应由安全管理人员负责制订信息系统安全管理制度，并以文档形式表述，由分管信息安全工作的负责人审批发布；

（2）第二级信息系统：应由信息安全职能部门负责制订信息系统安全管理制度，并以文档形式表述，由分管信息安全工作的负责人审批，按照有关文档管理程序发布；

（3）第三级信息系统：应由信息安全职能部门负责制订信息系统安全管理制度，并以文档形式表述，经信息安全领导小组讨论通过，由信息安全领导小组负责人审批发布，应注明发布范围并有收发文登记；

（4）第四级信息系统：应由信息安全职能部门指派专人负责制订信息系统安全管理制度，并以文档形式表述，经信息安全领导小组讨论通过，由信息安全领导小组负责人审批发布，信息系统安全管理制度文档的发布应注明密级，对涉密的信息系统安全管理制度的制定应在相应范围内进行。

（5）第五级信息系统：（略）。

六、策略与制度文档的评审和修订

策略与制度文档的评审和修订，不同安全等级应有选择地满足以下要求：

（1）第一级信息系统：应由分管信息安全的负责人和安全管理人员负责文档的评审和修订；应通过所记录的安全事故的性质、数量以及影响检查策略和制度的有效性，评价安全管理措施对成本及应用效率的影响，以及技术变化对安全管理的影响；经评审，对存在不足或需要改进的策略和制度应进行修订，并按规定程序发布；

（2）第二级信息系统：应由分管信息安全的负责人和信息安全职能部门负责文档的评审和修订；应定期或阶段性审查策略和制度存在的缺陷，并在发生重大安全事故、出现新的漏洞以及机构或技术基础结构发生变更时，对策略和制度进行相应的评审和修订；对评审后需要修订的策略和制度文档，应明确指定人员限期完成并按规定发布；

（3）第三级信息系统：应由信息安全领导小组和信息安全职能部门负责文档的评审和修订；应对安全策略和制度的有效性进行程序化、周期性评审，并保留必要的评审记录和依据；每个策略和制度文档应有相应责任人，根据明确规定的评审和修订程序对策略进行维护；

（4）第四级信息系统：应由信息安全领导小组和信息安全职能部门的专门人员负责文档的评审和修订，必要时可征求信息安全监管职能部门的意见；应对安全策略和制度的有效性进行程序化、周期性评审，并保留必要的评审记录和依据；每个策略和制度文档应有相应责任人，根据明确规定的评审和修订程序对策略进行维护；对涉密的信息安全策略、规章制度和相关的操作规程文档的评审和修订应在相应范围内进行；

（5）第五级信息系统：（略）。

七、策略与制度文档的保管

对策略与制度文档，以及相关的操作规程文档的保管，不同安全等级应有选择地满足以下要求：

（1）第一级信息系统：对策略和制度文档，以及相关的操作规程文档，应指定专人保管；

（2）第二级信息系统：在一级的基础上，借阅策略和制度文档，以及相关的操作规程文档，应有相应级别负责人审批和登记；

（3）第三级信息系统：在二级的基础上，借阅策略和制度文档，以及相关的操作规程文档，应限定借阅范围，并经过相应级别负责人审批和登记；

（4）第四级信息系统：在三级的基础上，对涉及内部秘密信息和重要、敏感信息的策略和制度文档，以及相关的操作规程文档的保管应按照有关涉密文档管理规定进行；对保管的文档以及借阅的记录定期进行检查；

（5）第五级信息系统：（略）。

第三节 管 理 机 构 设 置

在信息安全管理体系建设中，管理机构是执行各项具体管理活动的主题，《信息系统安全等级保护基本要求》、《信息系统安全管理要求》对信息系统运营、使用单位建立一个机制完善、执行有效地管理机构。

一、建立安全管理机构

在组织机构中应建立安全管理机构，不同安全等级的安全管理机构应有选择地满足以下要求：

（1）第一级信息系统：管理层中应有一人分管信息系统安全工作，并为信息系统的安全管理配备专职或兼职的安全管理人员；

（2）第二级信息系统：在一级的基础上，应建立管理信息系统安全工作的职能部门，或者明确指定一个职能部门兼管信息安全工作，作为该部门的关键职责之一；

（3）第三级信息系统：在二级的基础上，应在管理层成立信息系统安全管理委员会或信息系统安全领导小组（以下统称信息安全领导小组），对覆盖全国或跨地区的组织机构，应在总部和下级单位建立各级信息系统安全领导小组，在基层至少要有一位专职的安全管理人员负责信息系统安全工作；

（4）第四级信息系统：在三级的基础上，应由组织机构的主要负责人出任信息系统安全领导小组负责人；

（5）第五级信息系统：（略）。

二、信息安全领导小组职责

根据国家和行业有关信息安全的政策、法律和法规，批准机构信息系统的安全策略和发展规划；确定各有关部门在信息系统安全工作中的职责，领导安全工作的实施；监督安全措施的执行，并对重要安全事件的处理进行决策；指导和检查信息系统安全职能部门及应急处理小组的各项工作；建设和完善信息系统安全的集中控管的组织体系和管理机制。

三、信息安全职能部门职责

信息安全职能部门在信息系统安全领导小组领导下，负责本组织机构信息系统安全的具体工作，应行使以下管理职能：

根据国家和行业有关信息安全的政策法规，起草组织机构信息系统的安全策略和发展规划；管理机构信息系统安全日常事务，检查和指导下级单位信息系统安全工作；负责安全措施的实施或组织实施，组织并参加对安全重要事件的处理；监控信息系统安全总体状况，提出安全分析报告；指导和检查各部门和下级单位信息系统安全人员及要害岗位人员的信息系统安全工作；应与有关部门共同组成应急处理小组或协助有关部门建立应急处理小组实施相关应急处理工作；管理信息系统安全机制集中管理机构的各项工作，实现信息系统安全的集中控制管理；完成信息系统安全领导小组交办的工作，并向领导小组报告机构的信息系统安全工作。

四、集中管理机构的设置

信息系统安全机制集中管理机构（以下简称集中管理机构，例如各单位的信息中心、科技管理部门等）既是技术实体，也是管理实体，应按照以下方式设立：

应配备必要的领导和技术管理人员，应选用熟悉安全技术、网络技术、系统应用等方面技术人员，明确责任协同工作，统一管理信息系统的安全运行，进行安全机制的配置与管理，对与安全有关的信息进行汇集与分析，对与安全有关的事件进行响应与处置；应对分布在信息系统中有关的安全机制进行集中管理；应接受信息安全职能部门的直接领导。

五、集中管理机构职能

集中管理机构主要行使以下技术职能：

（1）建立物理、支撑系统、网络、应用、管理五个层面的安全控制机制，构成系统有机整体安全控制机制；统一进行信息系统安全机制的配置与管理，确保各个安全机制按照设计要求运行；

（2）对服务器、路由器、防火墙等网络部件、系统安全运行性状态、信息（包括有害内容）的监控和检查；汇集各种安全机制所获取的与系统安全运行有关的信息，对所获取的信息进行综合分析，及时发现系统运行中的安全问题和隐患，提出解决的对策和方法；

（3）事件发现、响应、处置、应急恢复，根据应急处理预案，作出快速处理；应对各种事件和处理结果有详细的记载并进行档案化管理，作为对后续事件分析的参考和可查性的依据；

（4）负责安全机制集中管理控制（详见安全集中管理），完善管理信息系统安全运行的技术手段，进行信息系统安全的集中控制管理；

（5）负责接受和配合政府有关部门的信息安全监管工作；

（6）对关键区域的安全运行进行管理，控制知晓范围，对获取的有关信息进行相应安全等级的保护；

（7）应与有关业务应用的主管部门协调，定制更高安全级别的管理方式。

第四节 人员安全管理

信息安全管理，首先是对人的管理，对人的管理包括法律、法规与政策的约束、安全指南帮助、安全意识的提高、安全技能的培训、人力资源的管理等。

一、安全管理人员配备

对安全管理人员配备的管理，不同安全等级应有选择地满足以下要求：

（1）第一级信息系统：可配备兼职安全管理人员，安全管理人员可以由网络管理人员兼任；

（2）第二级信息系统：安全管理人员不能兼任网络管理人员、系统管理员、数据库管理员等；

（3）第三级信息系统：安全管理人员不可兼任，属于专职人员，应具有安全管理工作权限和能力；

（4）第四级信息系统：关键部位的安全管理人员；在三级的基础上，安全管理人员还应按照机要人员条件配备；

（5）第五级信息系统：（略）。

二、关键岗位人员管理

对信息系统关键岗位人员的管理，不同安全等级应满足以下要求或多项：

（1）第一级信息系统：应对安全管理员、系统管理员、数据库管理员、网络管理员、重要业务开发人员、系统维护人员、重要业务应用操作人员等信息系统关键岗位人员进行统一管理；允许一人多岗，但业务应用操作人员不能由其他关键岗位人员兼任；关键岗位人员应定期接受安全培训，加强安全意识和风险防范意识；

（2）第二级信息系统：业务开发人员和系统维护人员不能兼任或担负安全管理员、系统管理员、数据库管理员、网络管理员、重要业务应用操作人员等岗位或工作；必要时关键岗位人员应采取定期轮岗制度；

（3）第三级信息系统：在二级的基础上，应坚持关键岗位人员"权限分散、不得交叉覆盖"的原则，系统管理员、数据库管理员、网络管理员不能相互兼任岗位或工作；

（4）第四级信息系统：在三级的基础上，关键岗位人员处理重要事务或操作时，应保持两人同时在场，关键事务应多人共管；

（5）第五级信息系统：（略）。

三、人员录用管理

对人员录用的管理，不同安全等级应有选择地满足以下要求：

（1）第一级信息系统：对应聘者进行审查，确认其具有基本的专业技术水平，接受过安全意识教育和培训，能够掌握安全管理基本知识；对信息系统关键岗位的人员还应注重思想品质方面的考察；

（2）第二级信息系统：在一级的基础上，应由单位人事部门进行人员背景、资质审查，技能考核等，合格者还要签署保密协议方可上岗；安全管理人员应具有基本的系统安全风险分析和评估能力；

（3）第三级信息系统：在二级的基础上，重要区域或部位的安全管理人员一般可从内部符合条件人员选拔，应做到认真负责和保守秘密；

（4）第四级信息系统：在三级的基础上，关键区域或部位的安全管理人员应选用实践证明精干、内行、忠实、可靠的人员，必要时可按机要人员条件配备。

（5）第五级信息系统：（略）。

四、人员离岗管理

对人员离岗的管理，不同安全等级应有选择地满足以下要求：

（1）第一级信息系统：立即中止被解雇的、退休的、辞职的或其他原因离开的人员的所有访问权限；收回所有相关证件、徽章、密钥、访问控制标记等；收回机构提供的设备等；

（2）第二级信息系统：在一级的基础上，管理层和信息系统关键岗位人员调离岗位，必须经单位人事部门严格办理调离手续，承诺其调离后的保密要求；

（3）第三级信息系统：在二级的基础上，涉及组织机构管理层和信息系统关键岗位的人员调离单位，必须进行离岗安全审查，在规定的脱密期限后，方可调离；

（4）第四级信息系统：在三级的基础上，关键部位的信息系统安全管理人员离岗，应按照机要人员信息安全等级保护管理办法办理；

（5）第五级信息系统：（略）。

五、人员考核与审查

对人员考核与审查的管理，不同安全等级应有选择地满足以下要求：

（1）第一级信息系统：应定期对各个岗位的人员进行不同侧重的安全认知和安全技能的考核，作为人员是否适合当前岗位的参考；

（2）第二级信息系统：在一级的基础上，对关键岗位人员，应定期进行审查，如发现其违反安全规定，应控制使用；

（3）第三级信息系统：在二级的基础上，对关键岗位人员的工作，应通过例行考核进行审查，保证安全管理的有效性，并保留审查结果；

（4）第四级信息系统：在三级的基础上，对所有安全岗位人员的工作，应通过全面考核进行审查，如发现其违反安全规定，应采取必要的应对措施。

（5）第五级信息系统：（略）。

六、第三方人员管理

对第三方人员的管理，不同安全等级应有选择地满足以下要求：

（1）第一、二级信息系统：应对硬件和软件维护人员、咨询人员、临时性的短期职位人员，以及辅助人员和外部服务人员等第三方人员签署包括不同安全责任的合同书或保密协议；规定各类人员的活动范围，进入计算机房需要得到批准，并有专人负责；第三方人员必须进行逻辑访问时，应划定范围并经过负责人批准，必要时应有人监督或陪同；

（2）第三、四级信息系统：在重要区域，第三方人员必须进入或进行逻辑访问（包括近程访问和远程访问等）均应有书面申请、批准和过程记录，并有专人全程监督或陪同；进行逻辑访问应使用专门设置的临时用户，并进行审计；

（3）第三、四级信息系统：在关键区域，一般不允许第三方人员进入或进行逻辑访问；如确有必要，除有书面申请外，可采取由机构内部人员带为操作的方式，对结果进行必要的过滤后再提供第三方人员，并进行审计；必要时对上述过程进行风险评估和记录备案，并对相应风险采取必要的安全补救措施；

（4）第五级信息系统：（略）。

七、信息安全教育

信息安全教育包括信息安全意识的培养教育和安全技术培训，不同安全等级应有选择地满足以下要求：

（1）第一级信息系统：应让信息系统相关员工知晓信息的敏感性和信息安全的重要性，认识其自身的责任和安全违例会受到纪律惩罚，以及应掌握的信息安全基本知识和技能等；

（2）第二级信息系统：在一级的基础上，应制定并实施安全教育和培训计划，培养信息系统各类人员安全意识，并提供对安全政策和操作规程的认知教育和训练等；

（3）第三级信息系统：在二级的基础上，针对不同岗位，制定不同的专业培训计划，包括安全知识、安全技术、安全标准、安全要求、法律责任和业务控制措施等；

（4）第四级信息系统：在三级的基础上，对所有工作人员的安全资质进行定期检查和评估，使相应的安全教育成为组织机构工作计划的一部分；

（5）第五级信息系统：（略）。

八、信息安全专家

可邀请或聘用信息安全专家，不同安全等级应有选择地满足以下要求：

（1）第一、二级信息系统：听取信息安全专家对于组织机构的信息系统安全方面的建议；组织专家参与安全威胁的评估，提供安全控制措施的建议，进行信息安全有效性评判，对安全事件给予专业指导和原因调查等；

（2）第三、四级信息系统：在一、二级的基础上，对于邀请或聘用信息安全专家可以提供必要的组织机构内部信息，同时应告知专家这些信息的敏感性和保密性，并应采取必要的安全措施，保证提供的信息在安全可控的范围内。

第五节　安全建设管理

信息系统安全建设与整改，是确保不同保护等级信息系统安全保护能力的基础。《信息系统安全等级保护基本要求》对不同保护等级的信息系统安全建设管理提出了明确要求。

1. 第一级信息系统

（1）系统定级。

1）应明确信息系统的边界和安全保护等级；

2）应以书面的形式说明信息系统确定为某个安全保护等级的方法和理由；

3）应确保信息系统的定级结果经过相关部门的批准。

（2）安全方案设计。

1）应根据系统的安全保护等级选择基本安全措施，依据风险分析的结果补充和调整安全措施；

2）应以书面的形式描述对系统的安全保护要求和策略、安全措施等内容，形成系统的安全方案；

3）应对安全方案进行细化，形成能指导安全系统建设、安全产品采购和使用的详细设计方案。

（3）产品采购和使用。

应确保安全产品采购和使用符合国家的有关规定。

（4）自行软件开发。

1）应确保开发环境与实际运行环境物理分开；

2）应确保软件设计相关文档由专人负责保管。

（5）外包软件开发。

1）应根据开发要求检测软件质量；

2）应在软件安装之前检测软件包中可能存在的恶意代码；

3）应确保提供软件设计的相关文档和使用指南。

（6）工程实施。应指定或授权专门的部门或人员负责工程实施过程的管理。

（7）测试验收。

1）应对系统进行安全性测试验收；

2）在测试验收前应根据设计方案或合同要求等制订测试验收方案，在测试验收过程中应详细记录测试验收结果，并形成测试验收报告。

（8）系统交付。

1）应制定系统交付清单，并根据交付清单对所交接的设备、软件和文档等进行清点；

2）应对负责系统运行维护的技术人员进行相应的技能培训；

3）应确保提供系统建设过程中的文档和指导用户进行系统运行维护的文档。

（9）安全服务商选择。

1）应确保安全服务商的选择符合国家的有关规定；

2）应与选定的安全服务商签订与安全相关的协议，明确约定相关责任。

2. 第二级信息系统

（1）系统定级。

1）应明确信息系统的边界和安全保护等级；

2）应以书面的形式说明信息系统确定为某个安全保护等级的方法和理由；

3）应确保信息系统的定级结果经过相关部门的批准。

（2）安全方案设计。

1）应根据系统的安全保护等级选择基本安全措施，依据风险分析的结果补充和调整安全措施；

2）应以书面形式描述对系统的安全保护要求、策略和措施等内容，形成系统的安全方案；

3）应对安全方案进行细化，形成能指导安全系统建设、安全产品采购和使用的详细设计方案；

4）应组织相关部门和有关安全技术专家对安全设计方案的合理性和正确性进行论证和审定，并且经过批准后，才能正式实施。

（3）产品采购和使用。

1）应确保安全产品采购和使用符合国家的有关规定；

2）应确保密码产品采购和使用符合国家密码主管部门的要求；

3）应指定或授权专门的部门负责产品的采购。

（4）自行软件开发。

1）应确保开发环境与实际运行环境物理分开；

2）应制定软件开发管理制度，明确说明开发过程的控制方法和人员行为准则；

3）应确保提供软件设计的相关文档和使用指南，并由专人负责保管。

（5）外包软件开发。

1）应根据开发要求检测软件质量；

2）应确保提供软件设计的相关文档和使用指南；

3）应在软件安装之前检测软件包中可能存在的恶意代码；

4）应要求开发单位提供软件源代码，并审查软件中可能存在的后门。

（6）工程实施。

1）应指定或授权专门的部门或人员负责工程实施过程的管理；

2）应制定详细的工程实施方案，控制工程实施过程。

（7）测试验收。

1）应对系统进行安全性测试验收；

2）在测试验收前应根据设计方案或合同要求等制订测试验收方案，在测试验收过程中应详细记录测试验收结果，并形成测试验收报告；

3）应组织相关部门和相关人员对系统测试验收报告进行审定，并签字确认。

（8）系统交付。

1）应制定系统交付清单，并根据交付清单对所交接的设备、软件和文档等进行清点；

2）应对负责系统运行维护的技术人员进行相应的技能培训；

3）应确保提供系统建设过程中的文档和指导用户进行系统运行维护的文档。

（9）安全服务商选择。

1）应确保安全服务商的选择符合国家的有关规定；

2）应与选定的安全服务商签订与安全相关的协议，明确约定相关责任；

3）应确保选定的安全服务商提供技术支持和服务承诺，必要的与其签订服务合同。

3．第三级信息系统

（1）系统定级。

1）应明确信息系统的边界和安全保护等级；

2）应以书面的形式说明确定信息系统为某个安全保护等级的方法和理由；

3）应组织相关部门和有关安全技术专家对信息系统定级结果的合理性和正确性进行论证和审定；

4）应确保信息系统的定级结果经过相关部门的批准。

（2）安全方案设计。

1）应根据系统的安全保护等级选择基本安全措施，并依据风险分析的结果补充和调整安全措施；

2）应指定和授权专门的部门对信息系统的安全建设进行总体规划，制定近期和远期的安全建设工作计划；

3）应根据信息系统的等级划分情况，统一考虑安全保障体系的总体安全策略、安全技术框架、安全管理策略、总体建设规划和详细设计方案，并形成配套文件；

4）应组织相关部门和有关安全技术专家对总体安全策略、安全技术框架、安全管理策略、总体建设规划、详细设计方案等相关配套文件的合理性和正确性进行论证和审定，并且经过批准后，才能正式实施；

5）应根据等级测评、安全评估的结果定期调整和修订总体安全策略、安全技术框架、安全管理策略、总体建设规划、详细设计方案等相关配套文件。

（3）产品采购和使用。

1）应确保安全产品采购和使用符合国家的有关规定；

2）应确保密码产品采购和使用符合国家密码主管部门的要求；

3）应指定或授权专门的部门负责产品的采购；

4）应预先对产品进行选型测试，确定产品的候选范围，并定期审定和更新候选产品名单。

（4）自行软件开发。

1）应确保开发环境与实际运行环境物理分开，开发人员和测试人员分离，测试数据和测试结果受到控制；

2）应制定软件开发管理制度，明确说明开发过程的控制方法和人员行为准则；

3）应制定代码编写安全规范，要求开发人员参照规范编写代码；

4）应确保提供软件设计的相关文档和使用指南，并由专人负责保管；

5）应确保对程序资源库的修改、更新、发布进行授权和批准。

（5）外包软件开发。

1）应根据开发需求检测软件质量；

2）应在软件安装之前检测软件包中可能存在的恶意代码；

3）应要求开发单位提供软件设计的相关文档和使用指南；

4）应要求开发单位提供软件源代码，并审查软件中可能存在的后门。

（6）工程实施。

1）应指定或授权专门的部门或人员负责工程实施过程的管理；

2）应制定详细的工程实施方案控制实施过程，并要求工程实施单位能正式地执行安全工程过程；

3）应制定工程实施方面的管理制度，明确说明实施过程的控制方法和人员行为准则。

（7）测试验收。

1）应委托公正的第三方测试单位对系统进行安全性测试，并出具安全性测试报告；

2）在测试验收前应根据设计方案或合同要求等制订测试验收方案，在测试验收过程中应详细记录测试验收结果，并形成测试验收报告；

3）应对系统测试验收的控制方法和人员行为准则进行书面规定；

4）应指定或授权专门的部门负责系统测试验收的管理，并按照管理规定的要求完成系统测试验收工作；

5）应组织相关部门和相关人员对系统测试验收报告进行审定，并签字确认。

（8）系统交付。

1）应制定详细的系统交付清单，并根据交付清单对所交接的设备、软件和文档等进行清点；

2）应对负责系统运行维护的技术人员进行相应的技能培训；

3）应确保提供系统建设过程中的文档和指导用户进行系统运行维护的文档；

4）应对系统交付的控制方法和人员行为准则进行书面规定；

5）应指定或授权专门的部门负责系统交付的管理工作，并按照管理规定的要求完成系统交付工作。

（9）系统备案。

1）应指定专门的部门或人员负责管理系统定级的相关材料，并控制这些材料的使用；

2）应将系统等级及相关材料报系统主管部门备案；

3）应将系统等级及其他要求的备案材料报相应公安机关备案。

（10）等级测评。

1）在系统运行过程中，应至少每年对系统进行一次等级测评，发现不符合相应等级保护标准要求的及时整改；

2）应在系统发生变更时及时对系统进行等级测评，发现级别发生变化的及时调整级别并进行安全改造，发现不符合相应等级保护标准要求的及时整改；

3）应选择具有国家相关技术资质和安全资质的测评单位进行等级测评；

4）应指定或授权专门的部门或人员负责等级测评的管理。

（11）安全服务商选择。

1）应确保安全服务商的选择符合国家的有关规定；

2）应与选定的安全服务商签订与安全相关的协议，明确约定相关责任；

3）应确保选定的安全服务商提供技术培训和服务承诺，必要的与其签订服务合同。

4. 第四级信息系统

（1）系统定级。

1）应明确信息系统的边界和安全保护等级；

2）应以书面的形式说明确定信息系统为某个安全保护等级的方法和理由；

3）应组织相关部门和有关安全技术专家对信息系统定级结果的合理性和正确性进行论证和审定；

4）应确保信息系统的定级结果经过相关部门的批准。

（2）安全方案设计。

1）应根据系统的安全保护等级选择基本安全措施，依据风险分析的结果补充和调整安全措施；

2）应指定和授权专门的部门对信息系统的安全建设进行总体规划，制定近期和远期的安全建设工作计划；

3）应根据信息系统的等级划分情况，统一考虑安全保障体系的总体安全策略、安全技术框架、安全管理策略、总体建设规划和详细设计方案，并形成配套文件；

4）应组织相关部门和有关安全技术专家对总体安全策略、安全技术框架、安全管理策略、总体建设规划、详细设计方案等相关配套文件的合理性和正确性进行论证和审定，并且经过批准后，才能正式实施；

5）应根据等级测评、安全评估的结果定期调整和修订总体安全策略、安全技术框架、安全管理策略、总体建设规划、详细设计方案等相关配套文件。

（3）产品采购和使用。

1）应确保安全产品采购和使用符合国家的有关规定；

2）应确保密码产品采购和使用符合国家密码主管部门的要求；

3）应指定或授权专门的部门负责产品的采购；

4）应预先对产品进行选型测试，确定产品的候选范围，并定期审定和更新候选产品名单；

5）应对重要部位的产品委托专业测评单位进行专项测试，根据测试结果选用产品。

（4）自行软件开发。

1）应确保开发环境与实际运行环境物理分开，测试数据和测试结果受到控制；

2）应制定软件开发管理制度，明确说明开发过程的控制方法和人员行为准则；

3）应制定代码编写安全规范，要求开发人员参照规范编写代码；

4）应确保提供软件设计的相关文档和使用指南，并由专人负责保管；

5）应确保对程序资源库的修改、更新、发布进行授权和批准；

6）应确保开发人员为专职人员，开发人员的开发活动受到控制、监视和审查。

（5）外包软件开发。

1）应根据开发要求测试软件质量；

2）应在软件安装之前检测软件包中可能存在的恶意代码；

3）应要求开发单位提供软件设计的相关文档和使用指南；

4）应要求开发单位提供软件源代码，并审查软件中可能存在的后门和隐蔽信道。

（6）工程实施。

1）应指定或授权专门的部门或人员负责工程实施过程的管理；

2）应制定详细的工程实施方案控制实施过程，并要求工程实施单位能正式地执行安全工程过程；

3）应制定工程实施方面的管理制度明确说明实施过程的控制方法和人员行为准则；

4）应通过第三方工程监理控制项目的实施过程。

（7）测试验收。

1）应委托公正的第三方测试单位对系统进行安全性测试，并出具安全性测试报告；

2）在测试验收前应根据设计方案或合同要求等制订测试验收方案，在测试验收过程中应详细记录测试验收结果，并形成测试验收报告；

3）应对系统测试验收的控制方法和人员行为准则进行书面规定；

4）应指定或授权专门的部门负责系统测试验收的管理，并按照管理规定的要求完成系统测试验收工作；

5）应组织相关部门和相关人员对系统测试验收报告进行审定，并签字确认。

（8）系统交付。

1）应制定详细的系统交付清单，并根据交付清单对所交接的设备、软件和文档等进行清点；

2）应对负责系统运行维护的技术人员进行相应的技能培训；

3）应确保提供系统建设过程中的文档和指导用户进行系统运行维护的文档；

4）应对系统交付的控制方法和人员行为准则进行书面规定；

5）应指定或授权专门的部门负责系统交付的管理工作，并按照管理规定的要求完成系统交付工作。

（9）系统备案。

1）应指定专门的部门或人员负责管理系统定级的相关材料，并控制这些材料的使用；

2）应将系统等级的相关材料报系统主管部门备案；

3）应将系统等级及其他要求的备案材料报相应公安机关备案。

（10）等级测评。

1）在系统运行过程中，应至少每半年对系统进行一次等级测评，发现不符合相应等级保护标准要求的及时整改；

2）应在系统发生变更时及时对系统进行等级测评，发现级别发生变化的及时调整级别并进行安全改造；发现不符合相应等级保护标准要求的及时整改；

3）应选择具有国家相关技术资质和安全资质的测评单位进行等级测评；

4）应指定或授权专门的部门或人员负责等级测评的管理。

（11）安全服务商选择。

1）应确保安全服务商的选择符合国家的有关规定；

2）应与选定的安全服务商签订与安全相关的协议，明确约定相关责任；

3）应确保选定的安全服务商提供技术培训和服务承诺，必要的与其签订服务合同。

5. 第五级信息系统（略）

第六节　运行和维护管理

运行维护管理是落实技术和管理防护措施，确保不同防护级别信息系统安全运行的关键，也是信息安全管理体系建设的重点内容。《信息系统安全等级保护基本要求》、《信息系统安全管理要求》对不同保护等级信息系统运行维护管理提出了要求。

一、运行与维护管理基本要求

1. 第一级信息系统

（1）环境管理。

1）应指定专门的部门或人员定期对机房供配电、空调、温湿度控制等设施进行维护管理；

2）应对机房的出入、服务器的开机或关机等工作进行管理；

3）应建立机房安全管理制度，对有关机房物理访问，物品带进、带出机房和机房环境安全等方面的管理作出规定。

（2）资产管理。应编制与信息系统相关的资产清单，包括资产责任部门、重要程度和所处位置等内容。

（3）介质管理。

1）应确保介质存放在安全的环境中，对各类介质进行控制和保护；

2）应对介质归档和查询等过程进行记录，并根据存档介质的目录清单定期盘点。

（4）设备管理。

1）应对信息系统相关的各种设备、线路等指定专门的部门或人员定期进行维护管理；

2）应建立基于申报、审批和专人负责的设备安全管理制度，对信息系统的各种软硬件设备的选型、采购、发放和领用等过程进行规范化管理。

（5）网络安全管理。

1）应指定人员对网络进行管理，负责运行日志、网络监控记录的日常维护和报警信息分析和处理工作；

2）应定期进行网络系统漏洞扫描，对发现的网络系统安全漏洞进行及时的修补。

（6）系统安全管理。

1）应根据业务需求和系统安全分析确定系统的访问控制策略；

2）应定期进行漏洞扫描，对发现的系统安全漏洞进行及时的修补；

3）应安装系统的最新补丁程序，并在安装系统补丁前对现有的重要文件进行备份。

（7）恶意代码防范管理。应提高所有用户的防病毒意识，告知及时升级防病毒软件，在读取移动存储设备上的数据以及网络上接收文件或邮件之前，先进行病毒检查，对外来计算机或存储设备接入网络系统之前也应进行病毒检查。

（8）备份与恢复管理。

1）应识别需要定期备份的重要业务信息、系统数据及软件系统等；

2）应规定备份信息的备份方式、备份频度、存储介质、保存期等。

（9）安全事件处置（见第四章安全事件管理）。

2．第二级信息系统

（1）环境管理。

1）应指定专门的部门或人员定期对机房供配电、空调、温湿度控制等设施进行维护管理；

2）应配备机房安全管理人员，对机房的出入、服务器的开机或关机等工作进行管理；

3）应建立机房安全管理制度，对有关机房物理访问，物品带进、带出机房和机房环境安全等方面的管理作出规定；

4）应加强对办公环境的保密性管理，包括工作人员调离办公室应立即交还该办公室钥匙和不在办公区接待来访人员等。

（2）资产管理。

1）应编制与信息系统相关的资产清单，包括资产责任部门、重要程度和所处位置等内容；

2）应建立资产安全管理制度，规定信息系统资产管理的责任人员或责任部门，并规范资产管理和使用的行为。

（3）介质管理。

1）应确保介质存放在安全的环境中，对各类介质进行控制和保护，并实行存储环境专人管理；

2）应对介质归档和查询等过程进行记录，并根据存档介质的目录清单定期盘点；

3）应对需要送出维修或销毁的介质，首先清除其中的敏感数据，防止信息的非法泄漏；

4）应根据所承载数据和软件的重要程度对介质进行分类和标识管理。

（4）设备管理。

1）应对信息系统相关的各种设备（包括备份和冗余设备）、线路等指定专门的部门或人员定期进行维护管理；

2）应建立基于申报、审批和专人负责的设备安全管理制度，对信息系统的各种软硬件设备的选型、采购、发放和领用等过程进行规范化管理；

3）应对终端计算机、工作站、便携机、系统和网络等设备的操作和使用进行规范化管理，按操作规程实现关键设备（包括备份和冗余设备）的启动/停止、加电/断电等操作；

4）应确保信息处理设备必须经过审批才能带离机房或办公地点。

（5）网络安全管理。

1）应指定人员对网络进行管理，负责运行日志、网络监控记录的日常维护和报警信息分析和处理工作；

2）应建立网络安全管理制度，对网络安全配置、日志保存时间、安全策略、升级与打补丁、口令更新周期等方面作出规定；

3）应根据厂家提供的软件升级版本对网络设备进行更新，并在更新前对现有的重要文件进行备份；

4）应定期对网络系统进行漏洞扫描，对发现的网络系统安全漏洞进行及时的修补；

5）应对网络设备的配置文件进行定期备份；

6）应保证所有与外部系统的连接均得到授权和批准。

（6）系统安全管理。

1）应根据业务需求和系统安全分析确定系统的访问控制策略；

2）应定期进行漏洞扫描，对发现的系统安全漏洞及时进行修补；

3）应安装系统的最新补丁程序，在安装系统补丁前，应首先在测试环境中测试通过，并对重要文件进行备份后，方可实施系统补丁程序的安装；

4）应建立系统安全管理制度，对系统安全策略、安全配置、日志管理和日常操作流程等方面作出规定；

5）应依据操作手册对系统进行维护，详细记录操作日志，包括重要的日常操作、运行维护记录、参数的设置和修改等内容，严禁进行未经授权的操作；

6）应定期对运行日志和审计数据进行分析，以便及时发现异常行为。

（7）恶意代码防范管理。

1）应提高所有用户的防病毒意识，告知及时升级防病毒软件，在读取移动存储设备上的数据以及网络上接收文件或邮件之前，先进行病毒检查，对外来计算机或存储设备接入网络系统之前也应进行病毒检查；

2）应指定专人对网络和主机进行恶意代码检测并保存检测记录；

3）应对防恶意代码软件的授权使用、恶意代码库升级、定期汇报等作出明确规定。

（8）密码管理。应使用符合国家密码管理规定的密码技术和产品。

（9）变更管理。

1）应确认系统中要发生的重要变更，并制定相应的变更方案；

2）系统发生重要变更前，应向主管领导申请，审批后方可实施变更，并在实施后向相关人员通告。

（10）备份与恢复管理。

1）应识别需要定期备份的重要业务信息、系统数据及软件系统等；

2）应规定备份信息的备份方式、备份频度、存储介质、保存期等；

3）应根据数据的重要性及其对系统运行的影响，制定数据的备份策略和恢复策略，备份策略指明备份数据的放置场所、文件命名规则、介质替换频率和数据离站运输方法。

（11）安全事件处置。

1）应报告所发现的安全弱点和可疑事件，但任何情况下用户均不应尝试验证弱点；

2）应制定安全事件报告和处置管理制度，明确安全事件类型，规定安全事件的现场处理、事件报告和后期恢复的管理职责；

3）应根据国家相关管理部门对计算机安全事件等级划分方法和安全事件对本系统产生的影响，对本系统计算机安全事件进行等级划分；

4）应记录并保存所有报告的安全弱点和可疑事件，分析事件原因，监督事态发展，采取措施避免安全事件发生。

（12）应急预案管理。

1）应在统一的应急预案框架下制定不同事件的应急预案，应急预案框架应包括启动应急预案的条件、应急处理流程、系统恢复流程、事后教育和培训等内容；

2）应对系统相关的人员进行应急预案培训，应急预案的培训应至少每年举办一次。

3．第三级信息系统

（1）环境管理。

1）应指定专门的部门或人员定期对机房供配电、空调、温湿度控制等设施进行维护管理；

2）应指定部门负责机房安全，并配备机房安全管理人员，对机房的出入、服务器的开机或关机等工作进行管理；

3）应建立机房安全管理制度，对有关机房物理访问，物品带进、带出机房和机房环境安全等方面的管理作出规定；

4）应加强对办公环境的保密性管理，规范办公环境人员行为，包括工作人员调离办公室应立即交还该办公室钥匙、不在办公区接待来访人员、工作人员离开座位应确保终端计算机退出登录状态和桌面上没有包含敏感信息的纸档文件等。

（2）资产管理。

1）应编制并保存与信息系统相关的资产清单，包括资产责任部门、重要程度和所处位置等内容；

2）应建立资产安全管理制度，规定信息系统资产管理的责任人员或责任部门，并规范资产管理和使用的行为；

3）应根据资产的重要程度对资产进行标识管理，根据资产的价值选择相应的管理措施；

4）应对信息分类与标识方法作出规定，并对信息的使用、传输和存储等进行规范化管理。

（3）介质管理。

1）应建立介质安全管理制度，对介质的存放环境、使用、维护和销毁等方面作出规定；

2）应确保介质存放在安全的环境中，对各类介质进行控制和保护，并实行存储环境专人管理；

3）应对介质在物理传输过程中的人员选择、打包、交付等情况进行控制，对介质归档和查询等进行登记记录，并根据存档介质的目录清单定期盘点；

4）应对存储介质的使用过程、送出维修以及销毁等进行严格的管理，对带出工作环境的存储介质进行内容加密和监控管理，对送出维修或销毁的介质应首先清除介质中的敏感数据，对保密性较高的存储介质未经批准不得自行销毁；

5）应根据数据备份的需要对某些介质实行异地存储，存储地的环境要求和管理方法应与本地相同；

6）应对重要介质中的数据和软件采取加密存储，并根据所承载数据和软件的重要程度对介质进行分类和标识管理。

（4）设备管理。

1）应对信息系统相关的各种设备（包括备份和冗余设备）、线路等指定专门的部门或人员定期进行维护管理；

2）应建立基于申报、审批和专人负责的设备安全管理制度，对信息系统的各种软硬件设备的选型、采购、发放和领用等过程进行规范化管理；

3）应建立配套设施、软硬件维护方面的管理制度，对其维护进行有效的管理，包括明确维护人员的责任、涉外维修和服务的审批、维修过程的监督控制等；

4）应对终端计算机、工作站、便携机、系统和网络等设备的操作和使用进行规范化管理，按操作规程实现主要设备（包括备份和冗余设备）的启动/停止、加电/断电等操作；

5）应确保信息处理设备必须经过审批才能带离机房或办公地点。

（5）监控管理和安全管理中心。

1）应对通信线路、主机、网络设备和应用软件的运行状况、网络流量、用户行为等进行监测和报警，形成记录并妥善保存；

2）应组织相关人员定期对监测和报警记录进行分析、评审，发现可疑行为，形成分析报告，并采取必要的应对措施；

3）应建立安全管理中心，对设备状态、恶意代码、补丁升级、安全审计等安全相关事项进行集中管理。

（6）网络安全管理。

1）应指定专人对网络进行管理，负责运行日志、网络监控记录的日常维护和报警信息分析和处理工作；

2）应建立网络安全管理制度，对网络安全配置、日志保存时间、安全策略、升级与打补丁、口令更新周期等方面作出规定；

3）应根据厂家提供的软件升级版本对网络设备进行更新，并在更新前对现有的重要文件进行备份；

4）应定期对网络系统进行漏洞扫描，对发现的网络系统安全漏洞进行及时修补；

5）应实现设备的最小服务配置，并对配置文件进行定期离线备份；

6）应保证所有与外部系统的连接均得到授权和批准；

7）应依据安全策略允许或者拒绝便携式和移动式设备的网络接入；

8）应定期检查违反规定拨号上网或其他违反网络安全策略的行为。

（7）系统安全管理。

1）应根据业务需求和系统安全分析确定系统的访问控制策略；

2）应定期进行漏洞扫描，对发现的系统安全漏洞及时进行修补；

3）应安装系统的最新补丁程序，在安装系统补丁前，首先在测试环境中测试通过，并对重要文件进行备份后，方可实施系统补丁程序的安装；

4）应建立系统安全管理制度，对系统安全策略、安全配置、日志管理和日常操作流程等方面作出具体规定；

5）应指定专人对系统进行管理，划分系统管理员角色，明确各个角色的权限、责任和风险，权限设定应当遵循最小授权原则；

6）应依据操作手册对系统进行维护，详细记录操作日志，包括重要的日常操作、运行维护记录、参数的设置和修改等内容，严禁进行未经授权的操作；

7）应定期对运行日志和审计数据进行分析，以便及时发现异常行为。

（8）恶意代码防范管理。

1）应提高所有用户的防病毒意识，及时告知防病毒软件版本，在读取移动存储设备上的数据以及网络上接收文件或邮件之前，先进行病毒检查，对外来计算机或存储设备接入网络系统之前也应进行病毒检查；

2）应指定专人对网络和主机进行恶意代码检测并保存检测记录；

3）应对防恶意代码软件的授权使用、恶意代码库升级、定期汇报等作出明确规定；

4）应定期检查信息系统内各种产品的恶意代码库的升级情况并进行记录，对主机防病毒产品、防病毒网关和邮件防病毒网关上截获的危险病毒或恶意代码进行及时分析处理，并形成书面的报表和总结汇报。

（9）密码管理。应建立密码使用管理制度，使用符合国家密码管理规定的密码技术和产品。

（10）变更管理。

1）应确认系统中要发生的变更，并制定变更方案；

2）应建立变更管理制度，系统发生变更前，向主管领导申请，变更和变更方案经过评审、审批后方可实施变更，并在实施后将变更情况向相关人员通告；

3）应建立变更控制的申报和审批文件化程序，对变更影响进行分析并文档化，记录变更实施过程，并妥善保存所有文档和记录；

4）应建立中止变更并从失败变更中恢复的文件化程序，明确过程控制方法和人员职责，必要时对恢复过程进行演练。

（11）备份与恢复管理。

1）应识别需要定期备份的重要业务信息、系统数据及软件系统等；

2）应建立备份与恢复管理相关的安全管理制度，对备份信息的备份方式、备份频度、存储介质和保存期等进行规范；

3）应根据数据的重要性和数据对系统运行的影响，制定数据的备份策略和恢复策略，备份策略须指明备份数据的放置场所、文件命名规则、介质替换频率和将数据离站运输的方法；

4）应建立控制数据备份和恢复过程的程序，对备份过程进行记录，所有文件和记录应妥善保存；

5）应定期执行恢复程序，检查和测试备份介质的有效性，确保可以在恢复程序规定的时间内完成备份的恢复。

（12）安全事件处置。

1）应报告所发现的安全弱点和可疑事件，但任何情况下用户均不应尝试验证弱点；

2）应制定安全事件报告和处置管理制度，明确安全事件的类型，规定安全事件的现场处理、事件报告和后期恢复的管理职责；

3）应根据国家相关管理部门对计算机安全事件等级划分方法和安全事件对本系统产生的影响，对本系统计算机安全事件进行等级划分；

4）应制定安全事件报告和响应处理程序，确定事件的报告流程，响应和处置的范围、程度，以及处理方法等；

5）应在安全事件报告和响应处理过程中，分析和鉴定事件产生的原因，收集证据，记录处理过程，总结经验教训，制定防止再次发生的补救措施，过程形成的所有文件和记录均应妥善保存；

6）对造成系统中断和造成信息泄密的安全事件应采用不同的处理程序和报告程序。

（13）应急预案管理。

1）应在统一的应急预案框架下制定不同事件的应急预案，应急预案框架应包括启动应急预案的条件、应急处理流程、系统恢复流程、事后教育和培训等内容；

2）应从人力、设备、技术和财务等方面确保应急预案的执行有足够的资源保障；

3）应对系统相关的人员进行应急预案培训，应急预案的培训应至少每年举办一次；

4）应定期对应急预案进行演练，根据不同的应急恢复内容，确定演练的周期；

5）应规定应急预案需要定期审查和根据实际情况更新的内容，并按照执行。

4. 第四级信息系统

（1）环境管理。

1）应指定专门的部门或人员定期对机房供配电、空调、温湿度控制等设施进行维护管理；

2）应指定部门负责机房安全，并配备机房安全管理人员，对机房的出入、服务器的开机或关机等工作进行管理；

3）应建立机房安全管理制度，对有关机房物理访问，物品带进、带出机房和机房环境安全等方面的管理作出规定；

4）应加强对办公环境的保密性管理，规范办公环境人员行为，包括工作人员调离办公室应立即交还该办公室钥匙、不在办公区接待来访人员、工作人员离开座位应确保终端计算机退出登录状态和桌面上没有包含敏感信息的纸档文件等；

5）应对机房和办公环境实行统一策略的安全管理，对出入人员进行相应级别的授权，对进入重要安全区域的活动行为实时监视和记录。

（2）资产管理。

1）应编制并保存与信息系统相关的资产清单，包括资产责任部门、重要程度和所处位置等内容；

2）应建立资产安全管理制度，规定信息系统资产管理的责任人员或责任部门，并规范资产管理和使用的行为；

3）应根据资产的重要程度对资产进行标识管理，根据资产的价值选择相应的管理措施；

4）应对信息分类与标识方法作出规定，并对信息的使用、传输和存储等进行规范化管理。

（3）介质管理。

1）应建立介质安全管理制度，对介质的存放环境、使用、维护和销毁等方面作出规定；

2）应确保介质存放在安全的环境中，对各类介质进行控制和保护，实行存储环境专人管理，并根据存档介质的目录清单定期盘点；

3）应对介质在物理传输过程中的人员选择、打包、交付等情况进行控制，并对介质的归档和查询等进行登记记录；

4）应对存储介质的使用过程、送出维修以及销毁等进行严格的管理，重要数据的存储介质带出工作环境必须进行内容加密并进行监控管理，对于需要送出维修或销毁的介质应采用多次读写覆盖、清除敏感或秘密数据、对无法执行删除操作的受损介质必须销毁，保密性较高的信息存储介质应获得批准并在双人监控下才能销毁，销毁记录应妥善保存；

5）应根据数据备份的需要对某些介质实行异地存储，存储地的环境要求和管理方法应与本地相同；

6）应对重要介质中的数据和软件采取加密存储，并根据所承载数据和软件的重要程度对介质进行分类和标识管理。

（4）设备管理。

1）应对信息系统相关的各种设备（包括备份和冗余设备）、线路等指定专门的部门或人员定期进行维护管理；

2）应建立基于申报、审批和专人负责的设备安全管理制度，对信息系统的各种软硬件设备的选型、采购、发放和领用等过程进行规范化管理；

3）应建立配套设施、软硬件维护方面的管理制度，对其维护进行有效的管理，包括明确维护人员的责任、涉外维修和服务的审批、维修过程的监督控制等；

4）应对终端计算机、工作站、便携机、系统和网络等设备的操作和使用进行规范化管理，按操作规程实现设备（包括备份和冗余设备）的启动/停止、加电/断电等操作；

5）应确保信息处理设备必须经过审批才能带离机房或办公地点。

（5）监控管理和安全管理中心。

1）应对通信线路、主机、网络设备和应用软件的运行状况、网络流量、用户行为等进行监测和报警，形成记录并妥善保存；

2）应组织相关人员定期对监测和报警记录进行分析、评审，发现可疑行为，形成分析报告，并采取必要的应对措施；

3）应建立安全管理中心，对设备状态、恶意代码、补丁升级、安全审计等安全相关事项进行集中管理。

（6）网络安全管理。

1）应指定专人对网络进行管理，负责运行日志、网络监控记录的日常维护和报警信息分析和处理工作；

2）应建立网络安全管理制度，对网络安全配置、日志保存时间、安全策略、升级与打补丁、口令更新周期等方面作出规定；

3）应根据厂家提供的软件升级版本对网络设备进行更新，并在更新前对现有的重要文件进行备份；

4）应定期对网络系统进行漏洞扫描，对发现的网络系统安全漏洞进行及时的修补；

5）应实现设备的最小服务配置和优化配置，并对配置文件进行定期离线备份；

6）应保证所有与外部系统的连接均得到授权和批准；

7）应禁止便携式和移动式设备接入网络；

8）应定期检查违反规定拨号上网或其他违反网络安全策略的行为；

9）应严格控制网络管理用户的授权，授权程序中要求必须有两人在场，并经双重认可后方可操作，操作过程应保留不可更改的审计日志。

（7）系统安全管理。

1）应根据业务需求和系统安全分析确定系统的访问控制策略；

2）应定期进行漏洞扫描，对发现的系统安全漏洞及时进行修补；

3）应安装系统的最新补丁程序，在安装系统补丁前，首先在测试环境中测试通过，并对重要文件进行备份后，方可实施系统补丁程序的安装；

4）应建立系统安全管理制度，对系统安全策略、安全配置、日志管理、日常操作流程等方面作出具体规定；

5）应指定专人对系统进行管理，划分系统管理员角色，明确各个角色的权限、责任和风险，权限设定应当遵循最小授权原则；

6）应依据操作手册对系统进行维护，详细记录操作日志，包括重要的日常操作、运行维护记录、参数的设置和修改等内容，严禁进行未经授权的操作；

7）应定期对运行日志和审计数据进行分析，以便及时发现异常行为；

8）应对系统资源的使用进行预测，以确保充足的处理速度和存储容量，管理人员应随时注意系统资源的使用情况，包括处理器、存储设备和输出设备。

（8）恶意代码防范管理。

1）应提高所有用户的防病毒意识，及时告知防病毒软件版本，在读取移动存储设备上的数据以及网络上接收文件或邮件之前，先进行病毒检查，对外来计算机或存储设备接入网络系统之前也应进行病毒检查；

2）应指定专人对网络和主机进行恶意代码检测并保存检测记录；

3）应对防恶意代码软件的授权使用、恶意代码库升级、定期汇报等作出明确规定；

4）应定期检查信息系统内各种产品的恶意代码库的升级情况并进行记录，对主机防病毒产品、防病毒网关和邮件防病毒网关上截获的危险病毒或恶意代码进行及时分析处理，并形成书面的报表和总结汇报。

（9）密码管理。应建立密码使用管理制度，使用符合国家密码管理规定的密码技术和产品。

（10）变更管理。

1）应确认系统中要发生的变更，并制定变更方案；

2）应建立变更管理制度，系统发生变更前，向主管领导申请，变更和变更方案经过评审、审批后方可实施变更，并在实施后将变更情况向相关人员通告；

3）应建立变更控制的申报和审批文件化程序，控制系统所有的变更情况，对变更影响进行分析并文档化，记录变更实施过程，并妥善保存所有文档和记录；

4）应建立中止变更并从失败变更中恢复的文件化程序，明确过程控制方法和人员职责，必要时对恢复过程进行演练；

5）应定期检查变更控制的申报和审批程序的执行情况，评估系统现有状况与文档记录的一致性。

（11）备份与恢复管理。

1）应识别需要定期备份的重要业务信息、系统数据及软件系统等；

2）应建立备份与恢复管理相关的安全管理制度，对备份信息的备份方式、备份频度、存储介质和保存期等进行规定；

3）应根据数据的重要性和数据对系统运行的影响，制定数据的备份策略和恢复策略，备份策略须指明备份数据的放置场所、文件命名规则、介质替换频率和将数据离站运输的方法；

4）应建立控制数据备份和恢复过程的程序，记录备份过程，对需要采取加密或数据隐藏处理的备份数据，进行备份和加密操作时要求两名工作人员在场，所有文件和记录应妥善保存；

5）应定期执行恢复程序，检查和测试备份介质的有效性，确保可以在恢复程序规定的时间内完成备份的恢复；

6）应根据信息系统的备份技术要求，制定相应的灾难恢复计划，并对其进行测试以确保各个恢复规程的正确性和计划整体的有效性，测试内容包括运行系统恢复、人员协调、备用系统性能测试、通信连接等，根据测试结果，对不适用的规定进行修改或更新。

（12）安全事件处置。

1）应报告所发现的安全弱点和可疑事件，但任何情况下用户均不应尝试验证弱点；

2）应制定安全事件报告和处置管理制度，明确安全事件类型，规定安全事件的现场处理、事件报告和后期恢复的管理职责；

3）应根据国家相关管理部门对计算机安全事件等级划分方法和安全事件对本系统产生的影响，对本系统计算机安全事件进行等级划分；

4）应制定安全事件报告和响应处理程序，确定事件的报告流程，响应和处置的范围、程度，以及处理方法等；

5）应在安全事件报告和响应处理过程中，分析和鉴定事件产生的原因，收集证据，记录处理过程，总结经验教训，制定防止再次发生的补救措施，过程形成的所有文件和记录均应妥善保存；

6）对造成系统中断和造成信息泄密的安全事件应采用不同的处理程序和报告程序；

7）发生可能涉及国家秘密的重大失、泄密事件，应按照有关规定向公安、安全、保密等部门汇报；

8）应严格控制参与涉及国家秘密事件处理和恢复的人员，重要操作要求至少两名工作人员在场并登记备案。

（13）应急预案管理。

1）应在统一的应急预案框架下制定不同事件的应急预案，应急预案框架应包括启动应急预案的条件、应急处理流程、系统恢复流程、事后教育和培训等内容；

2）应从人力、设备、技术和财务等方面确保应急预案的执行有足够的资源保障；

3）应对系统相关的人员进行应急预案培训，应急预案的培训应至少每年举办一次；

4）应定期对应急预案进行演练，根据不同的应急恢复内容，确定演练的周期；

5）应规定应急预案需要定期审查和根据实际情况更新的内容，并按照执行；

6）应随着信息系统的变更定期对原有的应急预案重新评估，修订完善。

5. 第五级信息系统（略）

二、运行和维护管理其他要求

基于信息安全等级保护的信息系统安全管理体系建设，除参照《信息系统安全等级保护基本要求》进行建设整改外，还应当参照《信息系统安全管理要求》考虑以下几个方面：

1. 用户分类管理

《信息系统安全管理要求》中对用户分类管理，不同安全等级应有选择地满足以下要求：

（1）第一级信息系统：应按审查和批准的用户分类清单建立用户和分配权限。用户分类清单应包括信息系统的所有用户的清单，以及各类用户的权限；用户权限发生变化时应及时更改用户清单内容；必要时可以对有关用户开启审计功能。用户分类清单应包括：

系统用户：指系统管理员、网络管理员、数据库管理员和系统运行操作员等特权用户；

普通用户：指 OA 和各种业务应用系统的用户；

外部客户用户：指组织机构的信息系统对外服务的客户用户；

临时用户：指系统维护测试和第三方人员使用的用户。

（2）第二级信息系统：在一级的基础上，应对信息系统的所有特权用户列出清单，说明各个特权用户的权限，以及特权用户的责任人员和授权记录；定期检查特权用户的实际分配权限是否与特权用户清单符合；对特权用户开启审计功能。

（3）第三级信息系统：在二级的基础上，应对信息系统的所有重要业务用户的列出清单，说明各个用户的权限，以及用户的责任人员和授权记录；定期检查重要业务用户的实际分配权限是否与用户清单符合；对重要业务用户开启审计功能。

（4）第四级信息系统：在三级的基础上，应对关键部位用户采取逐一审批和授权的程序，并记录备案；定期检查这些用户的实际分配权限是否与授权符合，对这些用户开启审计功能。

2. 服务器操作管理

《信息系统安全管理要求》规定了对服务器操作的管理，不同安全等级应有选择地满足以下要求：

（1）第一级信息系统：对服务器的操作应由授权的系统管理员实施；应按操作规程实现服务器的启动/停止、加电/断电等操作；维护服务器的运行环境及配置和服务设定；按身份鉴别机制管理要求的相关要求实现操作的身份鉴别管理；

（2）第二级信息系统：在一级的基础上，加强日志文件管理和监控管理。日志管理包括对操作系统、数据库系统以及业务系统等日志的管理和维护；监控管理包括监控系统性能，如监测 CPU 和内存的利用率、检测进程运行及磁盘使用情况等；

（3）第三级、四级信息系统：在二级的基础上，加强配置文件管理，包括服务器的系统配置和服务设定的配置文件的管理，定期对系统安全性进行有效性评估和检查，及时发现系统的新增缺陷或漏洞。

3. 终端计算机操作管理

《信息系统安全管理要求》规定了对终端计算机操作的管理，不同安全等级应有选择地满足以下要求：

（1）第一级信息系统：用户在使用自己的终端计算机时，应设置开机、屏幕保护、目录共享口令；非组织机构配备的终端计算机未获批准，不能在办公场所使用；及时安装经过许可的软件和补丁程序，不得自行安装及使用其他软件和自由下载软件；未获批准，严禁使用 Modem 拨号、无线网卡等方式或另辟通路接入其他网络；身份鉴别机制按照身份鉴别机制管理要求相关要求处理；

（2）第二级信息系统：在一级的基础上，应有措施防止终端计算机机箱私自开启，如需拆机箱应在获得批准后由相关管理部门执行；接入保密性较高的业务系统的终端计算机不得直接接入低级别系统或网络；

（3）第三级、四级信息系统：在二级的基础上，终端计算机必须启用两个及两个以上身份鉴别技术的组合来进行身份鉴别；终端计算机应采用低辐射设备；每个终端计算机的管理必须由专人负责，如果多人共用一个终端计算机，应保证各人只能以自己的身份登录，并采用的身份鉴别机制。

4. 便携机操作管理

《信息系统安全管理要求》规定了对便携机操作的管理，不同安全等级应有选择地满足以下要求：

（1）第一级信息系统：便携机需设置开机口令和屏保口令，口令标准等身份鉴别机制按照身份鉴别机制管理要求的相关要求处理；因工作岗位变动不再需要使用便携机时，应及时办理资产转移或清退手续，并删除机内的敏感数据；在本地网络工作时应按终端计算机操作管理要求执行；在本地之外网络接入过的便携机，需要接入本地网络前应进行必要的安全检查；

（2）第二级信息系统：在一级的基础上，在机构内使用的便携机，未获批准，严禁使用 Modem

拨号、无线网卡等方式接入其他网络；

（3）第三级、四级信息系统：在二级的基础上，在重要区域使用的便携机必须启用两个及两个以上身份鉴别技术的组合来进行身份鉴别；便携机离开重要区域时不应存储相关敏感或涉及国家秘密数据，必须带出时应经过有关领导批准并记录在案。

5. 网络及安全设备操作管理

《信息系统安全管理要求》规定了对网络及安全设备操作的管理，不同安全等级应有选择地满足以下要求：

（1）第一级信息系统：对网络及安全设备的操作应由授权的系统管理员实施；应按操作规程实现网络设备和安全设备的接入/断开、启动/停止、加电/断电等操作；维护网络和安全设备的运行环境及配置和服务设定；对实施网络及安全设备操作的管理员应按身份鉴别机制管理的要求进行身份鉴别；

（2）第二级信息系统：在一级的基础上，管理员应按照安全策略要求进行网络及设备配置；应定期检查实际配置与安全策略要求的符合性；

（3）第三级、四级信息系统：在二级的基础上，应通过安全管理控制平台等设施对网络及安全设备的安全机制进行统一控制、统一管理、统一策略，保障网络正常运行。

6. 业务应用操作管理

《信息系统安全管理要求》规定了对业务应用操作的管理，不同安全等级应有选择地满足以下要求：

（1）第一级信息系统：业务应用系统应按身份鉴别管理机制的要求对操作人员进行身份鉴别；业务应用系统的安全管理详见应用系统的管理要求部分；业务应用系统应能够以菜单等方式限制操作人员的访问权限；业务应用操作程序应形成正式文档，需要进行改动时应得到管理层授权；这些操作步骤应指明具体执行每个作业的指令，至少包括：

1）指定需要处理和使用的信息；

2）明确操作步骤，包括与其他系统的相互依赖性、操作起始和结束的时间；

3）说明处理错误或其他异常情况的指令，系统出现故障时进行重新启动和恢复的措施，以及在出现意外的操作或技术问题时需要技术支持的联系方法。

（2）第二级信息系统：在一级的基础上，对重要的业务应用操作应根据特别许可的权限执行；业务应用操作应进行审计；

（3）第三级、四级信息系统：在二级的基础上，关键的业务应用操作应有 2 人同时在场或同时操作，并对操作过程进行记录。

7. 变更控制和重用管理

《信息系统安全管理要求》规定了对变更控制和重用的管理，不同安全等级应有选择地满足以下要求：

（1）第一级信息系统：任何变更控制和设备重用必须经过申报和审批才能进行，同时还应注意以下要求：

1）注意识别重大变更，并进行记录；

2）评估这些变更的潜在影响；

3）向所有相关人员通报变更细节；

4）明确中止变更并从失败变更中恢复的责任和处理方法；

5）重用设备中原有信息的清除。

（2）第二级信息系统：在一级的基础上，变更控制和设备重用还应包括：对操作系统、数据库、应用系统、人员、服务等的变更控制应制度化；对所有计划和制度执行情况进行定期或不定期的检查；对安全策略和管理计划的修订；对基于变更和设备重用的各种规章制度的修订和完善；建立运行过程管理文档，书面记录相关的管理责任及工作程序；

（3）第三级信息系统：在二级的基础上，变更控制和设备重用还应包括：对信息系统的任何变更必须考虑全面安全事务一致性；更改方案应得到系统主管领导的审批；操作系统与应用系统的控制更改程序应相互配合；通过审计日志和过程记录，记载更改中的所有有关信息；更改后将变更结果书面通知所有有关部门和人员，以便进行相应的调整；

（4）第四级信息系统：在三级的基础上，变更控制的安全审计还应包括：建立系统更改操作的审批程序和操作流程，防止随意更改而开放危险端口或服务；对重要的变更控制应实施独立的安全审计，并对全面安全事务一致性进行检查和评估；系统更改的日志记录和设备重用记录应妥善保存。变更控制的安全审计还应包括：针对所有变更和设备重用进行安全评估；应采取相应保证措施，对变更计划和效果进行持续改善。

8. 信息交换管理

《信息系统安全管理要求》规定了对信息交换管理，不同安全等级应有选择地满足以下要求：

（1）第一级信息系统：在信息系统上公布信息应符合国家有关政策法规的规定；对所公布的信息应采取适当的安全措施保护其完整性；应保护业务应用中的信息交换的安全性，防止欺诈、合同纠纷以及泄露或修改信息事件的发生；

（2）第二级信息系统：在一级的基础上，还应包括在组织机构之间进行信息交换应建立安全条件的协议，根据业务信息的敏感度，明确管理责任，以及数据传输的最低安全要求；

（3）第三级信息系统：在二级的基础上，还应包括对于信息系统内部不同安全区域之间的信息传输，应有明确的安全要求；

（4）第四级信息系统：在三级的基础上，还应包括对高安全信息向低安全域的传输应经过组织机构领导层的批准，明确部门和人员的责任，并采取的安全专控措施。

9. 日常运行安全管理

《信息系统安全管理要求》规定了对日常运行安全管理，不同安全等级应有选择地满足以下要求：

（1）第一级信息系统：应通过正式授权程序委派专人负责系统运行的安全管理；应建立运行值班等有关安全规章制度；应正确实施为信息系统可靠运行而采取的各种检测、监控、审计、分析、备份及容错等方法和措施；应对运行安全进行监督检查；应明确各个岗位人员对信息系统各类资源的安全责任；应明确信息系统安全管理人员和普通用户对信息系统资源的访问权限；对信息系统中数据管理应保证技术上能够达到 GB/T 20271—2006 中 6.1.3 的有关要求；

（2）第二级信息系统：在一级的基础上，应按风险管理计划和操作规程定期对信息系统的运行进行风险分析与等级保护现状评估，并向管理层提交正式的风险分析报告。为此应实行系统运行的制度化管理，包括：

1）对病毒防护系统的使用制定管理规定；

2）制定应用软件安全管理规章制度，应用软件的采购应经过批准，对应用软件的安全性应进行调查，未经验证的软件不得运行；对应用软件的使用采取授权管理，没有得到许可的用户不得安装、调试、运行、卸载应用软件，并对应用软件的使用进行审计；

3）制定外部服务方对信息系统访问的安全制度，对外部服务方访问系统可能发生的安全性进行评估，采取安全措施对访问实施控制，与外部服务方签署安全保密合同，并要求有关合同不违背总的安全策略；

4）安全管理负责人应会同信息系统应用各方制定应急计划和灾难恢复计划，以及实施规程，并进行必要验证、实际演练和技术培训；对所需外部资源的应急计划要与有关各方签署正式合同，合同中应规定服务质量，并包括安全责任和保密条款；

5）制定安全事件处理规程，保证在短时间内能够对安全事件进行处理；

6）制定信息系统的数据备份制度，要求指定专人负责备份管理，保证信息系统自动备份和人工备份的准确性、可用性；

7）制定有关变更控制制度，保证变更后的信息系统能满足既定的安全目标；

8）制定运行安全管理检查制度，定期或不定期对所有计划和制度执行情况进行监督检查，并对安全策略和管理计划进行修订；接受上级或国家有关部门对信息系统安全工作的监督和检查；

9）根据组织机构和信息系统出现的各种变化及时修订、完善各种规章制度；

10）建立严格的运行过程管理文档，其中包括责任书、授权书、许可证、各类策略文档、事故报告处理文档、安全配置文档、系统各类日志等，并保证文档的一致性；

11）对信息系统中数据管理应保证技术上能够达到 GB/T 20271—2006 中 6.2.3 的有关要求。

（3）第三级信息系统：在二级的基础上，使用规范的方法对信息系统运行的有关方面进行风险控制，包括要求对关键岗位的人员实施严格的背景调查和管理控制，切实落实最小授权原则和分权制衡原则，关键安全事务要求双人共管；对外部服务方实施严格的访问控制，对其访问实施监视，并定期对外部服务方访问的风险进行分析和评估；要求有专人负责应急计划和灾难恢复计划的管理工作，保证应急计划和灾难恢复计划有效执行；要求系统中的关键设备和数据采取可靠的备份措施；要求保证各方面安全事务管理的一致性；对信息系统中数据管理应保证技术上能够达到 GB/T 20271—2006 中 6.3.3 的有关要求；

（4）第四级信息系统：在三级的基础上，应建立风险管理质量管理体系文件，并对系统运行管理过程实施独立的审计，保证安全管理过程的有效性；信息系统生存周期各个阶段的安全管理工作应有明确的目标、明确的职责，实施独立的审计；应对病毒防护管理制度实施定期和不定期的检查；应对外部服务方每次访问信息系统的风险进行控制，实施独立的审计；定期对应急计划和灾难恢复计划的管理工作进行评估；对使用单位的安全策略、安全计划等安全事务的一致性进行检查和评估；对信息系统中数据管理应保证技术上能够达到 GB/T 20271—2006 中 6.4.3 的有关要求。

10. 数据备份和恢复管理

《信息系统安全管理要求》规定了对数据的备份和恢复管理，不同安全等级应有选择地满足以下要求：

（1）第一级信息系统：应明确说明需定期备份重要业务信息、系统数据及软件等内容和备份周期；确定重要业务信息的保存期以及其他需要保存的归档拷贝的保存期；采用离线备份或在线备份方案，定期进行数据增量备份；可使用手工或软件产品进行备份和恢复；对数据备份和恢复的管理应保证 GB/T 20271—2006 中 6.1.2.4 所采用的安全技术能达到其应有的安全性要求；

（2）第二级信息系统：在一级的基础上，应进行数据和局部系统备份；定期检查备份介质，保证在紧急情况时可以使用；应定期检查及测试恢复程序，确保在预定的时间内正确恢复；应根据数据的重要程度和更新频率设定备份周期；应指定专人负责数据备份和恢复，并同时保存几个版本的备份；对数据备份和恢复的管理应保证 GB/T 20271—2006 中 6.2.2.5 所采用的安全技术能达到其应有的安全性要求；

（3）第三级信息系统：在二级的基础上，必要时应采用热备份方式保存数据，同时定期进行数据增量备份和应用环境的离线全备份；应分别指定专人负责不同方式的数据备份和恢复，并保存必要的操作记录；对数据备份和恢复的管理应保证 GB/T 20271—2006 中 6.3.2.6 所采用的安全技术能达到其应有的安全性要求；

（4）第四级信息系统：在三级的基础上，根据数据实时性和其他安全要求，采用本地或远地备份方式，制定适当的备份和恢复方式以及操作程序，必要时对备份后的数据采取加密或数据隐藏处理，操作时要求两名工作人员在场并登记备案；对数据备份和恢复的管理应保证 GB/T 20271—2006 中 6.4.2.6 所采用的安全技术能达到其应有的安全性要求。

11. 设备和系统的备份与冗余管理

《信息系统安全管理要求》规定了对设备和系统的备份与冗余管理，不同安全等级应有选择地满足以下要求：

（1）第一级、二级信息系统：应实现设备备份与容错；指定专人定期维护和检查备份设备的状况，确保需要接入系统时能够正常运行；应根据实际需求限定备份设备接入的时间；

（2）第三级信息系统：在一级、二级的基础上，应实现系统热备份与冗余，并指定专人定期维护和检查热备份和冗余设备的运行状况，定期进行切换试验，确保需要时能正常运行；应根据实际需求限定系统热备份和冗余设备切换的时间；

（3）第四级信息系统：在三级的基础上，选择远离市区的地方或其他城市，建立系统远地备份中心，确保主系统在遭到破坏中断运行时，远地系统能替代主系统运行，保证信息系统所支持的业务系统能按照需要继续运行。

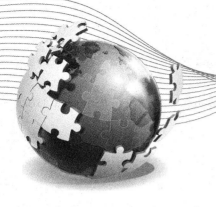

信息安全技术体系建设

按照信息安全等级保护工作要求，对新建、改建、扩建的信息系统应当按照等级保护的管理规范和技术标准进行信息系统的规划设计、建设施工。对已有的信息系统，其运营、使用单位根据已经确定的信息安全保护等级，按照等级保护的管理规范和技术标准，采购和使用相应等级的信息安全产品，建设安全设施，落实安全技术措施，完成系统整改。

《信息安全等级保护管理办法》第十二条规定，在信息系统建设过程中，运营、使用单位应当按照《计算机信息系统安全保护等级划分准则》（GB 17859—1999）、《信息系统安全等级保护基本要求》等技术标准，参照《信息安全技术信息系统通用安全技术要求》（GB/T 20271—2006）、《信息安全技术网络基础安全技术要求》（GB/T 20270—2006）、《信息安全技术操作系统安全技术要求》（GB/T 20272—2006）、《信息安全技术数据库管理系统安全技术要求》（GB/T 20273—2006）、《信息安全技术服务器技术要求》、《信息安全技术终端计算机系统安全等级技术要求》（GA/T 671—2006）等技术标准同步建设符合该等级要求的信息安全设施。

一个复杂、大型/巨大型信息系统，可以由若干个分系统或子系统组成。无论从全系统、分系统或子系统的角度，信息系统一般由支持软件运行的硬件系统（含计算机硬件系统和网络硬件系统）、对系统资源进行管理和为用户使用提供基本支持的系统软件（含计算机操作系统软件、数据库管理系统软件和网络协议软件和管理软件）、实现信息系统应用功能的应用系统软件等组成。这些硬件和软件协作运行，实现信息系统的整体功能。从安全角度，组成信息系统各个部分的硬件和软件都应有相应的安全功能，确保在其所管辖范围内的信息安全和提供确定的服务。这些安全功能分别是：确保硬件系统安全的物理安全，确保数据网上传输、交换安全的网络安全，确保操作系统和数据库管理系统安全的系统安全（含系统安全运行和数据安全保护），确保应用软件安全运行的应用系统安全（含应用系统安全运行和数据安全保护）。这四个层面的安全，再加上为保证其安全功能达到应有的安全性而必须采取的管理措施，构成了实现信息系统安全的五个层面的安全。

本章节结合《信息安全等级保护管理办法》、《信息安全技术信息系统通用安全技术要求》、《信息安全等级保护基本配置》等法规、技术标准要求，主要从信息系统的安全保护等级划分的角度，说明为实现每一个安全保护等级的安全功能要求应采取的安全技术措施，以及各安全保护等级的安全功能在具体实现上的差异，为各单位、各部门的信息系统安全建设整改中落实技术防护体系建设提供参考。

第一节　物理安全通用技术要求

物理安全又叫实体安全（Physical Security），是保护计算机设备、设施（网络及通信线路）免遭地震、水灾、火灾、有害气体和其他环境事故（如电磁污染等）破坏的措施和过程。《信息安全等级保护通用技术要求》从环境安全、设备安全、记录介质安全三个方面对物理安全技术措施提出了具体要求。

不同等级的信息系统物理安全防护，除本章节介绍的通用技术要求外，还可参照 GB/T 21052—2007《信息系统物理安全技术要求》中的具体描述。

一、环境安全

环境安全包括机房安全和通信线路的安全防护两个部分。

1. 中心机房的安全保护

（1）机房场地选择。根据对机房安全保护的不同要求，机房场地选择分为：

1）基本要求：按一般建筑物的要求进行机房场地选择；

2）防火要求：避开易发生火灾和危险程度高的地区，如油库和其他易燃物附近的区域；

3）防污染要求：避开尘埃、有毒气体、腐蚀性气体、盐雾腐蚀等环境污染的区域；

4）防潮及防雷要求：避开低洼、潮湿及落雷区域；

5）防震动和噪声要求：避开强震动源和强噪声源区域；

6）防强电场、磁场要求：避开强电场和强磁场区域；

7）防地震、水灾要求：避开有地震、水灾危害的区域；

8）位置要求：避免在建筑物的高层以及用水设备的下层或隔壁；

9）防公众干扰要求：避免靠近公共区域，如运输邮件通道、停车场或餐厅等。

（2）机房内部安全防护。根据对机房安全保护的不同要求，机房内部安全防护分为：

1）机房出入：机房应只设一个出入口，并有专人负责，未经允许的人员不准进入机房；另设若干紧急疏散出口，标明疏散线路和方向；

2）机房物品：没有管理人员的明确准许，任何记录介质、文件材料及各种被保护品均不准带出机房，磁铁、私人电子计算机或电设备、食品及饮料、香烟、吸烟用具等均不准带入机房；

3）机房人员：获准进入机房的来访人员，其活动范围应受到限制，并有接待人员陪同；

4）机房分区：机房内部应分区管理，一般分为主机区、操作区、辅助区等，并根据每个工作人员的实际工作需要，确定其能进入的区域；

5）机房门禁：设置机房电子门禁系统，进入机房的人员，通过门禁系统的鉴别，方可进入。

（3）机房防火。根据对机房安全保护的不同要求，机房防火分为：

1）建筑材料防火（适用一级）：机房和记录介质存放间，其建筑材料的耐火等级，应符合 TJ16—1974 中规定的二级耐火等级；机房相关的其余基本工作房间和辅助房，其建筑材料的耐火等级应不低于 TJ16—1974 中规定的三级耐火等级；

2）建筑材料防火（适用二级）：机房和重要的记录介质存放间，其建筑材料的耐火等级，应符合 GBJ45—1982 中规定的二级耐火等级；机房相关的其余基本工作房间和辅助房，其建筑材料的耐火等级应不低于 TJ16—1974 中规定的二级耐火等级；

3）建筑材料防火（适用三级、四级）：机房和重要的记录介质存放间，其建筑材料的耐火等级，应符合 GBJ45—1982 中规定的一级耐火等级；机房相关的其余基本工作房间和辅助房，其建筑材料的耐火等级应不低于 TJ16—1974 中规定的二级耐火等级；

4）报警和灭火系统（适用一级）：设置火灾报警系统，由人来操作灭火设备，并对灭火设备的效率、毒性、用量和损害性有一定的要求；

5）报警和灭火系统（适用二级）：设置火灾自动报警系统，包括火灾自动探测器、区域报警器、集中报警器和控制器等，能对火灾发生的部位以声、光或电的形式发出报警信号，并启动自动灭火设备，切断电源、关闭空调设备等；

6）报警和灭火系统（适用三级、四级）：设置火灾自动消防系统，能自动检测火情、自动报警，并自动切断电源和其他应急开关，自动启动事先固定安装好的灭火设备进行自动灭火；

7）区域隔离防火：机房布局应将脆弱区和危险区进行隔离，防止外部火灾进入机房，特别是重要设备地区，应安装防火门、使用阻燃材料装修等。

（4）机房供、配电。根据对机房安全保护的不同要求，机房供、配电分为：

1）分开供电：机房供电系统应将计算机系统供电与其他供电分开，并配备应急照明装置；

2）紧急供电（适用一级）：配置抵抗电压不足的基本设备，如 UPS；

3）紧急供电（适用二级）：配置抵抗电压不足的改进设备，如基本 UPS、改进 UPS、多级 UPS；

4）紧急供电（适用三级、四级）：配置抵抗电压不足的更强设备，如基本 UPS、改进的 UPS、多级 UPS 和应急电源（发电机组）等；

5）备用供电：建立备用的供电系统，以备常用供电系统停电时启用，完成对运行系统必要的保留；

6）稳压供电：采用线路稳压器，防止电压波动对计算机系统的影响；

7）电源保护：设置电源保护装置，如金属氧化物可变电阻、硅雪崩二极管、气体放电管、滤波器、电压调整变压器和浪涌滤波器等，防止/减少电源发生故障；

8）不间断供电：采用不间断供电电源，防止电压波动、电器干扰、断电等对计算机系统的影响；

9）电器噪声防护：采取有效措施，减少机房中电器噪声干扰，保证计算机系统正常运行；

10）突然事件防护：采取有效措施，防止/减少供电中断、异常状态供电（指连续电压过载或低电压）、电压瞬变、噪声（电磁干扰）以及由于雷击等引起的设备突然失效事件。

（5）机房空调、降温。根据对机房安全保护的不同要求，机房空调、降温分为：

1）基本温度要求：应有必要的空调设备，使机房温度达到所需的温度要求；

2）较完备空调系统：应有较完备的中央空调系统，保证机房温度的变化在计算机系统运行所允许的范围；

3）完备空调系统：应有完备的中央空调系统，保证机房各个区域的温度变化能满足计算机系统运行、人员活动和其他辅助设备的要求。

（6）机房防水与防潮。根据对机房安全保护的不同要求，机房防水与防潮分为：

1）水管安装要求：水管安装，不得穿过屋顶和活动地板下，穿过墙壁和楼板的水管应使用套管，并采取可靠的密封措施；

2）水害防护：采取一定措施，防止雨水通过屋顶和墙壁渗透、室内水蒸气结露和地下积水的转移与渗透；

3）防水检测：安装对水敏感的检测仪表或元件，对机房进行防水检测，发现水害，及时报警；

4）排水要求：机房应设有排水口，并安装水泵，以便迅速排出积水。

（7）机房防静电。根据对机房安全保护的不同要求，机房防静电分为：

1）接地与屏蔽：采用必要的措施，使计算机系统有一套合理的防静电接地与屏蔽系统；

2）服装防静电：人员服装采用不易产生静电的衣料，工作鞋选用低阻值材料制作；

3）温、湿度防静电：控制机房温湿度，使其保持在不易产生静电的范围内；

4）地板防静电：机房地板从表面到接地系统的阻值，应在不易产生静电的范围；

5）材料防静电：机房中使用的各种家具，工作台、柜等，应选择产生静电小的材料；

6）维修 MOS 电路保护：在硬件维修时，应采用金属板台面的专用维修台，以保护 MOS 电路；

7）静电消除要求：在机房中使用静电消除剂和静电消除器等，以进一步减少静电的产生。

（8）机房接地与防雷击。根据对机房安全保护的不同要求，机房接地与防雷击分为：

1）接地要求：采用地桩、水平栅网、金属板、建筑物基础钢筋构建接地系统等，确保接地体的良好接地；

2）去耦、滤波要求：设置信号地与直流电源地，并注意不造成额外耦合，保障去耦、滤波等的良好效果；

3）避雷要求：设置避雷地，以深埋地下、与大地良好相通的金属板作为接地点；至避雷针的引线则应采用粗大的紫铜条，或使整个建筑的钢筋自地基以下焊连成钢筋网作为"大地"与避雷针相连；

4）防护地与屏蔽地要求：设置安全防护地与屏蔽地，采用阻抗尽可能小的良导体的粗线，以减小各种地之间的电位差；应采用焊接方法，并经常检查接地的良好，检测接地电阻，确保人身、设备和运行的安全；

5）交流电源地线要求：设置交流电源地线；交流供电线应有规范连接位置的三芯线，即相线、中线和地线，并将该"地线"连通机房的地线网，以确保其安全保护作用。

（9）机房电磁防护。根据对机房安全保护的不同要求，机房电磁防护分为：

1）接地防干扰：采用接地的方法，防止外界电磁和设备寄生耦合对计算机系统的干扰；

2）屏蔽防干扰：采用屏蔽方法，减少外部电器设备对计算机系统的瞬间干扰；

3）距离防干扰：采用距离防护的方法，将计算机机房的位置选在外界电磁干扰小的地方和远离可能接收辐射信号的地方；

4）电磁泄漏发射防护：应采用必要措施，防止计算机设备产生的电磁泄漏发射造成信息泄露；

5）介质保护：对磁带、磁盘等磁介质设备的保管存放，应注意电磁感应的影响，如使用铁制柜存放；

6）机房屏蔽：采用屏蔽方法，对计算机机房进行电磁屏蔽，防止外部电磁场对计算机设备的干扰，防止电磁信号泄漏造成的信息泄露。

2. 通信线路的安全防护

根据对通信线路安全的不同要求，通信线路安全防护分为：

1）确保线路畅通：采取必要措施，保证通信线路畅通；

2）发现线路截获：采取必要措施，发现线路截获事件并报警；

3）时发现线路截获：采取必要措施，及时发现线路截获事件并报警；

4）防止线路截获：采取必要措施，防止线路截获事件发生。

二、设备安全

在物理安全的范畴下，设备安全分为设备的防盗和防毁、设备的安全可用两个部分。

1. 设备的防盗和防毁

根据对设备安全的不同要求，设备的防盗和防毁分为：

（1）设备标记要求：计算机系统的设备和部件应有明显的无法除去的标记，以防更换和方便查找赃物；

（2）计算中心防盗（适用一级）：计算中心应安装防盗报警装置，防止夜间从门窗进入的盗窃行为；

（3）计算中心防盗（适用二级）：计算中心应利用光、电、无源红外等技术设置机房报警系统，并有专人值守，防止夜间从门窗进入的盗窃行为；

（4）计算中心防盗（适用三级、四级）：利用闭路电视系统对计算中心的各重要部位进行监视，并有专人值守，防止夜间从门窗进入的盗窃行为；

（5）机房外部设备防盗：机房外部的设备，应采取加固防护等措施，必要时安排专人看管，以防止盗窃和破坏。

2. 设备的安全可用

根据对设备安全的不同要求，设备的安全可用分为：

（1）基本运行支持：信息系统的所有设备应提供基本的运行支持，并有必要的容错和故障恢复能力；

（2）设备安全可用：支持信息系统运行的所有设备，包括计算机主机、外部设备、网络设备及其他辅助设备等均应安全可用；

（3）设备不间断运行：提供可靠的运行支持，并通过容错和故障恢复等措施，支持信息系统实现不间断运行。

三、记录介质安全

根据对设备安全的不同要求，记录介质安全分为：

（1）公开数据介质保护：存放有用数据的各类记录介质，如纸介质、磁介质、半导体介质和光介质等，应采取一定措施防止被毁和受损；

（2）内部数据介质保护：存放内部数据的各类记录介质，如纸介质、磁介质、半导体介质和光介质等，应采取一定措施，防止被盗、被毁和受损；需要删除和销毁的内部数据，应有一定措施，防止被非法拷贝；

（3）重要数据介质保护：存放重要数据的各类记录介质，如纸介质、磁介质、半导体介质和光介质等，应采取较严格的保护措施，防止被盗、被毁和受损；应该删除和销毁的重要数据，要有有效的管理和审批手续，防止被非法拷贝；

（4）关键数据介质保护：存放关键数据的各类记录介质，如纸介质、磁介质、半导体介质和光介质等，应采取严格的保护措施，防止被盗、被毁和受损；需要删除和销毁的关键数据，要有严格的管理和审批手续，并采取有效措施，防止被非法拷贝；

（5）核心数据介质保护：存放核心数据的各类记录介质，如纸介质、磁介质、半导体介质和光介质等，应采取最严格的保护措施，防止被盗、被毁和受损；核心数据应长期保存，并采取有效措施，防止被非法拷贝。

第二节 运行安全通用技术要求

信息系统的运行与安全是密不可分的，主要靠技术措施和管理制度来实现信息系统的安全运行。本节介绍的信息系统运行安全，主要从风险分析、信息系统安全性检测分析、信息系统安全监控、安全审计、信息系统边界安全防护、备份与故障恢复、恶意代码防护、信息系统的应急处理、可信计算和可信连接技术 9 个方面，对信息系统的安全保护机制通用技术要求进行描述。

一、风险分析

信息系统的风险分析应按以下要求进行：

（1）以系统安全运行和数据安全保护为出发点，全面分析由于物理的、系统的、管理的、人为的和自然的原因所造成的安全风险；

（2）通过对影响信息系统安全运行的诸多因素的了解和分析，明确系统存在的风险，找出克服这些风险的办法；

（3）对常见的风险（如：后门/陷阱门、拒绝使用、辐射、盗用、伪造、假冒、逻辑炸弹、破坏活动、偷窃行为、搭线窃听以及计算机病毒等）进行分析，确定每类风险的程度；

（4）系统设计前和运行前应进行静态风险分析，以发现系统的潜在安全隐患；

（5）系统运行过程中应进行动态风险分析，测试、跟踪并记录其活动，以发现系统运行期的安全漏洞，并提供相应的系统脆弱性分析报告；

（6）采用风险分析工具，通过收集数据、分析数据、输出数据，确定危险的严重性等级，分析危险的可能性等方法，进行风险分析，并确定安全对策。

二、信息系统安全性检测分析

根据对信息系统安全运行的不同要求，信息系统安全性检测分析分为：

（1）操作系统安全性检测分析：从操作系统的角度，以管理员身份评估文件许可、文件宿主、网络服务设置、账户设置、程序真实性以及一般的与用户相关的安全点、入侵迹象等，从而检测和分析操作系统的安全性，发现存在的安全隐患；

（2）数据库管理系统安全性检测分析：对支持信息系统运行的数据库管理系统进行安全性检测分析，要求通过扫描数据库系统中与鉴别、授权、访问控制和系统完整性设置相关的数据库管理系统特定的安全脆弱性，分析其存在的缺点和漏洞，提出补救措施；

（3）网络系统安全性检测分析：采用侵袭模拟器，通过在网络设备的关键部位，用模拟侵袭的方法，自动扫描、检查并报告网络系统中（包括安全网络系统的各个组成部分，如防火墙等）存在的缺陷和漏洞，提出补救措施，达到增强网络安全性的目的；

（4）应用系统安全性检测分析：对所开发的应用系统进行系统运行的安全性检测分析，要求通过扫描应用系统中与鉴别、授权、访问控制和系统完整性有关的特定的安全脆弱性，分析其存在的缺陷和漏洞，提出补救措施；

（5）硬件系统安全性检测分析：对支持系统运行的硬件系统进行安全性检测，通过扫描硬件系统中与系统运行和数据保护有关的特定安全脆弱性（包括电磁泄漏发射和电磁干扰等），分析其存在的缺陷和漏洞，提出补救措施；

（6）攻击性检测分析：对重要的信息系统作攻击性检测，通过专业技术攻击检测检查系统存在的缺陷和漏洞，提出补救措施。

三、信息系统安全监控

信息系统安全监控应采用以下方法：

（1）安全探测机制：在组成信息系统的计算机、网络的各个重要部位，设置探测器，实时监听网络数据流，监视和记录内、外部用户出入网络的相关操作，在发现违规模式和未授权访问时，报告信息系统安全监控中心；

（2）安全监控中心：设置安全监控中心，对收到的来自探测器的信息，根据安全策略进行分析，并作审计、报告、事件记录和报警等处理。监控中心应具有必要的远程管理功能，如对探测器实现远程参数设置、远程数据下载、远程启动等操作。安全监控中心还应具有实时响应功能，包括攻击分析和响应、误操作分析和响应、漏洞分析和响应以及漏洞形势分析和响应等。

四、安全审计

1. 安全审计的响应

安全审计系统的安全功能应按以下要求响应审计事件：

（1）记审计日志：当检测到有安全侵害事件时，将审计数据记入审计日志；

（2）实时报警生成：当检测到有安全侵害事件时，生成实时报警信息，并根据报警开关的设置有选择地报警；

（3）违例进程终止：当检测到有安全侵害事件时，将违例进程终止；

（4）服务取消：当检测到有安全侵害事件时，取消当前的服务；

（5）用户账号断开与失效：当检测到有安全侵害事件时，将当前的用户账号断开，并使其失效。

2. 安全审计数据产生

安全审计系统的安全功能应按以下要求产生审计数据：

（1）为下述可审计事件产生审计记录：

- 审计功能的开启和关闭；
- 使用身份鉴别机制；
- 将客体引入用户地址空间（例如：打开文件、程序初始化）；
- 删除客体；
- 系统管理员、系统安全员、审计员和一般操作员所实施的操作；
- 其他与系统安全有关的事件或专门定义的可审计事件。

（2）对于每一个事件，其审计记录应包括：事件的日期和时间、用户、事件类型、事件是否成功，及其他与审计相关的信息；

（3）对于身份鉴别事件，审计记录应包含请求的来源（例如：末端标识符）；

（4）对于客体被引入用户地址空间的事件及删除客体事件，审计记录应包含客体名及客体的安全级。

3. 安全审计分析

根据对安全审计的不同要求，安全审计分析分为：

（1）潜在侵害分析：用一系列规则监控审计事件，并根据这些规则指出对 SSP 的潜在侵害。这些规则包括：

- 由已定义的可审计事件的子集所指示的潜在安全攻击的积累或组合；
- 任何其他的规则。

（2）基于异常检测的描述：维护用户所具有的质疑等级——历史使用情况，以表明该用户的现行活动与已建立的使用模式的一致性程度。当用户的质疑等级超过门限条件时，能指出将要发生对安全性的威胁。

（3）简单攻击探测：能检测到对正确实施安全子系统安全策略的全部硬件、固件、软件所提供的功能的实施有重大威胁的签名事件的出现。为此，正确实施安全子系统安全策略的全部硬件、固件、软件所提供的功能应维护指出对正确实施安全子系统安全策略的全部硬件、固件、软件所提供的功能侵害的签名事件的内部表示，并将检测到的系统行为记录与签名事件进行比较，当发现两者匹配时，指出一个对正确实施安全子系统安全策略的全部硬件、固件、软件所提供的功能的攻击即将到来。

（4）复杂攻击探测：在上述简单攻击探测的基础上，能检测到多步入侵情况，并根据已知的事件序列模拟出完整的入侵情况，指出发现对正确实施安全子系统安全策略的全部硬件、固件、软件所提供的功能的潜在侵害的签名事件或事件序列的时间。

4. 安全审计查阅

根据对安全审计的不同要求，安全审计查阅分为：

（1）基本审计查阅：提供从审计记录中读取信息的能力，即为授权用户提供获得和解释审计信息的能力。当用户是人时，必须以人类可懂的方式表示信息；当用户是外部 IT 实体时，必须以电子方式无歧义地表示审计信息；

（2）有限审计查阅：在基本审计查阅的基础上，应禁止具有读访问权限以外的用户读取审计信息；

（3）可选审计查阅：在有限审计查阅的基础上，应具有根据准则来选择要查阅的审计数据的功能，并根据某种逻辑关系的标准提供对审计数据进行搜索、分类、排序的能力。

5. 安全审计事件选择

应根据以下属性选择可审计事件：

（1）客体身份、用户身份、主体身份、主机身份、事件类型；

（2）作为审计选择性依据的附加属性。

6. 安全审计事件存储

根据对安全审计的不同要求，安全审计事件存储分为：

（1）受保护的审计踪迹存储：审计踪迹的存储受到应有的保护，能检测或防止对审计记录的修改；

（2）审计数据的可用性确保：在意外情况出现时，能检测或防止对审计记录的修改，以及在发生审计存储已满、存储失败或存储受到攻击时，确保审计记录不被破坏；

（3）审计数据可能丢失情况下的措施：当审计跟踪超过预定的门限时，应采取相应的措施，进行审计数据可能丢失情况的处理；

（4）防止审计数据丢失：在审计踪迹存储记满时，应采取相应的防止审计数据丢失的措施，可选择"忽略可审计事件"、"阻止除具有特殊权限外的其他用户产生可审计事件"、"覆盖已存储的最老的审计记录"和"一旦审计存储失败所采取的其他行动"等措施，防止审计数据丢失。

7. 网络环境安全审计

在网络环境运行的信息系统，应采用以下措施实现网络环境信息系统安全审计：

（1）安全审计中心：在信息系统中心建立由安全审计服务器组成的审计中心，收集各安全审计代理程序的审计信息，并进行记录分析与保存；

（2）安全审计代理程序：分布在网络各个运行节点的安全审计代理程序，为安全审计服务器提供审计数据；

（3）跨平台安全审计机制：设置跨平台的安全审计机制，对安全事件快速进行评估并作出响应，向管理人员提供各种能反映系统使用情况、出现的可疑迹象、运行中发生的问题等有价值的统计和分析信息；

（4）审计评估方法和机制：运用统计方法学和审计评估机制，给出智能化审计报告及趋向报告，达到综合评估系统安全现状的目的。

五、信息系统边界安全防护

根据对信息系统运行安全的不同要求，信息系统边界安全防护采用的安全机制和措施分为：

（1）基本安全防护（适用一级）：采用常规的信息系统边界安全防护机制，如基本的登录/连接控制等，实现基本的信息系统边界安全防护；

（2）较严格安全防护（适用二级）：采用较严格的安全防护机制，如较严格的登录/连接控制，普通功能的防火墙、防病毒网关、入侵防范、信息过滤、边界完整性检查等，实现较严格的信息系统边界安全防护；

（3）严格安全防护（适用三级）：根据当前信息安全对抗技术的发展，采用严格的安全防护机制，如严格的登录/连接控制，高安全功能的防火墙、防病毒网关、入侵防范、信息过滤、边界完整性检查等，实现严格的信息系统边界安全防护；

（4）特别安全防护（适用四级）：采用当前最先进的边界防护技术，必要时可以采用物理隔离安全机制，实现特别安全要求的信息系统边界安全防护。

六、备份与故障恢复

为了实现确定的恢复功能，必须在信息系统正常运行时定期地或按某种条件实施备份。不同的恢复要求应有不同的备份进行支持。根据对信息系统运行安全的不同要求，实现备份与故障恢复的安全技术和机制分为：

（1）用户自我信息备份与恢复（适用一级）：提供用户有选择地备份重要信息的功能；当由于某种原因引起信息系统中用户信息丢失或破坏时，能提供用户按自我信息备份所保留的信息进行信息恢复的功能；

（2）增量信息备份与恢复（适用二级）：提供由信息系统定时对新增信息进行备份的功能；当由于某种原因引起信息系统中的某些信息丢失或破坏时，提供用户按增量信息备份所保留的信息进行信息恢复的功能；

（3）局部系统备份与恢复（适用三级）：提供定期对信息系统的某些重要的局部系统的运行状态进行备份的功能；当由于某种原因引起信息系统某一局部发生故障时，提供用户按局部系统备份所保留的运行状态进行局部系统恢复的功能；

（4）全系统备份与恢复（适用四级）：提供定期对信息系统全系统的运行状态进行备份的功能；当由于某种原因引起信息系统全系统发生故障时，提供用户按全系统备份所保留的运行状态进行全系统恢复的功能；

（5）设备备份与容错：可采用设备冷/热备份、单机逻辑备份、双机备份等，对系统的重要设备进行备份/冗余设置和容错设计，并在必要时能立即投入使用，使故障对用户透明；

（6）网络备份与容错：对于重要信息系统，采用冗余技术、路由选择技术、路由备份技术等，实现网络备份与容错，当网络正常路由不能工作时，能替代其工作，使信息系统照常运行；

（7）灾难备份与恢复：对于重要的信息系统，设置主机系统的异地备份，当主机系统发生灾难性故障中断运行时，能在较短时间内启动，替代主机系统工作，使系统不间断运行。

七、恶意代码防护

对包括计算机病毒在内的恶意代码进行必要的安全防护。根据对信息系统运行安全的不同要求，实现恶意代码防护的安全机制和措施分为：

（1）严格管理：严格控制各种外来介质的使用，防止恶意代码通过介质传播；

（2）网关防护（适用二级）：要求在所有恶意代码可能入侵的网络连接部位设置防护网关，拦截并清除企图进入系统的恶意代码；

（3）整体防护（适用三级）：设置恶意代码防护管理中心，通过对全系统的服务器、工作站和客户机，进行恶意代码防护的统一管理，及时发现和清除进入系统内部的恶意代码；

（4）防管结合（适用四级）：将恶意代码防护与网络管理相结合，在网管所涉及的重要部位设置恶意代码防护软件，在所有恶意代码能够进入的地方都采取相应的防范措施，防止恶意代码侵袭；

（5）多层防御（适用四级以上）：采用实时扫描、完整性保护和完整性检验等不同层次的防护技术，将恶意代码检测、多层数据保护和集中式管理功能集成起来，提供全面的恶意代码防护功能，检测、发现和消除恶意代码，阻止恶意代码的扩散和传播。

八、信息系统的应急处理

根据对信息系统运行安全的不同要求，实现信息系统应急处理的安全机制和措施分为：

（1）具有各种安全措施：包括在出现各种安全事件时应采取的措施，这些措施是管理手段与技术手段的结合；

（2）设置正常备份机制：在系统正常运行时就通过各种备份措施为灾害和故障做准备；

（3）健全安全管理机构：建立健全的安全事件管理机构，明确人员的分工和责任；

（4）建立处理流程图：制定安全事件响应与处理计划及事件处理过程示意图，以便迅速恢复被破坏的系统。

九、可信计算机技术和可信连接技术

（1）可信计算机技术：通过在计算机的核心部位设置基于硬件支持的可信计算模块，为计算机系统的运行，建立从系统引导、加载直到应用服务的可信任链，确保各种运行程序的真实性，并对用户的身份鉴别，以及数据的保密性、完整性保护等安全功能提供支持。

（2）可信连接技术：通过在网络设备的核心部位设置基于硬件支持的可信连接模块，为网络设备的链接提供可信支持，确保网络设备的可信连接。

第三节　数据安全通用技术要求

保证数据的保密性、完整性、可用性，是信息系统安全建设整改工作的终极目标。本节从身份鉴别、抗抵赖、自主访问控制、标记、强制访问控制、用户数据保密性保护、用户数据保密性保护、数据流控制、可信路径、密码支持 10 个方面，介绍数据安全的安全防护机制，在实际应用中，还可参照《数据库管理系统安全技术要求》等有关技术标准。

一、身份鉴别

身份鉴别是证明或确认某一实体（如人、设备、计算机系统、应用和进程等）所声称的身份的过程。

1. 用户标识与鉴别

（1）用户标识。根据对用户标识与鉴别的不同要求，用户标识分为：

1）基本标识：应在信息系统安全子系统安全功能实施所要求的动作之前，先对提出该动作要求的用户进行标识；

2）唯一性标识：应确保所标识用户在信息系统生存周期内的唯一性，并将用户标识与安全审计相关联；

3）标识信息管理：应对用户标识信息进行管理、维护，确保其不被非授权地访问、修改或删除。

（2）用户鉴别。根据对用户标识与鉴别的不同要求，用户鉴别分为：

1）基本鉴别：应在信息系统安全子系统安全功能实施所要求的动作之前，先对提出该动作要求的用户成功地进行鉴别；

2）不可伪造鉴别：信息系统安全子系统安全功能应检测并防止使用伪造或复制的鉴别信息；一方面，要求信息系统安全子系统安全功能应检测或防止由任何别的用户伪造的鉴别数据，另一方面，要求检测或防止当前用户从任何其他用户处复制的鉴别数据的使用；

3）一次性使用鉴别：应提供一次性使用鉴别数据的鉴别机制，即信息系统安全子系统安全功能应防止与已标识过的鉴别机制有关的鉴别数据的重用；

4）多机制鉴别：应提供不同的鉴别机制，用于鉴别特定事件的用户身份，并根据所描述的多种鉴别机制如何提供鉴别的规则，来鉴别任何用户所声称的身份；

5）重新鉴别：应有能力规定需要重新鉴别用户的事件，即在需要重新鉴别的条件成立时，对用户进行重新鉴别。例如，终端用户操作超时被断开后，重新连接时需要进行重鉴别；

6）鉴别信息管理：应对用户鉴别信息进行管理、维护，确保其不被非授权的访问、修改或删除。

（3）鉴别失败处理。信息系统安全子系统安全功能应为不成功的鉴别尝试（包括尝试次数和时间的阈值）定义一个值，并明确规定达到该值时所应采取的动作。鉴别失败的处理应包括检测出现相关的不成功鉴别尝试的次数与所规定的数目相同的情况，并进行预先定义的处理。

2. 用户—主体绑定

在信息系统安全子系统安全功能控制范围之内，对一个已标识和鉴别的用户，应通过用户—主体绑定将该用户与为其服务的主体（如进程）相关联，从而将该用户的身份与该用户的所有可审计行为相关联，以实现用户行为的可查性。

3. 隐密

信息系统安全子系统应为用户提供确保其身份真实性的前提下，不被其他用户发现或滥用的保护。根据对身份鉴别的不同要求，隐密分为：

（1）匿名：用户在其使用资源或服务时，不暴露身份，即：应确保任何用户和/或主体集，不能确定与当前主体和/或操作相关联的实际用户，并在对主体提供服务时不询问实际的用户名；

（2）假名：用户在使用资源或设备时，不暴露其真实名称，但仍能对该次使用负责，即：应确保用户和/或主体集，不能确定与当前主体和/或操作相关联的真实的用户名，并能给一个用户提供多个假名，以及验证所使用的假名是否符合假名的度量；

（3）不可关联性：一个用户可以多次使用资源和服务，但任何人都不能将这些使用联系在一起，即：应确保任何用户和/主体不能确定系统中的某些操作是否由同一用户引起；

（4）不可观察性：用户在使用资源和服务时，其他人，特别是第三方不能观察到该资源和服务正在被使用，即：应确保任何用户和/或主体，不能观察到由受保护的用户和/或主体对客体所进行的操作。

4. 设备标识与鉴别

（1）设备标识。根据对设备标识与鉴别的不同要求，设备标识分为：

1）接入前标识：对连接到信息系统的设备，应在将其接入到系统前先进行标识；

2）标识信息管理：应对设备标识信息进行管理、维护，确保其不被非授权的访问、修改或删除。

（2）设备鉴别。根据设备标识与鉴别的不同要求，设备鉴别分为：

1）接入前鉴别：对连接到信息系统的设备，应在将其接入到系统前先进行鉴别，以防止设备的非法接入；

2）不可伪造鉴别：鉴别信息应是不可见的，不易仿造的，应检测并防止使用伪造或复制的鉴别信息；

3）鉴别信息管理：应对设备鉴别信息进行管理、维护，确保其不被非授权的访问、修改或删除。

（3）鉴别失败处理。应通过对不成功的鉴别尝试（包括尝试次数和时间的阈值）的值进行预先定义，以及明确规定达到该值时所应采取的动作来实现鉴别失败的处理。

二、抗抵赖

1. 抗原发抵赖

应确保数据的发送者不能成功地否认曾经发送过该数据。要求正确实施安全子系统安全策略的全部硬件、固件、软件所提供的功能应提供一种方法，来确保接收数据的主体在数据交换期间能获得证明数据原发的证据，而且该证据可由该主体或第三方主体验证。根据对抗抵赖的不同要求，抗原发抵赖分为：

（1）选择性原发证明：信息系统安全子系统功能应具有按主体请求对传输的数据产生原发证据的能力，即信息系统安全子系统功能在接到接收者的请求时，能就传输的数据产生原发证据，证明该数据的发送由该原发者所为；

（2）强制性原发证明：正确实施安全子系统安全策略的全部硬件、固件、软件所提供的功能应总对传输的数据产生原发证据，即信息系统安全子系统功能能在任何时候对传输的数据产生原发证据，证明该数据的发送由该原发者所为。

2. 抗接收抵赖

应确保数据的接收者不能否认接收过该数据。要求信息系统安全子系统功能应提供一种方法，来确保发送数据的主体在数据交换期间能获得证明该数据被接收的证据，而且该证据可由该主体或第三方主体验证。根据对抗抵赖的不同要求，抗接收抵赖分为：

（1）选择性接收证明：信息系统安全子系统功能应具有按主体请求对传输的数据产生接收证据的能力，即信息系统安全子系统功能在接到原发者的请求时，能就传输的数据产生接收证据，证明该数据的接收由该接收者所为；

（2）强制性接收证明信息系统安全子系统功能应总对传输的数据产生接收证据，即信息系统安全子系统功能能在任何时候对传输的数据产生接收证据，证明该数据的接收由该接收者所为。

三、自主访问控制

1. 访问控制策略

信息系统安全子系统功能应按确定的自主访问控制安全策略进行设计，实现对策略控制下的主体对客体操作的控制。可以有多个自主访问控制安全策略，但它们必须独立命名，且不能相互冲突。常用的自主访问控制策略包括：访问控制表访问控制、目录表访问控制、权能表访问控制等。

2. 访问控制功能

信息系统安全子系统功能应实现采用一条命名的访问控制策略的特定功能，说明策略的使用和特征，以及该策略的控制范围。无论采用何种自主访问控制策略，信息系统安全子系统功能应有能力提供：

（1）在安全属性或命名的安全属性组的客体上，执行访问控制为实现信息系统安全子系统安全要素要求的功能所采用的安全策略；

（2）在基于安全属性的允许主体对客体访问的规则的基础上，允许主体对客体的访问；

（3）在基于安全属性的拒绝主体对客体访问的规则的基础上，拒绝主体对客体的访问。

3. 访问控制范围

根据对自主访问控制的不同要求，自主访问控制的覆盖范围分为：

（1）子集访问控制：要求每个确定的自主访问控制，信息系统安全子系统功能应覆盖由安全系统所定义的主体、客体及其之间的操作；

（2）完全访问控制：要求每个确定的自主访问控制，信息系统安全子系统功能应覆盖信息系统中所有的主体、客体及其之间的操作，即要求信息系统安全子系统功能应确保信息系统安全子系统的操作所涉及的主体和客体的范围内的任意一个主体和任意一个客体之间的所有操作将至少被一个确定的访问控制信息系统安全子系统安全要素要求的功能所采用的安全策略覆盖。

4. 访问控制力度

根据对访问控制的不同要求，自主访问控制的力度分为：

（1）粗力度：主体为用户组/用户级，客体为文件、数据库表级；

（2）中力度：主体为用户级，客体为文件、数据库表级和/或记录、字段级；

（3）细力度：主体为用户级，客体为文件、数据库表级/记录、字段/元素级。

四、标记

1. 主体标记

应为实施强制访问控制的主体指定敏感标记，这些敏感标记是实施强制访问控制的依据。如：等级分类和非等级类别组合的敏感标记是实施多级安全模型的基础。

2. 客体标记

应为实施强制访问控制的客体指定敏感标记，这些敏感标记是实施强制访问控制的依据。如：等级分类和非等级类别组合的敏感标记是实施多级安全模型的基础。

3. 标记的输出

当数据从安全子系统的操作所涉及的主体和客体的范围之内向其控制范围之外输出时，根据需要可以保留或不保留数据的敏感标记。根据对标记的不同要求，标记的输出分为：

（1）不带敏感标记的用户数据输出：在实现信息系统安全子系统安全要素要求的功能所采用的安全策略的控制下输出用户数据到安全子系统的操作所涉及的主体和客体的范围之外时，不带有与数据相关的敏感标记；

（2）带有敏感标记的用户数据输出：在实现安全子系统安全要素要求的功能所采用的安全策略的控制下输出用户数据到安全子系统的操作所涉及的主体和客体的范围之外时，应带有与数据相关的敏感标记，并确保敏感标记与所输出的数据相关联。

4. 标记的输入

当数据从正确实施安全子系统安全策略的全部硬件、固件、软件所提供的功能控制范围之外向其控制范围之内输入时，应有相应的敏感标记，以便输入的数据能受到保护。根据对标记的不同要求，标记的输入分为：

（1）不带敏感标记的用户数据输入：正确实施安全子系统安全策略的全部硬件、固件、软件所提供的功能应做到：

1）在实现安全子系统安全要素要求的功能所采用的安全策略控制下，从安全子系统的操作所涉及的主体和客体的范围之外输入用户数据时，应执行访问控制实现安全子系统安全要素要求的功能所采用的安全策略；

2）略去任何与从安全子系统的操作所涉及的主体和客体的范围之外输入的数据相关的敏感标记；

3）执行附加的输入控制规则，为输入数据设置敏感标记；

（2）带有敏感标记的用户数据输入：正确实施安全子系统安全策略的全部硬件、固件、软件所提供的功能应做到：

1）在实现安全子系统安全要素要求的功能所采用的安全策略控制下，从安全子系统的操作所涉及的主体和客体的范围之外输入用户数据时，应执行访问控制实现安全子系统安全要素要求的功能所采用的安全策略；

2）正确实施安全子系统安全策略的全部硬件、固件、软件所提供的功能应使用与输入的数据相关的敏感标记；

3）正确实施安全子系统安全策略的全部硬件、固件、软件所提供的功能应在敏感标记和接收的用户数据之间提供确切的联系；

4）正确实施安全子系统安全策略的全部硬件、固件、软件所提供的功能应确保对输入的用户数据的敏感标记的解释与原敏感标记的解释是一致的。

五、强制访问控制

1. 访问控制策略

强制访问控制策略应包括策略控制下的主体、客体，及由策略覆盖的被控制的主体与客体间的操作。可以有多个访问控制安全策略，但它们必须独立命名，且不能相互冲突。当前常见的强制访问控制策略有：

（1）多级安全模型：基本思想是，在对主、客体进行标记的基础上，安全子系统控制范围内的所有主体对客体的直接或间接的访问应满足：

1）向下读原则：仅当主体标记中的等级分类高于或等于客体标记中的等级分类，且主体标记中的非等级类别包含了客体标记中的全部非等级类别，主体才能读该客体；

2）向上写原则：仅当主体标记中的等级分类低于或等于客体标记中的等级分类，且主体标记中的非等级类别包含了客体标记中的非等级类别，主体才能写该客体；

（2）基于角色的访问控制（BRAC）：基本思想是，按角色进行权限的分配和管理；通过对主体进行角色授予，使主体获得相应角色的权限；通过撤销主体的角色授予，取消主体所获得的相应角色权限。在基于角色的访问控制中，标记信息是对主体的授权信息；

（3）特权用户管理：基本思想是，针对特权用户权限过于集中所带来的安全隐患，对特权用户按最小授权原则进行管理。实现特权用户的权限分离；仅授予特权用户为完成自身任务所需要的最小权限。

2．访问控制功能

正确实施安全子系统安全策略的全部硬件、固件、软件所提供的功能应明确指出采用一条命名的强制访问控制策略所实现的特定功能。正确实施安全子系统安全策略的全部硬件、固件、软件所提供的功能应有能力提供：

（1）在标记或命名的标记组的客体上，执行访问控制为实现安全子系统安全要素要求的功能所采用的安全策略；

（2）按受控主体和受控客体之间的允许访问规则，决定允许受控主体对受控客体执行受控操作；

（3）按受控主体和受控客体之间的拒绝访问规则，决定拒绝受控主体对受控客体执行受控操作。

3．访问控制范围

根据对强制访问控制的不同要求，强制访问控制的覆盖范围分为：

（1）子集访问控制：对每个确定的强制访问控制，正确实施安全子系统安全策略的全部硬件、固件、软件所提供的功能应覆盖信息系统中由安全功能所定义的主体、客体及其之间的操作；

（2）完全访问控制：对每个确定的强制访问控制，正确实施安全子系统安全策略的全部硬件、固件、软件所提供的功能应覆盖信息系统中所有的主体、客体及其之间的操作，即要求正确实施安全子系统安全策略的全部硬件、固件、软件所提供的功能应确保安全子系统的操作所涉及的主体和客体的范围内的任意一个主体和任意一个客体之间的操作将至少被一个确定的访问控制为实现安全子系统安全要素要求的功能所采用的安全策略覆盖。

4．访问控制力度

根据对强制访问控制的不同要求，强制访问控制的力度分为：

（1）中力度：主体为用户级，客体为文件、数据库表级和/或记录、字段级；

（2）细力度：主体为用户级，客体为文件、数据库表级和/或记录、字段和/或元素级。

5．访问控制环境

强制访问控制应考虑以下不同的系统运行环境：

（1）单一安全域环境：在单一安全域环境实施的强制访问控制应在该环境中维持统一的标记信息和访问规则；当被控客体输出到安全域以外时，应将其标记信息同时输出；

（2）多安全域环境：在多安全域环境实施统一安全策略的强制访问控制时，应在这些安全域中维持统一的标记信息和访问规则；当被控制客体在这些安全域之间移动时，应将其标记信息一起移动。

六、用户数据完整性保护

1. 存储数据的完整性

应对存储在安全子系统的操作所涉及的主体和客体的范围内的用户数据进行完整性保护。根据对用户数据完整性保护的不同要求，存储数据的完整性分为：

（1）完整性检测：正确实施安全子系统安全策略的全部硬件、固件、软件所提供的功能应对存储在安全子系统的操作所涉及的主体和客体的范围内的用户数据在读取操作时进行完整性检测，以发现数据完整性被破坏的情况；

（2）完整性检测和恢复：正确实施安全子系统安全策略的全部硬件、固件、软件所提供的功能，应对存储在安全子系统的操作所涉及的主体和客体的范围内的用户数据在读取操作时进行完整性检测，并在检测到完整性错误时，采取必要的恢复措施。

2. 传输数据的完整性

当用户数据在正确实施安全子系统安全策略的全部硬件、固件、软件所提供的功能和正确实施安全子系统安全策略的全部硬件、固件、软件所提供的功能间传输时应提供完整性保护。根据对用户数据完整性保护的不同要求，传输数据的完整性分为：

（1）完整性检测：正确实施安全子系统安全策略的全部硬件、固件、软件所提供的功能应对经网络传输的用户数据在传输过程中进行完整性检测，及时发现以某种方式传送或接收的用户数据被篡改、删除、插入等情况发生；

（2）完整性检测和恢复：正确实施安全子系统安全策略的全部硬件、固件、软件所提供的功能应对经网络传输的用户数据在传输过程中进行完整性检测，及时发现以某种方式传送或接收的用户数据被篡改、删除、插入等情况发生，并在检测到完整性错误时，采取必要的恢复措施。

3. 处理数据的完整性

对信息系统中处理中的数据，应通过"回退"进行完整性保护，即正确实施安全子系统安全策略的全部硬件、固件、软件所提供的功能应执行数据处理完整性实现 SSOIS 安全要素要求的功能所采用的安全策略，以允许对所定义的操作序列进行回退。

七、用户数据保密性保护

1. 存储数据保密性保护

对存储在安全子系统的操作所涉及的主体和客体的范围内的用户数据，应根据不同数据类型的不同保密性要求，进行不同程度的保密性保护，确保除具有访问权限的合法用户外，其余任何用户不能获得该数据。

2. 传输数据保密性保护

对在不同正确实施安全子系统安全策略的全部硬件、固件、软件所提供的功能之间或不同正确实施安全子系统安全策略的全部硬件、固件、软件所提供的功能上的用户之间传输的用户数据，应根据不同数据类型的不同保密性要求，进行不同程度的保密性保护，确保数据在传输过程中不被泄漏和窃取。

3. 客体安全重用

在对资源进行动态管理的系统中，客体资源（寄存器、内存、磁盘等记录介质）中的剩余信息不应引起信息的泄露。根据对用户数据保密性保护的不同要求，客体安全重用分为：

（1）子集信息保护：由安全子系统安全控制范围之内的某个子集的客体资源，在将其释放后再分配给某一用户或代表该用户运行的进程时，应不会泄露该客体中的原有信息；

（2）完全信息保护：由安全子系统安全控制范围之内的所有客体资源，在将其释放后再分配给某一用户或代表该用户运行的进程时，应不会泄漏该客体中的原有信息；

（3）特殊信息保护：在完全信息保护的基础上，对于某些需要特别保护的信息，应采用专门的方法对客体资源中的残留信息做彻底清除，如对剩磁的清除等。

八、数据流控制

在以数据流方式实现数据流动的信息系统中，应采用数据流控制机制实现对数据流动的安全控制，以防止具有高等级安全的数据信息向低等级的区域流动。

九、可信路径

用户与正确实施安全子系统安全策略的全部硬件、固件、软件所提供的功能间的可信路径应：

（1）提供真实的端点标识，并保护通信数据免遭修改和泄露；

（2）利用可信路径的通信可以由正确实施安全子系统安全策略的全部硬件、固件、软件所提供的功能自身、本地用户或远程用户发起；

（3）对原发用户的鉴别或需要可信路径的其他服务均使用可信路径。

十、密码支持

应根据密码强度与信息系统安全保护等级匹配的原则，按国家密码主管部门的规定，分级配置具有相应等级密码管理的密码支持。

第四节 不同安全防护级别信息系统保护基本技术要求

一、第一级基本技术要求

1. 物理安全

（1）物理访问控制（G1）。机房出入应安排专人负责，控制、鉴别和记录进入的人员。

（2）防盗窃和防破坏（G1）。本项要求包括：

1）应将主要设备放置在机房内；

2）应将设备或主要部件进行固定，并设置明显的不易除去的标记。

（3）防雷击（G1）。机房建筑应设置避雷装置。

（4）防火（G1）。机房应设置灭火设备。

（5）防水和防潮（G1）。本项要求包括：

1）应对穿过机房墙壁和楼板的水管增加必要的保护措施；

2）应采取措施防止雨水通过机房窗户、屋顶和墙壁渗透。

（6）温湿度控制（G1）。机房应设置必要的温、湿度控制设施，使机房温、湿度的变化在设备运行所允许的范围之内。

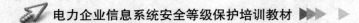
（7）电力供应（A1）。应在机房供电线路上配置稳压器和过电压防护设备。

2. 网络安全

（1）结构安全（G1）。本项要求包括：

1）应保证关键网络设备的业务处理能力满足基本业务需要；

2）应保证接入网络和核心网络的带宽满足基本业务需要；

3）应绘制与当前运行情况相符的网络拓扑结构图。

（2）访问控制（G1）。本项要求包括：

1）应在网络边界部署访问控制设备，启用访问控制功能；

2）应根据访问控制列表对源地址、目的地址、源端口、目的端口和协议等进行检查，以允许/拒绝数据包出入；

3）应通过访问控制列表对系统资源实现允许或拒绝用户访问，控制力度至少为用户组。

（3）网络设备防护（G1）。本项要求包括：

1）应对登录网络设备的用户进行身份鉴别；

2）应具有登录失败处理功能，可采取结束会话、限制非法登录次数和当网络登录连接超时自动退出等措施；

3）当对网络设备进行远程管理时，应采取必要措施防止鉴别信息在网络传输过程中被窃听。

3. 主机安全

（1）身份鉴别（S1）。应对登录操作系统和数据库系统的用户进行身份标识和鉴别。

（2）访问控制（S1）。本项要求包括：

1）应启用访问控制功能，依据安全策略控制用户对资源的访问；

2）应限制默认账户的访问权限，重命名系统默认账户，修改这些账户的默认口令；

3）应及时删除多余的、过期的账户，避免共享账户的存在。

（3）入侵防范（G1）。操作系统应遵循最小安装的原则，仅安装需要的组件和应用程序，并保持系统补丁及时得到更新。

（4）恶意代码防范（G1）。应安装防恶意代码软件，并及时更新防恶意代码软件版本和恶意代码库。

4. 应用安全

（1）身份鉴别（S1）。本项要求包括：

1）应提供专用的登录控制模块对登录用户进行身份标识和鉴别；

2）应提供登录失败处理功能，可采取结束会话、限制非法登录次数和自动退出等措施；

3）应启用身份鉴别和登录失败处理功能，并根据安全策略配置相关参数。

（2）访问控制（S1）。本项要求包括：

1）应提供访问控制功能控制用户组/用户对系统功能和用户数据的访问；

2）应由授权主体配置访问控制策略，并严格限制默认用户的访问权限。

（3）通信完整性（S1）。应采用约定通信会话方式的方法保证通信过程中数据的完整性。

（4）软件容错（A1）。应提供数据有效性检验功能，保证通过人机接口输入或通过通信接口输入的数据格式或长度符合系统设定要求。

5. 数据安全及备份恢复

（1）数据完整性（S1）。应能够检测到重要用户数据在传输过程中完整性受到破坏。

（2）备份和恢复（A1）。应能够对重要信息进行备份和恢复。

二、第二级基本技术要求

1. 物理安全

（1）物理位置的选择（G2）。机房和办公场地应选择在具有防震、防风和防雨等能力的建筑内。

（2）物理访问控制（G2）。本项要求包括：

1）机房出入口应安排专人值守，控制、鉴别和记录进入的人员；

2）需进入机房的来访人员应经过申请和审批流程，并限制和监控其活动范围。

（3）防盗窃和防破坏（G2）。本项要求包括：

1）应将主要设备放置在机房内；

2）应将设备或主要部件进行固定，并设置明显的不易除去的标记；

3）应将通信线缆铺设在隐蔽处，可铺设在地下或管道中；

4）应对介质分类标识，存储在介质库或档案室中；

5）主机房应安装必要的防盗报警设施。

（4）防雷击（G2）。本项要求包括：

1）机房建筑应设置避雷装置；

2）机房应设置交流电源地线。

（5）防火（G2）。机房应设置灭火设备和火灾自动报警系统。

（6）防水和防潮（G2）。本项要求包括：

1）水管安装，不得穿过机房屋顶和活动地板下；

2）应采取措施防止雨水通过机房窗户、屋顶和墙壁渗透；

3）应采取措施防止机房内水蒸气结露和地下积水的转移与渗透。

（7）防静电（G2）。关键设备应采用必要的接地防静电措施。

（8）温湿度控制（G2）。机房应设置温、湿度自动调节设施，使机房温、湿度的变化在设备运行所允许的范围之内。

（9）电力供应（A2）。本项要求包括：

1）应在机房供电线路上配置稳压器和过电压防护设备；

2）应提供短期的备用电力供应，至少满足关键设备在断电情况下的正常运行要求。

（10）电磁防护（S2）。电源线和通信线缆应隔离铺设，避免互相干扰。

2. 网络安全

（1）结构安全（G2）。本项要求包括：

1）应保证关键网络设备的业务处理能力具备冗余空间，满足业务高峰期需要；

2）应保证接入网络和核心网络的带宽满足业务高峰期需要；

3）应绘制与当前运行情况相符的网络拓扑结构图；

4）应根据各部门的工作职能、重要性和所涉及信息的重要程度等因素，划分不同的子网或网段，并按照方便管理和控制的原则为各子网、网段分配地址段。

（2）访问控制（G2）。本项要求包括：

1）应在网络边界部署访问控制设备，启用访问控制功能；

2）应能根据会话状态信息为数据流提供明确的允许/拒绝访问的能力，控制力度为网段级。

3）应按用户和系统之间的允许访问规则，决定允许或拒绝用户对受控系统进行资源访问，控制力度为单个用户；

4）应限制具有拨号访问权限的用户数量。

（3）安全审计（G2）。本项要求包括：

1）应对网络系统中的网络设备运行状况、网络流量、用户行为等进行日志记录；

2）审计记录应包括事件的日期和时间、用户、事件类型、事件是否成功及其他与审计相关的信息。

（4）边界完整性检查（S2）。应能够对内部网络中出现的内部用户未通过准许私自联到外部网络的行为进行检查。

（5）入侵防范（G2）。应在网络边界处监视以下攻击行为：端口扫描、强力攻击、木马后门攻击、拒绝服务攻击、缓冲区溢出攻击、IP碎片攻击和网络蠕虫攻击等。

（6）网络设备防护（G2）。本项要求包括：

1）应对登录网络设备的用户进行身份鉴别；

2）应对网络设备的管理员登录地址进行限制；

3）网络设备用户的标识应唯一；

4）身份鉴别信息应具有不易被冒用的特点，口令应有复杂度要求并定期更换；

5）应具有登录失败处理功能，可采取结束会话、限制非法登录次数和当网络登录连接超时自动退出等措施；

6）当对网络设备进行远程管理时，应采取必要措施防止鉴别信息在网络传输过程中被窃听。

3．主机安全

（1）身份鉴别（S2）。本项要求包括：

1）应对登录操作系统和数据库系统的用户进行身份标识和鉴别；

2）操作系统和数据库系统管理用户身份标识应具有不易被冒用的特点，口令应有复杂度要求并定期更换；

3）应启用登录失败处理功能，可采取结束会话、限制非法登录次数和自动退出等措施；

4）当对服务器进行远程管理时，应采取必要措施，防止鉴别信息在网络传输过程中被窃听；

5）应为操作系统和数据库系统的不同用户分配不同的用户名，确保用户名具有唯一性。

（2）访问控制（S2）。本项要求包括：

1）应启用访问控制功能，依据安全策略控制用户对资源的访问；

2）应实现操作系统和数据库系统特权用户的权限分离；

3）应限制默认账户的访问权限，重命名系统默认账户，修改这些账户的默认口令；

4）应及时删除多余的、过期的账户，避免共享账户的存在。

（3）安全审计（G2）。本项要求包括：

1）审计范围应覆盖到服务器上的每个操作系统用户和数据库用户；

2）审计内容应包括重要用户行为、系统资源的异常使用和重要系统命令的使用等系统内重要的安全相关事件；

3）审计记录应包括事件的日期、时间、类型、主体标识、客体标识和结果等；

4）应保护审计记录，避免受到未预期的删除、修改或覆盖等。

（4）入侵防范（G2）。操作系统应遵循最小安装的原则，仅安装需要的组件和应用程序，并通过设置升级服务器等方式保持系统补丁及时得到更新。

（5）恶意代码防范（G2）。本项要求包括：

1）应安装防恶意代码软件，并及时更新防恶意代码软件版本和恶意代码库；

2）应支持防恶意代码软件的统一管理。

（6）资源控制（A2）。本项要求包括：

1）应通过设定终端接入方式、网络地址范围等条件限制终端登录；

2）应根据安全策略设置登录终端的操作超时锁定；

3）应限制单个用户对系统资源的最大或最小使用限度。

4. 应用安全

（1）身份鉴别（S2）。本项要求包括：

1）应提供专用的登录控制模块对登录用户进行身份标识和鉴别；

2）应提供用户身份标识唯一和鉴别信息复杂度检查功能，保证应用系统中不存在重复用户身份标识，身份鉴别信息不易被冒用；

3）应提供登录失败处理功能，可采取结束会话、限制非法登录次数和自动退出等措施；

4）应启用身份鉴别、用户身份标识唯一性检查、用户身份鉴别信息复杂度检查以及登录失败处理功能，并根据安全策略配置相关参数。

（2）访问控制（S2）。本项要求包括：

1）应提供访问控制功能，依据安全策略控制用户对文件、数据库表等客体的访问；

2）访问控制的覆盖范围应包括与资源访问相关的主体、客体及它们之间的操作；

3）应由授权主体配置访问控制策略，并严格限制默认账户的访问权限；

4）应授予不同账户为完成各自承担任务所需的最小权限，并在它们之间形成相互制约的关系。

（3）安全审计（G2）。本项要求包括：

1）应提供覆盖到每个用户的安全审计功能，对应用系统重要安全事件进行审计；

2）应保证无法删除、修改或覆盖审计记录；

3）审计记录的内容至少应包括事件日期、时间、发起者信息、类型、描述和结果等。

（4）通信完整性（S2）。应采用校验码技术保证通信过程中数据的完整性。

（5）通信保密性（S2）。本项要求包括：

1）在通信双方建立连接之前，应用系统应利用密码技术进行会话初始化验证；

2）应对通信过程中的敏感信息字段进行加密。

（6）软件容错（A2）。本项要求包括：

1）应提供数据有效性检验功能，保证通过人机接口输入或通过通信接口输入的数据格式或长度符合系统设定要求；

2）在故障发生时，应用系统应能够继续提供一部分功能，确保能够实施必要的措施。

（7）资源控制（A2）。本项要求包括：

1）当应用系统的通信双方中的一方在一段时间内未作任何响应，另一方应能够自动结束会话；

2）应能够对应用系统的最大并发会话连接数进行限制；

3）应能够对单个账户的多重并发会话进行限制。

5. 数据安全及备份恢复

（1）数据完整性（S2）。应能够检测到鉴别信息和重要业务数据在传输过程中完整性受到破坏。

（2）数据保密性（S2）。应采用加密或其他保护措施实现鉴别信息的存储保密性。

（3）备份和恢复（A2）。本项要求包括：

1）应能够对重要信息进行备份和恢复；

2）应提供关键网络设备、通信线路和数据处理系统的硬件冗余，保证系统的可用性。

三、第三级基本技术要求

1. 物理安全

（1）物理位置的选择（G3）。本项要求包括：

1）机房和办公场地应选择在具有防震、防风和防雨等能力的建筑内；

2）机房场地应避免设在建筑物的高层或地下室，以及用水设备的下层或隔壁。

（2）物理访问控制（G3）。本项要求包括：

1）机房出入口应安排专人值守，控制、鉴别和记录进入的人员；

2）需进入机房的来访人员应经过申请和审批流程，并限制和监控其活动范围；

3）应对机房划分区域进行管理，区域和区域之间设置物理隔离装置，在重要区域前设置交付或安装等过渡区域；

4）重要区域应配置电子门禁系统，控制、鉴别和记录进入的人员。

（3）防盗窃和防破坏（G3）。本项要求包括：

1）应将主要设备放置在机房内；

2）应将设备或主要部件进行固定，并设置明显的不易除去的标记；

3）应将通信线缆铺设在隐蔽处，可铺设在地下或管道中；

4）应对介质分类标识，存储在介质库或档案室中；

5）应利用光、电等技术设置机房防盗报警系统；

6）应对机房设置监控报警系统。

（4）防雷击（G3）。本项要求包括：

1）机房建筑应设置避雷装置；

2）应设置防雷保安器，防止感应雷；

3）机房应设置交流电源地线。

（5）防火（G3）。本项要求包括：

1）机房应设置火灾自动消防系统，能够自动检测火情、自动报警，并自动灭火；

2）机房及相关的工作房间和辅助房应采用具有耐火等级的建筑材料；

3）机房应采取区域隔离防火措施，将重要设备与其他设备隔离开。

（6）防水和防潮（G3）。本项要求包括：

1）水管安装，不得穿过机房屋顶和活动地板下；

2）应采取措施防止雨水通过机房窗户、屋顶和墙壁渗透；

3）应采取措施防止机房内水蒸气结露和地下积水的转移与渗透；

4）应安装对水敏感的检测仪表或元件，对机房进行防水检测和报警。

（7）防静电（G3）。本项要求包括：

1）主要设备应采用必要的接地防静电措施；

2）机房应采用防静电地板。

（8）温湿度控制（G3）。机房应设置温、湿度自动调节设施，使机房温、湿度的变化在设备运行所允许的范围之内。

（9）电力供应（A3）。本项要求包括：

1）应在机房供电线路上配置稳压器和过电压防护设备；

2）应提供短期的备用电力供应，至少满足主要设备在断电情况下的正常运行要求；

3）应设置冗余或并行的电力电缆线路为计算机系统供电；

4）应建立备用供电系统。

（10）电磁防护（S3）。本项要求包括：

1）应采用接地方式防止外界电磁干扰和设备寄生耦合干扰；

2）电源线和通信线缆应隔离铺设，避免互相干扰；

3）应对关键设备和磁介质实施电磁屏蔽。

2. 网络安全

（1）结构安全（G3）。本项要求包括：

1）应保证主要网络设备的业务处理能力具备冗余空间，满足业务高峰期需要；

2）应保证网络各个部分的带宽满足业务高峰期需要；

3）应在业务终端与业务服务器之间进行路由控制建立安全的访问路径；

4）应绘制与当前运行情况相符的网络拓扑结构图；

5）应根据各部门的工作职能、重要性和所涉及信息的重要程度等因素，划分不同的子网或网段，并按照方便管理和控制的原则为各子网、网段分配地址段；

6）应避免将重要网段部署在网络边界处且直接连接外部信息系统，重要网段与其他网段之间采取可靠的技术隔离手段；

7）应按照对业务服务的重要次序来指定带宽分配优先级别，保证在网络发生拥堵的时候优先保护重要主机。

（2）访问控制（G3）。本项要求包括：

1）应在网络边界部署访问控制设备，启用访问控制功能；

2）应能根据会话状态信息为数据流提供明确的允许/拒绝访问的能力，控制力度为端口级；

3）应对进出网络的信息内容进行过滤，实现对应用层 HTTP、FTP、TELNET、SMTP、POP3 等协议命令级的控制；

4）应在会话处于非活跃一定时间或会话结束后终止网络连接；

5）应限制网络最大流量数及网络连接数；

6）重要网段应采取技术手段防止地址欺骗；

7）应按用户和系统之间的允许访问规则，决定允许或拒绝用户对受控系统进行资源访问，控制力度为单个用户；

8）应限制具有拨号访问权限的用户数量。

（3）安全审计（G3）。本项要求包括：

1）应对网络系统中的网络设备运行状况、网络流量、用户行为等进行日志记录；

2）审计记录应包括：事件的日期和时间、用户、事件类型、事件是否成功及其他与审计相关的信息；

3）应能够根据记录数据进行分析，并生成审计报表；

4）应对审计记录进行保护，避免受到未预期的删除、修改或覆盖等。

（4）边界完整性检查（S3）。本项要求包括：

1）应能够对非授权设备私自联到内部网络的行为进行检查，准确定出位置，并对其进行有效阻断；

2）应能够对内部网络用户私自联到外部网络的行为进行检查，准确定出位置，并对其进行有效阻断。

（5）入侵防范（G3）。本项要求包括：

1）应在网络边界处监视以下攻击行为：端口扫描、强力攻击、木马后门攻击、拒绝服务攻击、缓冲区溢出攻击、IP 碎片攻击和网络蠕虫攻击等；

2）当检测到攻击行为时，记录攻击源 IP、攻击类型、攻击目的、攻击时间，在发生严重入侵事件时应提供报警。

（6）恶意代码防范（G3）。本项要求包括：

1）应在网络边界处对恶意代码进行检测和清除；

2）应维护恶意代码库的升级和检测系统的更新。

（7）网络设备防护（G3）。本项要求包括：

1）应对登录网络设备的用户进行身份鉴别；

2）应对网络设备的管理员登录地址进行限制；

3）网络设备用户的标识应唯一；

4）主要网络设备应对同一用户选择两种或两种以上组合的鉴别技术来进行身份鉴别；

5）身份鉴别信息应具有不易被冒用的特点，口令应有复杂度要求并定期更换；

6）应具有登录失败处理功能，可采取结束会话、限制非法登录次数和当网络登录连接超时自动退出等措施；

7）当对网络设备进行远程管理时，应采取必要措施防止鉴别信息在网络传输过程中被窃听；

8）应实现设备特权用户的权限分离。

3. 主机安全

（1）身份鉴别（S3）。本项要求包括：

1）应对登录操作系统和数据库系统的用户进行身份标识和鉴别；

2）操作系统和数据库系统管理用户身份标识应具有不易被冒用的特点，口令应有复杂度要求并定期更换；

3）应启用登录失败处理功能，可采取结束会话、限制非法登录次数和自动退出等措施；

4）当对服务器进行远程管理时，应采取必要措施，防止鉴别信息在网络传输过程中被窃听；

5）应为操作系统和数据库系统的不同用户分配不同的用户名，确保用户名具有唯一性。

6）应采用两种或两种以上组合的鉴别技术对管理用户进行身份鉴别。

（2）访问控制（S3）。本项要求包括：

1）应启用访问控制功能，依据安全策略控制用户对资源的访问；

2）应根据管理用户的角色分配权限，实现管理用户的权限分离，仅授予管理用户所需的最小权限；

3）应实现操作系统和数据库系统特权用户的权限分离；

4）应严格限制默认账户的访问权限，重命名系统默认账户，修改这些账户的默认口令；

5）应及时删除多余的、过期的账户，避免共享账户的存在。

6）应对重要信息资源设置敏感标记；

7）应依据安全策略严格控制用户对有敏感标记重要信息资源的操作；

（3）安全审计（G3）。本项要求包括：

1）审计范围应覆盖到服务器和重要客户端上的每个操作系统用户和数据库用户；

2）审计内容应包括重要用户行为、系统资源的异常使用和重要系统命令的使用等系统内重要的安全相关事件；

3）审计记录应包括事件的日期、时间、类型、主体标识、客体标识和结果等；

4）应能够根据记录数据进行分析，并生成审计报表；

5）应保护审计进程，避免受到未预期的中断；

6）应保护审计记录，避免受到未预期的删除、修改或覆盖等。

（4）剩余信息保护（S3）。本项要求包括：

1）应保证操作系统和数据库系统用户的鉴别信息所在的存储空间，被释放或再分配给其他用户前得到完全清除，无论这些信息是存放在硬盘上还是在内存中；

2）应确保系统内的文件、目录和数据库记录等资源所在的存储空间，被释放或重新分配给其他用户前得到完全清除。

（5）入侵防范（G3）。本项要求包括：

1）应能够检测到对重要服务器进行入侵的行为，能够记录入侵的源 IP、攻击的类型、攻击的目的、攻击的时间，并在发生严重入侵事件时提供报警；

2）应能够对重要程序的完整性进行检测，并在检测到完整性受到破坏后具有恢复的措施；

3）操作系统应遵循最小安装的原则，仅安装需要的组件和应用程序，并通过设置升级服务器等方式保持系统补丁及时得到更新。

（6）恶意代码防范（G3）。本项要求包括：

1）应安装防恶意代码软件，并及时更新防恶意代码软件版本和恶意代码库；

2）主机防恶意代码产品应具有与网络防恶意代码产品不同的恶意代码库；

3）应支持防恶意代码的统一管理。

（7）资源控制（A3）。本项要求包括：

1）应通过设定终端接入方式、网络地址范围等条件限制终端登录；

2）应根据安全策略设置登录终端的操作超时锁定；

3）应对重要服务器进行监视，包括监视服务器的 CPU、硬盘、内存、网络等资源的使用情况；

4）应限制单个用户对系统资源的最大或最小使用限度；

5）应能够对系统的服务水平降低到预先规定的最小值进行检测和报警。

4. 应用安全

（1）身份鉴别（S3）。本项要求包括：

1）应提供专用的登录控制模块对登录用户进行身份标识和鉴别；

2）应对同一用户采用两种或两种以上组合的鉴别技术实现用户身份鉴别；

3）应提供用户身份标识唯一和鉴别信息复杂度检查功能，保证应用系统中不存在重复用户身份标识，身份鉴别信息不易被冒用；

4）应提供登录失败处理功能，可采取结束会话、限制非法登录次数和自动退出等措施；

5）应启用身份鉴别、用户身份标识唯一性检查、用户身份鉴别信息复杂度检查以及登录失败处理功能，并根据安全策略配置相关参数。

（2）访问控制（S3）。本项要求包括：

1）应提供访问控制功能，依据安全策略控制用户对文件、数据库表等客体的访问；

2）访问控制的覆盖范围应包括与资源访问相关的主体、客体及它们之间的操作；

3）应由授权主体配置访问控制策略，并严格限制默认账户的访问权限；

4）应授予不同账户为完成各自承担任务所需的最小权限，并在它们之间形成相互制约的关系。

5）应具有对重要信息资源设置敏感标记的功能；

6）应依据安全策略严格控制用户对有敏感标记重要信息资源的操作。

（3）安全审计（G3）。本项要求包括：

1）应提供覆盖到每个用户的安全审计功能，对应用系统重要安全事件进行审计；

2）应保证无法单独中断审计进程，无法删除、修改或覆盖审计记录；

3）审计记录的内容至少应包括事件的日期、时间、发起者信息、类型、描述和结果等；

4）应提供对审计记录数据进行统计、查询、分析及生成审计报表的功能。

（4）剩余信息保护（S3）。本项要求包括：

1）应保证用户鉴别信息所在的存储空间被释放或再分配给其他用户前得到完全清除，无论这些信息是存放在硬盘上还是在内存中；

2）应保证系统内的文件、目录和数据库记录等资源所在的存储空间被释放或重新分配给其他用户前得到完全清除。

（5）通信完整性（S3）。应采用密码技术保证通信过程中数据的完整性。

（6）通信保密性（S3）。本项要求包括：

1）在通信双方建立连接之前，应用系统应利用密码技术进行会话初始化验证；

2）应对通信过程中的整个报文或会话过程进行加密。

（7）抗抵赖（G3）。本项要求包括：

1）应具有在请求的情况下为数据原发者或接收者提供数据原发证据的功能；

2）应具有在请求的情况下为数据原发者或接收者提供数据接收证据的功能。

（8）软件容错（A3）。本项要求包括：

1）应提供数据有效性检验功能，保证通过人机接口输入或通过通信接口输入的数据格式或长度符合系统设定要求；

2）应提供自动保护功能，当故障发生时自动保护当前所有状态，保证系统能够进行恢复。

（9）资源控制（A3）。本项要求包括：

1）当应用系统的通信双方中的一方在一段时间内未作任何响应，另一方应能够自动结束会话；

2）应能够对系统的最大并发会话连接数进行限制；

3）应能够对单个账户的多重并发会话进行限制；

4）应能够对一个时间段内可能的并发会话连接数进行限制；

5）应能够对一个访问账户或一个请求进程占用的资源分配最大限额和最小限额；

6）应能够对系统服务水平降低到预先规定的最小值进行检测和报警；

7）应提供服务优先级设定功能，并在安装后根据安全策略设定访问账户或请求进程的优先级，根据优先级分配系统资源。

5．数据安全及备份恢复

（1）数据完整性（S3）。本项要求包括：

1）应能够检测到系统管理数据、鉴别信息和重要业务数据在传输过程中完整性受到破坏，并在检测到完整性错误时采取必要的恢复措施；

2）应能够检测到系统管理数据、鉴别信息和重要业务数据在存储过程中完整性受到破坏，并在检测到完整性错误时采取必要的恢复措施。

（2）数据保密性（S3）。本项要求包括：

1）应采用加密或其他有效措施实现系统管理数据、鉴别信息和重要业务数据传输保密性；

2）应采用加密或其他保护措施实现系统管理数据、鉴别信息和重要业务数据存储保密性。

（3）备份和恢复（A3）。本项要求包括：

1）应提供本地数据备份与恢复功能，完全数据备份至少每天一次，备份介质场外存放；

2）应提供异地数据备份功能，利用通信网络将关键数据定时批量传送至备用场地；

3）应采用冗余技术设计网络拓扑结构，避免关键节点存在单点故障；

4）应提供主要网络设备、通信线路和数据处理系统的硬件冗余，保证系统的高可用性。

四、第四级基本技术要求

1. 物理安全

（1）物理位置的选择（G4）。本项要求包括：

1）机房和办公场地应选择在具有防震、防风和防雨等能力的建筑内；

2）机房场地应避免设在建筑物的高层或地下室，以及用水设备的下层或隔壁。

（2）物理访问控制（G4）。本项要求包括：

1）机房出入口应安排专人值守并配置电子门禁系统，控制、鉴别和记录进入的人员；

2）需进入机房的来访人员应经过申请和审批流程，并限制和监控其活动范围；

3）应对机房划分区域进行管理，区域和区域之间设置物理隔离装置，在重要区域前设置交付或安装等过渡区域；

4）重要区域应配置第二道电子门禁系统，控制、鉴别和记录进入的人员。

（3）防盗窃和防破坏（G4）。本项要求包括：

1）应将主要设备放置在机房内；

2）应将设备或主要部件进行固定，并设置明显的不易除去的标记；

3）应将通信线缆铺设在隐蔽处，可铺设在地下或管道中；

4）应对介质分类标识，存储在介质库或档案室中；

5）应利用光、电等技术设置机房防盗报警系统；

6）应对机房设置监控报警系统。

（4）防雷击（G4）。本项要求包括：

1）机房建筑应设置避雷装置；

2）应设置防雷保安器，防止感应雷；

3）机房应设置交流电源地线。

（5）防火（G4）。本项要求包括：

1）机房应设置火灾自动消防系统，能够自动检测火情、自动报警，并自动灭火；

2）机房及相关的工作房间和辅助房应采用具有耐火等级的建筑材料；

3）机房应采取区域隔离防火措施，将重要设备与其他设备隔离开。

（6）防水和防潮（G4）。本项要求包括：

1）水管安装，不得穿过机房屋顶和活动地板下；

2）应采取措施防止雨水通过机房窗户、屋顶和墙壁渗透；

3）应采取措施防止机房内水蒸气结露和地下积水的转移与渗透；

4）应安装对水敏感的检测仪表或元件，对机房进行防水检测和报警。

（7）防静电（G4）。本项要求包括：

1）设备应采用必要的接地防静电措施；

2）机房应采用防静电地板；

3）应采用静电消除器等装置，减少静电的产生。

（8）温湿度控制（G4）。机房应设置温湿度自动调节设施，使机房温、湿度的变化在设备运行所允许的范围之内。

（9）电力供应（A4）。本项要求包括：

1）应在机房供电线路上配置稳压器和过电压防护设备；

2）应提供短期的备用电力供应，至少满足设备在断电情况下的正常运行要求；

3）应设置冗余或并行的电力电缆线路为计算机系统供电；

4）应建立备用供电系统。

（10）电磁防护（S4）。本项要求包括：

1）应采用接地方式防止外界电磁干扰和设备寄生耦合干扰；

2）电源线和通信线缆应隔离铺设，避免互相干扰；

3）应对关键区域实施电磁屏蔽。

2. 网络安全

（1）结构安全（G4）。本项要求包括：

1）应保证网络设备的业务处理能力具备冗余空间，满足业务高峰期需要；

2）应保证网络各个部分的带宽满足业务高峰期需要；

3）应在业务终端与业务服务器之间进行路由控制建立安全的访问路径；

4）应绘制与当前运行情况相符的网络拓扑结构图；

5）应根据各部门的工作职能、重要性和所涉及信息的重要程度等因素，划分不同的子网或网段，并按照方便管理和控制的原则为各子网、网段分配地址段；

6）应避免将重要网段部署在网络边界处且直接连接外部信息系统，重要网段与其他网段之间采取可靠的技术隔离手段；

7）应按照对业务服务的重要次序来指定带宽分配优先级别，保证在网络发生拥堵的时候优先保护重要主机。

（2）访问控制（G4）。本项要求包括：

1）应在网络边界部署访问控制设备，启用访问控制功能；

2）应不允许数据带通用协议通过；

3）应根据数据的敏感标记允许或拒绝数据通过；

4）应不开放远程拨号访问功能。

（3）安全审计（G4）。本项要求包括：

1）应对网络系统中的网络设备运行状况、网络流量、用户行为等进行日志记录；

2）审计记录应包括：事件的日期和时间、用户、事件类型、事件是否成功及其他与审计相关的信息；

3）应能够根据记录数据进行分析，并生成审计报表；

4）应对审计记录进行保护，避免受到未预期的删除、修改或覆盖等；

5）应定义审计跟踪极限的阈值，当存储空间接近极限时，能采取必要的措施，当存储空间被耗尽时，终止可审计事件的发生；

6）应根据信息系统的统一安全策略，实现集中审计，时钟保持与时钟服务器同步。

（4）边界完整性检查（S4）。本项要求包括：

1）应能够对非授权设备私自联到内部网络的行为进行检查，准确定出位置，并对其进行有效阻断；

2）应能够对内部网络用户私自联到外部网络的行为进行检查，准确定出位置，并对其进行有效阻断。

（5）入侵防范（G4）。本项要求包括：

1）应在网络边界处监视以下攻击行为：端口扫描、强力攻击、木马后门攻击、拒绝服务攻击、缓冲区溢出攻击、IP碎片攻击和网络蠕虫攻击等；

2）当检测到攻击行为时，应记录攻击源IP、攻击类型、攻击目的、攻击时间，在发生严重入侵事件时应提供报警及自动采取相应动作。

（6）恶意代码防范（G4）。本项要求包括：

1）应在网络边界处对恶意代码进行检测和清除；

2）应维护恶意代码库的升级和检测系统的更新。

（7）网络设备防护（G4）。本项要求包括：

1）应对登录网络设备的用户进行身份鉴别；

2）应对网络设备的管理员登录地址进行限制；

3）网络设备用户的标识应唯一；

4）主要网络设备应对同一用户选择两种或两种以上组合的鉴别技术来进行身份鉴别；

5）身份鉴别信息应具有不易被冒用的特点，口令应有复杂度要求并定期更换；

6）网络设备用户的身份鉴别信息至少应有一种是不可伪造的；

7）应具有登录失败处理功能，可采取结束会话、限制非法登录次数和当网络登录连接超时自动退出等措施；

8）当对网络设备进行远程管理时，应采取必要措施防止鉴别信息在网络传输过程中被窃听；

9）应实现设备特权用户的权限分离。

3．主机安全

（1）身份鉴别（S4）。本项要求包括：

1）应对登录操作系统和数据库系统的用户进行身份标识和鉴别；

2）操作系统和数据库系统管理用户身份标识应具有不易被冒用的特点，口令应有复杂度要求并定期更换；

3）应启用登录失败处理功能，可采取结束会话、限制非法登录次数和自动退出等措施；

4）应设置鉴别警示信息，描述未授权访问可能导致的后果；

5）当对服务器进行远程管理时，应采取必要措施，防止鉴别信息在网络传输过程中被窃听；

6）应为操作系统和数据库系统的不同用户分配不同的用户名，确保用户名具有唯一性；

7）应采用两种或两种以上组合的鉴别技术对管理用户进行身份鉴别，并且身份鉴别信息至少有一种是不可伪造的。

（2）安全标记（S4）。应对所有主体和客体设置敏感标记。

（3）访问控制（S4）。本项要求包括：

1）应依据安全策略和所有主体和客体设置的敏感标记控制主体对客体的访问；

2）访问控制的力度应达到主体为用户级或进程级，客体为文件、数据库表、记录和字段级。

3）应根据管理用户的角色分配权限，实现管理用户的权限分离，仅授予管理用户所需的最小权限；

4）应实现操作系统和数据库系统特权用户的权限分离；

5）应严格限制默认账户的访问权限，重命名系统默认账户，修改这些账户的默认口令；

6）应及时删除多余的、过期的账户，避免共享账户的存在。

（4）可信路径（S4）。本项要求包括：

1）在系统对用户进行身份鉴别时，系统与用户之间应能够建立一条安全的信息传输路径。

2）在用户对系统进行访问时，系统与用户之间应能够建立一条安全的信息传输路径。

（5）安全审计（G4）。本项要求包括：

1）审计范围应覆盖到服务器和重要客户端上的每个操作系统用户和数据库用户；

2）审计内容应包括重要用户行为、系统资源的异常使用和重要系统命令的使用等系统内重要的安全相关事件；

3）审计记录应包括日期和时间、类型、主体标识、客体标识、事件的结果等；

4）应能够根据记录数据进行分析，并生成审计报表；

5）应保护审计进程，避免受到未预期的中断；

6）应保护审计记录，避免受到未预期的删除、修改或覆盖等；

7）应能够根据信息系统的统一安全策略，实现集中审计。

（6）剩余信息保护（S4）。本项要求包括：

1）应保证操作系统和数据库系统用户的鉴别信息所在的存储空间，被释放或再分配给其他用户前得到完全清除，无论这些信息是存放在硬盘上还是在内存中；

2）应确保系统内的文件、目录和数据库记录等资源所在的存储空间，被释放或重新分配给其他用户前得到完全清除。

（7）入侵防范（G4）。本项要求包括：

1）应能够检测到对重要服务器进行入侵的行为，能够记录入侵的源 IP、攻击的类型、攻击的目的、攻击的时间，并在发生严重入侵事件时提供报警；

2）应能够对重要程序的完整性进行检测，并在检测到完整性受到破坏后具有恢复的措施；

3）操作系统应遵循最小安装的原则，仅安装需要的组件和应用程序，并通过设置升级服务器等方式保持系统补丁及时得到更新。

（8）恶意代码防范（G4）。本项要求包括：

1）应安装防恶意代码软件，并及时更新防恶意代码软件版本和恶意代码库；

2）主机防恶意代码产品应具有与网络防恶意代码产品不同的恶意代码库；

3）应支持防恶意代码的统一管理。

（9）资源控制（A4）。本项要求包括：

1）应通过设定终端接入方式、网络地址范围等条件限制终端登录；

2）应根据安全策略设置登录终端的操作超时锁定；

3）应对重要服务器进行监视，包括监视服务器的 CPU、硬盘、内存、网络等资源的使用情况；

4）应限制单个用户对系统资源的最大或最小使用限度；

5）应能够对系统的服务水平降低到预先规定的最小值进行检测和报警。

4. 应用安全

（1）身份鉴别（S4）。本项要求包括：

1）应提供专用的登录控制模块对登录用户进行身份标识和鉴别；

2）应对同一用户采用两种或两种以上组合的鉴别技术实现用户身份鉴别，其中一种是不可伪造的；

3）应提供用户身份标识唯一和鉴别信息复杂度检查功能，保证应用系统中不存在重复用户身份标识，身份鉴别信息不易被冒用；

4）应提供登录失败处理功能，可采取结束会话、限制非法登录次数和自动退出等措施；

5）应启用身份鉴别、用户身份标识唯一性检查、用户身份鉴别信息复杂度检查以及登录失败处理功能，并根据安全策略配置相关参数。

（2）安全标记（S4）。应提供为主体和客体设置安全标记的功能并在安装后启用。

（3）访问控制（S4）。本项要求包括：

1）应提供自主访问控制功能，依据安全策略控制用户对文件、数据库表等客体的访问；

2）自主访问控制的覆盖范围应包括与信息安全直接相关的主体、客体及它们之间的操作；

3）应由授权主体配置访问控制策略，并禁止默认账户的访问；

4）应授予不同账户为完成各自承担任务所需的最小权限，并在它们之间形成相互制约的关系；

5）应通过比较安全标记来确定是授予还是拒绝主体对客体的访问。

（4）可信路径（S4）。本项要求包括：

1）在应用系统对用户进行身份鉴别时，应能够建立一条安全的信息传输路径；

2）在用户通过应用系统对资源进行访问时，应用系统应保证在被访问的资源与用户之间应能够建立一条安全的信息传输路径。

（5）安全审计（G4）。本项要求包括：

1）应提供覆盖到每个用户的安全审计功能，对应用系统重要安全事件进行审计；

2）应保证无法单独中断审计进程，无法删除、修改或覆盖审计记录；

3）审计记录的内容至少应包括事件的日期、时间、发起者信息、类型、描述和结果等；

4）应提供对审计记录数据进行统计、查询、分析及生成审计报表的功能；

5）应根据系统统一安全策略，提供集中审计接口。

（6）剩余信息保护（S4）。本项要求包括：

1）应保证用户的鉴别信息所在的存储空间被释放或再分配给其他用户前得到完全清除，无论这些信息是存放在硬盘上还是在内存中；

2）应保证系统内的文件、目录和数据库记录等资源所在的存储空间被释放或重新分配给其他用户前得到完全清除。

（7）通信完整性（S4）。应采用密码技术保证通信过程中数据的完整性。

（8）通信保密性（S4）。本项要求包括：

1）在通信双方建立连接之前，应用系统应利用密码技术进行会话初始化验证；

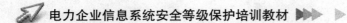

2）应对通信过程中的整个报文或会话过程进行加密；

3）应基于硬件化的设备对重要通信过程进行加解密运算和密钥管理。

（9）抗抵赖（G4）。本项要求包括：

1）应具有在请求的情况下为数据原发者或接收者提供数据原发证据的功能；

2）应具有在请求的情况下为数据原发者或接收者提供数据接收证据的功能。

（10）软件容错（A4）。本项要求包括：

1）应提供数据有效性检验功能，保证通过人机接口输入或通过通信接口输入的数据格式或长度符合系统设定要求；

2）应提供自动保护功能，当故障发生时自动保护当前所有状态；

3）应提供自动恢复功能，当故障发生时立即自动启动新的进程，恢复原来的工作状态。

（11）资源控制（A4）。本项要求包括：

1）当应用系统中的通信双方中的一方在一段时间内未作任何响应，另一方应能够自动结束会话；

2）应能够对系统的最大并发会话连接数进行限制；

3）应能够对单个账户的多重并发会话进行限制；

4）应能够对一个时间段内可能的并发会话连接数进行限制；

5）应能够对一个访问账户或一个请求进程占用的资源分配最大限额和最小限额；

6）应能够对系统服务水平降低到预先规定的最小值进行检测和报警；

7）应提供服务优先级设定功能，并在安装后根据安全策略设定访问账户或请求进程的优先级，根据优先级分配系统资源。

5. 数据安全及备份恢复

（1）数据完整性（S4）。本项要求包括：

1）应能够检测到系统管理数据、鉴别信息和重要业务数据在传输过程中完整性受到破坏，并在检测到完整性错误时采取必要的恢复措施；

2）应能够检测到系统管理数据、鉴别信息和重要业务数据在存储过程中完整性受到破坏，并在检测到完整性错误时采取必要的恢复措施；

3）应对重要通信提供专用通信协议或安全通信协议服务，避免来自基于通用通信协议的攻击破坏数据完整性。

（2）数据保密性（S4）。本项要求包括：

1）应采用加密或其他有效措施实现系统管理数据、鉴别信息和重要业务数据传输保密性；

2）应采用加密或其他保护措施实现系统管理数据、鉴别信息和重要业务数据存储保密性；

3）应对重要通信提供专用通信协议或安全通信协议服务，避免来自基于通用协议的攻击破坏数据保密性。

（3）备份和恢复（A4）。本项要求包括：

1）应提供数据本地备份与恢复功能，完全数据备份至少每天一次，备份介质场外存放；

2）应建立异地灾难备份中心，配备灾难恢复所需的通信线路、网络设备和数据处理设备，提供业务应用的实时无缝切换；

3）应提供异地实时备份功能，利用通信网络将数据实时备份至灾难备份中心；

4）应采用冗余技术设计网络拓扑结构，避免存在网络单点故障；

5）应提供主要网络设备、通信线路和数据处理系统的硬件冗余，保证系统的高可用性。

第五节 不同安全保护级别信息系统的基本配置

信息系统安全等级保护的基本配置是从系统角度对信息系统安全等级保护的各个安全保护等级的安全机制配置的描述。

本节参照《信息系统安全等级保护基本配置》给出了每一个安全保护等级的信息系统安全的基本配置，分别从局域计算环境安全及其分等级安全机制配置、局域计算环境边界防护及其分等级安全机制配置、用户环境安全及其边界防护分等级安全机制配置、网络系统安全及其分等级安全机制配置、安全域之间互操作安全机制配置、密码安全机制分等级配置、安全管理配置等方面，对各自安全的总体要求和分等级安全机制配置进行了说明，为各单位、各部门落实等级保护技术防护措施提供参考。

一、局域计算环境安全及其分等级安全机制配置

局域计算环境安全总的目标要求是，按所要求的安全保护等级，通过对局域计算环境各组成部分安全机制的配置和集成，保护局域计算环境中的数据信息不被非授权的泄露和破坏，保护局域计算环境安全运行，提供有效的服务。局域计算环境的安全包括：

（1）对应用服务器、数据服务器/主机中数据的安全保护；

（2）客户机/工作站/终端对主机或服务器的安全访问；

（3）用户数据在局域网中的安全传输；

（4）在局域网中用户间数据的安全交换。

1. 一级安全机制

按 GA/T 709—2007 中图 2 所给出的具有一级安全的信息系统安全基本模型，根据局域计算环境中所存储、传输和处理信息的安全需求，从五个层面的安全，明确局域计算环境的安全机制配置。

（1）物理安全。按 GB/T 20271—2006 中 6.1.1 的相关要求，在局域计算环境范围内，配置具有一级安全的下列物理安全机制：

1）环境安全机制；

2）设备安全机制；

3）介质安全机制；

4）其他物理安全机制。

（2）系统安全。按 GB/T 20272—2006 中 4.1 的要求和 GB/T 20273—2006 中 5.1 的要求，在各类计算机上配置具有下列安全机制的一级安全操作系统和数据库管理系统：

1）操作系统安全性检测分析机制和数据库管理系统安全性检测分析机制；

2）恶意代码防护机制；

3）备份与恢复机制；

4）身份鉴别机制；

5）粗力度自主访问控制机制；

6）存储和传输数据完整性保护机制；

7）其他系统安全机制。

（3）网络安全。按 GB/T 20270—2006 中 7.1 的要求，在局域网范围配置具有一级安全的下

179

列安全产品和/或安全机制：

1）恶意代码防护机制；

2）备份与恢复机制；

3）网络协议安全机制；

4）存储和传输数据完整性保护机制；

5）网络应用安全机制；

6）其他网络安全机制。

（4）应用安全。按 GB/T 20271—2006 中 6.1.2、6.1.3、6.1.4、6.1.5 和 6.1.6 的相关要求，在应用软件系统中配置具有一级安全的下列安全机制：

1）备份与故障恢复机制；

2）身份鉴别机制；

3）粗力度自主访问控制机制；

4）存储和传输数据完整性保护机制；

5）其他应用安全机制。

2. 二级安全机制

按 GA/T 709—2007 中图 3 所给出的具有二级安全的信息系统安全基本模型，根据局域计算环境中所存储、传输和处理信息的安全需求，从五个层面的安全，明确局域计算环境的安全机制配置。

（1）物理安全。按 GB/T 20271—2006 中 6.2.1 的相关要求，在局域计算环境范围内，配置具有二级安全的下列物理安全机制：①环境安全机制；②设备安全机制；③介质安全机制；④其他物理安全机制。

（2）系统安全。按 GB/T 20272—2006 中 4.2 的要求和 GB/T 20273—2006 中 5.2 的要求，在各类计算机上配置具有下列安全机制的二级安全操作系统和数据库管理系统：

1）操作系统安全性检测分析机制和数据库管理系统安全性检测分析机制；

2）安全审计机制；

3）恶意代码防护机制；

4）备份与故障恢复机制；

5）应急处理机制；

6）增强的身份鉴别机制；

7）细力度自主访问控制机制；

8）存储和传输数据保密性保护机制；

9）存储和传输数据完整性保护机制；

10）其他系统安全机制。

（3）网络安全。按 GB/T 20270—2006 中 7.2 的要求，在局域网范围配置具有二级安全的下列安全产品和/或安全机制：

1）网络安全性检测分析机制；

2）安全审计机制；

3）恶意代码防护机制；

4）备份与故障恢复机制；

5）应急处理机制；

6）网络协议安全机制；

7）存储和传输数据保护安全机制；

8）网络应用安全机制；

9）其他网络安全机制。

（4）应用安全。按 GB/T 20271—2006 中 6.2.2、6.2.3、6.2.4、6.2.5 和 6.2.6 的相关要求，在应用软件系统中配置具有二级安全的下列安全机制：

1）安全性检测分析机制；

2）安全审计机制；

3）备份与故障恢复机制；

4）应急处理机制；

5）增强的身份鉴别机制；

6）抗抵赖机制；

7）细力度自主访问控制机制；

8）存储和传输数据保密性保护机制；

9）存储和传输数据完整性保护机制；

10）其他应用安全机制。

3．三级安全机制

按 GA/T 709—2007 中图 4 所给出的具有三级安全的信息系统安全基本模型，根据局域计算环境中所存储、传输和处理信息的安全需求，从五个层面的安全，明确局域计算环境的安全机制配置。

（1）物理安全。按 GB/T 20271—2006 中 6.3.1 的相关要求，在局域计算环境范围内，配置具有三级安全的下列物理安全机制：

1）环境安全机制；

2）设备安全机制；

3）介质安全机制；

4）其他物理安全机制。

（2）系统安全。按 GB/T 20272—2006 中 4.3 的要求和 GB/T 20273—2006 中 5.3 的要求，在各类计算机上配置具有下列安全机制的三级安全操作系统和数据库管理系统：

1）操作系统安全性检测分析机制和数据库管理系统安全性检测分析机制；

2）安全审计机制；

3）恶意代码防护机制；

4）备份与故障恢复机制；

5）应急处理机制；

6）身份鉴别机制；

7）自主访问控制机制；

8）标记与强制访问控制机制；

9）存储和传输数据保密性保护（含剩余信息保护）机制；

10）存储和传输数据完整性保护机制；

11）其他系统安全机制。

（3）网络安全。按 GB/T 20270—2006 中 7.3 的要求，在局域网范围配置具有三级安全的下列安全产品和/或安全机制：

    1）网络安全性检测分析机制；

    2）安全审计机制；

    3）恶意代码防护机制；

    4）备份与故障恢复机制；

    5）应急处理机制；

    6）网络协议安全机制；

    7）存储和传输数据保护机制；

    8）网络应用安全机制；

    9）其他网络安全机制。

（4）应用安全。按 GB/T 20271—2006 中 6.3.2、6.3.3、6.3.4、6.3.5 和 6.3.6 的相关要求，在应用软件系统中配置具有三级安全的下列安全机制：

    1）安全性检测分析机制；

    2）安全审计机制；

    3）备份与故障恢复机制；

    4）应急处理机制；

    5）身份鉴别机制；

    6）抗抵赖机制；

    7）自主访问控制机制；

    8）标记与强制访问控制机制；

    9）存储和传输数据保密性保护机制；

    10）存储和传输数据完整性保护机制；

    11）其他应用安全机制。

4. 四级安全机制

按 GA/T 709—2007 中图 5 所给出的具有四级安全的信息系统安全基本模型，根据局域计算环境中所存储、传输和处理信息的安全需求，从五个层面的安全，明确局域计算环境的安全机制配置。

（1）物理安全。按 GB/T 20271—2006 中 6.4.1 的相关要求，在局域计算环境范围内，配置具有四级安全的下列物理安全机制：

    1）环境安全机制；

    2）设备安全机制；

    3）介质安全机制；

    4）其他物理安全机制。

（2）系统安全。按 GB/T 20272—2006 中 4.4 的要求和 GB/T 20273—2006 中 5.4 的要求，在各类计算机上配置具有下列安全机制的四级安全操作系统和数据库管理系统：

    1）操作系统安全性检测分析机制和数据库管理系统安全性检测分析机制；

    2）安全审计机制；

    3）恶意代码防护机制；

    4）备份与故障恢复机制；

    5）应急处理机制；

6）身份鉴别机制；

7）完全控制的自主访问控制机制；

8）完全控制的标记与强制访问控制机制；

9）存储和传输数据保密性保护机制；

10）存储和传输数据完整性保护机制；

11）可信路径机制；

12）其他系统安全机制。

（3）网络安全。按 GB/T 20270—2006 中 7.4 的要求，在局域网范围配置具有四级安全的下列安全产品和/或安全机制：

1）网络安全性检测分析机制；

2）安全审计机制；

3）恶意代码防护机制；

4）备份与故障恢复机制；

5）应急处理机制；

6）网络协议安全机制；

7）存储和传输数据保护机制；

8）网络应用安全机制；

9）其他网络安全机制。

（4）应用安全。按 GB/T 20271—2006 中 6.4.2、6.4.3、6.4.4、6.4.5 和 6.4.6 的相关要求，在应用软件系统中配置具有四级安全的下列安全机制：

1）安全性检测分析机制；

2）安全审计机制；

3）备份与故障恢复机制；

4）应急处理机制；

5）更严格的身份鉴别机制；

6）抗抵赖机制；

7）完全控制的自主访问控制机制；

8）完全控制标记与强制访问控制机制；

9）存储和传输数据保密性保护机制；

10）存储和传输数据完整性保护机制；

11）可信路径机制；

12）其他应用软件系统安全机制。

5. 五级安全机制（略）

二、局域计算环境边界防护及其分等级安全机制配置

局域计算环境边界是指局域计算环境通过网络与外部连接的所有接口的总合。局域计算环境边界防护总的目标是：按所要求的安全保护等级，通过对经边界传输的数据信息进行控制，防止来自外部的入侵和破坏，保护局域计算环境中的数据信息不被非授权的泄露和破坏，保护局域计算环境安全运行，提供有效的服务。

局域计算环境边界防护的总体要求如下：

（1）通过对试图经边界进入的用户进行检查，防止非法用户进入本局域计算环境；

（2）通过对经边界输入的数据（含程序）进行检查，防止有害数据进入本局域计算环境；

（3）通过对经边界输出的数据进行检查，防止不该输出的数据经边界流出，防止经边界流出的数据流向较低安全保护等级的局域计算环境/独立用户或用户组；

（4）在实现所要求的安全保护功能的同时，提供对合法出入边界数据的应有服务。

边界防护通常由防火墙、恶意代码防护网关、入侵检测系统，以及基于密码技术的保护机制和基于信息过滤与内容控制技术的机制等共同实现或由其中的一部分机制实现，并需要实现一套完整的边界防护控制机制。边界防护所采用的安全技术机制是与信息系统的安全性要求和所对抗攻击手段密切相关的，必须是一种与时俱进的安全措施。随着安全保护等级的提高，边界防护的安全要求分别从安全机制配置的增加、安全强度的增强和安全管理措施的加强等方面有所体现。

随着信息技术和信息安全攻防技术的发展，会不断出现新的边界防护机制和产品。按 GA/T 708—2007 中 8.3.2.2 的描述，以资产价值和威胁确定的信息系统安全保护等级，是对信息系统的局域计算环境边界防护进行分等级安全机制配置的基本依据。

1. 一级安全机制

按照 GA/T 709—2007 中图 2 所给出的具有一级安全的信息系统安全基本模型，根据边界防护的安全需求，按照等级保护相关技术标准的要求，明确边界防护的安全机制配置。对具有一级安全的局域计算环境的边界防护，宜配置下列安全技术机制和/或产品：

（1）具有一级安全的普通防火墙；

（2）具有一级安全的普通入侵检测机制；

（3）具有一级安全的普通恶意代码防护网关；

（4）其他具有一级安全的边界防护技术机制。

2. 二级安全机制

按照 GA/T 709—2007 中图 3 所给出的具有二级安全的信息系统安全基本模型，根据边界防护的安全需求，明确边界防护的安全机制配置。对具有二级安全的局域计算环境的边界防护，可配置下列安全技术机制和/或产品：

（1）具有二级安全的高性能防火墙；

（2）具有二级安全的高性能入侵检测机制；

（3）具有二级安全的高性能恶意代码防护网关；

（4）其他具有二级安全的边界防护技术机制。

3. 三级安全机制

按照 GA/T 709—2007 中图 4 所给出的具有三级安全的信息系统安全基本模型，根据边界防护的安全需求，按照等级保护相关技术标准的要求，明确边界防护的安全机制配置。对具有三级安全的局域计算环境的边界防护，应配置下列安全技术机制和/或产品：

（1）具有三级安全的高性能加固防火墙；

（2）具有三级安全的高性能加固入侵检测机制；

（3）具有三级安全的高性能加固恶意代码防护网关；

（4）其他具有三级安全的边界防护技术机制。

4. 四级安全机制

按照 GA/T 709—2007 中图 5 所给出的具有四级安全的信息系统安全基本模型，根据边界防护的安全需求，按照等级保护相关技术标准的要求，明确边界防护的安全机制配置。对具有四级安全的局域计算环境的边界防护，应配置下列安全技术机制和/或产品：

（1）具有四级安全的高性能加固防火墙；

（2）具有四级安全的高性能加固入侵检测机制；

（3）具有四级安全的高性能加固恶意代码防护网关；

（4）其他具有四级安全的边界防护技术机制。

5. 五级安全机制（略）

三、用户环境安全和边界防护及其分等级安全机制配置

用户环境由一台或多台端计算机系统组成。根据用户环境在信息系统中所处的地位和作用，及其所存储、传输和处理的信息应保护的程度，需要对用户环境及其边界进行适当保护。用户环境及其边界防护类似于局域计算环境及其边界的保护。

用户环境安全和边界防护总的目标是，按所要求的安全保护等级，通过对端计算机系统及其边界的保护，防止来自外部的入侵和破坏，保护端计算机系统中的数据信息不被非授权的泄露和破坏，保护端计算机系统安全运行，并提供有效的服务。

用户环境安全和边界防护通常由具有相应安全等级的操作系统合数据库管理系统、端计算机系统个人防火墙、端恶意代码防护网关、入侵检测系统等安全机制实现。边界防护所采用的安全技术机制是与信息系统的安全性要求和所对抗的攻击手段密切相关的，必须是一种与时俱进的安全措施。随着安全保护等级的提高，局域计算环境边界防护的安全要求分别从安全机制配置的增加、安全强度的增强和安全管理措施的加强等方面有所体现。

随着信息技术和信息安全攻防技术的发展，会不断出现新的边界防护机制和产品。按 GA/T 708—2007 中 8.3.2.2 的描述，以资产价值和威胁确定的信息系统安全保护等级，是对信息系统的用户环境安全和边界防护进行分等级安全机制配置的基本依据。

1. 一级安全机制

按照 GA/T 709—2007 中图 2 所给出的具有一级安全的信息系统安全基本模型，根据不同安全保护等级对端计算机系统中所存储、传输和处理的数据信息的不同安全要求，按照等级保护相关技术标准的规定，从端计算机系统保护和边界防护两方面，确定用户环境应具有的安全机制配置。对具有一级安全的用户环境的安全保护，宜配置下列安全产品和机制：

（1）具有一级安全的操作系统和数据库管理系统；

（2）具有一级安全的端计算机系统个人防火墙；

（3）具有一级安全的端计算机系统恶意代码防护网关；

（4）具有一级安全的端计算机系统入侵检测系统；

（5）其他具有一级安全的用户环境安全机制。

2. 二级安全机制

按照 GA/T 709—2007 中图 3 所给出的具有二级安全的信息系统安全基本模型，根据不同安全保护等级对终端计算机中所存储、传输和处理的数据信息的不同安全要求，按照等级保护相关技术标准的规定，从终端计算机主机保护和边界防护两方面，确定用户环境应具有的安全机制配置。对具有二级安全的用户环境的安全保护，可配置下列安全产品和机制：

（1）具有二级安全的操作系统和数据库管理系统；

（2）具有二级安全的端计算机系统个人防火墙；

（3）具有二级安全的端计算机系统恶意代码防护网关；

（4）具有二级安全的端计算机系统入侵检测系统；

（5）其他具有二级安全的用户环境安全机制。

3. 三级安全机制

按照 GA/T 709—2007 中图 4 所给出的具有三级安全的信息系统安全基本模型，根据不同安全保护等级对终端计算机中所存储、传输和处理的数据信息的不同安全要求，按照等级保护相关技术标准的规定，从终端计算机主机保护和边界防护两方面，确定用户环境应具有的安全机制配置。对具有三级安全的用户环境的安全保护，应配置下列安全产品和机制：

（1）具有三级安全的操作系统和数据库管理系统；

（2）具有三级安全的端计算机系统个人防火墙；

（3）具有三级安全的端计算机系统恶意代码防护网关；

（4）具有三级安全的端计算机系统入侵检测系统；

（5）其他具有三级安全的用户环境安全机制。

4. 四级安全机制

按照 GA/T 709—2007 中图 5 所给出的具有四级安全的信息系统安全基本模型，根据不同安全保护等级对终端计算机中所存储、传输和处理的数据信息的不同安全要求，按照等级保护相关技术标准的规定，从终端计算机主机保护和边界防护两方面，确定用户环境应具有的安全机制配置。对具有四级安全的用户环境的安全保护，应配置下列安全产品和机制：

（1）具有四级安全的操作系统和数据库管理系统；

（2）具有四级安全的端计算机系统个人防火墙；

（3）具有四级安全的端计算机系统恶意代码防护网关；

（4）具有四级安全的端计算机系统入侵检测系统；

（5）其他具有四级安全的用户环境安全机制。

5. 五级安全机制（略）

四、网络系统安全及其分等级安全机制配置

网络系统是实现信息系统中各个局域计算环境之间或局域计算环境与用户环境之间实现相互连接的重要设施。网络系统可以是由单位或部门自行管理控制的专用网络，也可以是由各类网络服务商提供的为公众服务的互联网或虚拟专用网等网络。

网络系统安全的总体要求是，在物理安全得到保证的基础上，确保网络系统的安全运行、数据信息的安全传输及各种网络应用的安全实施。

网络系统安全运行是确保网络系统提供安全的网络服务的基础。网络系统安全运行通过采用安全性检测、安全审计、恶意代码防护、备份与故障恢复、应急计划与应急反应等措施实现。不同安全保护等级有不同的运行安全要求。

网络信息安全传输是指提供网络各个连接部分之间数据的安全传输。不同安全保护等级有不同的要求。

网络应用是指利用网络所进行的与各个业务领域相关的电子商务、电子政务、网上信息发布等网络通信与业务处理的应用，主要包括用户远程登录、Web 应用、联合计算、网络文件系统（NFS）、数据库访问、电子邮件等。网络应用安全涉及网络应用中信息的保密性、完整性、可用性以及互操作性、可控性、真实性和抗抵赖等网上数据信息的安全交换和使用。不同的安

全保护等级的信息系统对网络应用有不同的安全要求。

需要指出，实现网络安全的机制和安全产品，本质上就是一个专用的信息处理系统。它们为网络系统的运行及信息在网上传输提供安全保护，其自身的安全性必须得到保证。无论是专门的网络安全装置或经过安全增强的网络设备，一方面，它们为增强网络的安全性提供了支持，另一方面，它们也增加了网络中传输数据的环节，可能引入新的脆弱性。所以，对这些网络安全产品和安全机制，同样需要按照不同安全级别的不同要求进行安全机制的自身安全保护。

随着安全保护等级的提高，网络系统的安全要求分别从安全机制配置的增加、安全强度的增强和安全管理措施的加强等方面有所体现。按 GA/T 708—2007 中 8.3.2.2 的描述，以资产价值和威胁确定的信息系统安全保护等级，是对信息系统的网络系统进行分等级安全机制配置的基本依据。

1. 一级安全机制

按照 GA/T 709—2007 中图 2 所给出的具有一级安全的信息系统安全基本模型，根据不同安全保护等级对网络系统所存储、传输和处理的数据信息的不同安全需求，以及对网络系统所提供的服务的不同要求，按照等级保护相关技术标准的规定，从协议安全和数据传输整体安全出发，按物理、运行、数据传输、应用、管理等方面，确定网络系统应具有的安全机制。

（1）物理安全。按 GB/T 20271—2006 中 6.1.1 的相关要求，在网络系统范围内，配置具有一级安全的下列物理安全机制：

1）环境安全机制；

2）设备安全机制；

3）介质安全机制；

4）其他物理安全机制。

（2）运行安全。网络系统运行安全保护，宜配置下列达到一级安全要求的安全机制：

1）恶意代码防护机制；

2）备份与故障恢复机制；

3）其他网络运行安全机制。

（3）数据传输安全。网络数据传输安全保护，宜配置下列达到一级安全要求的安全机制：

1）网络协议安全机制；

2）数据传输整体安全机制；

3）其他数据传输安全机制。

（4）应用安全。网络应用安全保护，宜配置下列达到一级安全要求的安全机制：

1）网络通信应用安全机制；

2）网络信息浏览与信息管理安全机制；

3）网络数据库访问与信息管理安全机制；

4）网络应用自身安全保护机制；

5）其他网络应用安全机制。

2. 二级安全机制

按照 GA/T 709—2007 中图 3 所给出的具有二级安全的信息系统安全基本模型，根据不同安全保护等级对网络系统所存储、传输和处理的数据信息的不同安全需求，以及对网络系统所提供的服务的不同要求，按照等级保护相关技术标准的规定，从协议安全和数据传输整体安全出发，按物理、运行、数据传输、应用、管理等方面，确定网络系统应具有的安全机制。

（1）物理安全。按 GB/T 20271—2006 中 6.2.1 的相关要求，在网络系统范围内，配置具有二级安全的下列物理安全机制：

1）环境安全机制；

2）设备安全机制；

3）介质安全机制；

4）其他物理安全机制。

（2）运行安全。网络系统运行安全保护，可配置下列达到二级安全要求的安全机制：

1）网络安全性检测分析机制；

2）安全审计机制；

3）恶意代码防杀机制；

4）备份与故障恢复机制；

5）应急处理机制；

6）其他网络运行安全机制。

（3）数据传输安全。网络数据传输安全保护，可配置下列达到二级安全要求的安全机制：

1）网络协议安全机制；

2）数据传输整体安全机制；

3）其他数据传输安全机制。

（4）应用安全。根据网络应用的需要，进行网络应用安全保护，可配置下列达到二级安全要求的安全机制：

1）网络通信应用安全机制；

2）网络信息浏览与信息管理安全机制；

3）网络数据库访问与信息管理安全机制；

4）网络应用自身安全保护机制；

5）其他网络应用安全机制。

3．三级安全机制

按照 GA/T 709—2007 中图 4 所给出的具有三级安全的信息系统安全基本模型，根据不同安全保护等级对网络系统所存储、传输和处理的数据信息的不同安全需求，以及对网络系统所提供的服务的不同要求，按照等级保护相关技术标准的规定，从协议安全和数据传输整体安全出发，按物理、运行、数据传输、应用、管理等方面，确定网络系统应具有的安全机制。

（1）物理安全。按 GB/T 20271—2006 中 6.3.1 的相关要求，在网络系统范围内，配置具有三级安全的下列物理安全机制：

1）环境安全机制；

2）设备安全机制；

3）介质安全机制；

4）其他物理安全机制。

（2）运行安全。网络系统运行安全保护，应配置下列达到三级安全要求的安全机制：

1）网络安全性检测分析机制；

2）网络安全监控机制；

3）安全审计机制；

4）恶意代码防杀机制；

5）备份与故障恢复机制；

6）应急处理机制；

7）其他网络运行安全机制。

（3）数据传输安全。网络数据传输安全保护，应配置下列达到三级安全要求的安全机制：

1）网络协议安全机制；

2）数据传输整体安全机制；

3）其他数据传输安全机制。

（4）应用安全。网络应用安全保护，应配置下列达到三级安全要求的安全机制：

1）网络通信应用安全机制；

2）网络信息浏览与信息管理安全机制；

3）网络数据库访问与信息管理安全机制；

4）网络应用自身安全保护机制；

5）其他网络应用安全机制。

4．四级安全机制

按照 GA/T 709 —2007 中图 5 所给出的具有四级安全的信息系统安全基本模型，根据不同安全保护等级对网络系统所存储、传输和处理的数据信息的不同安全需求，以及对网络系统所提供的服务的不同要求，按照等级保护相关技术标准的规定，从协议安全和数据传输整体安全出发，按物理、运行、数据传输、应用、管理等方面，确定网络系统应具有的安全机制。

（1）物理安全。按 GB/T 20271—2006 中 6.4.1 的相关要求，在网络系统范围内，配置具有四级安全的下列物理安全机制：

1）环境安全机制；

2）设备安全机制；

3）介质安全机制；

4）其他物理安全机制。

（2）运行安全。网络运行安全保护，应配置下列达到四级安全要求的安全机制：

1）网络安全性检测分析机制；

2）网络安全监控机制；

3）安全审计机制；

4）恶意代码防护机制；

5）备份与故障恢复机制；

6）应急处理机制；

7）其他网络运行安全机制。

（3）传输数据安全。网络数据传输安全保护，应配置下列达到四级安全要求的安全机制：

1）网络协议安全机制；

2）数据传输整体安全机制；

3）其他数据传输安全机制。

（4）应用安全。网络应用安全保护，应配置下列达到四级安全要求的安全机制：

1）网络通信应用安全机制；

2）网络信息浏览与信息管理安全机制；

3）网络数据库访问与信息管理安全机制；

4）网络应用自身安全保护机制；

5）其他网络应用安全机制。

5. 五级安全机制（略）

五、安全域之间互操作的安全机制配置

安全域之间互操作的安全保护包括相同安全保护等级和不同安全保护等级的局域计算环境之间互操作的安全保护，以及用户环境对局域计算环境的访问操作的安全保护。其目的是在确保应有的互操作性的同时，防止非法操作的实施，主要通过边界防护和内部访问控制来实现。

其实现所需安全功能的安全机制主要包括：

（1）身份的鉴别机制：对试图进入本局域计算环境或登录到操作系统、数据库系统的用户的身份的真实性进行鉴别，允许注册用户进入系统；对于非注册用户，则采用代理或限制的方法，提供有限的服务，防止非法用户入侵；

（2）访问控制机制：通过在操作系统、数据库管理系统、应用软件系统等不同层次设置的自主访问控制机制和强制访问控制机制，对进入系统的注册用户的访问操作进行限制，允许其对客体进行授权的访问操作，拒绝其对客体进行非授权的操作。对于非注册用户，仅提供某些约定的操作（如限定为只读等），防止其进行非法操作；

（3）信息流动控制机制：原则上，用户经身份鉴别和访问控制允许进入局域计算环境并登录到服务器的用户，根据其访问权限所获取的数据信息，应允许被传送到用户所在的局域计算环境、用户环境。然而，从整体上，对于由较高级别的环境向较低级别的环境流动的数据信息，需要根据总的流动规则进行整体控制。具体规则应根据实际情况确定；

（4）标记信息控制机制：对于在全系统范围，跨局域计算环境，按多级安全模型实施强制访问控制的主体和客体，其标记信息应在全系统范围内保持一致性。这种一致性可以用两种方法实现。一种是在跨域流动时将标记信息一起带到新的环境，另一种是在新的环境中根据整体安全要求由安全员进行重新标记；

（5）信息流动过程中的安全保护机制：不同等级的局域计算环境之间互操作所引起的信息流动，应按照信息在局域计算环境中的保护要求进行保护，以防止在信息流动过程中遭到泄露或破坏。比如需要较高级别保护的信息应采用加密机制进行保护等。

六、密码安全机制分等级配置

按照国家有关密码管理部门对密码分级管理的规定，对具有不同安全等级的信息系统，选择配置具有相应安全等级/强度的密码安全机制。按 GA/T 708—2007 中 8.3.2.2 的描述，以资产价值和威胁确定的信息系统安全保护等级，是对信息系统所用密码安全机制进行分等级配置的基本依据。

配置的密码安全机制，应从下列方面提供安全支持：

（1）数据存储和传输加密；

（2）数据存储和传输完整性检验；

（3）身份鉴别；

（4）数字签名/验证；

（5）网上信息交换抗抵赖等。

七、安全管理总体要求及其分等级配置

这里所说的安全管理是指与信息系统的安全技术密切相关并渗透到信息系统安全的各个组成部分的管理。通过这些安全管理措施的实施，能够使信息系统各组成部分的各种安全机制所实现的安全功能达到其应有的安全型目标。

这种安全管理的总体要求是，建立一套完善的信息系统安全管理体系。通过设置必要的安全管理机制，配置必要的安全管理人员，制定必要的安全管理制度和操作规程，以及行之有效的监督、检查和责任控制，从人员管理、物理安全机制的管理、系统运行安全的管理、各种安全机制的管理以及其他与信息系统安全有关的安全管理等方面进行必要的安全管理，使管理措施落到实处。按 GA/T 708—2007 中 8.3.2.2 的描述，以资产价值和威胁确定的信息系统安全保护等级，是对信息系统的安全管理进行分等级配置的基本依据。

1. 一级安全管理配置

按 GB/T 20269—2006 中 6.1 和 GB/T 20271—2006 中 6.1.6 的要求，为信息系统配置具有一级安全的下列安全管理：

（1）人员安全管理；

（2）物理安全管理；

（3）系统运行安全管理；

（4）安全机制的安全管理；

（5）其他安全管理。

2. 二级安全管理配置

按 GB/T 20269—2006 中 6.2 和 GB/T 20271—2006 中 6.2.6 的要求，为信息系统配置具有二级安全的下列安全管理：

（1）人员安全管理；

（2）物理安全管理；

（3）系统运行安全管理；

（4）安全机制的安全管理；

（5）其他安全管理。

3. 三级安全管理配置

按 GB/T 20269—2006 中 6.3 和 GB/T 20271—2006 中 6.3.6 的要求，为信息系统配置具有三级安全的下列安全管理：

（1）人员安全管理；

（2）物理安全管理；

（3）系统运行安全管理；

（4）安全机制的安全管理；

（5）其他安全管理。

4. 四级安全管理配置

按 GB/T 20269—2006 中 6.4 和 GB/T 20271—2006 中 6.4.6 的要求，为信息系统配置具有四级安全的下列安全管理：

（1）人员安全管理；

（2）物理安全管理；

（3）系统运行安全管理；

（4）安全机制的安全管理；

（5）其他安全管理。

5. 五级安全管理配置（略）

八、安全管理中心及其分等级安全机制配置

信息系统安全管理中心的总体要求是对各种分布式控制的安全机制进行集中、统一管理，使这些安全机制充分发挥其应有的作用。除了对分布式安全机制进行集中管理外，安全管理的一个十分重要的功能是汇集各类安全机制所收集的与安全有关的信息，为系统运行中的风险分析提供一手资料。

安全管理中心通过各种集中管理机制，直接或通过各个局域计算环境的分中心，实现对分布在信息系统中的各类安全机制的统一管理。一般情况下，具有三级以上安全的信息系统需要设置安全管理中心，对分布在网络环境的各个安全机制进行统一管理，对信息系统的安全进行集中控制。按 GA/T 708—2007 中 8.3.2.2 的描述，以资产价值和威胁确定的信息系统安全保护等级，是对信息系统的安全管理中心进行分等级安全机制配置的基本依据。

根据不同安全保护等级所设置的安全机制的具体情况，设置安全管理中心。安全管理中心需要从安全管理中心的物理安全以及安全管理中心的安全管理机制的设置等方面，按照不同安全保护等级的不同要求进行设计。

具有三级、四级和五级安全的信息系统，应根据系统安全机制的需要，按照 GA/T 708 —2007 中图 7 所示的信息系统安全管理中心与分布式安全机制之间关系的示意图，分别有选择地对下列安全机制进行集中管理（必要时设置安全管理分中心进行协同管理）：

（1）密码管理机制和 CA 系统；

（2）系统安全性检测、监控机制；

（3）恶意代码防护机制；

（4）用户管理机制；

（5）安全审计机制；

（6）标记管理机制；

（7）边界防护机制；

（8）其他安全机制。

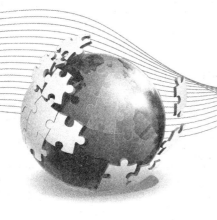

第七章

《信息系统安全等级保护基本要求》解读

在信息安全等级保护工作中，GB/T 22239—2008《信息系统安全等级保护基本要求》是信息系统安全建设和整改、等级测评过程中使用的主要标准之一，本章节参照公安部等级保护培训教材，详细介绍《信息系统安全等级保护基本要求》的技术要求分级思路、逐级增强特点以及各信息保护等级的安全要求，为信息系统运营、使用单位了解《信息系统安全等级保护基本要求》在信息系统安全等级保护中的作用、基本思路和主要内容，从而正确选择合适的安全要求进行信息系统保护提供了参考。

第一节　《信息系统安全等级保护基本要求》主要作用

《信息系统安全等级保护基本要求》对等级保护工作中的安全控制选择、调整、实施等提出规范性要求，根据使用对象不同，其主要作用分为三种：

1. 为信息系统建设单位和运营、使用单位提供技术指导

在信息系统的安全保护等级确定后，《信息系统安全等级保护基本要求》为信息系统的建设单位和运营、使用单位如何对特定等级的信息系统进行保护提供技术指导。

2. 为测评机构提供评估依据

《信息系统安全等级保护基本要求》为信息系统主管部门，信息系统运营、使用单位或专门的等级测评机构对信息系统安全保护等级的检测评估提供依据。

3. 为职能监管部门提供监督检查依据

《信息系统安全等级保护基本要求》为监管部门的监督检查提供依据，用于判断一个特定等级的信息系统是否按照国家要求进行了基本的保护。

第二节　《信息系统安全等级保护基本要求》主要特点

《信息系统安全等级保护基本要求》是针对每个等级的信息系统提出相应的安全保护要求，"基本"意味着这些要求是针对该等级的信息系统达到基本保护能力而提出的，也就是说，这些要求的实现能够保证系统达到相应等级的基本保护能力，但反过来说，系统达到相应等级的保护能力并不仅仅完全依靠这些安全保护要求。

《信息系统安全等级保护基本要求》强调的是"要求"，而不是具体实施方案或作业指导书，《信息系统安全等级保护基本要求》给出了系统每一保护方面需达到的要求，至于这种要求采取

何种方式实现，不在《信息系统安全等级保护基本要求》的描述范围内。

按照《信息系统安全等级保护基本要求》进行保护后，信息系统达到一种安全状态，具备了相应等级的保护能力。

第三节　《信息系统安全等级保护基本要求》
与其他标准的关系

1. 从标准间的承接关系上讲

《信息系统安全等级保护定级指南》确定出系统等级以及业务信息安全性等级和系统服务安全等级后，需要按照相应等级，根据《信息系统安全等级保护基本要求》选择相应等级的安全保护要求进行系统建设实施。

《信息系统安全等级保护测评准则》是针对《信息系统安全等级保护基本要求》的具体控制要求开发的测评要求，旨在强调系统按照《信息系统安全等级保护基本要求》进行建设完毕后，信息系统的各项保护要求是否符合相应等级的基本要求。

由上可见，《信息系统安全等级保护基本要求》在整个标准体系中起着承上启下的作用。

2. 从技术角度上讲

《信息系统安全等级保护基本要求》的技术部分吸收和借鉴了 GB 17859—1999 标准，采纳其中的身份鉴别、数据完整性、自主访问控制、强制访问控制、审计、客体重用（改为剩余信息保护）标记、可信路径 8 个安全机制的部分或全部内容，并将这些机制扩展到网络层、主机系统层、应用层和数据层。

《信息系统安全等级保护基本要求》的技术部分弱化了在信息系统中实现安全机制结构化设计及安全机制可信性方面的要求，例如没有提出信息系统的可信恢复，但在 4 级系统提出了灾难备份与恢复的要求，保证业务连续运行。《信息系统安全等级保护基本要求》没有对隐蔽通道分析的安全机制提出要求。

此外，《信息系统安全等级保护基本要求》的管理部分充分借鉴了 ISO/IEC 17799：2005 等国际上流行的信息安全管理方面的标准，尽量做到全方位的安全管理。

第四节　《信息系统安全等级保护基本要求》
的框架结构

《信息系统安全等级保护基本要求》在整体框架结构上以三种分类为支撑点，自上而下分别为：类、控制点和项。其中，类表示《信息系统安全等级保护基本要求》在整体上大的分类，其中技术部分分为：物理安全、网络安全、主机安全、应用安全和数据安全及备份恢复 5 大类，管理部分分为：安全管理制度、安全管理机构、人员安全管理、系统建设管理和系统运维管理 5 大类，一共分为 10 大类。控制点表示每个大类下的关键控制点，如物理安全大类中的"物理访问控制"作为一个控制点。而项则是控制点下的具体要求项，如"机房出入应安排专人负责，控制、鉴别和记录进入的人员。"

具体框架结构如图 7-1 所示。

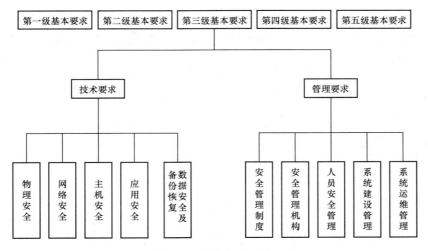

图 7-1　具体框架结构

第五节　《信息系统安全等级保护基本要求》描述模型

信息系统是颇受诱惑力的被攻击目标，它们抵抗着来自各方面威胁实体的攻击。对信息系统实行安全保护的目的就是要对抗系统面临的各种威胁，从而尽量降低由于威胁给系统带来的损失。

能够应对威胁的能力构成了系统的安全保护能力之一——对抗能力。但在某些情况下，信息系统无法阻挡威胁对自身的破坏时，如果系统具有很好的恢复能力，那么即使遭到破坏，也能在很短的时间内恢复系统原有的状态。能够在一定时间内恢复系统原有状态的能力构成了系统的另一种安全保护能力——恢复能力。对抗能力和恢复能力共同形成了信息系统的安全保护能力。

不同级别的信息系统应具备相应等级的安全保护能力，即应该具备不同的对抗能力和恢复能力，以对抗不同的威胁和能够在不同的时间内恢复系统原有的状态。

针对各等级系统应当对抗的安全威胁和应具有的恢复能力，《信息系统安全等级保护基本要求》提出各等级的基本安全要求。基本安全要求包括了基本技术要求和基本管理要求，基本技术要求主要用于对抗威胁和实现技术能力，基本管理要求主要为安全技术实现提供组织、人员、程序等方面的保障。

各等级的基本安全要求，由包括物理安全、网络安全、主机系统安全、应用安全和数据安全五个层面的基本安全技术措施和包括安全管理机构、安全管理制度、人员安全管理、系统建设管理和系统运维管理五个方面的基本安全管理措施来实现和保证。

图 7-2 表明了《信息系统安全等级保护基本要求》的描述模型。

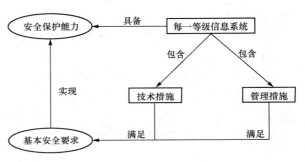

图 7-2　《信息系统安全等级保护基本要求》描述模型

第六节 《信息系统安全等级保护基本要求》安全要求

首先介绍《信息系统安全等级保护基本要求》的安全要求的分类。安全要求从整体上分为技术和管理两大类，其中，技术类安全要求按其保护的侧重点不同，将其下的控制点分为三类：

（1）信息安全类（S 类）——关注的是保护数据在存储、传输、处理过程中不被泄漏、破坏和免受未授权的修改。

如，自主访问控制，该控制点主要关注的是防止未授权的访问，进而造成数据的修改或泄露。至于对保证业务的正常连续运行并没有直接的影响。

（2）服务保证类（A 类）——关注的是保护系统连续正常的运行，避免因对系统的未授权修改、破坏而导致系统不可用。

如，数据的备份和恢复，该控制点很好的体现了对业务正常运行的保护。通过对数据进行备份，在发生安全事件后能够及时的进行恢复，从而保证了业务的正常运行。

（3）通用安全保护类（G 类）——既关注保护业务信息的安全性，同时也关注保护系统的连续可用性。

大多数技术类安全要求都属于此类，保护的重点既是为了保证业务能够正常运行，同时也为了保证数据的安全。如，物理访问控制，该控制点主要是防止非授权人员物理访问系统主要工作环境，由于进入工作环境可能导致的后果既可能包括系统无法正常运行（如，损坏某台重要服务器），也可能窃取某些重要数据。因此，它保护的重点二者兼而有之。

技术安全要求按其保护的侧重点不同分为 S、A、G 三类，如果从另外一个角度考虑，根据信息系统安全的整体结构来看，信息系统安全可从五个层面：物理、网络、主机系统、应用系统和数据对系统进行保护，因此，技术类安全要求也相应的分为五个层面上的安全要求：

1）物理层面安全要求：主要是从外界环境、基础设施、运行硬件、介质等方面为信息系统的安全运行提供基本的后台支持和保证；

2）网络层面安全要求：为信息系统能够在安全的网络环境中运行提供支持，为确保网络系统安全运行提供有效的网络服务；

3）主机层面安全要求：在物理、网络层面安全的情况下，提供安全的操作系统和安全的数据库管理系统，以实现操作系统和数据库管理系统的安全运行；

4）应用层面安全要求：在物理、网络、系统等层面安全的支持下，实现用户安全需求所确定的安全目标；

5）数据及备份恢复层面安全要求：全面关注信息系统中存储、传输、处理等过程的数据的安全性。

管理类安全要求主要是围绕信息系统整个生命周期全过程而提出的，均为 G 类要求。信息系统的生命周期主要分为五个阶段：初始阶段、采购/开发阶段、实施阶段、运行维护阶段和废弃阶段。管理类安全要求正是针对这五个阶段的不同安全活动提出的，分为安全管理制度、安全管理机构、人员安全管理、系统建设管理和系统运维管理五个方面。

第七节 《信息系统安全等级保护基本要求》逐级增强的特点

不同级别的信息系统，其应该具备的安全保护能力不同，也就是对抗能力和恢复能力不同；

安全保护能力不同意味着能够应对的威胁不同，较高等级的系统应该能够应对更多的威胁；应对威胁将通过技术措施和管理措施来实现，应对同一个威胁可以有不同强度和数量的措施，较高等级的系统应考虑更为周密的应对措施。

不同级别的信息系统基本安全要求的考虑思路和增强原则如图 7-3 所示。

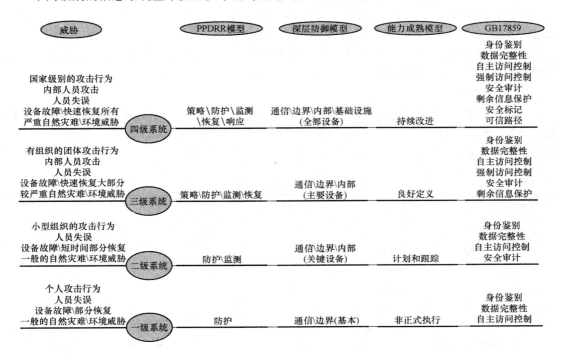

图 7-3　不同级别信息系统基本安全要求的考虑思路和增强原则

不同等级的信息系统安全保护能力不同，故其安全要求也不同，从宏观来看，各个级别的安全要求逐级增强，表现如下：

（1）二级基本要求：在一级基本要求的基础上，技术方面，二级要求在控制点上增加了安全审计、边界完整性检查、入侵防范、资源控制以及通信保密性等控制点。身份鉴别则要求在系统的整个生命周期，每一个用户具有唯一标识，使用户对自己的行为负责，具有可查性。同时，要求访问控制具有更细的力度等。管理方面，增加了审核和检查、管理制度的评审和修订、人员考核、密码管理、变更管理和应急预案管理等控制点。要求制定信息安全工作的总体方针和安全策略，设立安全主管、安全管理各个方面的负责人岗位，健全各项安全管理的规章制度，对各类人员进行不同层次要求的安全培训等，从而确保系统所设置的各种安全功能发挥其应有的作用。

（2）三级基本要求：在二级基本要求的基础上，技术方面，在控制点上增加了网络恶意代码防范、剩余信息保护、抗抵赖等。同时，对身份鉴别、访问控制、安全审计、数据完整性、数据保密性等均有更进一步的要求，如访问控制增加了对重要信息资源设置敏感标记等。管理方面，增加了系统备案、等级测评、监控管理和安全管理中心等控制点，同时要求设置必要的安全管理职能部门，加强了安全管理制度的评审以及人员安全的管理，对系统建设过程加强了质量管理。

（3）四级基本要求：在三级基本要求的基础上，技术方面，在控制点上增加了安全标记、可信路径，同时，对身份鉴别、访问控制、安全审计、数据完整性、数据保密性等均有更进一步的要求，如要求访问控制的力度应达到主体为用户级或进程级，客体为文件、数据库表、记录和字段级，建立异地灾难备份中心等，对部分功能进行了限制（如禁止拨号访问控制）。管理方面，没有增加控制点，在安全管理制度制订和发布、评审和修订等某些管理要求上要求项增加，强度增强。

具体从微观来看，安全要求逐级增强主要表现在三个方面：控制点增加、同一控制点的要求项增加、同一要求项强度增强。

1. 控制点增加

控制点增加，表明对系统的关注点增加，从而体现了安全要求的级别差异。比较突出的控制点增加，如二级控制点增加了安全审计，三级控制点增加了剩余信息保护。二级在控制点上的增加较为显著。每级系统在每一层面上控制点的分布见表 7-1。

表 7-1　　　　　　　　　　各级系统在每一层面上控制点的分布

安全要求类	层面	一级	二级	三级	四级
技术要求	物理安全	7	10	10	10
	网络安全	3	6	7	7
	主机安全	4	6	7	9
	应用安全	4	7	9	11
	数据安全及备份恢复	2	3	3	3
管理要求	安全管理制度	2	3	3	3
	安全管理机构	4	5	5	5
	人员安全管理	4	5	5	5
	系统建设管理	9	9	11	11
	系统运维管理	9	12	13	13
合计	—	48	66	73	77
级差	—	—	18	7	4

2. 要求项增加

由于控制点是有限的，特别在高级别上，如三、四级安全要求（两者之间控制点的变化只有一处），单靠控制点增加来体现安全要求逐级增强的特点是很难的。必须将控制点之下的安全要求项目考虑其中。要求项目的增加，很明显的体现了逐级增强的特点。

同一控制点，具体的安全项目数量增加，表明对该控制点的要求更细化、更严格，从而表现为该控制点的强度增强。如，对于控制点身份鉴别，在二级只要求标识唯一性、鉴别信息复杂性以及登录失败处理等要求；而在三级，对该控制点增加了组合鉴别方式等，该控制点的强度得到增强。

每级系统在每一层面上要求项的分布见表 7-2。

表 7-2 各级系统在每一层面上要求项的分布

安全要求类	层面	一级	二级	三级	四级
技术要求	物理安全	9	19	32	33
	网络安全	9	18	33	32
	主机安全	6	19	32	36
	应用安全	7	19	31	36
	数据安全及备份恢复	2	4	8	11
管理要求	安全管理制度	3	7	11	14
	安全管理机构	4	9	20	20
	人员安全管理	7	11	16	18
	系统建设管理	20	28	45	48
	系统运维管理	18	41	62	70
合计		—	85	175	290	318
级差		—		90	115	28

可见，在二级与一级之间，三级与二级之间要求项的增加比较显著，尤其是三、二级之间，尽管控制点的增加不多，但在具体的控制点上增加了要求项，所以整体的级差增强较显著。

3. 控制强度增强

控制点类似，安全要求项目也不能无限制的增加，对于同一安全要求项（这里的"同一"，指的是要求的方面是相同的，而不是具体的要求内容），如果在要求的力度上加强，同样也能够反映出级别的差异。安全项目强度的增强表现为：

（1）范围增大：如对主机系统安全的"安全审计"，二级只要求"审计范围应覆盖到服务器上的每个操作系统用户和数据库用户"；而三级则在对象的范围上发生了变化，为"审计范围应覆盖到服务器和重要客户端上的每个操作系统用户和数据库用户"，覆盖范围不再仅指服务器，而是扩大到服务器和重要客户终端了，表明了该要求项强度的增强。

（2）要求细化：如人员安全管理中的"安全意识教育和培训"，二级要求"应制定安全教育和培训计划，对信息安全基础知识、岗位操作规程等进行培训"，而三级在对培训计划进行了进一步的细化并要求应有书面文件，为"应对定期安全教育和培训进行书面规定，针对不同岗位制定不同的培训计划，对信息安全基础知识、岗位操作规程等进行培训"，培训计划有了针对性，更符合各个岗位人员的实际需要。

（3）力度细化：如网络安全中的"拨号访问控制"，一级要求"控制力度为用户组"，而二级要求则将控制力度细化为"控制力度为单个用户"。由"用户组"到"单个用户"，力度上的细化，同样也增强了要求的强度。

可见，安全要求的逐级增强并不是无规律可循，而是按照"层层剥开"的模式，由控制点的增加到要求项的增加，进而是要求项的强度增强。三者综合体现了不同等级的安全要求的级差。

第八节 《信息系统安全等级保护基本要求》技术类要求

一、物理安全要求

物理安全保护的目的主要是使存放计算机、网络设备的机房以及信息系统的设备和存储数据的介质等免受物理环境、自然灾难以及人为操作失误和恶意操作等各种威胁。物理安全是防护信息系统安全的最底层，缺乏物理安全，其他任何安全措施都是毫无意义的。

物理安全主要涉及的方面包括环境安全（防火、防水、防雷击等）、设备和介质的防盗窃防破坏等方面。具体包括：物理位置的选择、物理访问控制、防盗窃和防破坏、防雷击、防火、防水和防潮、防静电、温湿度控制、电力供应和电磁防护十个控制点。

不同等级的基本要求在物理安全方面所体现的不同，在三个方面都有所体现。

表 7-3 表明了物理安全在控制点上逐级变化的特点。

表 7-3　　　　　　　　　　物理安全在控制点上逐级变化的特点

控制点	一级	二级	三级	四级
物理位置的选择		*	*	*
物理访问控制	*	*	*	*
防盗窃和防破坏	*	*	*	*
防雷击	*	*	*	*
防火	*	*	*	*
防水和防潮	*	*	*	*
防静电		*	*	*
温湿度控制	*	*	*	*
电力供应	*	*	*	*
电磁防护		*	*	*
合计	7	10	10	10

注　* 代表此类控制点在该级物理安全中有要求，空格则表示无此类要求（以下同）。

另外两个特点（要求项增加和要求项强度增强）将在以下控制点描述时具体展开。

（1）一级物理安全要求：主要要求对物理环境进行基本的防护，对出入进行基本控制，环境安全能够对自然威胁进行基本的防护，电力则要求确保供电电压的正常。

（2）二级物理安全要求：对物理安全进行了进一步的防护，不仅对出入进行基本的控制，对进入后的活动也要进行控制；物理环境方面，则加强了各方面的防护，采取更细的要求来多方面进行防护。

（3）三级物理安全要求：对出入加强了控制，做到人、电子设备共同监控；物理环境方面，进一步采取各种控制措施来进行防护。如，防火要求，不仅要求自动消防系统，而且要求区域隔离防火，建筑材料防火等方面，将防火的范围增大，从而使火灾发生的几率和损失降低。

（4）四级物理安全要求：对机房出入的要求进一步增强，要求多道电子设备监控；物理环境方面，要求采用一定的防护设备进行防护，如静电消除装置等。

1. 物理位置的选择

物理位置的选择，主要是在初步选择系统物理运行环境时进行考虑。物理位置的正确选择是保证系统能够在安全的物理环境中运行的前提，它在一定程度上决定了面临的自然灾难以及可能的环境威胁。譬如，在我国南方地区，夏季多雨水，雷击和洪灾的发生可能性都很大，地理位置决定了该地区的系统遭受这类威胁的可能性较大。如果没有正确的选择物理位置，必然会造成后期为保护物理环境而投入大量资金、设备，甚至无法弥补。因此，物理位置选择必须考虑周遭的整体环境以及具体楼宇的物理位置是否能够为信息系统的运行提供物理上的基本保证。

该控制点在不同级别主要表现为：

一级：无此方面要求。

二级：要求选择时主要考虑建筑物具有基本防护自然条件的能力。

三级：除二级要求外，对建筑物的楼层以及周围环境也提出了要求。

四级：与三级要求相同。

具体见表 7-4。

表 7-4　　　　　　　　　　具　体　表　现

要求项	一级	二级	三级	四级
项目	N/A	a)	a)～b)	a)～b)
合计	0	1	2	2

2. 物理访问控制

物理访问控制主要是对内部授权人员和临时外部人员进出系统主要物理工作环境进行人员控制。对进出口进行控制，是防护物理安全的第一道关口，也是防止外部非授权人员对系统进行本地恶意操作的重要防护措施。

该控制点在不同级别主要表现为：

一级：要求对进出机房时进行基本的出入控制。

二级：除一级要求外，对人员进入机房后的活动也应进行控制。

三级：除二级要求外，加强了对进出机房时的控制手段，做到人员和电子设备共同控制，并对机房分区域管理。

四级：除三级要求外，进一步强化了进出机房的控制，要求两道电子设备监控。

具体见表 7-5。

表 7-5　　　　　　　　　　具　体　表　现

要求项	一级	二级	三级	四级
项目	a)	a)～b)	a)～d)	a)～d)·
合计	1	2	4	4+

注　"*"—该要求项同上级相比，在强度上增强；"+"—此级的要求项在强度上较上一级增强（以下同）。

其中，四级要求项较三级在强度上有所增强，即由三级的一道电子门禁系统增强为四级的两道电子门禁系统。因此，三级、四级虽在要求项目数量上是相同的（同为 4 项），但四级的要求项在强度上得到了增强，为 4+。

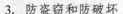

3. 防盗窃和防破坏

该控制点主要考虑了系统运行的设备、介质以及通信线缆的安全性。物理访问控制主要侧重在进出口，这在一定程度上防止了设备的被盗，但在机房内部，该控制点则无法提供保护。因此，防盗窃和防破坏控制点主要侧重在机房内部对设备、介质和通信线缆进行此方面的保护。

该控制点在不同级别主要表现为：

一级：主要从设备的存放位置和设备本身两方面考虑。

二级：不仅考虑了设备、还考虑通信线缆和介质及主机房的防盗报警方面的防护要求。

三级：除二级要求外，主要加强了机房内的监控报警要求。

四级：与三级要求相同。

具体见表 7-6。

表 7-6　　　　　　　　　　　　　具 体 表 现

要求项	一级	二级	三级	四级
项目	a）～b）	a）～e）	a）～e）*、f）	a）～f）
合计	2	5	6+	6

其中，在三级，e）项相对于二级的 e）项在强度上增强，即明确强调了采用光电等控制装置监控机房内情况。

4. 防雷击

该控制点主要考虑采取措施防止雷电对电流、进而设备造成的不利影响，从而引起的巨大的经济损失。雷电对设备的破坏主要有两类：直击雷破坏，即雷电直击在建筑物或设备上，使其发热燃烧和机械劈裂破坏；另一类是感应雷破坏，即雷电的第二次作用，强大的雷电磁场产生的电磁效应和静电效应使金属构件产生高至数十万伏的电压。目前，大多数建筑物都设有防直击雷的措施——避雷装置，因此，防雷击主要集中在防感应雷。

该控制点在不同级别主要表现为：

一级：主要考虑建筑防雷。

二级：除一级要求外，增加了接地防感应雷措施。

三级：除二级要求外，增加了具体设备防感应雷措施。

四级：与三级要求相同。

具体见表 7-7。

表 7-7　　　　　　　　　　　　　具 体 表 现

要求项	一级	二级	三级	四级
项目	a）	a）～b）	a）～c）	a）～c）
合计	1	2	3	3

5. 防火

该控制点主要考虑采取各种措施防止火灾的发生以及发生后能够及时灭火。分别从设备灭火、建筑材料防火和区域隔离防火等方面考虑。

该控制点在不同级别主要表现为：

一级：主要要求具有基本的灭火设备。

二级：除一级要求外，要求火灾发生时能够自动报警。

三级：除二级要求外，增加了从建筑材料、区域隔离等方面考虑的防火措施。

四级：与三级要求相同。

具体见表 7-8。

表 7-8   具 体 表 现

要求项	一级	二级	三级	四级
项目	a)	a) *	a) *、b) ~c)	a)、b) ~c)
合计	1	1^+	3^+	3

其中，在二级虽然要求仍是采取设备灭火，但设备的功能性要求增强，即能够自动报警，仍然对于 a）项，在三级进一步得到增强，要求设备能够自动检测、报警和灭火。因此，二级和三级都分别为 a）*。

6. 防水和防潮

该控制点主要是考虑防止室内由于各种原因的积水、水雾或湿度太高造成设备运行异常。

该控制点在不同级别主要表现为：

一级：主要从室内水管、墙壁、屋顶等方面考虑防水防潮。

二级：除一级要求外，增加了防止室内水蒸气和地下水的考虑，并禁止机房内有水管通过。

三级：除二级要求外，增加了对室内的防水检测报警要求。

四级：与三级相同。

具体见表 7-9。

表 7-9   具 体 表 现

要求项	一级	二级	三级	四级
项目	a) ~b)	a) * ~c)	a) ~d)	a) ~d)
合计	2	3^+	4	4

其中，在二级，水管安装要求不得穿过机房屋顶和活动地板下，去掉了在一级要求穿过机房的水管使用套管的要求，所以对于 a）项，增强了要求，为 a）*。

7. 防静电

该控制点主要考虑在物理环境里，尽量避免产生静电，以防止静电对设备、人员造成的伤害。大量静电如果积聚在设备上，会导致磁盘读写错误、损坏磁头，对 CMOS 静电电路也会造成极大威胁。由于静电放电对电子元器件的损害初期仅表现出某些性能参数下降，但随着这种效应的累加，最终会造成设备的严重损坏。

防静电措施包括接地、防静电地板、设备防静电等方面。当然，对室内温湿度的控制，也是防止静电产生的较好措施（具体将在以下介绍）。

该控制点在不同级别主要表现为：

一级：无此要求。

二级：要求基本的接地防静电措施。

三级：除二级要求外，对地板材料做出了防静电要求。

四级：除三级要求外，要求采用专门设置防静电装置。

具体见表 7-10。

表 7-10 具 体 表 现

要求项	一级	二级	三级	四级
项目	N/A	a)	a)*~b)	a)*~c)
合计	0	1	2$^+$	3$^+$

其中，在二级，要求"关键设备"接地防静电，三级，要求"主要设备"，四级要求"设备"，所以对于 a) 项，在三级和四级都增强了要求，都为 a)*。

8. 温湿度控制

机房内的各种设备必须在一定的温度、湿度范围内才能正常运行。温、湿度过高或过低都会对设备产生不利影响。理想的空气湿度范围被定义在 40%～70%，高的湿度可能会在天花板、墙面以及设备表面形成水珠，造成危害，甚至还可能产生电连接腐蚀问题。低于 40% 的低湿度增加了静电产生的危害。温度控制在 20℃左右是设备正常工作的良好温度条件。

该控制点在不同级别主要表现为：

一级：要求做到基本的温湿度控制。

二级：在一级基础上，要求温湿度控制的力度做到自动调控。

三级：与二级要求相同。

四级：与三级要求相同。

具体见表 7-11。

表 7-11 具 体 表 现

要求项	一级	二级	三级	四级
项目	a)	a)*	a)	a)
合计	1	1$^+$	1	1

其中，对二级要求温湿度能够自动调节，因此 a) 应为 a)*。

9. 电力供应

稳定、充足的电力供应是维持系统持续正常工作的重要条件。许多因素威胁到电力系统，最常见的是电力波动。电力波动对一些精密的电子配件会造成严重的物理损害。应控制电力在 10% 以内的波动范围。采用稳压器和过电压保护装置是很好的控制电力波动的措施。保证充足短期电力供应措施是可配备不间断电源（UPS），重要系统可配备备份供电系统，以备不时之需。

该控制点在不同级别主要表现为：

一级：要求能够提供稳定的电压供应。

二级：除一级要求外，要求能够提供短期的电力供应。

三级：除二级要求外，加强电力供应保障，能够长时间供电和备用供电线路。

四级：除三级要求外，短期备用供电范围增大。

具体见表 7-12。

表 7-12 具 体 表 现

要求项	一级	二级	三级	四级
项目	a）	a）～b）	a）、b）*～d）	a）、b）*～d）
合计	1	2	4$^+$	4$^+$

其中，短期供电设备在二级中要求满足的是 "关键设备"，三级要求 "主要设备"，四级要求 "设备"，满足的范围逐渐增大，因此，第三级和第四级的 b）都是 b）*。

10. 电磁防护

现代通信技术是建立在电磁信号传播的基础上，而空间电磁场的开放特性决定了电磁泄漏是危及系统安全性的一个重要因素，电磁防护主要是提供对信息系统设备的电磁信号进行保护，确保用户信息在使用和传输过程中的安全性。

电磁防护手段包括线缆物理距离隔离、设备接地、设备的电磁屏蔽等方面。

该控制点在不同级别主要表现为：

一级：无此要求。

二级：要求具有基本的电磁防护能力，如线缆隔离。

三级：除二级要求外，增强了防护能力，要求设备接地并能够做到部分电磁屏蔽。

四级：在三级要求的基础上，要求屏蔽范围扩展到机房关键区域。

具体见表 7-13。

表 7-13 具 体 表 现

要求项	一级	二级	三级	四级
项目	N/A	a）	a）～c）	a）～c）*
合计	0	1	3	3$^+$

其中，在第三级对关键设备和磁介质实施电磁屏蔽的基础上，要求对关键区域实施电磁屏蔽，范围增加了，因此 c）为 c）*。

二、网络安全要求

网络安全为信息系统在网络环境的安全运行提供支持。一方面，确保网络设备的安全运行，提供有效的网络服务；另一方面，确保在网上传输数据的保密性、完整性和可用性等。由于网络环境是抵御外部攻击的第一道防线，因此必须进行各方面的防护。对网络安全的保护，主要关注两个方面：共享和安全。开放的网络环境便利了各种资源之间的流动、共享，但同时也打开了 "罪恶" 的大门。因此，必须在二者之间寻找恰当的平衡点，使得在尽可能安全的情况下实现最大程度的资源共享，这是我们实现网络安全的理想目标。

网络安全主要关注的方面包括：网络结构、网络边界以及网络设备自身安全等，具体的控制点包括：结构安全、访问控制、安全审计、边界完整性检查、入侵防范、恶意代码防范、网络设备防护。

不同等级的基本要求在网络安全方面所体现的不同，在三个方面都有所体现。

（1）一级网络安全要求：主要提供网络安全运行的基本保障，包括网络结构能够基本满足业务运行需要，网络边界处对进出的数据包进行基本过滤等访问控制措施。

（2）二级网络安全要求：不仅要满足网络安全运行的基本保障，同时还要考虑网络处理能力要满足业务极限时的需要。对网络边界的访问控制力度进一步增强。同时，加强了网络边界的防护，增加了安全审计、边界完整性检查、入侵防范等控制点。对网络设备的防护不仅局限于简单的身份鉴别，同时对标识和鉴别信息都有了相应的要求。

（3）三级网络安全要求：对网络处理能力增加了"优先级"考虑，保证重要主机能够在网络拥堵时仍能够正常运行；网络边界的访问控制扩展到应用层，网络边界的其他防护措施进一步增强，不仅能够被动的"防"，还应能够主动发出一些动作，如报警、阻断等。网络设备的防护手段要求两种身份鉴别技术综合使用。

（4）四级网络安全要求：对网络边界的访问控制做出了更为严格的要求，禁止远程拨号访问，不允许数据带通用协议通过；边界的其他防护措施也加强了要求。网络安全审计着眼于全局，做到集中审计分析，以便得到更多的综合信息。网络设备的防护，在身份鉴别手段上除要求两种技术外，其中一种鉴别技术必须是不可伪造的，进一步加强了对网络设备的防护。

表 7-14 表明了网络安全在控制点逐级变化的特点。

表 7-14　　　　　　　　　网络安全在控制点逐级变化的特点

控制点	一级	二级	三级	四级
结构安全	*	*	*	*
访问控制	*	*	*	*
安全审计		*	*	*
边界完整性检查		*	*	*
入侵防范		*	*	*
恶意代码防范			*	*
网络设备防护	*	*	*	*
合计	3	6	7	7

另外两个特点（要求项增加和要求项强度增强）将在以下控制点描述时具体展开。

1. 结构安全

在对网络安全实现全方位保护之前，首先应关注整个网络的资源分布、架构是否合理。只有结构安全了，才能在其上实现各种技术功能，达到网络安全保护的目的。通常一个机构是由多个业务部门组成，各部门的地位、重要性不同，部门所要处理的信息重要性也不同，因此，需要对整个网络进行子网划分。

该控制点主要从网段划分、资源（带宽、处理能力）保证、优先处理等方面来要求。其在不同级别主要表现为：

一级：要求网络资源方面能够为网络的正常运行提供基本的保障。

二级：在一级要求的基础上，要求网络资源能够满足业务高峰的需要，同时应以网段形式分隔不同部门的系统。

三级：除二级要求外，增加了"处理优先级"考虑，以保证重要主机能够正常运行。

四级：与三级要求基本相同。

具体见表 7-15。

表 7-15 　　　　　　　　　　　　具　体　表　现

要求项	一级	二级	三级	四级
项目	a）～c)	a）*、b）*～d)	a）*、b）*、c）*～g)	a）*～g)
合计	3	4+	7+	7+

在二级，a）、b）控制点在网络资源（设备处理能力、带宽）加强了力度，不仅要求满足基本的业务需要，更应满足业务高峰时的网络正常运行。因此，a）、b）项在强度上都有所增强。

在三级，a）、b）控制点在第二级要求的"关键网络设备"、"接入网络和核心网络"的基础上在网络范围上增加了，要求""主要网络设备"、"网络各个部分的带宽"，因此，a）、b）项在强度上都有所增强。

在四级，a）控制点在三级要求的基础上，要求"网络设备"，范围上又增加了要求，因此，a）项在强度上有所增强。

2. 访问控制

对于网络而言，最重要的一道安全防线就是边界，边界上汇聚了所有流经网络的数据流，必须对其进行有效的监视和控制。所谓边界即是采用不同安全策略的两个网络连接处，比如用户网络和互联网之间的连接、和其他业务往来单位的网络连接、用户内部不同部门之间的网络连接等。有连接，必有数据间的流动，因此在边界处，重要的就是对流经的数据（或者称进出网络）进行严格的访问控制。按照一定的规则允许或拒绝数据的流入、流出。

如果说，网络访问控制是从数据的角度对网络中流动的数据进行控制，那么，拨号访问控制则是从用户的角度对远程访问网络的用户进行控制。对用户的访问控制，同样应按照一定的控制规则来允许或拒绝用户的访问。

该控制点在不同级别主要表现为：

一级：主要在网络边界处对经过的数据进行包头信息的过滤，以控制数据的进出网络，对用户进行基本的访问控制。

二级：在一级要求的基础上，对数据的过滤增强为根据会话信息进行过滤，对用户访问力度进一步细化，由用户组到单个用户，同时限制拨号访问的用户数量。

三级：在二级要求的基础上，将过滤的力度扩展到应用层，即根据应用的不同而过滤，对设备接入网络进行了一定的限制。

四级：对数据本身所带的协议进行了禁止，同时根据数据的敏感标记允许或拒绝数据通过，并禁止远程拨号访问。

具体见表 7-16。

表 7-16 　　　　　　　　　　　　具　体　表　现

要求项	一级	二级	三级	四级
项目	a）～c)	a）～c）*～d)	a）、b）*～h)	a）～d)
合计	3	4+	8+	4

二级与一级相比，在对数据的过滤上由一级包头信息过滤增强为对会话信息的过滤，过滤的力度增强，使得网络访问控制的强度增强。另外，在四级，该控制点的要求项较三级减少，原因是在四级做出了更高的要求，禁止数据带任何协议流经网络，这样在很大程度上缩减了其

他要求。

对用户访问力度的变化（由用户组到单个用户）是该要求项的主要特点。其次，随着级别的增加，对拨号用户的数量有了一定的限制，到四级则是禁止用户拨号访问，因此，在四级，虽要求项减少，但强度已达最高。

3. 安全审计

如果将安全审计仅仅理解为"日志记录"功能，那么目前大多数的操作系统、网络设备都有不同程度的安全审计。但是实际上仅有这些日志根本不能保障系统的安全，也无法满足事后的追踪取证。安全审计并非日志功能的简单改进，也并非等同于入侵检测。

网络安全审计重点包括：对网络流量监测以及对异常流量的识别和报警、网络设备运行情况的监测等。通过对以上方面的记录分析，形成报告，并在一定情况下发出报警、阻断等动作。其次，对安全审计记录的管理也是其中的一方面。由于各个网络产品产生的安全事件记录格式也不统一，难以进行综合分析，因此，集中审计已成为网络安全审计发展的必然趋势。

该控制点在不同级别主要表现为：

一级：无此要求。

二级：要求对网络设备运行、网络流量等基本情况进行记录。

三级：除二级要求外，要求对形成的记录能够分析、形成报表。同时对审计记录提出了保护要求。

四级：除三级要求外，要求设置审计跟踪极限阈值，并做到集中审计。

具体见表 7-17。

表 7-17　　　　　　　　　　　具 体 表 现

要求项	一级	二级	三级	四级
项目	N/A	a）、b）	a）～d）	a）～f）
合计	0	2	4	6

4. 边界完整性检查

虽然网络采取了防火墙、IDS 等有效的技术手段对边界进行了防护，但如果内网用户在边界处通过其他手段接入内网（如无线网卡、双网卡、modem 拨号上网），这些边界防御则形同虚设。因此，必须在全网中对网络的连接状态进行监控，准确定位并能及时报警和阻断。

该控制点在不同级别主要表现为：

一级：无此要求。

二级：能够检测到内部的非法联出情况。

三级：在二级的基础上，能检测到非授权设备私自外联，而且能够准确定位并阻断。

四级：与三级要求相同。

具体见表 7-18。

表 7-18　　　　　　　　　　　具 体 表 现

要求项	一级	二级	三级	四级
项目	N/A	a）	a）～b）*	a）～b）
合计	0	1	2*	2

在三级，b）项是二级中的增强项，要求不但能够检测到，而且能够准确定位并阻断。

5. 入侵防范

网络访问控制在网络安全中起到大门警卫的作用，对进出的数据进行规则匹配，是网络安全的第一道闸门。但其也有局限性，它只能对进出网络的数据进行分析，对网络内部发生的事件则无能为力。基于网络的入侵检测，被认为是防火墙之后的第二道安全闸门，它主要是监视所在网段内的各种数据包，对每一个数据包或可疑数据包进行分析，如果数据包与内置的规则吻合，入侵检测系统就会记录事件的各种信息，并发出警报。

该控制点在不同级别主要表现为：

一级：无此要求。

二级：能够检测常见攻击的发生。

三级：在二级要求的基础上，不仅能够检测，并能发出报警。

四级：在三级要求的基础上，防范能力增强，做到检测、报警并自动采取相应动作阻断等。

具体见表 7-19。

表 7-19 具 体 表 现

要求项	一级	二级	三级	四级
项目	N/A	a）	a）～b）	a）～b）*
合计	0	1	2	2+

四级要求较三级，在强度上增强，当检测到入侵事件时，不仅要求能够发出报警，并能够自动采取相应动作，这对入侵检测系统的要求就比较高。

6. 恶意代码防范

目前，对恶意代码的防范已是全方位、立体防护的概念。根据对恶意代码引入的源头进行分析可以得出，随着互联网的不断发展，从网络上引入到本地的恶意代码占绝大多数。因此，在网络边界处对恶意代码进行防范是整个防范工作的重点。部署了相应的网络防病毒产品后，并不代表"万事大吉"了，根据统计，平均每个月有 300 种新的病毒被发现，如果恶意代码库跟不上这一速度，其实际检测效率可能会大大降低，因此，必须及时地、自动更新产品中的恶意代码定义。这种更新必须非常频繁，且对用户透明。

该控制点在不同级别主要表现为：

一级：无此要求。

二级：无此要求。

三级：要求能够在网络边界处防范恶意代码，并保持代码库的及时更新。

四级：与三级要求相同。

具体见表 7-20。

表 7-20 具 体 表 现

要求项	一级	二级	三级	四级
项目	N/A	N/A	a）～b）	a）～b）
合计	0	0	2	2

7. 网络设备防护

对网络安全的防护，除了对网络结构、网络边界部署相应的安全措施外，另外一个重要的方面就是对实现这些控制要求的网络设备的保护。通过登录网络设备对各种参数进行配置、修改等，都直接影响网络安全功能的发挥。因此，网络设备的防护主要是对用户登录前后的行为进行控制。

该控制点在不同级别主要表现为：

一级：对网络设备要求基本的登录鉴别措施。

二级：对登录要求进一步增强，提出了鉴别标识唯一、鉴别信息复杂等要求。

三级：在二级要求的基础上，提出了两种以上鉴别技术的组合来实现身份鉴别，同时提出了特权用户权限分离。

四级：在三级要求的基础上，要求其中一种鉴别技术为是不可伪造的。

具体见表 7-21。

表 7-21　　　　　　　　　　具 体 表 现

要求项	一级	二级	三级	四级
项目	a）～c)	a）～f)	a）～h)	a）～i)
合计	3	6	8	9

三、主机安全要求

主机系统安全是包括服务器、终端/工作站等在内的计算机设备在操作系统及数据库系统层面的安全。终端/工作站是带外设的台式机与笔记本计算机，服务器则包括应用程序、网络、web、文件与通信等服务器。主机系统是构成信息系统的主要部分，其上承载着各种应用。因此，主机系统安全是保护信息系统安全的中坚力量。

主机系统安全涉及的控制点包括：身份鉴别、安全标记、访问控制、可信路径、安全审计、剩余信息保护、入侵防范、恶意代码防范和资源控制九个控制点。

不同等级的基本要求在主机系统安全方面所体现的不同如 3.1 节和 3.2 节所描述的一样，在三个方面都有所体现。

（1）一级主机系统安全要求：对主机进行基本的防护，要求主机做到简单的身份鉴别，粗力度的访问控制以及重要主机能够进行恶意代码防范。

（2）二级主机系统安全要求：在控制点上增加了安全审计和资源控制等。同时，对身份鉴别和访问控制都进一步加强，鉴别的标识、信息等都提出了具体的要求；访问控制的力度进行了细化等，恶意代码增加了统一管理等。

（3）三级主机系统安全要求：在控制点上增加了剩余信息保护，即，访问控制增加了设置敏感标记等，力度变强。同样，身份鉴别的力度进一步增强，要求两种以上鉴别技术同时使用。安全审计已不满足于对安全事件的记录，而要进行分析、生成报表。对恶意代码的防范综合考虑网络上的防范措施，做到二者相互补充。对资源控制的增加了对服务器的监视和最小服务水平的监测和报警等。

（4）四级主机系统安全要求：在控制点上增加了安全标记和可信路径，其他控制点在强度上也分别增强，如，身份鉴别要求使用不可伪造的鉴别技术，访问控制要求部分按照强制访问控制的力度实现，安全审计能够做到统一集中审计等。

表 7-22 表明了主机系统安全在控制点上逐级变化的特点。

表 7-22 　　　　　　　　　　　主机系统安全在控制点上逐级变化的特点

控制点	一级	二级	三级	四级
身份鉴别	*	*	*	*
安全标记				*
访问控制	*	*	*	*
可信路径				*
安全审计		*	*	*
剩余信息保护			*	*
入侵防范	*	*	*	*
恶意代码防范	*	*	*	*
资源控制			*	*
合计	4	6	7	9

另外两个特点（要求项增加和要求项强度增强）将在以下控制点描述时具体展开。

1. 身份鉴别

为确保系统的安全，必须对系统中的每一用户或与之相连的服务器或终端设备进行有效的标识与鉴别，只有通过鉴别的用户才能被赋予相应的权限，进入系统并在规定的权限内操作。

该控制点在不同级别主要表现为：

一级：主要强调了该功能的使能性，即，能够进行简单的身份鉴别。

二级：在一级要求的基础上，对登录要求进一步增强，提出了鉴别标识唯一、鉴别信息复杂等要求。

三级：在二级要求的基础上，提出了两种以上鉴别技术的组合来实现身份鉴别。

四级：在三级要求的基础上，要求其中一种鉴别技术为是不可伪造的，同时增加了设置鉴别警示信息的要求。

具体见表 7-23。

表 7-23 　　　　　　　　　　　　**具 体 表 现**

要求项	一级	二级	三级	四级
项目	a)	a)～e)	a)～f)	a)～g) *
合计	1	5	6	8+

其中，四级中 g）是在三级的基础上要求其中一种鉴别技术为是不可伪造的，所以是增强要求。

2. 安全标记

在主机系统层面，在高等级系统中要实现强度较强的访问控制必须要增加安全标记，通过对主体和客体进行标记，主体不能随意更改权限，权限是由系统客观具有的属性以及用户本身具有的属性决定的，因此，在很大程度上使非法访问受到限制，增加了访问控制的力度。

该控制点在不同级别主要表现为：

一级：无此要求。

二级：无此要求。

三级：无此要求。

四级：要求对所有主体和客体设置敏感标记。具体见表7-24。

表 7-24 具 体 表 现

要求项	一级	二级	三级	四级
项目	N/A	N/A	N/A	a)
合计	0	0	0	1

3. 访问控制

在系统中实施访问控制是为了保证系统资源（操作系统和数据库管理系统）受控合法地使用。用户只能根据自己的权限大小来访问系统资源，不得越权访问。

该控制点在不同级别主要表现为：

一级：要求根据一定的控制策略来限制用户对系统资源的访问，控制力度较粗。

二级：在一级要求的基础上，实现不同系统用户的权限分离。

三级：除二级要求外，强调了最小授权原则，使得用户的权限最小化，同时要求对重要信息资源设置敏感标记。

四级：除三级要求外，增加了强制访问控制的部分功能，要求依据安全策略和所有主体和客体设置的敏感标记控制主体对客体的访问，同时增强了控制力度，达到主体为用户级或进程级，客体为文件、数据库表、记录和字段级。

具体见表7-25。

表 7-25 具 体 表 现

要求项	一级	二级	三级	四级
项目	a）～c）	a）～d）	a）～g）	a）*～f）
合计	3	4	7	6+

其中，在四级，去掉了三级中的f）和g），同时对a）要求依据安全策略和所有主体和客体设置的敏感标记控制主体对客体的访问，增强了要求，所以是a）*，同时在四级中增加了b），主要是增强了控制力度，所以尽管四级的要求项减少了，但实际要求增强了。

4. 可信路径

在计算机系统中，用户一般并不直接与内核打交道，通过应用层作为接口进行会话。但由于应用层并不是能完全信任的，因此在系统的安全功能中，提出了"可信路径"这一概念。

该控制点在不同级别主要表现为：

一级：无此要求。

二级：无此要求。

三级：无此要求。

四级：要求在用户进行身份鉴别和访问时，提供用户与系统之间可信的安全通信路径。

具体见表7-26。

表 7-26 具体表现

要求项	一级	二级	三级	四级
项目	N/A	N/A	N/A	a)～b)
合计	0	0	0	2

5. 安全审计

同网络安全审计相似，对主机进行安全审计，目的是为了保持对操作系统和数据库系统的运行情况以及系统用户行为的跟踪，以便事后追踪分析。主机安全审计主要涉及的方面包括：用户登录情况、系统配置情况以及系统资源使用情况等。

该控制点在不同级别主要表现为：

一级：无此要求。

二级：要求对用户行为、系统异常情况等基本情况进行审计、记录，审计范围仅覆盖服务器用户。

三级：除二级要求外，要求对形成的记录能够分析、生成报表。同时对审计记录提出了保护要求。另外，审计覆盖范围扩大，由二级的服务器扩展到客户端。

四级：除三级要求外，要求做到集中审计。

具体见表 7-27。

表 7-27 具体表现

要求项	一级	二级	三级	四级
项目	N/A	a)～d)	a)*～f)	a)～g)
合计	0	4	6$^+$	7

其中，三级中的审计覆盖的范围由二级的服务器到服务器和客户端的数据库和操作系统用户，审计的力度增强，所以是 a)*。

6. 剩余信息保护

为保证存储在硬盘、内存或缓冲区中的信息不被非授权的访问，操作系统应对这些剩余信息加以保护。用户的鉴别信息、文件、目录等资源所在的存储空间，操作系统将其完全清除之后，才释放或重新分配给其他用户。

该控制点在不同级别主要表现为：

一级：无此要求。

二级：无此要求。

三级：要求对存放鉴别信息、文件、记录等存储空间进行重新使用前的清除。

四级：与三级要求相同。

具体见表 7-28。

表 7-28 具体表现

要求项	一级	二级	三级	四级
项目	N/A	N/A	a)～b)	a)～b)
合计	0	0	2	2

7. 入侵防范

由于基于网络的入侵检测只是在被监测的网段内对网络非授权的访问、使用等情况进行防范，它无法防范网络内单台主机、服务器等被攻击的情况。基于主机的入侵检测，可以说是基于网络的"补充"，补充检测那些出现在"授权"的数据流或其他遗漏的数据流中的入侵行为。

该控制点在不同级别主要表现为：

一级：基本的防范要求，要求安装应遵循最小授权原则，并及时更新。

二级：在一级的基础上要求设置升级服务器方式及时更新。

三级：在二级的基础上，增加对入侵行为进行记录和检测，并能够采取报警等措施；对重要程序完整性进行检测并恢复。

四级：同三级要求。

具体见表 7-29。

表 7-29　　　　　　　　　　　具 体 表 现

要求项	一级	二级	三级	四级
项目	a)	a) *	a)～c)	a)～c)
合计	1	1+	3	3

8. 恶意代码防范

恶意代码一般通过两种方式造成各种破坏，一种是通过网络，另外一种就是通过主机。网络边界处的恶意代码防范可以说是防范工作的"第一道门槛"，然而，如果恶意代码通过网络进行蔓延，那么直接后果就是造成网络内的主机感染，所以说，网关处的恶意代码防范并不是"一劳永逸"。另外，通过各种移动存储设备的接入主机，也可能造成该主机感染病毒，而后通过网络感染其他主机。所以说，这两种方式是交叉发生的，必须在两处同时进行防范，才能尽可能的保证安全。

该控制点在不同级别主要表现为：

一级：重要主机应安装一定的防范产品。

二级：在一级要求的基础上，要求对恶意代码进行统一管理。

三级：除二级要求外，要求主机与网络处的防范产品不同。

四级：与三级要求相同。

具体见表 7-30。

表 7-30　　　　　　　　　　　具 体 表 现

要求项	一级	二级	三级	四级
项目	a)	a)～b)	a)～c)	a)～c)
合计	1	2	3	3

由于不同产商的恶意代码防范产品在恶意代码库的定义以及升级时机上都有所不同，因此，如果主机和网络的防范产品出于不同厂家，那么二者相互补充，在防范水平上会较同样一种产品防范两处要高。因此，在三级要求系统能够采取两种产品防范的要求。

由于信息系统具有网络层次多、节点多、覆盖地域广等特点，各部门对计算机的使用和维护水平也不尽相同，这些均要求防恶意代码软件能够提供统一管理和集中监控，能够在恶意代码监控中心的统一管理下，统一、自动升级，将潜在的恶意代码感染源清除在感染之前。同时，也极大的简化了系统维护工作，有利于防范恶意代码策略的有效实施。

9. 资源控制

操作系统是非常复杂的系统软件，其最主要的特点是并发性和共享性。在逻辑上多个任务并发运行，处理器和外部设备能同时工作。多个任务共同使用系统资源，使其能被有效共享，大大提高系统的整体效率，这是操作系统的根本目标。通常计算机资源包括以下几类：中央处理器、存储器、外部设备、信息（包括程序和数据），为保证这些资源有效共享和充分利用，操作系统必须对资源的使用进行控制，包括限制单个用户的多重并发会话、限制最大并发会话连接数、限制单个用户对系统资源的最大和最小使用限度、当登录终端的操作超时或鉴别失败时进行锁定、根据服务优先级分配系统资源等。该控制点在不同级别主要表现为：

一级：无此要求。

二级：要求对单个用户的会话数量以及终端登录进行限制。

三级：除二级要求外，增加了监视服务器和对系统最小服务进行监测和报警的要求。

四级：与三级要求相同。

具体见表 7-31。

表 7-31　　　　　　　　　　具　体　表　现

要求项	一级	二级	三级	四级
项目	N/A	a）～c）	a）～e）	a）～e）
合计	0	3	5	5

四、应用安全要求

通过网络、主机系统的安全防护，最终应用安全成为信息系统整体防御的最后一道防线。在应用层面运行着信息系统的基于网络的应用以及特定业务应用。基于网络的应用是形成其他应用的基础，包括消息发送、Web 浏览等，可以说是基本的应用。业务应用采纳基本应用的功能以满足特定业务的要求，如电子商务、电子政务等。由于各种基本应用最终是为业务应用服务的，因此对应用系统的安全保护最终就是如何保护系统的各种业务应用程序安全运行。

应用安全主要涉及的安全控制点包括：身份鉴别、安全标记、访问控制、可信路径、安全审计、剩余信息保护、通信完整性、通信保密性、抗抵赖、软件容错、资源控制十一个控制点。

不同等级的基本要求在应用安全方面所体现的不同如 3.1 节和 3.2 节所描述的一样，在三个方面都有所体现。

（1）一级应用安全要求：对应用进行基本的防护，要求做到简单的身份鉴别，粗力度的访问控制以及数据有效性检验等基本防护。

（2）二级应用安全要求：在控制点上增加了安全审计、通信保密性和资源控制等。同时，对身份鉴别和访问控制都进一步加强，鉴别的标识、信息等都提出了具体的要求。访问控制的力度进行了细化，对通信过程的完整性保护提出了特定的校验码技术。应用软件自身的安全要求进一步增强，软件容错能力增强。

（3）三级应用安全要求：在控制点上增加了剩余信息保护和抗抵赖等。同时，身份鉴别的力度进一步增强，要求组合鉴别技术，访问控制增加了敏感标记功能，安全审计已不满足于对安全事件的记录，而要进行分析等。对通信过程的完整性保护提出了特定的密码技术。应用软件自身的安全要求进一步增强，软件容错能力增强，增加了自动保护功能。

（4）四级应用安全要求：在控制点上增加了安全标记和可信路径等。部分控制点在强度上进一步增强，如，身份鉴别要求使用不可伪造的鉴别技术，安全审计能够做到统一安全策略提供集中审计接口等，软件应具有自动恢复的能力等。表 7-32 表明了应用系统安全在控制点上逐级变化的特点。

表 7-32　　　　　　　　　　　应用系统安全在控制点上逐级变化的特点

控制点	一级	二级	三级	四级
身份鉴别	*	*	*	*
安全标记				*
访问控制	*	*	*	*
可信路经				*
安全审计		*	*	*
剩余信息保护			*	*
通信完整性	*	*	*	*
通信保密性		*	*	*
抗抵赖			*	*
软件容错	*	*	*	*
资源控制		*	*	*
合计	4	7	9	11

另外两个特点（要求项增加和要求项强度增强）将在以下控制点描述时具体展开。

1. 身份鉴别

同主机系统的身份鉴别一样，应用系统同样对登录的用户进行身份鉴别，以确保用户在规定的权限内进行操作。

该控制点在不同级别主要表现为：

一级：主要强调了该功能的使能性，即，能够进行简单的身份鉴别。

二级：在一级要求的基础上，对登录要求进一步增强，提出了鉴别标识唯一、鉴别信息复杂等要求。

三级：在二级要求的基础上，提出了两种以上鉴别技术的组合来实现身份鉴别。

四级：在三级要求的基础上，要求其中一种鉴别技术为是不可伪造的。

具体见表 7-33。

表 7-33　　　　　　　　　　　　　具　体　表　现

要求项	一级	二级	三级	四级
项目	a）～c)	a）～d)*	a）～e)	a）、b)*～e)
合计	3	4+	5	5+

其中，二级中，d）增加了鉴别标志唯一、鉴别信息复杂要求，是增强要求；四级中，b）增加了其中一种鉴别技术为是不可伪造的要求。

2. 安全标记

在应用系统层面，在高级别系统中要实现强度较强的访问控制必须要增加安全标记，通过对主体和客体进行标记，主体不能随意更改权限，权限是由系统客观具有的属性以及用户本身具有的属性决定的，因此，在很大程度上使非法访问受到限制，增加了访问控制的力度。

该控制点在不同级别主要表现为：

一级：无此要求。

二级：无此要求。

三级：无此要求。

四级：要求为主体和客体设置安全标记的功能并在安装后启用。

具体见表 7-34。

表 7-34 具 体 表 现

要求项	一级	二级	三级	四级
项目	N/A	N/A	N/A	a)
合计	0	0	0	1

3. 访问控制

在应用系统中实施访问控制是为了保证应用系统受控合法地使用。用户只能根据自己的权限大小来访问应用系统，不得越权访问。

该控制点在不同级别主要表现为：

一级：要求根据一定的控制策略来限制用户对系统资源的访问，控制力度较粗。

二级：在一级要求的基础上，控制力度细化，增加覆盖范围要求，并强调了最小授权原则，使得用户的权限最小化。

三级：在二级要求的基础上，增加了对重要信息设置敏感标记，并控制对其的操作。

四级：除三级要求外，提出以标记的方式进行应用系统访问的控制。

具体见表 7-35。

表 7-35 具 体 表 现

要求项	一级	二级	三级	四级
项目	a）~b)	a）*~d)	a）~f)	a）、b)、c）*~e)
合计	2	4+	7	5+

其中，在二级，a）增加了依据安全策略控制访问；四级中，去掉了三级中的 e）和 f)，提出以标记的方式进行应用系统访问的控制，c）增加了禁止默认账户的访问，所以尽管比三级要求项减少了，但是强度增强了。

4. 可信路径

在计算机系统中，用户一般并不直接与内核打交道，通过应用层作为接口进行会话。但由于应用层并不是能完全信任的，因此在系统的安全功能中，提出了"可信路径"这一概念。

该控制点在不同级别主要表现为：

一级：无此要求。

二级：无此要求。

三级：无此要求。

四级：要求在用户进行身份鉴别和访问时，提供用户与系统之间可信的安全通信路径。

具体见表 7-36。

表 7-36　　　　　　　　　　　　　具 体 表 现

要求项	一级	二级	三级	四级
项目	N/A	N/A	N/A	a）～b）
合计	0	0	0	2

5. 安全审计

同主机安全审计相似，应用系统安全审计目的是为了保持对应用系统的运行情况以及系统用户行为的跟踪，以便事后追踪分析。应用安全审计主要涉及的方面包括：用户登录情况、系统功能执行以及系统资源使用情况等。

该控制点在不同级别主要表现为：

一级：无此要求。

二级：要求对用户行为、安全事件等进行记录。

三级：除二级要求外，要求对形成的记录能够统计、分析、并生成报表。

四级：除三级要求外，要求根据系统统一安全策略，提供集中审计接口。

具体见表 7-37。

表 7-37　　　　　　　　　　　　　具 体 表 现

要求项	一级	二级	三级	四级
项目	N/A	a）～c）	a）、b）*～d）	a）～e）
合计	0	3	4^+	5

其中，三级中，b）增加了无法单独中断审计进程要求，所以强度增加。

6. 剩余信息保护

为保证存储在硬盘、内存或缓冲区中的信息不被非授权的访问，应用系统应对这些剩余信息加以保护。用户的鉴别信息、文件、目录等资源所在的存储空间，应将其完全清除之后，才释放或重新分配给其他用户。

该控制点在不同级别主要表现为：

一级：无此要求。

二级：无此要求。

三级：要求对存放鉴别信息、文件、记录等存储空间进行重新使用前的清除。

四级：与三级要求相同。

具体见表 7-38。

表 7-38　　　　　　　　　　　　　具 体 表 现

要求项	一级	二级	三级	四级
项目	N/A	N/A	a）～b）	a）～b）
合计	0	0	2	2

7．通信完整性

许多应用程序通过网络与最终用户之间传递数据，此外还在中间应用程序节点之间传递数据，这些数据由于与应用有关，多数带有机密性，如信用卡号码或银行交易明细数据等。为了防止发生意外的信息泄漏，并保护数据免受传输时擅自修改，就必须确保通信点间的安全性。安全的通信具有以下两个特点：完整性和保密性。首先了解通信完整性。

该控制点在不同级别主要表现为：

一级：要求通信双方确定一定的会话方式，从而判断数据的完整性。

二级：要求通信双方利用单向校验码技术来判断数据的完整性。

三级：要求通信双方利用密码技术来判断数据的完整性。

四级：与三级要求相同。

具体见表 7-39。

表 7-39　　　　　　　　　　具　体　表　现

要求项	一级	二级	三级	四级
项目	a)	a)*	a)*	a)
合计	1	1$^+$	1$^+$	1

8．通信保密性

同通信完整性一样，通信保密性也是保证通信安全的重要方面。它主要确保数据处于保密状态，不被窃听。

该控制点在不同级别主要表现为：

一级：无此要求。

二级：要求对建立连接前初始化验证和通信过程敏感信息加密。

三级：在二级要求的基础上，要求对通信过程加密的范围扩大为整个报文或会话过程。

四级：在三级要求的基础上，对加解密运算要求设备化。

具体见表 7-40。

表 7-40　　　　　　　　　　具　体　表　现

要求项	一级	二级	三级	四级
项目	N/A	a)～b)	a)～b)*	a)～c)
合计	0	2	2$^+$	3

对数据加密的范围由二级的敏感信息扩大为三级的整个报文或会话过程，保密性得到加强。

9．抗抵赖

通信完整性和保密性并不能保证通信抗抵赖行为，即，通信双方或不承认已发出的数据，或不承认已接收到的数据，从而无法保证应用的正常进行。必须采取一定的抗抵赖手段，从而防止双方否认数据所进行的交换。

该控制点在不同级别主要表现为：

一级：无此要求。

二级：无此要求。

三级：要求具有通信双方提供原发接收或发送数据的功能。

四级：与三级要求相同。

具体见表 7-41。

表 7-41　　　　　　　　　　　　具 体 表 现

要求项	一级	二级	三级	四级
项目	N/A	N/A	a）～b）	a）～b）
合计	0	0	2	2

10. 软件容错

容错技术是提高整个系统可靠性的有效途径，通常在硬件配置上，采用了冗余备份的方法，以便在资源上保证系统的可靠性。在软件设计上，则主要考虑应用程序对错误（故障）的检测、处理能力。

该控制点在不同级别主要表现为：

一级：要求具有基本的数据校验功能。

二级：在一级要求的基础上，要求故障发生时能够继续运行部分功能。

三级：在二级要求的基础上，要求具有自动保护功能。

四级：在三级要求的基础上，要求具有自动恢复功能。

具体见表 7-42。

表 7-42　　　　　　　　　　　　具 体 表 现

要求项	一级	二级	三级	四级
项目	a）	a）～b）	a）～b）*	a）～c）
合计	1	2	2^+	3

三级中，b）项要求在二级基础上，提出具有自动保护功能的要求，所以强度增加。

11. 资源控制

操作系统对同时的连接数量、打开文件数量、进程使用内存等进行了一定的资源控制，保证资源合理有效的使用，以及防止系统资源被滥用而引发各种攻击。同样，应用程序也有相应的资源控制措施，包括限制单个用户的多重并发会话、限制最大并发会话连接数、限制单个用户对系统资源的最大和最小使用限度、当登录终端的操作超时或鉴别失败时进行锁定、根据服务优先级分配系统资源等。

该控制点在不同级别主要表现为：

一级：无此要求。

二级：要求单个用户会话数量、最大并发会话数量的限制。

三级：除二级要求外，增加了一段时间内的并发会话数量、单个账户或进程的资源配额、根据服务优先级分配资源以及对系统最小服务进行监测和报警的要求。

四级：与三级要求相同。

具体见表 7-43。

表 7-43   具 体 表 现

要求项	一级	二级	三级	四级
项目	N/A	a）～c）	a）～g）	a）～g）
合计	0	3	7	7

五、数据安全及备份要求

信息系统处理的各种数据（用户数据、系统数据、业务数据等）在维持系统正常运行上起着至关重要的作用。一旦数据遭到破坏（泄漏、修改、毁坏），都会在不同程度上造成影响，从而危害到系统的正常运行。由于信息系统的各个层面（网络、主机、应用等）都对各类数据进行传输、存储和处理等，因此，对数据的保护需要物理环境、网络、数据库和操作系统、应用程序等提供支持。各个"关口"把好了，数据本身再具有一些防御和修复手段，必然将对数据造成的损害降至最小。

另外，数据备份也是防止数据被破坏后无法恢复的重要手段，而硬件备份等更是保证系统可用的重要内容，在高级别的信息系统中采用异地适时备份会有效的防治灾难发生时可能造成的系统危害。

保证数据安全和备份恢复主要从数据完整性、数据保密性、备份和恢复三个控制点考虑。

不同等级的基本要求在应用安全方面所体现的不同如 3.1 节和 3.2 节所描述的一样，在三个方面都有所体现。

（1）一级数据安全及备份恢复要求：对数据完整性用户数据在传输过程提出要求，能够检测出数据完整性受到破坏；同时能够对重要信息进行备份。

（2）二级数据安全备份恢复要求：对数据完整性的要求增强，范围扩大，要求鉴别信息和重要业务数据在传输过程中都要保证其完整性。对数据保密性要求实现鉴别信息存储保密性，数据备份增强，要求一定的硬件冗余。

（3）三级数据安全备份恢复要求：对数据完整性的要求增强，范围扩大，增加了系统管理数据的传输完整性，不仅能够检测出数据受到破坏，并能进行恢复。对数据保密性要求范围扩大到实现系统管理数据、鉴别信息和重要业务数据的传输和存储的保密性，数据的备份不仅要求本地完全数据备份，还要求异地备份和冗余网络拓扑。

（4）四级数据安全备份恢复要求：为进一步保证数据的完整性和保密性，提出使用专有的安全协议的要求。同时，备份方式增加了建立异地适时灾难备份中心，在灾难发生后系统能够自动切换和恢复。

表 7-44 表明了数据安全在控制点上逐级变化的特点。

表 7-44   数据安全层面控制点的逐级变化

控制点	一级	二级	三级	四级
数据完整性	*	*	*	*
数据保密性		*	*	*
备份和恢复	*	*	*	*
合计	2	3	3	3

另外两个特点（要求项增加和要求项强度增强）将在以下控制点描述时具体展开。

1. 数据完整性

数据完整性主要保证各种重要数据在存储和传输过程中免受未授权的破坏。这种保护包括对完整性破坏的检测和恢复。

该控制点在不同级别主要表现为：

一级：能够对用户数据在传输过程的完整性进行检测。

二级：在一级要求的基础上，范围扩大，要求鉴别信息和重要业务数据在传输过程中都要保证其完整性。

三级：在二级要求的基础上，范围又扩大，增加了系统管理数据的传输完整性，不仅能够检测出数据受到破坏，并能进行恢复。

四级：除三级要求外，要求采用安全、专用的通信协议。

具体见表 7-45。

表 7-45　　　　　　　　　　　　具 体 表 现

要求项	一级	二级	三级	四级
项目	a)	a)*	a)*~b)	a)~c)
合计	1	1^+	2^+	3

在二级，a）范围增加了重要业务数据的传输完整性；在三级，a）增加了系统管理数据的传输完整性。

2. 数据保密性

数据保密性主要从数据的传输和存储两方面保证各类敏感数据不被未授权的访问，以免造成数据泄露。

该控制点在不同级别主要表现为：

一级：无此要求。

二级：要求能够实现鉴别信息的存储保密性。

三级：除二级要求外，范围扩大到实现系统管理数据、鉴别信息和重要业务数据的传输和存储的保密性。

四级：除三级要求外，要求采用安全、专用的通信协议。

具体见表 7-46。

表 7-46　　　　　　　　　　　　具 体 表 现

要求项	一级	二级	三级	四级
项目	N/A	a)	a)~b)*	a)~c)
合计	0	1	2^+	3

在三级，b）增加了系统管理数据的传输保密性。

3. 数据备份和恢复

所谓"防患于未然"，即使对数据进行了种种保护，但仍无法绝对保证数据的安全。对数据进行备份，是防止数据遭到破坏后无法使用的最好方法。

通过对数据采取不同的备份方式、备份形式等，保证系统重要数据在发生破坏后能够恢复。

硬件的不可用同样也是造成系统无法正常运行的主要原因。因此，有必要将一些重要的设备（服务器、网络设备）设置冗余。当主设备不可用时，及时切换到备用设备上，从而保证了系统的正常运行。如果有能力的话，对重要的系统也可实施备用系统，主应用系统和备用系统之间能实现平稳及时的切换。

该控制点在不同级别主要表现为：

一级：能够对重要数据进行备份。

二级：在一级要求的基础上，能够提供一定的硬件冗余。

三级：除二级要求外，不仅要求本地完全数据备份，还要求异地备份和冗余网络拓扑。

四级：除三级要求外，增加了建立异地适时灾难备份中心，在灾难发生后系统能够自动切换和恢复。

具体见表 7-47。

表 7-47   具 体 表 现

要求项	一级	二级	三级	四级
项目	a)	a) ~b)	a) ~d)	a)、b)、c)*~e)
合计	1	2	4	5+

在四级，c）增加了适时备份功能。

第九节 《信息系统安全等级保护基本要求》管理类要求

一、安全管理制度要求

在信息安全中，最活跃的因素是人，对人的管理包括法律、法规与政策的约束、安全指南的帮助、安全意识的提高、安全技能的培训、人力资源管理措施以及企业文化的熏陶，这些功能的实现都是以完备的安全管理政策和制度为前提。这里所说的安全管理制度包括信息安全工作的总体方针、策略、规范各种安全管理活动的管理制度以及管理人员或操作人员日常操作的操作规程。

安全管理制度主要包括管理制度、制定和发布、评审和修订三个控制点。不同等级的基本要求在安全管理制度方面所体现的不同如 3.1 节和 3.2 节所描述的一样，在三个方面都有所体现。

（1）一级安全管理制度要求：主要明确了制定日常常用的管理制度，并对管理制度的制定和发布提出基本要求。

（2）二级安全管理制度要求：在控制点上增加了评审和修订，管理制度增加了总体方针和安全策略，和对各类重要操作建立规程的要求，并且管理制度的制定和发布要求组织论证。

（3）三级安全管理制度要求：在二级要求的基础上，要求机构形成信息安全管理制度体系，对管理制度的制定要求和发布过程进一步严格和规范。对安全制度的评审和修订要求领导小组的负责。

（4）四级安全管理制度要求：在三级要求的基础上，主要考虑了对带有密级的管理制度的管理和管理制度的日常维护等。表 7-48 表明了安全管理制度在控制点上逐级变化的特点。

表 7-48   安全管理制度控制点的逐级变化

控制点	一级	二级	三级	四级
管理制度	*	*	*	*
制定和发布	*	*	*	*
评审和修订		*	*	*
合计	2	3	3	3

另外两个特点（要求项增加和要求项强度增强）将在以下控制点描述时具体展开。

1. 管理制度

信息安全管理制度文件通过为机构的每个人提供基本的规则、指南、定义，从而在机构中建立一套信息安全管理制度体系，防止员工的不安全行为引入风险。信息安全管理制度体系分为三层结构：总体方针、具体管理制度、各类操作规程。信息安全方针应当阐明管理层的承诺，提出机构管理信息安全的方法；具体的信息安全管理制度是在信息安全方针的框架内，为保证安全管理活动中的各类管理内容的有效执行而制定的具体的信息安全实施规则，以规范安全管理活动，约束人员的行为方式；操作规程是为进行某项活动所规定的途径或方法，是有效实施信息安全政策、安全目标与要求的具体措施。这三层体系化结构完整的覆盖了机构进行信息安全管理所需的各类文件化指导。

该控制点在不同级别主要表现为：

一级：要求制定日常常用的管理制度。

二级：在一级要求的基础上，管理制度要求更高，并增加了总体方针和安全策略，重要操作规程的要求。

三级：在二级要求的基础上，提出了建立信息安全管理制度体系的要求。

四级：与三级要求相同。

具体见表 7-49。

表 7-49   具 体 表 现

要求项	一级	二级	三级	四级
项目	a)	a)、b)*～c)	a)、b)*～d)	a)～d)
合计	1	3+	4$^+$	4

其中，二级 b) 要求除了一级的日常管理制度外增加了对重要管理内容都要建立管理制度；三级 b) 增加要求，要健全各类管理制度。

2. 制定和发布

制定安全管理制度是规范各种保护单位信息资源的安全活动的重要一步，制定人员应充分了解机构的业务特征（包括业务内容、性质、目标及其价值），只有这样才能发现并分析机构业务所处的实际运行环境，并在此基础上提出合理的、与机构业务目标相一致的安全保障措施，定义出与管理相结合的控制方法，从而制定有效的信息安全政策和制度。机构高级管理人员参与制定过程，有利于：①制定的信息安全政策与单位的业务目标一致；②制定的安全方针政策、制度可以在机构上下得到有效的贯彻；③可以得到有效的资源保障，比如在制定安全政策时必要的资金与人力资源的支持，及跨部门之间的协调问题都必须由高层管理人员来推动。

该控制点在不同级别主要表现为:

一级:要求有人员负责安全管理制度的制定,相关人员能够了解管理制度。

二级:在一级要求的基础上,要求有专门部门或人员负责安全管理制定的制定,并且发布前要组织论证。

三级:在二级要求的基础上,对制度的制定格式、发布范围、方式等进行了控制。

四级:除三级要求外,侧重对有密级的安全制度的管理。

具体见表 7-50。

表 7-50 具 体 表 现

要求项	一级	二级	三级	四级
项目	a)～b)	a)*～c)	a)～e)	a)～f)
合计	2	3+	5	6

二级要求增加了专门的部门或人员负责安全管理制定的制定。

3. 评审和修订

安全政策和制度文件制定实施后,并不能"高枕无忧",机构要定期评审安全政策和制度,并进行持续改进,尤其当发生重大安全事故、出现新的漏洞以及技术基础结构发生变更时。因为机构所处的内外环境是不断变化的,信息资产所面临的风险也是一个变数,机构中人的思想、观念也在不断变化。在这个不断变化的世界中,要想保证本系统的安全性,就要对控制措施和信息安全政策与制度持续改进,使之在理论上、标准上及方法上与时俱进。

该控制点在不同级别主要表现为:

一级:无此要求。

二级:要求对安全管理制度定期评审和修订。

三级:在二级要求的基础上,增加了安全领导小组负责组织定期评审和修订,并对评审和修订的时机做了要求。

四级:除三级要求外,侧重对有密级的安全制度的修订和制度的日常维护等。

具体见表 7-51。

表 7-51 具 体 表 现

要求项	一级	二级	三级	四级
项目	N/A	a)	a)～b)*	a)～d)
合计	0	1	2+	4

三级中,b)要求增加了要不定期评审和修订。

二、安全管理机构要求

安全管理,首先要建立一个健全、务实、有效、统一指挥、统一步调的完善的安全管理机构,明确机构成员的安全职责,这是信息安全管理得以实施、推广的基础。在单位的内部结构上必须建立一整套从单位最高管理层(董事会)到执行管理层以及业务运营层的管理结构来约束和保证各项安全管理措施的执行。其主要工作内容包括对机构内重要的信息安全工作进行授权和审批、内部相关业务部门和安全管理部门之间的沟通协调以及与机构外部各类单位的合作、定期对系统的安全措施落实情况进行检查，以发现问题进行改进。

安全管理机构主要包括：岗位设置、人员配备、授权和审批、沟通和合作以及审核和检查五个控制点。其中，前两个控制点主要是从"硬件配备"方面对管理机构进行了要求，而后三个则是具体介绍机构的主要职责和工作。

不同等级的基本要求在安全管理机构方面所体现的不同如 3.1 节和 3.2 节所描述的一样，在三个方面都有所体现。

（1）一级安全管理机构要求：主要要求对开展信息安全工作的基本工作岗位进行配备，对机构重要的安全活动进行审批，加强对外的沟通和合作。

（2）二级安全管理机构要求：在控制点上增加了审核和检查，同时，在一级基础上，明确要求设立安全主管等重要岗位；人员配备方面提出安全管理员不可兼任其他岗位原则；沟通与合作的范围增加与机构内部及与其他部门的合作和沟通。

（3）三级安全管理机构要求：对于岗位设置，不仅要求设置信息安全的职能部门，而且机构上层应有一定的领导小组全面负责机构的信息安全全局工作。授权审批方面加强了授权流程控制以及阶段性审查。沟通与合作方面加强了与外部组织的沟通和合作，并聘用安全顾问。同时对审核和检查工作进一步规范。

（4）四级安全管理机构要求：同三级要求。表 7-52 表明了安全管理机构在控制点上逐级变化的特点。

表 7-52 安全管理机构在控制点上逐级变化的特点

控制点	一级	二级	三级	四级
岗位设置	*	*	*	*
人员配备	*	*	*	*
授权和审批	*	*	*	*
沟通和合作	*	*	*	*
审核和检查		*	*	*
合计	4	5	5	5

另外两个特点（要求项增加和要求项强度增强）将在以下控制点描述时具体展开。

1. 岗位设置

需要一定的人员进行机构信息安全不同方面的工作，如，系统管理员负责系统的安全配置、账户管理、系统升级等方面；而网络管理员则侧重于对整个网络结构的安全、网络设备（包括安全设备）的正确配置等工作。因此，应对各种岗位的职责进行明确的定义。

光有岗位的设置，并不能完全对机构信息安全工作进行有组织的、有目的的管理，若设置专门安全管理部门，则会根据机构整体安全状况，具体将工作落实。职能部门的主要工作职责是负责具体工作的落实，而上层信息安全战略或方针的确定，则需机构领导层全面把握和决策。因此，需设立信息安全领导小组来负责信息安全工作的总体走向和未来发展。

该控制点在不同级别主要表现为：

一级：要求设置基本的工作岗位。

二级：在一级要求的基础上，增加了安全主管，安全管理各个方面的负责人等岗位要求。

三级：除二级要求外，提出设置信息安全的职能部门和上层领导小组的要求。

四级：与三级要求相同。

具体见表 7-53。

表 7-53　　　　　　　　**具 体 表 现**

要求项	一级	二级	三级	四级
项目	a）	a）～b）	a）*～d）	a）～d）
合计	1	2	4+	4

三级中 a）增加了设置信息安全的职能部门的要求，所以是增强要求。

2．人员配备

各种信息安全工作需要具体的人员来负责，因此，必须设置相应的工作岗位，并明确各自的工作职责。

该控制点在不同级别主要表现为：

一级：要求配备一定数量的基本岗位工作人员。

二级：在一级要求的基础上，提出安全管理员不可兼任其他岗位的原则。

三级：除二级要求外，明确提出设专职安全员，并且加强了对关键事务的管理要求

四级：同三级要求。

具体见表 7-54。

表 7-54　　　　　　　　**具 体 表 现**

要求项	一级	二级	三级	四级
项目	a）	a）～b）	a）～c）	a）～c）
合计	1	2	3	3

3．授权和审批

机构必须对信息系统安全相关的关键活动进行控制，保证关键活动的进行在机构的掌握之中。由于关键活动（如对系统重要资源的访问）对整个系统的安全性有很大影响，因此，必须通过授权和审批的形式，允许或拒绝关键活动的发生。

该控制点在不同级别主要表现为：

一级：要求明确授权和审批职责对关键活动进行审批。

二级：在一级要求的基础上，增加了对审批形式的要求。

三级：除二级要求外，增强了审批制度、程序、审查、记录等方面的要求。

四级：与三级要求相同。

具体见表 7-55。

表 7-55　　　　　　　　**具 体 表 现**

要求项	一级	二级	三级	四级
项目	a）	a）～b）	a）*～d）	a）～d）
合计	1	2	4+	4

三级中 a）项增加了应该明确授权审批事项。

4．沟通和合作

由于信息安全工作与机构内其他业务部门都有直接或间接的工作联系，因此，信息安全管

理部门可以说是部门间工作的"纽带"，必须加强部门间的信息沟通和工作协调。同时，为了获取信息安全的最新发展动态，保证在发生安全事故时能尽快采取适当措施和得到支持和帮助，管理职能部门还应当和执法机关、管理机构、兄弟单位以及电信运营部门保持适当的联系，加强与信息服务提供机构、业界专家、专业的安全公司、安全组织的合作与沟通。

该控制点在不同级别主要表现为：

一级：主要要求加强对外的沟通和合作。

二级：在一级要求的基础上，增加了与机构内部及与其他部门的沟通和合作要求。

三级：在二级要求的基础上，扩大了与外界组织沟通的范围。

四级：与三级要求相同。

具体见表 7-56。

表 7-56　　　　　　　　　　　具 体 表 现

要求项	一级	二级	三级	四级
项目	a)	a) ～b)	a) *～e)	a) ～e)
合计	1	2	5+	5

三级中，a）增加了要定期或不定期召开协调会议的要求。

5. 审核和检查

为保证信息安全方针、制度能够正确贯彻执行，及时发现现有安全措施的漏洞和脆弱性，管理职能部门应定期组织相关部门人员按照安全审核和检查程序进行安全核查。检查的主要内容涉及：现有安全措施的有效性、安全配置与安全策略的一致性以及安全管理制度的落实情况等。

该控制点在不同级别主要表现为：

一级：无此要求。

二级：提出了定期进行安全检查和检查的基本内容要求。

三级：在二级要求的基础上，增强了对检查内容的要求，增加了对检查制度、负责人、检查流程、检查结果处理等的要求。

四级：与三级要求相同。

具体见表 7-57。

表 7-57　　　　　　　　　　　具 体 表 现

要求项	一级	二级	三级	四级
项目	N/A	a)	a) ～d)	a) ～d)
合计	0	1	4	4

三、人员安全管理要求

人，是信息安全中最关键的因素，同时也是信息安全中最薄弱的环节。很多重要的信息系统安全问题都涉及用户、设计人员、实施人员以及管理人员。如果这些与人员有关的安全问题没有得到很好的解决，任何一个信息系统都不可能达到真正的安全。只有对人员进行了正确完善的管理，才有可能降低人为错误、盗窃、诈骗和误用设备的风险，从而减小了信息系统遭受人员错误造成损失的概率。

对人员安全的管理，主要涉及两方面：对内部人员的安全管理和对外部人员的安全管理。具体包括：人员录用、人员离岗、人员考核、安全意识教育和培训和外部人员访问管理五个控制点。

不同等级的基本要求在人员安全管理方面所体现的不同如 3.1 节和 3.2 节所描述的一样，在三个方面都有所体现。

（1）一级人员安全管理要求：对人员在机构的工作周期（即，录用、日常培训、离岗）的活动提出基本的管理要求。同时，对外部人员访问要求得到授权和审批。

（2）二级人员安全管理要求：在控制点上增加了人员考核，对人员的录用和离岗要求进一步增强，过程性要求增加，安全教育培训更正规化，对外部人员的访问活动约束其访问行为。

（3）三级人员安全管理要求：在二级要求的基础上，增强了对关键岗位人员的录用、离岗和考核要求，对人员的培训教育更具有针对性，外部人员访问要求更具体。

（4）四级人员安全管理要求：在三级要求的基础上，提出了保密要求和关键区域禁止外部人员访问的要求。

表 7-58 表明了人员安全管理在控制点上逐级变化的特点。

表 7-58　　　　　　　　　　人员安全管理在控制点上逐级变化的特点

控制点	一级	二级	三级	四级
人员录用	*	*	*	*
人员离岗	*	*	*	*
人员考核		*	*	*
安全意识教育和培训	*	*	*	*
外部人员访问管理	*	*	*	*
合计	4	5	5	5

另外两个特点（要求项增加和要求项强度增强）将在以下控制点描述时具体展开。

1. 人员录用

对人员的安全管理，首先在人员录用时便应进行条件符合性筛选。录用时应考虑的方面包括：人员技术水平、身份背景、专业资格等方面。通过对这几方面的审查，判断录用与否。对于从事重要区域或部位的安全管理人员的聘用要求则应更高，一般应从内部人员中选用那些实践证明精干、忠实、可靠、认真负责、保守秘密的人员。

该控制点在不同级别主要表现为：

一级：要求负责部门或人员对录用人员身份、专业等进行基本的审查。

二级：在一级要求的基础上，增加了对录用人员技能的考核，并与关键岗位人员签署保密协议的形式约束其职责。

三级：在二级要求的基础上，增加了对从事关键岗位人员更加严格的录用要求，并与全部员工签署保密协议。

四级：与三级要求相同。

具体见表 7-59。

表 7-59　　　　　　　　　　　　具　体　表　现

要求项	一级	二级	三级	四级
项目	a）～b）	a）、b）*～c）	a）、b）*～d）	a）～d）
合计	2	3[+]	4[+]	4

其中，二级中 b) 增加了审查内容并要求考核；三级中 b) 更加规范了录用过程。

2. 人员离岗

由于人员在离开本岗位或本机构前，具有一定的访问权限，并知晓其中部分信息，因此对人员离岗的管理要求，同样非常重要。在离岗时，主要从硬件归还（设备、设施）和权限撤销两方面考虑要求。

该控制点在不同级别主要表现为：

一级：要求对离岗人员进行设备归还和权限中止。

二级：在一级要求的基础上，增加了规范离岗过程的要求。

三级：与二级要求的基础上，增加了关键岗位人员离岗的要求。

四级：在三级要求的基础上，增加了制度化规范的要求。

具体见表 7-60。

表 7-60 具 体 表 现

要求项	一级	二级	三级	四级
项目	a）~b)	a）*~c)	a）*~c)*	a）*~c)
合计	2	3^+	3^+	3^+

其中，二级 a) 增加了规范离岗过程的要求；三级中 a) 严格规范离岗过程，c) 增加了关键岗位人员离岗的要求；四级中，a) 增加了制定管理制度的要求。

3. 人员考核

对人员的考核，主要是为了保持各个岗位人员能时时满足该岗位的技术能力需求，同时也是机构对所有人员技能的阶段性全面了解。其中，重点关注对关键岗位人员的审查和考核。

该控制点在不同级别主要表现为：

一级：无此要求。

二级：要求对人员定期进行技能考核。

三级：在二级要求的基础上，增加考核结果处理和对关键岗位的考核要求。

四级：在三级要求的基础上，增加保密制度和保密检查要求。

具体见表 7-61。

表 7-61 具 体 表 现

要求项	一级	二级	三级	四级
项目	N/A	a)	a）~c)	a）~d)
合计	0	1	3	4

4. 安全意识教育和培训

保证信息系统的安全，要注重对安全管理人员的培养，提高其安全防范意识，最终做到安全有效的防范。而当前绝大多数漏洞存在的原因在于管理员对系统进行了错误的配置，或者没有及时升级系统软件。为确保员工在日常工作过程中，能时刻意识到信息安全的威胁和利害关系，并支持机构的信息安全方针，应根据安全教育和培训计划对所有员工进行培训，使其认识到自身的责任，提高自身技能。培训的内容包括单位的信息安全方针、信息安全方面的基础知识、安全技术、安全标准、岗位操作规程、最新的工作流程、相关的安全责任要求、法律责任和惩戒措施等。

该控制点在不同级别主要表现为：

一级：对人员进行基本的安全意识和责任教育。

二级：除一级要求外，增强了对安全教育培训的正规化管理。

三级：在二级要求的基础上，侧重于不同岗位的安全教育培训和制度化要求。

四级：与三级要求相同。

具体见表7-62。

表7-62　　　　　　　　　　　　　具　体　表　现

要求项	一级	二级	三级	四级
项目	a）～b）	a）*、b）*～c）	a）、b）*、c）*～d）	a）～d）
合计	2	3^+	4^+	4

其中，二级a）增加了培训内容要求，b）增加了惩戒要求；三级中，b）增加了安全责任和惩戒的制度化要求，c）增加了培训的制度化要求和对不同岗位制定不同的培训计划要求。

5. 外部人员访问管理

外部人员包括：向机构提供服务的服务人员（如软硬件维护和支持人员）、贸易伙伴或合资伙伴、清洁人员、送餐人员、保安和其他的外包支持人员等。若安全管理不到位，外部人员的访问将给信息系统带来风险。因此，在业务上有与外部人员接触的需要时，应当对其适当的进行临时管理，对于信息系统的核心部分应不允许外部人员的访问，以确保其安全性。

该控制点在不同级别主要表现为：

一级：对外部人员访问要得到授权和审批。

二级：除一级要求外，增加了对外部人员的访问的监督、备案等过程管理要求。

三级：在二级要求的基础上，增加了访问书面申请，访问制度等，更加严格外部人员访问管理。

四级：除三级要求外，要求外部人员禁止访问关键区域。具体见表7-63。

表7-63　　　　　　　　　　　　　具　体　表　现

要求项	一级	二级	三级	四级
项目	a）	a）*	a）*～b）	a）～c）
合计	1	1^+	2^+	3

其中，二级中，a）增加了对外部人员的访问的监督、备案等过程管理要求。三级中，a）增加了访问书面申请，增加了访问书面申请。

四、系统安全建设管理要求

信息系统的安全管理贯穿系统的整个生命周期，系统建设管理主要关注的是生命周期中的前三个阶段（即：初始、采购、实施）中各项安全管理活动。

系统建设管理分别从工程实施建设前、建设过程以及建设完毕交付三方面考虑，具体包括：系统定级、安全方案设计、产品采购和使用、自行软件开发、外包软件开发、工程实施、测试验收、系统交付、系统备案、等级测评和安全服务商选择十一个控制点。

不同等级的基本要求在系统建设管理方面所体现的不同如 3.1 节和 3.2 节所描述的一样，在三个方面都有所体现。

　　（1）一级系统建设管理要求：对系统建设整体过程所涉及的各项活动进行基本的规范，如先定级，方案准备，安全产品按要求采购，软件开发（自行、外包）的基本安全，实施的基本管理，建设后的安全性验收，交付等都进行要求。

　　（2）二级系统建设管理要求：增加了某些活动的文档化要求，如软件开发管理制度，工程实施应有实施方案要求等。同时，对安全方案、验收报告等增加了审定要求，产品的采购增加了密码产品的采购要求等。

　　（3）三级系统建设管理要求：在控制点上增加了系统备案和安全测评，同时对建设过程的各项活动都要求进行制度化规范，按照制度要求进行活动的开展。对建设前的安全方案设计提出体系化要求，并加强了对其的论证工作。

　　（4）四级系统建设管理要求：主要对软件开发活动进一步加强了要求，以保证软件开发的安全性。对工程实施过程提出了监理要求。

　　表 7-64 表明了系统建设管理在控制点上逐级变化的特点。

表 7-64　　　　　　　　　　　　　系统建设管理控制点的逐级变化

控制点	一级	二级	三级	四级
系统定级	*	*	*	*
安全方案设计	*	*	*	*
产品采购和使用	*	*	*	*
自行软件开发	*	*	*	*
外包软件开发	*	*	*	*
工程实施	*	*	*	*
测试验收	*	*	*	*
系统交付	*	*	*	*
系统备案			*	*
等级测评			*	*
安全服务商选择	*	*	*	*
合计	9	9	11	11

　　另外两个特点（要求项增加和要求项强度增强）将在以下控制点描述时具体展开。

　　1. 系统定级

　　确定信息系统的安全保护等级，是建设符合安全等级保护要求的信息系统、实施信息安全等级保护的基础。机构应根据系统实际情况，确定系统的安全保护等级。

　　该控制点在不同级别主要表现为：

　　一级：要求确定系统边界和等级，并得到相关部门的批准，并对定级过程做了文档化要求。

　　二级：与一级要求相同。

　　三级：在二级要求的基础上，增加对定级结果的论证。

　　四级：与三级要求相同。

具体见表 7-65。

要求项	一级	二级	三级	四级
项目	a）～c）	a）～c）	a）～d）	a）～d）
合计	3	3	4	4

表 7-65　　　　　　　　　具 体 表 现

2. 安全方案设计

一套完整的安全设计方案是整个系统安全的有力保障，应结合信息系统实际的运行状况，指定和授权专门的部门对信息系统的安全建设进行总体规划，制定近期和远期的安全建设工作计划，从人力、物力、财力各方面做好部署与配置。安全设计方案的内容可能包括：系统的安全隐患与对策分析，系统的体系结构及拓扑设计，系统的业务流程实现过程，系统的安全体系与其他平台的关系，系统在物理、网络、主机系统、应用、数据以及管理层面的不同设计要求、设计目标、性能要求、接口要求、资源如何分配等。

该控制点在不同级别主要表现为：

一级：要求形成书面的安全方案和详细设计方案。

二级：在一级要求的基础上，增加了对设计方案的论证和批准。

三级：在二级要求的基础上，提出了系统建设的总体规划，安全保障体系，并加强了体系的论证和修订。

四级：与三级要求相同。

具体见表 7-66。

要求项	一级	二级	三级	四级
项目	a）～c）	a）～d）	a）～d）*、e）	a）～e）
合计	3	4	5+	5

表 7-66　　　　　　　　　具 体 表 现

其中，三级 d）增加了安全保障体系的配套文件要求。

3. 产品采购

一旦系统的详细方案设计确定下来，就要选择合适的产品并按照详细设计方案来进行技术实现，保证系统安全设计的方案在系统中得到有效实施，并保证产品得到正确的配置和使用。产品采购需按照机构一定的采购流程或要求进行，确保产品在符合国家有关规定的前提下，满足系统的需要。

该控制点在不同级别主要表现为：

一级：要求产品使用符合国家规定。

二级：在一级要求的基础上，增加了对密码产品采购和使用的要求。

三级：在二级要求的基础上，提出了将产品的选型测试等采购要求。

四级：在三级要求的基础上，提出了对重要产品专项测试的要求。

具体见表 7-67。

表 7-67　　　　　　　　　　　　**具 体 表 现**

要求项	一级	二级	三级	四级
项目	a)	a) ～c)	a) ～d)	a) ～e)
合计	1	3	4	5

4. 自行软件开发

软件开发包括两种情况：机构自行开发和外包第三方开发。二者在安全方面既有相似点，又有不同点。相似点是都关注对软件开发过程中所产生的文档的管理；不同点是前者更关注开发过程的安全性，而后者对开发过程的安全性要求则以协议的方式与第三方确定，故主要关注开发后的技术支持工作。

该控制点在不同级别主要表现为：

一级：主要对开发环境做出了要求。

二级：在一级要求的基础上，增加了对软件开发制度化的要求。

三级：在二级要求的基础上，加强了软件开发的制度化和过程的管理。

四级：在三级要求的基础上，进一步加强了开发人员的要求。

具体见表 7-68。

表 7-68　　　　　　　　　　　　**具 体 表 现**

要求项	一级	二级	三级	四级
项目	a) ～b)	a) ～c) *	a) *～e)	a) ～f)
合计	2	3+	5+	6

其中，二级 c）增加了软件设计文档要求；三级 a）增加了开发过程人员控制要求。

5. 外包软件开发

该控制点在不同级别主要表现为：

一级：主要对软件质量和设计文档进行了要求。

二级：在一级要求的基础上，增加了对软件开发后的审查等要求。

三级：同二级要求。

四级：在三级要求的基础上，增加了对软件隐蔽信道的检测要求。

具体见表 7-69。

表 7-69　　　　　　　　　　　　**具 体 表 现**

要求项	一级	二级	三级	四级
项目	a) ～c)	a) ～d)	a) ～d)	a) ～d) *
合计	3	4	4	4+

6. 工程实施

安全设计方案、产品采购、软件的开发都是系统工程建设的前提准备条件。在此基础上，系统建设进入了工程实施阶段。要约束实施方的行为，必须制定实施方案。为了双方合作顺利，也为了监督、督促工程实施单位的工作，委托建设方最好指定或授权专门的人员或部门负责工程实施过程的管理与协调，要求根据实施方案进行实施。必要时可以请工程监理控制项目的实施过程。

该控制点在不同级别主要表现为：

一级：主要对工程实施负责部门或人员对实施进行基本的管理。

二级：在一级要求的基础上，增加了制定实施方案进行实施的要求。

三级：在二级要求的基础上，增加了对工程实施制度化管理的要求。

四级：在三级要求的基础上，增加了工程监理的安全要求。

具体见表 7-70。

表 7-70　　　　　　　　　　　　　　具 体 表 现

要求项	一级	二级	三级	四级
项目	a）	a）～b）	a）、b）*～c）	a）～d）
合计	1	2	3+	4

其中，三级 b）增加了对工程实施单位的要求。

7. 测试验收

为保证工程建设是按照既定方案和要求实施的，在工程实施完成之后，系统交付使用之前，委托建设方应指定或授权专门的部门按照系统测试验收管理制度要求、设计方案或合同要求进行系统的安全测试验收。如果委托建设方本身没有能力自行测试验收，也可以委托公正的第三方测试单位对系统进行测试。

该控制点在不同级别主要表现为：

一级：主要对测试验收前、验收过程中以及验收后进行基本的文档要求。

二级：在一级要求的基础上，增加了对验收报告的审定等要求。

三级：在二级要求的基础上，增加了对工程实施制度化管理的要求，同时提出了第三方委托测试的要求。

四级：与三级要求相同。

具体见表 7-71。

表 7-71　　　　　　　　　　　　　　具 体 表 现

要求项	一级	二级	三级	四级
项目	a）～b）	a）～c）	a）*～e）	a）～f）
合计	2	3	5+	6

其中，三级 a）增加了第三方委托测试的要求。

8. 系统交付

系统在完成工程建设和测试验收后，就进入交付阶段。交付阶段，系统委托建设方和承建方都应按照委托协议或其他协议而形成的交接清单进行交付工作，保证交付工作能够按照既定的要求顺利完成。系统交付工作不仅仅是简单的交接工作，由于系统的许多安装、配置、开发等都是由建设方来负责的，而委托方在此方面较为生疏，而它却是系统的主要使用者，因此，在交付后，建设方需承担一段时间的技术支持工作（如培训、维护等服务），保证委托方能够熟练、顺利的对系统进行日后的运行维护。

该控制点在不同级别主要表现为：

一级：主要对系统交付过程、文档及培训进行基本的要求。

二级：同一级要求。

三级：在二级要求的基础上，增加了对交付工作制度化管理的要求。

四级：与三级要求相同。

具体见表 7-72。

表 7-72 具 体 表 现

要求项	一级	二级	三级	四级
项目	a）～c）	a）～d）	a）*～e）	a）～e）
合计	3	4	5+	5

三级中 a）增加了交付清单的详细要求。

9. 系统备案

根据我国信息系统等级保护相关管理规定（《信息安全等级保护管理办法》），三级以上信息系统应在系统投入运行之日起三十日内，到相应的受理机构办理备案手续。由于这一要求是根据相关规定而出，对于三、四级信息系统而言没有级别差异。因此，在此不再列出此控制点的级别差异。

10. 等级测评

对信息系统进行等级测评，主要分为两种情况：

• 系统发生重大变更时。

• 系统运行过程中。

在投入运行前，机构必须委托有资质的测评机构进行等级测评，测评后符合要求的才能投入使用或继续运行，不符合要求的必须及时整改。当系统发生重大变更时，有可能使系统的整体安全状态发生变化，因此，有必要对系统进行等级测评。即使没有发生重大变更，系统处于正常的运行过程，也需要对系统进行等级测评，从而发现一些潜在的安全隐患，及时进行改正。

该控制点在不同级别主要表现为：

一级：无此要求。

二级：无此要求。

三级：主要对测评时机、测评方资质、测评后结果处理及测评工作的管理等提出要求。

四级：与三级要求相同。

具体见表 7-73。

表 7-73 具 体 表 现

要求项	一级	二级	三级	四级
项目	N/A	N/A	a）～d）	a）～d）
合计	0	0	4	4

11. 安全服务商选择

信息系统建设过程涉及安全咨询、规划、设计、实施、监理、培训、维护和响应、检测评估等各方面的安全服务，这些服务渗透到信息系统的方方面面，这就使得信息安全服务提供商有机会在使用者毫不知情的情况下，在服务或技术产品中隐埋下各种各样的不安全因素。为了减少或者杜绝这些服务可能带来的新的安全问题，应使用可信的安全服务，因此，在选择安全服务商的时候，应选择那些已获得国家的相关规定，并签订相关的安全协议，必要时签订服务合同等。

五、系统运维管理要求

信息系统建设完成投入运行之后，接下来就是如何维护和管理信息系统了。系统运行涉及很多管理方面，例如对环境的管理、介质的管理、资产的管理等。同时，还要监控系统由于一些原因发生的重大变化，安全措施也要进行相应的修改，以维护系统始终处于相应安全保护等级的安全状态中。

系统运维管理主要包括：环境管理、资产管理、介质管理、设备管理、监控管理和安全管理中心、网络安全管理、系统安全管理、恶意代码防范管理、密码管理、变更管理、备份与恢复管理、安全事件处置、应急预案管理十三个控制点。

不同等级的基本要求在系统运维管理方面所体现的不同如 3.1 节和 3.2 节所描述的一样，在三个方面都有所体现。

（1）一级系统运维管理要求：主要对机房运行环境、资产的隶属管理、介质的保存、设备维护使用管理等方面提出基本管理要求，使得系统在这些方面的管理下能够基本运行正常。

（2）二级系统运维管理要求：在控制点上增加了密码管理、变更管理、应急预案管理，同时加强了其他各方面的要求，主要表现在：对环境的关注扩展到办公环境的保密性管理；同时提出资产标识管理；对介质和设备的出入使用加强控制；网络和系统安全方面进行制度化管理；对系统内发生的安全事件进行分类、分级等。

（3）三级系统运维管理要求：在控制点上增加了监控管理和安全管理中心，对介质、设备、密码、变更、备份与恢复等都采用制度化管理，并更加注意过程管理的控制，其中对介质的管理重点关注了介质保密性和可用性管理；安全事件根据等级分级响应，同时加强了对应急预案的演练和审查等。

（4）四级系统运维管理要求：将机房环境管理和办公环境管理提到同等重要的程度，二者统一管理；对介质的管理主要关注了对介质销毁时的保密管理；应急响应重点关注了灾难恢复计划的制定等。

表 7-74 表明了系统运维管理在控制点上逐级变化的特点。

表 7-74　　　　　　　　　系统运维管理在控制点上逐级变化的特点

控制点	一级	二级	三级	四级
环境管理	*	*	*	*
资产管理	*	*	*	*
介质管理	*	*	*	*
设备管理	*	*	*	*
监控管理和安全管理中心	*	*	*	*
网络安全管理			*	*
系统安全管理	*	*	*	*
恶意代码防范管理	*	*	*	*

续表

控制点	一级	二级	三级	四级
密码管理		*	*	*
变更管理		*	*	*
备份与恢复管理	*	*	*	*
安全事件处置	*	*	*	*
应急预案管理		*	*	*
合计	10	13	13	13

另外两个特点（要求项增加和要求项强度增强）将在以下控制点描述时具体展开。

1. 环境管理

这里所说的环境包括计算机、网络机房环境以及设置有网络终端的办公环境。计算机、网络机房是信息系统硬件资源的集中地，机房管理主要以加强机房物理访问控制和维护机房良好的运行环境为主。办公环境管理主要以加强信息保密性为主，防止人员无意或有意而导致敏感信息遭到非法访问。

该控制点在不同级别主要表现为：

一级：主要对机房基础设施维护以及机房管理制度进行了要求。

二级：在一级要求的基础上，增加了对办公环境保密性要求，同时加强对机房的出入管理。

三级：在二级要求的基础上，增加了部门负责制进一步加强办公环境保密性要求。

四级：在三级要求的基础上，增强对办公环境的管理，要求与机房管理策略一致。

具体见表 7-75。

表 7-75　　　　　　　　　　具　体　表　现

要求项	一级	二级	三级	四级
项目	a）～c)	a）～d)	a）、b) *～d) *	a）～e)
合计	3	4	4+	5

其中，三级 b）增加了部门负责制的要求，d）进一步加强了人员离开办公环境的保密性要求。

2. 资产管理

资产主要包括信息系统的各种组成硬件设备，由于机构中设备种类、数量较多，因此，有必要对其进行专门管理。根据资产清单所列出的设备，可依据某种标准进行分类，以方便管理。

该控制点在不同级别主要表现为：

一级：要求对资产进行总体清查，形成资产清单。

二级：在一级要求的基础上，将资产管理制度化，规范责任制和管理行为。

三级：在二级要求的基础上，增加了对资产的标示和信息分类管理要求。

四级：同三级要求。

具体见表 7-76。

表 7-76 具 体 表 现

要求项	一级	二级	三级	四级
项目	a)	a) ～b)	a) ～d)	a) ～d)
合计	1	2	4	4

3. 介质管理

由于各类介质中存放的数据对机构来讲都是非常重要的，因此对介质的管理也至关重要。介质管理主要关注介质的安全存放、介质的使用（包括借出、传输、销毁）等。

该控制点在不同级别主要表现为：

一级：主要对介质的存放环境和管理内容等进行了基本要求。

二级：在一级要求的基础上，增加了介质的分类标示管理和销毁处理等要求。

三级：在二级要求的基础上，增强了介质的制度化管理，对介质使用、存储、传输过程中的保密性和可用性进行了规范要求。

四级：在三级要求的基础上，增强了对介质销毁的要求。

具体见表 7-77。

表 7-77 具 体 表 现

要求项	一级	二级	三级	四级
项目	a) ～b)	a) *～d)	a) ～c) *、d) *～f) *	a) ～d) *～f)
合计	2	4+	6+	6+

其中，二级 a) 增加了存储环境专人管理的要求；三级 c) 增加了对介质的传输过程的控制要求，d) 增加了介质使用过程的加密和保密及销毁要求，f) 增加了加密存储要求；四级中 d) 增加了对介质更高的销毁要求。

4. 设备管理

系统的正常运行依赖于各种网络设备与服务器的正确使用和维护。因此，对设备的采购、配置、使用、维修等都必须进行管理。

该控制点在不同级别主要表现为：

一级：要求制定基本的设备安全管理制度，对设备使用过程进行规范化管理。

二级：在一级要求的基础上，增加了对带离设备的控制，同时加强了对各类设备规范化管理。

三级：在二级要求的基础上，增强了对配套设施、设备维护的制度化管理。

四级：与三级要求相同。

具体见表 7-78。

表 7-78 具 体 表 现

要求项	一级	二级	三级	四级
项目	a) ～b)	a) *～d)	a) ～e)	a) ～e)
合计	2	4+	5	5

其中，二级 a) 增加了相关的设备类型。

5. 监控管理和安全管理中心

通过对各类设备运行情况的监控，及时发现存在的问题，从而能够在安全事件发生前做好弥补和修复工作。而安全管理中心的建立有利于对设备状态、恶意代码、补丁升级、安全审计等安全相关事项进行集中管理，从而能够进行有效控制。

该控制点在不同级别主要表现为：

一级：无此要求。

二级：无此要求。

三级：要求建立安全管理中心，对各种安全事项集中监控管理，及对监测结果的处理要求。

四级：与三级要求相同。

具体见表 7-79。

表 7-79　　　　　　　　　　　　　　具 体 表 现

要求项	一级	二级	三级	四级
项目	N/A	N/A	a）～c）	a）～c）
合计	0	0	3	3

6. 网络安全管理

在前述网络安全中，从技术的角度说明了如何保护网络层面的安全，但光从技术角度，并不能完全解决问题。一台性能优良的网络设备，如果没有正确的配置、没有及时的升级，同样不能发挥其应有的作用。因此，网络的安全离不开对其的安全管理。网络安全管理主要关注网络的合法连接、网络设备的正确配置、软硬件的及时升级、网络漏洞的管理、网络日志的管理等方面。

该控制点在不同级别主要表现为：

一级：主要对网络安全的日常维护和漏洞扫描提出了要求。

二级：在一级要求的基础上，增加了网络安全的制度化管理，及对设备升级、网络连接、配置文件备份等的管理要求。

三级：在二级要求的基础上，增加了对设备配置、网络接、定期违规检查等要求。

四级：在三级要求的基础上，增加了网络用户管理的授权要求，并禁止了部分设备的接入。

具体见表 7-80。

表 7-80　　　　　　　　　　　　　　具 体 表 现

要求项	一级	二级	三级	四级
项目	a）～b）	a）～f）	a）～e）*～h）	a）～i）
合计	2	6	8+	9

其中，三级 e）增加了最小服务配置和离线备份要求。

7. 系统安全管理

同网络安全一样，系统的安全性也不能仅靠技术手段来完成，必须依赖于一定的管理要求。系统安全管理主要关注的方面包括：系统访问权限、系统漏洞补丁、系统日志、系统账户等方面。

该控制点在不同级别主要表现为：

一级：主要访问控制策略、漏洞扫描和补丁更新等提出了要求。

二级：在一级要求的基础上，增加了系统安全制度化管理要求，对维护操作提出更高的管理要求。

三级：在二级要求的基础上，增加了对系统账户的管理要求。

四级：在三级要求的基础上，增加了系统资源冗余的要求。

具体见表 7-81。

表 7-81 　　　　　　　　　　**具　体　表　现**

要求项	一级	二级	三级	四级
项目	a）～c）	a）～c）*～f）	a）～g）	a）～h）
合计	3	6+	7	8

其中，二级 c）增加了补丁安装前的要求。

8. 恶意代码管理

在 IT 业面临的所有问题中，几乎没有比恶意代码攻击更具普遍性，也几乎没有比处理恶意代码软件的相关费用更昂贵的了。因此，我们需要有相应的管理手段来应对恶意代码的引入。恶意代码管理主要从基本的用户意识培训、恶意代码的定期检测、代码库及时升级等方面考虑。

该控制点在不同级别主要表现为：

一级：主要对用户进行恶意代码防范的基本意识教育。

二级：在一级要求的基础上，增加了对恶意代码防范的制度化管理要求。

三级：在二级要求的基础上，增加了对恶意代码库的定期升级和病毒检测及分析处理等管理要求。

四级：与三级要求相同。

具体见表 7-82。

表 7-82 　　　　　　　　　　**具　体　表　现**

要求项	一级	二级	三级	四级
项目	a）	a）～c）	a）～d）	a）～f）
合计	1	3	4	6

9. 密码管理

由于有关密码的使用由国家相关的密码管理部门负责，因此，在此不再进一步详述具体技术细节，而仅要求对密码的使用要与国家相关密码规定相符合。

该控制点在不同级别主要表现为：

一级：无此要求。

二级：要求密码的使用应与国家相关密码规定相符合。

三级：在二级要求的基础上，增加了对密码使用的制度化要求。

四级：与三级要求相同。

具体见表 7-83。

表 7-83 具 体 表 现

要求项	一级	二级	三级	四级
项目	N/A	a)	a)*	a)
合计	0	1	1$^+$	1

10. 变更管理

由于系统经常会由于各种原因而发生大的变动，如技术的发展导致新设备的引进，旧设备的淘汰，而系统局部的这种变化常常会给整个系统安全状态带来影响，因此，必须对系统所作的各种大的变更活动进行控制，使其在控制范围内。

该控制点在不同级别主要表现为：

一级：无此要求。

二级：要求制定变更方案，并对变更进行过程控制管理。

三级：在二级要求的基础上，增加了变更制度化管理，增强了对变更控制的整体流程化控制要求。

四级：在三级要求的基础上，增加了对变更控制检查的要求。

具体见表 7-84。

表 7-84 具 体 表 现

要求项	一级	二级	三级	四级
项目	N/A	a) ~b)	a)、b)*~d)	a) ~e)
合计	0	2	4$^+$	5

其中，三级中 b）增加了制定变更管理制度和变更方案评审要求。

11. 备份与恢复管理

由于系统在实际环境中运行可能会遇到各种问题而导致数据的丢失或系统中断，因此机构应根据实际需要，通过数据备份或设备、系统冗余等方式，为可能发生的事故和灾难做出准备。

该控制点在不同级别主要表现为：

一级：提出对重要信息、数据的备份管理要求。

二级：在一级要求的基础上，增加了备份和恢复策略要求。

三级：在二级要求的基础上，增加对备份和恢复程序、备份介质有效性检查的管理要求。

四级：在三级要求的基础上，增加了灾难恢复计划和对保密数据备份的管理要求。

具体见表 7-85。

表 7-85 具 体 表 现

要求项	一级	二级	三级	四级
项目	a) ~b)	a) ~c)	a)、b)*~e)	a) ~d)*~f)
合计	2	3	5$^+$	6$^+$

其中，三级中，b）增加了制定备份和恢复管理制度的要求；四级中，d）增加了对保密数据备份的管理要求。

12. 安全事件处置

信息安全事件包括事故、故障、病毒、黑客攻击性活动、犯罪活动、内部误用和误操作、信息战等，对这些安全事件必须有一定的处置手段，使其对信息系统的危害性减到最小。

该控制点在不同级别主要表现为：

一级：对用户进行基本的安全事件处置教育，并以制度进行要求。

二级：在一级要求的基础上，增加了安全事件的分类分级和记录等处理要求。

三级：在二级要求的基础上，增加对安全事件处置程序的要求，且不同事件对应不同处理流程。

四级：在三级要求的基础上，增加了对涉密事件的安全处置要求。

具体见表7-86。

表 7-86　　　　　　　　　　具　体　表　现

要求项	一级	二级	三级	四级
项目	a）～b）	a）、b）*～d）	a）～f）	a）～h）
合计	2	4+	6	8

其中，二级 b）增加了明确事件类型的要求。

13. 应急预案管理

相比于其他机构和领域，信息系统更容易受到各种安全事件和灾难的伤害而导致中断，特别是在一些突发情况下，如不采取应急响应，将会导致重大的社会影响、经济损失。于是建立有效的应急预案、灾难恢复计划并履行，对于削减系统损失与降低各种服务的不可用性就显得非常重要。

该控制点在不同级别主要表现为：

一级：无此要求。

二级：要求制定应急预案，并对此进行人员培训。

三级：在二级要求的基础上，增加对应急预案的资源保障、演练和定期审查的要求。

四级：在三级要求的基础上，增加了预案定期修订要求。

具体见表7-87。

表 7-87　　　　　　　　　　具　体　表　现

要求项	一级	二级	三级	四级
项目	N/A	a）～b）	a）～e）	a）～f）
合计	0	2	5	6

第十节　《电力行业信息系统安全等级保护基本要求》简介

一、编制背景

2009 年，公安部印发了《关于开展信息安全等级保护安全建设整改的指导意见》，明确指出重点行信息系统业主管部门可以按照《信息系统安全等级保护基本要求》等国家标准，结合行业特点，确定《信息系统安全等级保护基本要求的具体指标》；在安全防护强度要求不低于国家等级保护基本要求的情况下，结合系统安全保护的特殊要求，在有关部门指导下制定行业标准规范或细则，指导本行业信息系统安全建设整改工作。

2011 年，为按照国家信息安全等级保护总体部署，进一步贯彻落实国家信息安全等级保护要求，推进电力行业信息系统安全等级保护工作，原电监会信息中心组织力量编制了《电力行业信息系统安全等级保护基本要求》，并于 2012 年 11 月印发。

《电力行业信息系统安全等级保护基本要求》可以用于以下 3 个方面：

（1）用于指导信息安全等级保护测评机构开展测评工作。等级保护测评机构开展电力系统等级保护测评时，要依据电力行业标准开展等级测评工作，依据行业基本要求开发电力信息系统的测评指导书，规范测评活动，提出整改建议。

（2）用于指导电力行业信息系统运营使用单位开展信息系统安全建设整改工作。各信息系统运营使用单位可根据行业基本要求制定整改方案，选定相关安全产品开展等级保护建设，提高等级防护能力。

（3）用于电力监管机构和公安机关作为对电力系统信息安全等级保护工作检查的依据之一，不断推动电力行业信息系统安全等级保护健康有序发展。

二、主要内容与框架

在主体框架上，《电力行业信息系统安全等级保护基本要求》与国标《信息系统安全等级保护基本要求》差异不大，相同之处是《电力行业信息系统安全等级保护基本要求》保留了国标《信息系统安全等级保护基本要求》安全防护强度逐级递增的特点，在主体框架结构上以层面、控制点和项为支撑点：其中，层面表示为《电力行业信息系统安全等级保护基本要求》在整体上的安全层面，一共分为 10 个大安全层面，技术部分包括物理安全、网络安全、主机安全、应用安全和数据安全及备份恢复 5 大层面；管理部分包括安全管理机构、安全管理制度、人员安全管理、系统建设管理和系统运维管理 5 大安全层面。控制点表示每个安全层面下的关键控制点，如物理安全层面中的"物理访问控制"作为一个控制点。而分项则是控制点下的具体要求项，如"机房出入应有专人负责，进入的人员登记在案"。不同之处是，行业基本要求首先根据信息系统的部署区域和应用不同，将信息系统区分为管理类信息系统和生产类信息系统。确定了信息系统类别以后，各级系统先满足总体要求，再满足安全层面要求。

三、与国标基本要求的差异

在行业基本要求项上，使用"新增"、"增强"、"细化"、"落实"标示区别于国标基本要求项的条款。"新增"是指国标基本要求没有对应的要求项，而行业基本要求中新增本项要求项。"增强"是指国标基本要求有相对应的要求项，而行业基本要求本要求项条款描述安全防护强度高于国标基本要求对应要求项。"细化"是指国标基本要求中有对应要求项，而行业基本要求要求本要求项条款描述对国标基本要求项进行了细致的描述。"落实"是指国标基本要求中有对应要求项，而行业基本要求本要求项条款描述根据行业实际和国标基本要求提出了行业实际可操作的落实条款。

表 7-88 为行业基本要求与国标基本要求的差异对比。

表 7-88　　　　　　　　　行业基本要求与国标基本要求的差异对比

差异项	管理类信息系统要求项			生产控制类信息系统要求项			合计
	总体技术要求	总体管理要求	要求项	总体技术要求	总体管理要求	要求项	
新增	5	3	23	10	4	56	101
增强	—	—	42	—	—	112	154
细化	—	—	39	—	—	29	68
落实	—	—	16	—	—	23	39
合计	5	3	120	10	4	220	362

行业基本要求管理类信息系统不同级别控制点、要求项分布见表 7-89。

表 7-89　　　　　　　行业基本要求管理类信息系统不同级别控制点、要求项分布

安全要求类	安全层面	管理类信息系统要求					
		一级		二级		三级	
		控制点	要求项	控制点	要求项	控制点	要求项
技术要求	物理安全	7	9	10	19	10	32
	网络安全	3	9	6	23	7	40
	主机安全	4	6	6	19	7	32
	应用安全	4	7	7	19	9	31
	数据安全	2	2	3	4	3	7
管理要求	安全管理制度	2	3	3	7	3	11
	安全管理机构	5	5	6	10	6	21
	人员安全管理	4	8	5	11	5	16
	系统建设管理	9	21	10	31	11	46
	系统运维管理	9	18	12	42	13	63
合计		49	88	68	185	74	299

四、行业基本要求安全层面简介

1. 总体要求

结合电力行业管理信息类系统的安全需求，总体要求主要对网络及边界进行要求规范，更有针对性地对管理信息类系统整体安全防护提出要求，有助于实现信息系统分层面、分域、分等级保护，有针对性地实施边界防护，防止安全问题扩散。

2. 物理安全

物理安全保护的目的主要是使存放计算机、网络设备的机房、办公环境以及信息系统的设备和存储数据的介质等免受物理环境、自然灾难以及人为操作失误和恶意操作等各种威胁所产生的破坏或攻击。物理安全是防护信息系统安全的基础，缺乏物理安全，其他任何安全措施都是毫无意义的。

物理安全主要涉及的方面包括环境安全（防火、防水、防雷击等）、设备和介质的防盗窃防破坏等方面。具体包括物理位置的选择、物理访问控制、防盗窃和防破坏、防雷击、防火、防

水和防潮、防静电、温湿度控制、电力供应和电磁防护这 10 个控制点，见表 7-90。

表 7-90 物 理 安 全

控制点	第一级	第二级	第三级
1	—	物理位置的选择（G）	物理位置的选择（G）
2	物理访问控制（G）	物理访问控制（G）	物理访问控制（G）
3	防盗窃和防破坏（G）	防盗窃和防破坏（G）	防盗窃和防破坏（G）
4	防雷击（G）	防雷击（G）	防雷击（G）
5	防火（G）	防火（G）	防火（G）
6	防水和防潮（G）	防水和防潮（G）	防水和防潮（G）
7	—	防静电（G）	防静电（G）
8	温湿度控制（G）	温湿度控制（G）	温湿度控制（G）
9	电力供应（A）	电力供应（A）	电力供应（A）
10	—	电磁防护（S）	电磁防护（S）

3. 网络安全

网络安全为信息系统在网络环境下的安全运行提供保障。一方面，确保网络设备的安全运行，提供有效的网络服务；另一方面，确保在网络上传输数据的保密性、完整性和可用性等。由于网络环境是抵御外部攻击的第一道防线，因此必须进行全方位的防护。对网络安全的防护，主要关注网络结构、网络边界以及网络设备自身安全等，具体的控制点包括结构安全、访问控制、安全审计、边界完整性检查、入侵防范、恶意代码防范网、网络设备防护这 7 个控制点，见表 7-91。

表 7-91 网 络 安 全

控制点	第一级	第二级	第三级
1	结构安全（G）	结构安全（G）	结构安全（G）
2	访问控制（G）	访问控制（G）	访问控制（G）
3	—	安全审计（G）	安全审计（G）
4	—	边界完整性检查（S）	边界完整性检查（S）
5	—	入侵防范（G）	入侵防范（G）
6	—	—	恶意代码防范（G）
7	网络设备防护（G）	网络设备防护（G）	网络设备防护（G）

4. 主机安全

主机安全是包括服务器、终端/工作站等在内的计算机设备在操作系统及数据库系统层面的安全。终端/工作站是外带设的台式机与笔记本计算机，服务器则包括应用程序、网络、Web、文件与通信服务器。主机是构成信息系统的主要部分，承载着各种应用。因此，主机安全是保护信息系统安全的中间力量。

主机安全涉及的控制点包括身份鉴别、访问控制、安全审计、剩余信息保护、入侵防范、恶意代码防范和资源控制这 7 个控制点，见表 7-92。

表 7-92　　　　　　　　　　　主　机　安　全

控制点	第一级	第二级	第三级
1	身份鉴别（S）	身份鉴别（S）	身份鉴别（S）
2	访问控制（S）	访问控制（S）	访问控制（S）
3	—	安全审计（G）	安全审计（G）
4	—	—	剩余信息保护（S）
5	入侵防范（G）	入侵防范（G）	入侵防范（G）
6	恶意代码防范（G）	恶意代码防范（G）	恶意代码防范（G）
7	—	资源控制（A）	资源控制（A）

5. 应用安全

应用安全是信息系统整体防御中的重要组成部分。在应用层面运行着信息系统的基于网络的应用以及特定业务应用。基于网络的应用是形成其他应用的基础，包括消息发送、Web 浏览等，可以说是基本的应用。业务应用采纳基本应用的功能以满足特定业务的要求，如电子商务、电子政务等。由于各基本应用最终是为业务应用服务的，因此对应用系统的安全保护最终就是如何保护系统的各种业务应用程序安全运行。

应用安全主要涉及的安全控制点包括身份鉴别、访问控制、安全审计、剩余信息保护、通信完整性、通信保密性、抗抵赖、软件容错、资源控制这 9 项控制点，见表 7-93。

表 7-93　　　　　　　　　　　应　用　安　全

控制点	第一级	第二级	第三级
1	身份鉴别（S）	身份鉴别（S）	身份鉴别（S）
2	访问控制（S）	访问控制（S）	访问控制（S）
3	—	安全审计（G）	安全审计（G）
4	—	—	剩余信息保护（S）
5	通信完整性（S）	通信完整性（S）	通信完整性（S）
6	—	通信保密性（S）	通信保密性（S）
7	—	—	抗抵赖（G）
8	软件容错（A）	软件容错（A）	软件容错（A）
9	—	资源控制（A）	资源控制（A）

6. 数据安全及备份恢复

信息系统处理的各种数据（用户数据、系统数据、业务数据）在维持系统正常运行上起着至关重要的作用。一旦数据遭到破坏（泄露、修改、毁坏），都会在不同程度上造成影响，从而危害到系统的正常运行。由于信息系统的各个层面（网络、主机、应用等）都对各类数据进行传输、存储和处理等，因此，对数据的保护需要物理环境、网络、数据库、操作系统、应用程序等提供支持。如果数据本身再具有一些防御和修复手段，必然将对数据造成的损害降至最小。

另外，数据备份也是防止数据被破坏后无法恢复的重要手段，而硬件备份等更是保证系统可用的重要内容，在高级别的信息系统中采用异地实时备份，会有效地防治灾难发生时可能造

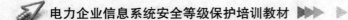

成的系统危害。

保证数据安全和备份恢复主要从数据完整性、数据保密性、备份和恢复这3个控制点考虑，见表7-94。

表7-94   数据安全和备份恢复

控制点	第一级	第二级	第三级
1	数据完整性（S）	数据完整性（S）	数据完整性（S）
2	数据保密性（S）	数据保密性（S）	数据保密性（S）
3	备份和恢复（A）	备份和恢复（A）	备份和恢复（A）

7. 安全管理制度

在信息安全中，人是最活跃的因素，对人的管理包括法律、法规与政策的约束、安全指南的帮助、安全意识的提高、安全技能的培训、人力资源管理措施以及企业文化的熏陶，这些功能的实现都是以完备的安全管理政策和制度为前提。这里所说的安全管理制度，包括信息安全工作的整体方针、策略、规范各种安全管理活动的管理制度，以及管理人员或操作人员日常操作的操作规程。

安全管理制度主要包括管理制度、制定和发布、评审和修订这3个控制点，见表7-95。

表7-95   安 全 管 理 制 度

控制点	第一级	第二级	第三级
1	管理制度（G）	管理制度（G）	管理制度（G）
2	制定和发布（G）	制定和发布（G）	制定和发布（G）
3	—	评审和修订（G）	评审和修订（G）

8. 安全管理机构

安全管理首先要建立一个健全、务实、有效、统一指挥、统一步调的完善的安全管理机构，明确机构成员的安全责任，这是信息安全管理得以实施、推广的基础。在单位的内部结构上，必须建立一套从单位最高管理层（董事会）到执行层以及业务运营的管理机构来约束和保证各项安全管理措施的执行。其主要工作内容包括对机构内重要的信息安全工作进行授权和审批、内部相关业务部门和安全管理部门之间的沟通和协调，以及与机构外部各类单位的合作、定期对系统的安全措施落实情况进行检查，以发现问题进行整改。

安全管理机构主要包括岗位设置、人员配备、资金保障、授权和审批、沟通和合作、审核和检查这6个控制点。前3个控制点主要是对管理机构设置进行了要求，而后3个控制点则是具体介绍机构的主要职责和工作，见表7-96。

表7-96   安 全 管 理 机 构

控制点	第一级	第二级	第三级
1	岗位设置（G）	岗位设置（G）	岗位设置（G）
2	人员配备（G）	人员配备（G）	人员配备（G）
3	资金保障（G）	资金保障（G）	资金保障（G）

续表

控制点	第一级	第二级	第三级
4	授权和审批（G）	授权和审批（G）	授权和审批（G）
5	沟通和合作（G）	沟通和合作（G）	沟通和合作（G）
6	—	审查和检查（G）	审查和检查（G）

9. 人员安全管理

人是信息安全中最重要的因素，同时也是信息安全中最薄弱的环节。很多重要信息系统安全问题都涉及用户、设计人员、实施人员以及管理人员。如果这些与人员有关的安全问题没有得到很好的解决，任何一个信息系统都不可能达到真正的安全。只有对人员进行了正确完善的管理，才有可能降低人为错误、盗窃、诈骗和误用设备的风险，从而降低信息系统遭受由于人为错误造成损失的概率。

对人员安全的管理，主要涉及内部人员安全管理和外部人员安全管理两个方面。具体包括人员录用、人员离岗、人员考核、安全意识教育和培训、外部人员访问管理这 5 个控制点，见表 7-97。

表 7-97　　　　　　　　　　人 员 安 全 管 理

控制点	第一级	第二级	第三级
1	人员录用（G）	人员录用（G）	人员录用（G）
2	人员离岗（G）	人员离岗（G）	人员离岗（G）
3	人员考核（G）	人员考核（G）	人员考核（G）
4	安全意识教育和培训（G）	安全意识教育和培训（G）	安全意识教育和培训（G）
5	外部人员访问管理（G）	外部人员访问管理（G）	外部人员访问管理（G）

10. 系统建设管理

信息系统的安全管理贯穿系统的整个生命周期，系统建设管理主要关注的是生命周期中的三个阶段（策划、采购、实施）中各项管理活动。

系统建设管理分别从工程实施建设前、建设过程以及建设完毕交付三个方面考虑，具体包括系统定级、安全方案设计、产品采购和使用、自行软件开发、外包软件开发、工程实施、测试验收、系统交付、系统备案、等级测评和安全服务商选择这11个控制点，见表 7-98。

表 7-98　　　　　　　　　　系 统 建 设 管 理

控制点	第一级	第二级	第三级
1	系统定级（G）	系统定级（G）	系统定级（G）
2	安全方案设计（G）	安全方案设计（G）	安全方案设计（G）
3	产品采购和使用（G）	产品采购和使用（G）	产品采购和使用（G）
4	自行软件开发（G）	自行软件开发（G）	自行软件开发（G）
5	外包软件开发（G）	外包软件开发（G）	外包软件开发（G）
6	工程实施（G）	工程实施（G）	工程实施（G）
7	测试验收（G）	测试验收（G）	测试验收（G）

续表

控制点	第一级	第二级	第三级
8	系统交付（G）	系统交付（G）	系统交付（G）
9	—	系统备案（G）	系统备案（G）
10	—	—	等级测评（G）
11	安全服务商选择（G）	安全服务商选择（G）	安全服务商选择（G）

11. 系统运维管理

信息系统建设完成投入运行之后，接下来就是如何维护和管理。系统运行设计很多管理方面，例如对环境的管理、介质的管理、资产的管理等。同时，还要监控系统由于一些原因发生的重大变化，对安全措施也要进行相应的修改，以确保系统始终处于相应安全保护等级的安全状态中。系统运维管理主要包括环境管理、资产管理、介质管理、设备管理、监控管理和安全管理中心、网络安全管理、系统安全管理、恶意代码防范管理、密码管理、变更管理、备份与恢复管理、安全事件处置和应急预案管理13个控制点，见表7-99。

表 7-99 系统运维管理

控制点	第一级	第二级	第三级
1	环境管理（G）	环境管理（G）	环境管理（G）
2	资产管理（G）	资产管理（G）	资产管理（G）
3	介质管理（G）	介质管理（G）	介质管理（G）
4	设备管理（G）	设备管理（G）	设备管理（G）
5	监控管理和安全管理中心（G）	监控管理和安全管理中心（G）	监控管理和安全管理中心（G）
6	网络安全管理（G）	网络安全管理（G）	网络安全管理（G）
7	系统安全管理（G）	系统安全管理（G）	系统安全管理（G）
8	恶意代码防范管理（G）	恶意代码防范管理（G）	恶意代码防范管理（G）
9	密码管理（G）	密码管理（G）	密码管理（G）
10	变更管理（G）	变更管理（G）	变更管理（G）
11	备份与恢复管理（G）	备份与恢复管理（G）	备份与恢复管理（G）
12	安全事件处置（G）	安全事件处置（G）	安全事件处置（G）
13	应急预案管理（G）	应急预案管理（G）	应急预案管理（G）

第十一节　电力行业管理信息系统类要求（摘录）

5　总体要求

总体技术要求

a）管理信息大区网络与生产控制大区网络应物理隔离；两网之间有信息通信交换时应部署符合电力系统要求的单向隔离装置；

b）管理信息大区网络可进一步划分为内部网络和外部网络，两网之间有信息通信交换时防护强度应强于逻辑隔离；

c）具有层次网络结构的单位可统一提供互联网出口；

d）二级系统统一成域，三级系统单独成域；

e）三级系统域由独立子网承载，每个域有唯一网络出口，可在网络出口处部署三级等级保护专用装置为系统提供整体安全防护。

总体管理要求

a）如果本单位管理信息大区仅有一级信息系统时，通用管理要求等同采用一级；

b）如果本单位管理信息大区含有二级及以下等级信息系统时，通用管理要求等同采用二级；

c）如果本单位管理信息大区含有三级及以下等级信息系统时，通用管理要求等同采用三级。

第一级基本要求

技术要求

物理安全

物理访问控制（G1）

机房出入应安排专人负责，控制、鉴别和记录进入的人员。

防盗窃和防破坏（G1）

本项要求包括：

a）应将主要设备放置在机房内；

b）应将设备或主要部件进行固定，并设置明显的不易除去的标记。

防雷击（G1）

机房建筑应设置避雷装置。

防火（G1）

机房应设置灭火设备。

防水和防潮（G1）

本项要求包括：

a）应对穿过机房墙壁和楼板的水管增加必要的保护措施；

b）应采取措施防止雨水通过机房窗户、屋顶和墙壁渗透。

温湿度控制（G1）

机房应设置必要的温、湿度控制设施，使机房温、湿度的变化在设备运行所允许的范围之内。

电力供应（A1）

应在机房供电线路上配置稳压器和过电压防护设备。

网络安全

结构安全（G1）

本项要求包括：

a）应保证关键网络设备的业务处理能力满足基本业务需要；

b）应保证接入网络和核心网络的带宽满足基本业务需要；

c）应绘制与当前运行情况相符的网络拓扑结构图。

访问控制（G1）

本项要求包括：

a）应在网络边界部署访问控制设备，启用访问控制功能；

b）应根据访问控制列表对源地址、目的地址、源端口、目的端口和协议等进行检查，以允许/拒绝数据包出入；

c）应通过访问控制列表对系统资源实现允许或拒绝用户访问，控制力度至少为用户组。

网络设备防护（G1）

本项要求包括：

a）应对登录网络设备的用户进行身份鉴别；

b）应具有登录失败处理功能，可采取结束会话、限制非法登录次数和当网络登录连接超时自动退出等措施；

c）当对网络设备进行远程管理时，应采取必要措施防止鉴别信息在网络传输过程中被窃听。

主机安全

身份鉴别（S1）

应对登录操作系统和数据库系统的用户进行身份标识和鉴别。

访问控制（S1）

本项要求包括：

a）应启用访问控制功能，依据安全策略控制用户对资源的访问；

b）应限制默认账户的访问权限，重命名系统默认账户，修改这些账户的默认口令；

c）应及时删除多余的、过期的账户，避免共享账户的存在。

入侵防范（G1）

操作系统应遵循最小安装的原则，仅安装需要的组件和应用程序，并保持系统补丁及时得到更新。

恶意代码防范（G1）

应安装防恶意代码软件，并及时更新防恶意代码软件版本和恶意代码库。

应用安全

身份鉴别（S1）

本项要求包括：

a）应提供专用的登录控制模块对登录用户进行身份标识和鉴别；

b）应提供登录失败处理功能，可采取结束会话、限制非法登录次数和自动退出等措施；

c）应启用身份鉴别和登录失败处理功能，并根据安全策略配置相关参数。

访问控制（S1）

本项要求包括：

a）应提供访问控制功能控制用户组/用户对系统功能和用户数据的访问；

b）应由授权主体配置访问控制策略，并严格限制默认用户的访问权限。

通信完整性（S1）

应采用约定通信会话方式的方法保证通信过程中数据的完整性。

软件容错（A1）

应提供数据有效性检验功能，保证通过人机接口输入或通过通信接口输入的数据格式或长度符合系统设定要求。

数据安全及备份恢复

数据完整性（S1）

应能够检测到重要用户数据在传输过程中完整性受到破坏。

备份和恢复（A1）

应能够对重要信息进行备份和恢复。

管理要求

安全管理制度

管理制度（G1）

应建立日常管理活动中常用的安全管理制度。

制定和发布（G1）

本项要求包括：

a）应指定或授权专门的人员负责安全管理制度的制定；

b）应将安全管理制度以某种方式发布到相关人员手中。

安全管理机构

资金保障

a）应保障落实信息系统安全建设、运维及等级保护测评资金等；

b）系统建设资金筹措方案和年度系统维护经费应包括信息安全保障资金项目。

岗位设置（G1）

应设立系统管理员、网络管理员、安全管理员等岗位，并定义各个工作岗位的职责。

人员配备（G1）

应配备一定数量的系统管理员、网络管理员、安全管理员等。

授权和审批（G1）

应根据各个部门和岗位的职责明确授权审批部门及批准人，对系统投入运行、网络系统接入和重要资源的访问等关键活动进行审批。

沟通和合作（G1）

应加强与行业信息安全监管部门、公安机关、通信运营商、银行及相关单位和部门的合作与沟通。

人员安全管理

人员录用（G1）

本项要求包括：

a）应指定或授权专门的部门或人员负责人员录用；

b）应对被录用人员的身份和专业资格等进行审查，并确保其具有基本的专业技术水平和安全管理知识。

人员离岗（G1）

本项要求包括：

a）应立即终止由于各种原因离岗员工的所有访问权限；

b）应收回各种身份证件、钥匙、徽章等以及机构提供的软硬件设备。（落实）

安全意识教育和培训（G1）

本项要求包括：

a）应按照行业信息安全要求，制定安全教育和培训计划，对信息安全基础知识、岗位操作规程等进行的培训应至少每年举办一次。（新增）

b）应对各类人员进行安全意识教育和岗位技能培训；

c）应告知人员相关的安全责任和惩戒措施。

外部人员访问管理（G1）

应确保在外部人员访问受控区域前得到授权或审批。

系统建设管理

系统定级（G1）

本项要求包括：

a）应明确信息系统的边界和安全保护等级；

b）应以书面的形式说明信息系统确定为某个安全保护等级的方法和理由；

c）应确保信息系统的定级结果经过行业信息安全主管部门等相关部门的批准。（细化）

安全方案设计（G1）

本项要求包括：

a）应根据系统的安全保护等级选择基本安全措施，依据风险分析的结果补充和调整安全措施；

b）应以书面的形式描述对系统的安全保护要求和策略、安全措施等内容，形成系统的安全方案；

c）应对安全方案进行细化，形成能指导安全系统建设、安全产品采购和使用的详细设计方案。

产品采购和使用（G1）

a）应确保安全产品采购和使用符合国家的有关规定。

b）电力系统专用信息安全产品应经行业主管部门指定的安全机构测评方可采购使用。（新增）

自行软件开发（G1）

本项要求包括：

a）应确保开发环境与实际运行环境物理分开；

b）应确保软件设计相关文档由专人负责保管。

外包软件开发（G1）

本项要求包括：

a）应根据开发要求检测软件质量；

b）应在软件安装之前检测软件包中可能存在的恶意代码；

c）应确保提供软件设计的相关文档和使用指南。

工程实施（G1）

应指定或授权专门的部门或人员负责工程实施过程的管理。

测试验收（G1）

本项要求包括：

a）应对系统进行安全性测试验收；

b）在测试验收前应根据设计方案或合同要求等制订测试验收方案，在测试验收过程中应详细记录测试验收结果，并形成测试验收报告。

系统交付（G1）

本项要求包括：

a）应制定系统交付清单，并根据交付清单对所交接的设备、软件和文档等进行清点；

b）应对负责系统运行维护的技术人员进行相应的技能培训；

c）应确保提供系统建设过程中的文档和指导用户进行系统运行维护的文档。

安全服务商选择（G1）

本项要求包括：

a）应确保安全服务商的选择符合国家的有关规定；

b）应与选定的安全服务商签订与安全相关的协议，明确约定相关责任。

系统运维管理

环境管理（G1）

本项要求包括：

a）应指定专门的部门或人员定期对机房供配电、空调、温湿度控制等设施进行维护管理；

b）应对机房的出入、服务器的开机或关机等工作进行管理；

c）应建立机房安全管理制度，对有关机房物理访问，物品带进、带出机房和机房环境安全等方面的管理作出规定。

资产管理（G1）

应编制与信息系统相关的资产清单，包括资产责任部门、重要程度和所处位置等内容。

介质管理（G1）

本项要求包括：

a）应确保介质存放在安全的环境中，对各类介质进行控制和保护；

b）应对介质归档和查询等过程进行记录，并根据存档介质的目录清单定期盘点。

设备管理（G1）

本项要求包括：

a）应对信息系统相关的各种设备、线路等指定专门的部门或人员定期进行维护管理；

b）应建立基于申报、审批和专人负责的设备安全管理制度，对信息系统的各种软硬件设备的选型、采购、发放和领用等过程进行规范化管理。

网络安全管理（G1）

本项要求包括：

a）应指定人员对网络进行管理，负责运行日志、网络监控记录的日常维护和报警信息分析和处理工作；

b）应定期进行网络系统漏洞扫描，对发现的网络系统安全漏洞进行及时的修补。

系统安全管理（G1）

本项要求包括：

a）应根据业务需求和系统安全分析确定系统的访问控制策略；

b）应定期进行漏洞扫描，对发现的系统安全漏洞进行及时的修补；

c）应安装系统的最新补丁程序，在安装系统补丁前，应首先在测试环境中测试通过，并对重要文件进行备份后，方可实施系统补丁程序的安装。（增强）

恶意代码防范管理（G1）

应提高所有用户的防病毒意识，告知及时升级防病毒软件，在读取移动存储设备上的数据以及网络上接收文件或邮件之前，先进行病毒检查，对外来计算机或存储设备接入网络系统之前也应进行病毒检查。

备份与恢复管理（G1）

本项要求包括：

a）应识别需要定期备份的重要业务信息、系统数据及软件系统等；

b）应规定备份信息的备份方式、备份频度、存储介质、保存期等。

安全事件处置（G1）

本项要求包括：

a）应报告所发现的安全弱点和可疑事件，但任何情况下用户均不应尝试验证弱点；

b）应制定安全事件报告和处置管理制度，规定安全事件的现场处理、事件报告和后期恢复的管理职责。

第二级基本要求

技术要求

物理安全

物理位置的选择（G2）

机房和办公场地应选择在具有防震、防风和防雨等能力的建筑内。

物理访问控制（G2）

本项要求包括：

a）机房各出入口应安排专人值守或配置电子门禁系统，控制、鉴别和记录进入的人员；（增强）

b）进入机房的来访人员应经过申请和审批流程，并限制和监控其活动范围。

防盗窃和防破坏（G2）

本项要求包括：

a）应将主要设备放置在机房内；

b）应将设备或主要部件进行固定，并设置明显的不易除去的标记；

c）应将通信线缆铺设在隐蔽处，可铺设在地下或管道中；

d）应对介质分类标识，存储在介质库或档案室中；

e）主机房应安装必要的防盗报警设施。

防雷击（G2）

本项要求包括：

a）机房建筑应设置避雷装置；

b）机房应设置交流电源地线。

防火（G2）

机房应设置灭火设备和火灾自动报警系统。

防水和防潮（G2）

本项要求包括：

a）主机房尽量避开水源，与主机房无关的给排水管道不得穿过主机房，与主机房相关的给排水管道必须有可靠的防渗漏措施；（落实）

b）应采取措施防止雨水通过机房窗户、屋顶和墙壁渗透；

c）应采取措施防止机房内水蒸气结露和地下积水的转移与渗透。

防静电（G2）

关键设备应采用必要的接地防静电措施。

温湿度控制（G2）

机房应设置温、湿度自动调节设施，使机房温、湿度的变化在设备运行所允许的范围之内。

电力供应（A2）

本项要求包括：

a）应在机房供电线路上配置稳压器和过电压防护设备；

b）应提供短期的备用电力供应，至少满足关键设备在断电情况下的正常运行要求。

电磁防护（S2）

电源线和通信线缆应隔离铺设，避免互相干扰。

网络安全

结构安全（G2）

本项要求包括：

a）管理信息大区网络与生产控制大区网络应物理隔离；两网之间有信息通信交换时应部署符合电力系统要求的单向隔离装置；（新增）

b）管理信息大区网络可进一步划分为内部网络和外部网络，两网之间有信息通信交换时防护强度应强于逻辑隔离；（新增）

c）具有层次网络结构的单位可统一提供互联网出口；（新增）

d）应保证关键网络设备的业务处理能力具备冗余空间，满足业务高峰期需要；

e）应保证接入网络和核心网络的带宽满足业务高峰期需要；

f）应绘制完整的网络拓扑结构图，有相应的网络配置表，包含设备 IP 地址等主要信息，与当前运行情况相符；（增强）

g）应根据各部门的工作职能、重要性和所涉及信息的重要程度等因素，划分不同的子网或网段，并按照方便管理和控制的原则为各子网、网段分配地址段。

访问控制（G2）

本项要求包括：

a）应在网络边界部署访问控制设备，启用访问控制功能；

b）应能根据会话状态信息为数据流提供明确的允许/拒绝访问的能力，控制力度为端口级；（增强）

c）应按用户和系统之间的允许访问规则，决定允许或拒绝用户对受控系统进行资源访问，控制力度为单个用户。以拨号或 VPN 等方式接入网络的，应采用强认证方式，并对用户访问权限进行严格限制。（增强）

d）应限制具有拨号、VPN 等访问权限的用户数量。（增强）

安全审计（G2）

本项要求包括：

a）应对网络系统中的网络设备运行状况、网络流量、用户行为等进行日志记录；

b）审计记录应包括：事件的日期和时间、用户、事件类型、事件是否成功及其他与审计相关的信息。

边界完整性检查（S2）

应能够对内部网络中出现的内部用户未通过准许私自连接外部网络的行为进行检查。

入侵防范（G2）

应在网络边界处监视以下攻击行为：端口扫描、强力攻击、木马后门攻击、拒绝服务攻击、缓冲区溢出攻击、IP 碎片攻击和网络蠕虫攻击等。

网络设备防护（G2）

本项要求包括：

a）应对登录网络设备的用户进行身份鉴别；

b）应对网络设备的管理员登录地址进行限制；

c）网络设备标识应唯一；同一网络设备的用户标识应唯一；禁止多个人员共用一个账号；（增强）

d）身份鉴别信息应不易被冒用，口令复杂度应满足要求并定期更换。应修改默认用户和口令，不得使用缺省口令，口令长度不得小于 8 位，要求是字母和数字或特殊字符的混合并不得与用户名相同，口令应定期更换，并加密存储；（增强）

e）应具有登录失败处理功能，可采取结束会话、限制非法登录次数和当网络登录连接超时自动退出等措施；

f）当对网络设备进行远程管理时，采取必要措施防止鉴别信息在网络传输过程中被窃听；

g）应封闭不需要的网络端口，关闭不需要的网络服务。如需使用 SNMP 服务，应采用安全性增强版本；并应设定复杂的 Community 控制字段，不使用 Public、Private 等默认字段。（新增）

主机安全

身份鉴别（S2）

本项要求包括：

a）应对登录操作系统和数据库系统的用户进行身份标识和鉴别；

b）操作系统和数据库系统管理用户身份鉴别信息应不易被冒用，口令复杂度应满足要求并定期更换。口令长度不得小于 8 位，且为字母、数字或特殊字符的混合组合，用户名和口令禁止相同；（细化）

c）启用登录失败处理功能，可采取结束会话、限制非法登录次数和自动退出等措施。限制同一用户连续失败登录次数；（增强）

d）当对服务器进行远程管理时，应采取必要措施，防止鉴别信息在网络传输过程中被窃听；

e）应为操作系统和数据库系统的不同用户分配不同的用户名，确保用户名具有唯一性。

访问控制（S2）

本项要求包括：

a）应启用访问控制功能，依据安全策略控制用户对资源的访问；

b）应实现操作系统和数据库系统特权用户的权限分离；

c）应限制默认账户的访问权限，重命名系统默认账户，修改这些账户的默认口令；

d）应及时删除多余的、过期的账户，避免共享账户的存在。

安全审计（G2）

本项要求包括：

a）审计范围应覆盖到服务器上的每个操作系统用户和数据库用户；系统不支持该要求的，应以系统运行安全和效率为前提，采用第三方安全审计产品实现审计要求；（落实）

b）审计内容应包括重要用户行为、系统资源的异常使用和重要系统命令的使用等系统内重要的安全相关事件。审计内容至少包括：用户的添加和删除、审计功能的启动和关闭、审计策略的调整、权限变更、系统资源的异常使用、重要的系统操作（如用户登录、退出）等；（细化）

c）审计记录应包括事件的日期、时间、类型、主体标识、客体标识和结果等；

d）应保护审计记录，避免受到未预期的删除、修改或覆盖等。

入侵防范（G2）

操作系统应遵循最小安装的原则，仅安装必要的组件和应用程序，并通过设置升级服务器等方式保持系统补丁及时得到更新，补丁安装前应进行安全性和兼容性测试。（增强）

恶意代码防范（G2）

本项要求包括：

a）应在本机安装防恶意代码软件或独立部署恶意代码防护设备，并及时更新防恶意代码软件版本和恶意代码库；（细化）

b）应支持防恶意代码的统一管理。

资源控制（A2）

本项要求包括：

a）应通过设定终端接入方式、网络地址范围等条件限制终端登录；

b）应根据安全策略设置登录终端的操作超时锁定；

c）应根据需要限制单个用户对系统资源的最大或最小使用限度。（细化）

应用安全

身份鉴别（S2）

本项要求包括：

a）应提供专用的登录控制模块对登录用户进行身份标识和鉴别；

b）应用系统用户身份鉴别信息应不易被冒用，口令复杂度应满足要求并定期更换。应提供用户身份标识唯一和鉴别信息复杂度检查功能，保证应用系统中不存在重复用户身份标识；用户在第一次登录系统时修改分发的初始口令，口令长度不得小于 8 位，且为字母、数字或特殊字符的混合组合，用户名和口令禁止相同；应用软件不得明文存储口令数据；（增强）

c）应提供登录失败处理功能，可采取结束会话、限制非法登录次数和自动退出等措施；

d）应启用身份鉴别、用户身份标识唯一性检查、用户身份鉴别信息复杂度检查以及登录失败处理功能，并根据安全策略配置相关参数。

访问控制（S2）

本项要求包括：

a）应提供访问控制功能，依据安全策略控制用户对文件、数据库表等客体的访问；

b）访问控制的覆盖范围应包括与资源访问相关的主体、客体及它们之间的操作；

c）应由授权主体配置访问控制策略，并严格限制默认账户的访问权限；

d）应授予不同账户为完成各自承担任务所需的最小权限，并在它们之间形成相互制约的关系。

安全审计（G2）

本项要求包括：

a）应提供覆盖到每个用户的安全审计功能，对应用系统的用户登录、用户退出、增加用户、修改用户权限等重要安全事件进行审计；（细化）

b）应保证审计活动的完整性，保证无法删除、修改或覆盖审计记录；（增强）

c）审计记录的内容至少应包括事件的日期、时间、发起者信息、类型、描述和结果等。

通信完整性（S2）

应采用校验码技术保证通信过程中数据的完整性。

通信保密性（S2）

本项要求包括：

a）在通信双方建立连接之前，应用系统应利用密码技术进行会话初始化验证；

b）应对通信过程中用户口令、会话密钥等敏感信息字段进行加密。（细化）

软件容错（A2）

本项要求包括：

a）应提供数据有效性检验功能，保证通过人机接口输入或通过通信接口输入的数据格式或长度符合系统设定要求；

b）在故障发生时，应用系统应能够继续提供部分功能，确保系统能够实施恢复措施。（细化）

资源控制（A2）

本项要求包括：

a）当应用系统的通信双方中的一方在一段时间内未作响应，另一方应能够自动结束会话；

b）应能够对应用系统的最大并发会话连接数进行限制；

c）应能够对单个账户的多重并发会话进行限制。

数据安全

数据完整性（S2）

应能够检测到鉴别信息和重要业务数据在传输过程中完整性是否受到破坏。

数据保密性（S2）

应采用加密或其他保护措施实现鉴别信息的存储保密性。

备份和恢复（A2）

本项要求包括：

a）应对重要信息进行备份，并对备份介质定期进行可用性测试；（增强）

b）应提供关键网络设备、通信线路和数据处理系统的硬件冗余，保证系统的可用性。

管理要求

安全管理制度

管理制度（G2）

本项要求包括：

a）应制定信息安全工作的总体方针和安全策略，说明机构安全工作的总体目标、范围、原则和安全框架等；

b）应对安全管理活动中重要的管理内容建立安全管理制度；

c）应对安全管理人员或操作人员执行的重要管理操作建立操作规程。

制定和发布（G2）

本项要求包括：

a）应指定或授权专门的部门或人员负责安全管理制度的制定；

b）应组织相关人员对制定的安全管理制度进行论证和审定；

c）应将安全管理制度以某种方式发布到相关人员手中。

评审和修订（G2）

定期或在发生重大变更时对安全管理制度进行检查和审定，对存在不足或需要改进的安全管理制度进行修订。（增强）

安全管理机构

岗位设置（G2）

本项要求包括：

a）应设立安全主管、安全管理各个方面的负责人岗位，并定义各负责人的职责；

b）应设立系统管理员、网络管理员、安全管理员等岗位，并定义各个工作岗位的职责。

人员配备（G2）

本项要求包括：

a）应配备一定数量的系统管理员、网络管理员、安全管理员等；

b）安全管理员不能兼任网络管理员、系统管理员、数据库管理员等。

资金保障（G2）

a）应保障落实信息系统安全建设、运维及等级保护测评资金等；（新增）

b）系统建设资金筹措方案和年度系统维护经费应包括信息安全保障资金项目。（新增）

授权和审批（G2）

本项要求包括：

a）应根据各个部门和岗位的职责明确授权审批部门及批准人，对系统投入运行、网络系统接入和重要资源的访问等关键活动进行审批；

b）应针对关键活动建立审批流程，并由批准人签字确认，并存档备查。（增强）

沟通和合作（G2）

本项要求包括：

a）应加强各类管理人员之间、组织内部机构之间以及信息安全职能部门内部的合作与沟通；

b）应加强与行业信息安全监管部门、公安机关、通信运营商、银行及相关单位和部门的合作与沟通。（细化）

审核和检查（G2）

安全管理员应负责定期进行安全检查，检查内容包括系统日常运行、系统漏洞和数据备份等情况。

人员安全管理

人员录用（G2）

本项要求包括：

a）应指定或授权专门的部门或人员负责人员录用；

b）应规范人员录用过程，对被录用人员的身份、背景和专业资格等进行审查，对其所具有的技术技能进行考核；

c）应与安全管理员、系统管理员、网络管理员等关键岗位的人员签署保密协议。（细化）

人员离岗（G2）

本项要求包括：

a）应规范人员离岗过程，及时收回离岗员工的所有访问权限；（增强）

b）应收回各种身份证件、钥匙、徽章等以及机构提供的软硬件设备；

c）只有在收回访问权限和各种证件、设备之后方可办理调离手续。（细化）

人员考核（G2）

应定期对各个岗位的人员进行安全技能及安全认知的培训及考核。

安全意识教育和培训（G2）

本项要求包括：

a）应对各类人员进行安全意识教育、岗位技能培训和相关安全技术培训；

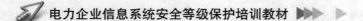

b）应告知人员相关的安全责任和惩戒措施，并对违反安全策略和规定的人员进行惩戒；

c）应按照行业信息安全要求，制定安全教育和培训计划，对信息安全基础知识、岗位操作规程等进行的培训应至少每年举办一次。（增强）

外部人员访问管理（G2）

应确保在外部人员访问受控区域前得到授权或审批，批准后由专人全程陪同或监督，并登记备案。

系统建设管理

系统定级（G2）

本项要求包括：

a）应明确信息系统的边界和安全保护等级；

b）应以书面的形式说明信息系统确定为某个安全保护等级的方法和理由；

c）对于跨电力公司联网运行的信息系统，由电力行业网络与信息安全领导小组办公室统一确定安全保护等级。对于属同一电力公司，但跨省联网运行的信息系统，由公司责任部门统一确定安全保护等级。对于通用信息系统，由领导小组办公室提出安全保护等级建议，运营使用单位自主确定安全保护等级。对于运营使用单位所特有的信息系统，各运营使用单位自行确定安全保护等级。对拟确定为第四级以上信息系统的，由领导小组办公室邀请国家信息安全保护等级专家评审委员会评审。（细化）

d）应确保信息系统的定级结果经过行业信息安全主管部门批准，方可到公安机关备案。（细化）

安全方案设计（G2）

本项要求包括：

a）应根据系统的安全保护等级选择基本安全措施，依据风险分析的结果补充和调整安全措施；

b）应以书面形式描述对系统的安全保护要求、策略和措施等内容，形成系统的安全方案；

c）应对安全方案进行细化，形成能指导安全系统建设、安全产品采购和使用的详细设计方案；

d）应组织相关部门和有关安全技术专家对安全设计方案的合理性和正确性进行论证和审定，重大项目应报行业信息安全主管部门进行信息安全专项审查批准。（落实）

产品采购和使用（G2）

本项要求包括：

a）应确保安全产品的采购和使用符合国家的有关规定；

b）应确保密码产品的采购和使用符合国家密码主管部门的要求；

c）应指定或授权专门的部门负责产品的采购。

d）电力系统专用信息安全产品应经行业主管部门指定的安全机构测评方可采购使用。（新增）

自行软件开发（G2）

本项要求包括：

a）应确保开发环境与实际运行环境物理分开；

b）应制定软件开发管理制度，明确说明开发过程的控制方法和人员行为准则；

c）应确保提供软件设计的相关文档和使用指南，并由专人负责保管。

外包软件开发（G2）

本项要求包括：

a）应根据开发要求检测软件质量；

b）应确保提供软件设计的相关文档和使用指南；

c）应在软件安装之前检测软件包中可能存在的恶意代码；

d）外包开发的软件应在本单位存有源代码备份，并已通过软件后门等安全性检测。（增强）

工程实施（G2）

本项要求包括：

a）应指定或授权专门的部门或人员负责工程实施过程的管理；

b）应制定详细的工程实施方案，控制工程实施过程。

测试验收（G2）

本项要求包括：

a）应委托国家及电力行业认可的测评单位对系统进行安全性测试，并出具安全性测试报告；（细化）

b）在测试验收前应根据设计方案或合同要求等制订测试验收方案，在测试验收过程中应详细记录测试验收结果，并形成测试验收报告；

c）应组织相关部门和相关人员对系统测试验收报告进行审定，并签字确认。

系统交付（G2）

本项要求包括：

a）应制定系统交付清单，并根据交付清单对所交接的设备、软件和文档等进行清点；

b）应对负责系统运行维护的技术人员每年进行相应的技能培训，对安全教育和培训的情况和结果进行记录并归档保存；（细化）

c）应确保提供系统建设过程中的文档和指导用户进行系统运行维护的文档。

系统备案（G2）

应将系统等级及相关材料报系统主管部门备案；电力企业汇总系统等级及相关信息报电力行业网络与信息安全领导小组办公室备案。（新增）

等级测评（G2）

应选择具有国家相关技术资质和安全资质，经电力行业网络与信息安全领导小组办公室批准的测评单位进行等级测评。（新增）

安全服务商选择（G2）

本项要求包括：

a）应选择符合国家及行业有关规定的服务商开展安全服务；（细化）

b）应与选定的安全服务商签订安全协议，明确安全责任；（细化）

c）应与服务商签订安全服务合同，明确技术支持和服务承诺。（增强）

系统运维管理

环境管理（G2）

本项要求包括：

a）应指定专门的部门或人员定期对机房供配电、空调、温湿度控制等设施进行维护管理；

b）应配备机房安全管理人员，对机房的出入、服务器的开机或关机等工作进行管理；

c）应建立机房安全管理制度，对有关机房物理访问，物品带进、带出机房和机房环境安全

等方面的管理作出规定;

　　d）应加强对办公环境的保密性管理,包括工作人员调离办公室应立即交还该办公室钥匙和不在办公区接待来访人员等。

　　资产管理（G2）

　　本项要求包括:

　　a）应编制与信息系统相关的资产清单,包括资产责任部门、重要程度和所处位置等内容;

　　b）应建立资产安全管理制度,规定信息系统资产管理的责任人员或责任部门,并规范资产管理和使用的行为。

　　介质管理（G2）

　　本项要求包括:

　　a）应确保介质存放在安全的环境中,对各类介质进行控制和保护,并实行存储环境专人管理;

　　b）应建立移动存储介质安全管理制度,对移动存储介质的使用进行管控;（新增）

　　c）应对介质归档和查询等过程进行记录,并根据存档介质的目录清单定期盘点;

　　d）应对需要送出维修或销毁的介质,首先清除其中的敏感数据,防止信息的非法泄露;

　　e）应根据所承载数据和软件的重要程度对介质进行分类和标识管理。

　　设备管理（G2）

　　本项要求包括:

　　a）应对信息系统相关的各种设备（包括备份和冗余设备）、线路等指定专门的部门或人员定期进行维护管理;

　　b）应建立基于申报、审批和专人负责的设备安全管理制度,对信息系统的各种软硬件设备的选型、采购、发放和领用等过程进行规范化管理;

　　c）应对终端计算机、工作站、便携机、系统和网络等设备的操作和使用进行规范化管理,按操作规程实现关键设备（包括备份和冗余设备）的启动/停止、加电/断电等操作;

　　d）应确保信息处理设备必须经过审批才能带离机房或办公地点。

　　网络安全管理（G2）

　　本项要求包括:

　　a）应指定人员对网络进行管理,负责运行日志、网络监控记录的日常维护和报警信息分析和处理工作;

　　b）应建立网络安全管理制度,对网络安全配置、日志保存时间、安全策略、升级与打补丁、口令更新周期等方面作出规定;

　　c）应根据厂家提供的软件升级版本对网络设备进行更新,并在更新前对现有的重要文件进行备份;

　　d）应定期对网络系统进行漏洞扫描,对发现的网络系统安全漏洞进行及时的修补;

　　e）应对网络设备的配置文件进行定期备份;

　　f）应保证所有与外部系统的连接均得到授权和批准。

　　系统安全管理（G2）

　　本项要求包括:

　　a）应根据业务需求和系统安全分析确定系统的访问控制策略;

　　b）应定期进行漏洞扫描,对发现的系统安全漏洞及时进行修补;

c）应安装系统的最新补丁程序，在安装系统补丁前，应首先在测试环境中测试通过，并对重要文件进行备份后，方可实施系统补丁程序的安装；

d）应建立系统安全管理制度，对系统安全策略、安全配置、日志管理和日常操作流程等方面作出规定；

e）应依据操作手册对系统进行维护，详细记录操作日志，包括重要的日常操作、运行维护记录、参数的设置和修改等内容，严禁进行未经授权的操作；

f）应定期对运行日志和审计数据进行分析，以便及时发现异常行为。

恶意代码防范管理（G2）

本项要求包括：

a）应提高所有用户的防病毒意识，告知及时升级防病毒软件，在读取移动存储设备上的数据以及网络上接收文件或邮件之前，先进行病毒检查，对外来计算机或存储设备接入网络系统之前也应进行病毒检查；

b）应指定专人对网络和主机进行恶意代码检测并保存检测记录；

c）应对防恶意代码软件的授权使用、恶意代码库升级、定期汇报等作出明确规定。

密码管理（G2）

应使用符合国家密码管理规定的密码技术和产品。

变更管理（G2）

本项要求包括：

a）应确认系统中要发生的重要变更，并制定相应的变更方案；

b）系统发生重要变更前，应向主管领导申请，审批后方可实施变更，并在实施后向相关人员通告。

备份与恢复管理（G2）

本项要求包括：

a）应识别需要定期备份的重要业务信息、系统数据及软件系统等；

b）应规定备份信息的备份方式、备份频度、存储介质、保存期等；

c）应根据数据的重要性及其对系统运行的影响，制定数据的备份策略和恢复策略，备份策略指明备份数据的放置场所、文件命名规则、介质替换频率和数据离站运输方法。

安全事件处置（G2）

本项要求包括：

a）应报告所发现的安全弱点和可疑事件，但任何情况下用户均不应尝试验证弱点；

b）应制定安全事件报告和处置管理制度，明确安全事件类型，规定安全事件的现场处理、事件报告和后期恢复的管理职责；

c）应根据国家相关管理部门对计算机安全事件等级划分方法和安全事件对本系统产生的影响，对本系统计算机安全事件进行等级划分；

d）应记录并保存所有报告的安全弱点和可疑事件，分析事件原因，监督事态发展，采取措施避免安全事件发生。

应急预案管理（G2）

本项要求包括：

a）应在统一的应急预案框架下制定不同事件的应急预案，应急预案框架应包括启动应急预案的条件、应急处理流程、系统恢复流程、事后教育和培训等内容；

b）应对安全管理员、系统管理员、网络管理员等相关的人员进行应急预案培训，应急预案的培训应至少每年举办一次。（细化）

第三级基本要求

技术要求

物理安全

物理位置的选择（G3）

本项要求包括：

a）机房和办公场地应选择在具有防震、防风和防雨等能力的建筑内；

b）机房场地应避免设在建筑物的高层或地下室，以及用水设备的下层或隔壁，如果不可避免，应采取有效防水措施。（落实）

物理访问控制（G3）

本项要求包括：

a）机房各出入口应安排专人值守或配置电子门禁系统，控制、鉴别和记录进入的人员；（增强）

b）进入机房的来访人员应经过申请和审批流程，并限制和监控其活动范围；

c）应对机房划分区域进行管理，区域和区域之间应用物理方式隔断，在重要区域前设置交付或安装等过渡区域；（增强）

d）重要区域应配置电子门禁系统，控制、鉴别和记录进入的人员。

防盗窃和防破坏（G3）

本项要求包括：

a）应将主要设备放置在机房内；

b）应将设备或主要部件进行固定，并设置明显的不易除去的标记；

c）应将通信线缆铺设在隐蔽处，可铺设在地下或管道中；

d）应对介质分类标识，存储在介质库或档案室中；

e）应利用光、电等技术设置机房防盗报警系统；

f）应对机房设置监控报警系统。

防雷击（G3）

本项要求包括：

a）机房建筑应设置避雷装置；

b）应设置防雷保安器，防止感应雷；

c）机房应设置交流电源地线。

防火（G3）

本项要求包括：

a）机房应设置火灾自动消防系统，能够自动检测火情、自动报警、自动灭火；

b）机房及相关的工作房间和辅助房应采用具有耐火等级的建筑材料；

c）机房应采取区域隔离防火措施，将重要设备与其他设备隔离开。

防水和防潮（G3）

本项要求包括：

a）主机房尽量避开水源，与主机房无关的给排水管道不得穿过主机房，与主机房相关的给排水管道必须有可靠的防渗漏措施；（落实）

b）应采取措施防止雨水通过机房窗户、屋顶和墙壁渗透；

c）应采取措施防止机房内水蒸气结露和地下积水的转移与渗透；

d）应安装对水敏感的检测仪表或元件，对机房进行防水检测和报警。

防静电（G3）

本项要求包括：

a）主要设备采用必要的接地防静电措施；

b）机房应采用防静电地板。

温湿度控制（G3）

机房应设置温、湿度自动调节设施，使机房温、湿度的变化在设备运行所允许的范围之内。

电力供应（A3）

本项要求包括：

a）应在机房供电线路上配置稳压器和过电压防护设备；

b）应提供短期的备用电力供应，至少满足主要设备在断电情况下的正常运行要求；

c）设置冗余或并行的电力电缆线路为计算机系统供电，输入电源应采用双路自动切换供电方式；（增强）

d）应建立备用供电系统。

电磁防护（S3）

本项要求包括：

a）电源线和通信线缆应隔离铺设，避免互相干扰；

b）应采用接地方式防止外界电磁干扰和设备寄生耦合干扰；

c）应对关键设备和磁介质实施电磁屏蔽。

网络安全

结构安全（G3）

本项要求包括：

a）管理信息大区网络与生产控制大区网络应物理隔离；两网之间有信息通信交换时应部署符合电力系统要求的单向隔离装置；（新增）

b）管理信息大区网络可进一步划分为内部网络和外部网络，两网之间有信息通信交换时防护强度应强于逻辑隔离；（新增）

c）具有层次网络结构的单位可统一提供互联网出口；（新增）

d）单个系统应单独划分安全域，系统由独立子网承载，每个域的网络出口应唯一；（新增）

e）应保证主要网络设备的业务处理能力具备冗余空间，满足业务高峰期需要；

f）应保证网络各个部分的带宽满足业务高峰期需要；

g）应在业务终端与业务服务器之间进行路由控制，建立安全的访问路径；

h）应绘制完整的网络拓扑结构图，有相应的网络配置表，包含设备 IP 地址等主要信息，与当前运行情况相符；（增强）

i）应根据各部门的工作职能、重要性和所涉及信息的重要程度等因素，划分不同的子网或网段，并按照方便管理和控制的原则为各子网、网段分配地址段；

j）在业务高峰时段，现有宽带不能满足要求时，应按照对业务服务的重要次序来制定带宽分配优先级，保证在网络发生拥堵的时候优先保障重要业务服务的带宽；（落实）

k）采用冗余技术设计网络拓扑结构，提供主要网络设备、通信线路的硬件冗余，避免关键

节点存在单点故障。（增强）

l）在进行内外网隔离的情况下，应将应用系统部署在内网，如有外网交互功能的应用系统，可将前端部署在外网，数据库部分部署在内网。（新增）

访问控制（G3）

本项要求包括：

a）应在网络边界部署访问控制设备，启用访问控制功能；

b）应能根据会话状态信息为数据流提供明确的允许/拒绝访问的能力，控制力度为端口级；

c）应按用户和系统之间的允许访问规则，决定允许或拒绝用户对受控系统进行资源访问，控制力度为单个用户。以拨号或 VPN 等方式接入网络的，应采用强认证方式，并对用户访问权限进行严格限制；（增强）

d）应限制具有拨号、VPN 等访问权限的用户数量；（增强）

e）应对进出网络的信息内容进行过滤，实现对应用层 HTTP、FTP、TELNET、SMTP、POP3 等协议命令级的控制；

f）应在会话处于非活跃一定时间或会话结束后终止网络连接；

g）在互联网出口和核心网络接口处应限制网络最大流量数及网络连接数；（细化）

h）重要网段应采取技术手段防止地址欺骗。

安全审计（G3）

本项要求包括：

a）应对网络系统中的网络设备运行状况、网络流量、用户行为等进行日志记录；

b）审计记录应包括：事件的日期和时间、用户、事件类型、事件是否成功及其他与审计相关的信息；

c）应能够根据记录数据进行分析，并生成审计报表，网络设备不支持的应采用第三方工具生成审计报表；（落实）

d）应对审计记录进行保护，避免受到未预期的删除、修改或覆盖等。

边界完整性检查（S3）

本项要求包括：

a）应能够对非授权设备私自联到内部网络的行为进行检查，准确定出位置，并对其进行有效阻断；

b）应能够对内部网络用户私自联到外部网络的行为进行检查，准确定出位置，并对其进行有效阻断。

入侵防范（G3）

本项要求包括：

a）应在网络边界处监视以下攻击行为：端口扫描、强力攻击、木马后门攻击、拒绝服务攻击、缓冲区溢出攻击、IP 碎片攻击和网络蠕虫攻击等；

b）当检测到攻击行为时，记录攻击源 IP、攻击类型、攻击目的、攻击时间，在发生严重入侵事件时应提供报警。

恶意代码防范（G3）

本项要求包括：

a）应在网络边界处对恶意代码进行检测和清除；

b）应维护恶意代码库的升级和检测系统的更新。

网络设备防护（G3）

本项要求包括：

a）应对登录网络设备的用户进行身份鉴别；

b）应对网络设备的管理员登录地址进行限制；

c）网络设备标识应唯一；同一网络设备的用户标识应唯一；禁止多个人员共用一个账号；（增强）

d）身份鉴别信息应不易被冒用，口令复杂度应满足要求并定期更换。应修改默认用户和口令，不得使用缺省口令，口令长度不得小于 8 位，要求是字母和数字或特殊字符的混合并不得与用户名相同，口令应定期更换，并加密存储；（增强）

e）主要网络设备应对同一用户选择两种或两种以上组合的鉴别技术来进行身份鉴别；

f）应具有登录失败处理功能，可采取结束会话、限制非法登录次数和当网络登录连接超时自动退出等措施；

g）当对网络设备进行远程管理时，应采取必要措施防止鉴别信息在网络传输过程中被窃听；

h）应实现设备特权用户的权限分离，系统不支持的应部署日志服务器保证管理员的操作能够被审计，并且网络特权用户管理员无权对审计记录进行操作；（细化）

i）应封闭不需要的网络端口，关闭不需要的网络服务。如需使用 SNMP 服务，应采用安全性增强版本；并应设定复杂的 Community 控制字段，不使用 Public、Private 等默认字段。（新增）

主机安全

身份鉴别（S3）

本项要求包括：

a）对登录操作系统的用户进行身份标识和鉴别；

b）操作系统和数据库系统管理用户身份鉴别信息应不易被冒用，口令复杂度应满足要求并定期更换。口令长度不得小于 8 位，且为字母、数字或特殊字符的混合组合，用户名和口令禁止相同；（细化）

c）启用登录失败处理功能，可采取结束会话、限制非法登录次数和自动退出等措施。限制同一用户连续失败登录次数；（增强）

d）当对服务器进行远程管理时，采取必要措施，防止鉴别信息在网络传输过程中被窃听；

e）应为操作系统和数据库系统的不同用户分配不同的用户名，确保用户名具有唯一性；

f）应采用两种或两种以上组合的鉴别技术对管理用户进行身份鉴别。

访问控制（S3）

本项要求包括：

a）应启用访问控制功能，依据安全策略控制用户对资源的访问；

b）应根据管理用户的角色分配权限，实现管理用户的权限分离，仅授予管理用户所需的最小权限；

c）应实现操作系统和数据库系统特权用户的权限分离；

d）应限制默认账户的访问权限，重命名系统默认账户，修改这些账户的默认口令；

e）应及时删除多余的、过期的账户，避免共享账户的存在；

f）应对重要信息资源设置敏感标记，系统不支持设置敏感标记的，应采用专用安全设备生成敏感标记，用以支持强制访问控制机制；（落实）

g）应依据安全策略严格控制用户对有敏感标记重要信息资源的操作。

安全审计（G3）

本项要求包括：

a）审计范围应覆盖到服务器和重要客户端上的每个操作系统用户和数据库用户；系统不支持该要求的，应以系统运行安全和效率为前提，采用第三方安全审计产品实现审计要求；（落实）

b）审计内容应包括重要用户行为、系统资源的异常使用和重要系统命令的使用等系统内重要的安全相关事件，审计内容至少包括：用户的添加和删除、审计功能的启动和关闭、审计策略的调整、权限变更、系统资源的异常使用、重要的系统操作（如用户登录、退出）等；（细化）

c）审计记录应包括事件的日期、时间、类型、主体标识、客体标识和结果等；

d）应保护审计记录，避免受到未预期的删除、修改或覆盖等；

e）应能够通过操作系统自身功能或第三方工具根据记录数据进行分析，并生成审计报表；（细化）

f）应保护审计进程，避免受到未预期的中断。

剩余信息保护（S3）

本项要求包括：

a）应保证操作系统和数据库系统用户的鉴别信息所在的存储空间，被释放或再分配给其他用户前得到完全清除，无论这些信息是存放在硬盘上还是在内存中；

b）应确保系统内的文件、目录和数据库记录等资源所在的存储空间，被释放或重新分配给其他用户前得到完全清除。

入侵防范（G3）

本项要求包括：

a）操作系统应遵循最小安装的原则，仅安装必要的组件和应用程序，并通过设置升级服务器等方式保持系统补丁及时得到更新，补丁安装前应进行安全性和兼容性测试；（增强）

b）应能够检测到对重要服务器进行入侵的行为，能够记录入侵的源 IP、攻击的类型、攻击的目的、攻击的时间，并在发生严重入侵事件时提供报警；

c）应能够对重要程序的完整性进行检测，并具有完整性恢复的能力。（增强）

恶意代码防范（G3）

本项要求包括：

a）应在本机安装防恶意代码软件或独立部署恶意代码防护设备，并及时更新防恶意代码软件版本和恶意代码库；（细化）

b）应支持防恶意代码的统一管理；

c）主机防恶意代码产品应具有与网络防恶意代码产品不同的恶意代码库。

资源控制（A3）

本项要求包括：

a）应通过设定终端接入方式、网络地址范围等条件限制终端登录；

b）应根据安全策略设置登录终端的操作超时锁定；

c）应根据需要限制单个用户对系统资源的最大或最小使用限度；（细化）

d）应对重要服务器进行监视，包括监视服务器的 CPU、硬盘、内存、网络等资源的使用情况；

e）应能够对系统的服务水平降低到预先规定的最小值进行检测和报警。

应用安全

身份鉴别（S3）

本项要求包括：

a）应提供专用的登录控制模块对登录用户进行身份标识和鉴别；

b）应用系统用户身份鉴别信息应不易被冒用，口令复杂度应满足要求并定期更换。应提供用户身份标识唯一和鉴别信息复杂度检查功能，保证应用系统中不存在重复用户身份标识；用户在第一次登录系统时修改分发的初始口令，口令长度不得小于 8 位，且为字母、数字或特殊字符的混合组合，用户名和口令禁止相同；应用软件不得明文存储口令数据；（增强）

c）应对同一用户采用两种或两种以上组合的鉴别技术实现用户身份鉴别；

d）应提供登录失败处理功能，可采取结束会话、限制非法登录次数和自动退出等措施；

e）应启用身份鉴别、用户身份标识唯一性检查、用户身份鉴别信息复杂度检查以及登录失败处理功能，并根据安全策略配置相关参数。

访问控制（S3）

本项要求包括：

a）应提供访问控制功能，依据安全策略控制用户对文件、数据库表等客体的访问；

b）访问控制的覆盖范围应包括与资源访问相关的主体、客体及它们之间的操作；

c）应由授权主体配置访问控制策略，并严格限制默认账户的访问权限；

d）应授予不同账户为完成各自承担任务所需的最小权限，并在它们之间形成相互制约的关系；

e）应对重要信息资源设置敏感标记，系统不支持设置敏感标记的，应采用专用安全设备生成敏感标记，用以支持强制访问控制机制；（落实）

f）应依据安全策略严格控制用户对有敏感标记重要信息资源的操作。

安全审计（G3）

本项要求包括：

a）应提供覆盖到每个用户的安全审计功能，对应用系统的用户登录、用户退出、增加用户、修改用户权限等重要安全事件进行审计；（细化）

b）应保证审计活动的完整性和连续性，保证无法删除、修改或覆盖审计记录；（落实）

c）审计记录的内容至少应包括事件的日期、时间、发起者信息、类型、描述和结果等；

d）应提供对审计记录数据进行统计、查询、分析及生成审计报表的功能。

剩余信息保护（S3）

本项要求包括：

a）应保证用户鉴别信息所在的存储空间被释放或再分配给其他用户前得到完全清除，无论这些信息是存放在硬盘上还是在内存中；

b）应保证系统内的文件、目录和数据库记录等资源所在的存储空间被释放或重新分配给其他用户前得到完全清除。

通信完整性（S3）

应采用密码技术保证通信过程中数据的完整性；

通信保密性（S3）

本项要求包括：

a）在通信双方建立连接之前，应用系统应利用密码技术进行会话初始化验证；

b）应对通信过程中的整个报文或会话过程进行加密。

抗抵赖（G3）

本项要求包括：

a）应具有在请求的情况下为数据原发者或接收者提供数据原发证据的功能；

b）应具有在请求的情况下为数据原发者或接收者提供数据接收证据的功能；

软件容错（A3）

本项要求包括：

a）应提供数据有效性检验功能，保证通过人机接口输入或通过通信接口输入的数据格式或长度符合系统设定要求；

b）应提供自动保护功能，当故障发生时自动保护当前所有状态，保证系统能够进行恢复。

资源控制（A3）

本项要求包括：

a）当应用系统的通信双方中的一方在一段时间内未作响应，另一方应能够自动结束会话；

b）应能够对系统的最大并发会话连接数进行限制；

c）应能够对单个账户的多重并发会话进行限制；

d）应能够对一个时间段内可能的并发会话连接数进行限制；

e）应能够对一个访问账户或一个请求进程占用的资源分配最大限额和最小限额；

f）应能够对系统服务水平降低到预先规定的最小值进行检测和报警；

g）应提供服务优先级设定功能，并在安装后根据安全策略设定访问账户或请求进程的优先级，根据优先级分配系统资源。

数据安全

数据完整性（S3）

本项要求包括：

a）应能够检测到系统管理数据、鉴别信息和重要业务数据在传输过程中完整性受到破坏，并在检测到完整性错误时采取必要的恢复措施；

b）应能够检测到系统管理数据、鉴别信息和重要业务数据在存储过程中完整性受到破坏，并在检测到完整性错误时采取必要的恢复措施。

数据保密性（S3）

本项要求包括：

a）应采用加密或其他有效措施实现系统管理数据、鉴别信息和重要业务数据传输保密性；

b）应采用加密或其他保护措施实现系统管理数据、鉴别信息和重要业务数据存储保密性。

备份和恢复（A3）

本项要求包括：

a）应提供数据本地备份与恢复功能，对重要信息进行备份，数据备份至少每天一次，已有数据备份可完全恢复至备份执行时状态，并对备份可恢复性进行定期演练，备份介质场外存放；（增强）

b）应提供异地数据备份功能，利用通信网络将关键数据定时批量传送至备用场地；

c）应提供主要网络设备、通信线路和数据处理系统的硬件冗余，保证系统的高可用性。

管理要求

安全管理制度

管理制度（G3）

本项要求包括：

a）应制定信息安全工作的总体方针和安全策略，说明机构安全工作的总体目标、范围、原则和安全框架等；

b）应对安全管理活动中的各类管理内容建立安全管理制度；

c）应对要求管理人员或操作人员执行的日常管理操作建立操作规程；

d）应形成由安全策略、管理制度、操作规程等构成的全面的信息安全管理制度体系。

制定和发布（G3）

本项要求包括：

a）应指定或授权专门的部门或人员负责安全管理制度的制定；

b）安全管理制度应具有统一的格式，并进行版本控制；

c）应组织相关人员对制定的安全管理制度进行论证和审定；

d）安全管理制度应通过正式、有效的方式发布；

e）安全管理制度应注明发布范围，并对收发文进行登记。

评审和修订（G3）

本项要求包括：

a）信息安全领导小组应负责定期组织相关部门和相关人员对安全管理制度体系的合理性和适用性进行审定；

b）定期或在发生重大变更时对安全管理制度进行检查和审定，对存在不足或需要改进的安全管理制度进行修订。（细化）

安全管理机构

岗位设置（G3）

本项要求包括：

a）应设立信息安全管理工作的职能部门，设立安全主管、安全管理各个方面的负责人岗位，并定义各负责人的职责；

b）应设立系统管理员、网络管理员、安全管理员等岗位，并定义各个工作岗位的职责；

c）应成立指导和管理信息安全工作的委员会或领导小组，电力企业主要负责人是本单位信息安全的第一责任人，对本单位的网络与信息安全负全面责任；（增强）

d）应制定文件明确安全管理机构各个部门和岗位的职责、分工和技能要求。

人员配备（G3）

本项要求包括：

a）应配备一定数量的系统管理员、网络管理员、安全管理员等；

b）每个电力企业应配备专职安全管理员，不可兼任；（落实）

c）关键事务岗位应配备多人共同管理。

资金保障（G3）

a）应保障落实信息系统安全建设、运维及等级保护测评资金等；（新增）

b）系统建设资金筹措方案和年度系统维护经费应包括信息安全保障资金项目。（新增）

授权和审批（G3）

本项要求包括：

a）应根据各个部门和岗位的职责明确授权审批事项、审批部门和批准人等；

b）应针对系统变更、重要操作、物理访问和系统接入等事项建立审批程序，按照审批程序执行审批过程，对重要活动建立逐级审批制度；

c）应定期审查审批事项，及时更新需授权和审批的项目、审批部门和审批人等信息；

d）应针对关键活动建立审批流程，并由批准人签字确认，并存档备查。（落实）

沟通和合作（G3）

本项要求包括：

a）应加强各类管理人员之间、组织内部机构之间以及信息安全职能部门内部的合作与沟通，定期或不定期召开协调会议，共同协作处理信息安全问题；

b）应加强与行业信息安全监管部门、公安机关、通信运营商、银行及相关单位和部门的合作与沟通；（细化）

c）应加强与供应商、业界专家、专业的安全公司、安全组织的合作与沟通；

d）应建立外联单位联系列表，包括外联单位名称、合作内容、联系人和联系方式等信息；

e）应聘请信息安全专家作为常年的安全顾问，指导信息安全建设，参与安全规划和安全评审等。

审核和检查（G3）

本项要求包括：

a）安全管理员应负责定期进行安全检查，检查内容包括系统日常运行、系统漏洞和数据备份等情况；

b）应由内部人员或上级单位定期进行全面安全检查，检查内容包括现有安全技术措施的有效性、安全配置与安全策略的一致性、安全管理制度的执行情况等；

c）应制定安全检查表格实施安全检查，汇总安全检查数据，形成安全检查报告，并对安全检查结果进行通报；

d）应制定安全审核和安全检查制度规范安全审核和安全检查工作，定期按照程序进行安全审核和安全检查活动。

人员安全管理

人员录用（G3）

本项要求包括：

a）应指定或授权专门的部门或人员负责人员录用；

b）应严格规范人员录用过程，对被录用人的身份、背景、专业资格和资质等进行审查，对其所具有的技术技能进行考核；

c）应与安全管理员、系统管理员、网络管理员等关键岗位的人员签署保密协议；（细化）

d）应与安全管理员、系统管理员、网络管理员等关键岗位的人员签署岗位安全协议。（细化）

人员离岗（G3）

本项要求包括：

a）应严格规范人员离岗过程，及时收回离岗员工的所有访问权限；（细化）

b）应收回各种身份证件、钥匙、徽章等以及机构提供的软硬件设备；

c）只有在收回访问权限和各种证件、设备之后方可办理调离手续，关键岗位人员离岗须承诺调离后的保密义务后方可离开。（细化）

人员考核（G3）

本项要求包括：

a）应定期对各个岗位的人员进行安全技能及安全认知的考核；

b）应对安全管理员、系统管理员、网络管理员、信息安全主管或专责等关键岗位的人员进行全面、严格的安全审查和技能考核；（细化）

c）应对考核结果进行记录并保存。

安全意识教育和培训（G3）

本项要求包括：

a）应对各类人员进行安全意识教育、岗位技能培训和相关安全技术培训；

b）应对安全责任和惩戒措施进行书面规定并告知相关人员，对违反违背安全策略和规定的人员进行惩戒；

c）应按照行业信息安全要求，对定期安全教育和培训进行书面规定，针对不同岗位制定不同的培训计划，对信息安全基础知识、岗位操作规程等进行的培训应至少每年举办一次；（增强）

d）应对安全教育和培训的情况和结果进行记录并归档保存。

外部人员访问管理（G3）

本项要求包括：

a）应确保在外部人员访问受控区域前先提出书面申请，批准后由专人全程陪同或监督，并登记备案；

b）对外部人员允许访问的区域、系统、设备、信息等内容应进行书面的规定，并按照规定执行。

系统建设管理

系统定级（G3）

本项要求包括：

a）应明确信息系统的边界和安全保护等级；

b）应以书面的形式说明确定信息系统为某个安全保护等级的方法和理由；

c）对于跨电力公司联网运行的信息系统，由电力行业网络与信息安全领导小组办公室统一确定安全保护等级。对于属同一电力公司，但跨省联网运行的信息系统，由公司责任部门统一确定安全保护等级。对于通用信息系统，由领导小组办公室提出安全保护等级建议，运营使用单位自主确定安全保护等级。对于运营使用单位所特有的信息系统，各运营使用单位自行确定安全保护等级。对拟确定为第四级以上信息系统的，由领导小组办公室邀请国家信息安全保护等级专家评审委员会评审。（细化）

d）应确保信息系统的定级结果经过行业信息安全主管部门批准，方可到公安机关备案。（细化）

安全方案设计（G3）

本项要求包括：

a）应根据系统的安全保护等级选择基本安全措施，并依据风险分析的结果补充和调整安全措施；

b）应指定和授权专门的部门对信息系统的安全建设进行总体规划，制定近期和远期的安全建设工作计划；

c）应根据信息系统的等级划分情况，统一考虑安全保障体系的总体安全策略、安全技术框架、安全管理策略、总体建设规划和详细设计方案，并形成配套文件；

d）应组织相关部门和有关安全技术专家对总体安全策略、安全技术框架、安全管理策略、总体建设规划、详细设计方案等相关配套文件的合理性和正确性进行论证和审定，并且经过批准后，才能正式实施；

e）应根据等级测评、安全评估的结果每年定期调整和修订总体安全策略、安全技术框架、安全管理策略、总体建设规划、详细设计方案等相关配套文件。

产品采购和使用（G3）

本项要求包括：

a）应确保安全产品采购和使用符合国家的有关规定；

b）应确保密码产品采购和使用符合国家密码主管部门的要求；

c）应指定或授权专门的部门负责产品的采购；

d）应预先对产品进行选型测试，确定产品的候选范围，并定期审定和更新候选产品名单；

e）电力系统专用信息安全产品应经行业主管部门指定的安全机构测评方可采购使用。（新增）

自行软件开发（G3）

本项要求包括：

a）应确保开发环境与实际运行环境物理分开，开发人员和测试人员分离，测试数据和测试结果受到控制；

b）应制定软件开发管理制度，明确说明开发过程的控制方法和人员行为准则；

c）应制定代码编写安全规范，要求开发人员参照规范编写代码；

d）应确保提供软件设计的相关文档和使用指南，并由专人负责保管；

e）应确保对程序资源库的修改、更新、发布进行授权和批准。

外包软件开发（G3）

本项要求包括：

a）应根据开发要求检测软件质量；

b）应在软件安装之前检测软件包中可能存在的恶意代码；

c）应要求开发单位提供软件设计的相关文档和使用指南；

d）外包开发的软件应在本单位存有源代码备份，并已通过软件后门等安全性检测。（增强）

工程实施（G3）

本项要求包括：

a）应指定或授权专门的部门或人员负责工程实施过程的管理；

b）应制定详细的工程实施方案控制实施过程，并要求工程实施单位能正式地执行安全工程过程；

c）应制定工程实施方面的管理制度，明确说明实施过程的控制方法和人员行为准则。

测试验收（G3）

本项要求包括：

a）应委托国家或电力行业认可的测评单位对系统进行安全性测试，并出具安全性测试报告；（细化）

b）在测试验收前应根据设计方案或合同要求等制订测试验收方案，在测试验收过程中应详细记录测试验收结果，并形成测试验收报告；

c）应对系统测试验收的控制方法和人员行为准则进行书面规定；

d）应指定或授权专门的部门负责系统测试验收的管理，并按照管理规定的要求完成系统测试验收工作；

e）应组织相关部门和相关人员对系统测试验收报告进行审定，并签字确认。

系统交付（G3）

本项要求包括：

a）应制定详细的系统交付清单，并根据交付清单对所交接的设备、软件和文档等进行清点；

b）应对负责系统运行维护的技术人员每年进行相应的技能培训，对安全教育和培训的情况和结果进行记录并归档保存；（细化）

c）应确保提供系统建设过程中的文档和指导用户进行系统运行维护的文档；

d）应对系统交付的控制方法和人员行为准则进行书面规定；

e）应指定或授权专门的部门负责系统交付的管理工作，并按照管理规定的要求完成系统交付工作。

系统备案（G3）

本项要求包括：

a）应指定专门的部门或人员负责管理系统定级的相关材料，并控制这些材料的使用；

b）应将系统等级及相关材料报系统主管部门备案；电力企业汇总系统等级及相关信息报电力行业网络与信息安全领导小组办公室备案；（细化）

c）跨电力公司联网运行，且由电力行业网络与信息安全领导小组办公室统一确定安全等级的信息系统，领导小组办公室负责统一向公安部办理备案手续。电力公司内部跨省联网运行，且由公司责任部门统一确定安全等级的信息系统，由公司责任部门负责统一向公安部办理备案手续。其他信息系统的由运营使用单位直接向当地设区的市级以上公安机关备案。跨省联网运行的信息系统，在各地运行、应用的分支系统，向当地设区的市级以上公安机关备案。（细化）

等级测评（G3）

本项要求包括：

a）在系统运行过程中，应至少每年对系统进行一次等级测评，发现不符合相应等级保护标准要求的及时整改；

b）应在系统发生变更时及时对系统进行等级测评，发现级别发生变化的及时调整级别并进行安全改造，发现不符合相应等级保护标准要求的及时整改；

c）应选择具有国家相关技术资质和安全资质，经电力行业信息安全测评中心批准的测评单位进行等级测评；（增强）

d）应指定或授权专门的部门或人员负责等级测评的管理。

安全服务商选择（G3）

本项要求包括：

a）应选择符合国家及行业有关规定的服务商开展安全服务；（细化）

b）应与选定的安全服务商签订安全协议，明确安全责任；（细化）

c）应与服务商签订安全服务合同，明确技术支持和服务承诺。（增强）

系统运维管理

环境管理（G3）

本项要求包括：

a）应指定专门的部门或人员定期对机房供配电、空调、温湿度控制等设施进行维护管理；

b）应指定部门负责机房安全，并配备机房安全管理人员，对机房的出入、服务器的开机或关机等工作进行管理；

c）应建立机房安全管理制度，对有关机房物理访问，物品带进、带出机房和机房环境安全等方面的管理作出规定；

d）应加强对办公环境的保密性管理，规范办公环境人员行为，包括工作人员调离办公室应立即交还该办公室钥匙、不在办公区接待来访人员、工作人员离开座位应确保终端计算机退出登录状态和桌面上没有包含敏感信息的纸档文件等。

资产管理（G3）

本项要求包括：

a）应编制并保存与信息系统相关的资产清单，包括资产责任部门、重要程度和所处位置等内容；

b）应建立资产安全管理制度，规定信息系统资产管理的责任人员或责任部门，并规范资产管理和使用的行为；

c）应根据资产的重要程度对资产进行标识管理，根据资产的价值选择相应的管理措施；

d）应对信息分类与标识方法作出规定，并对信息的使用、传输和存储等进行规范化管理。

介质管理（G3）

本项要求包括：

a）应建立介质安全管理制度，对介质的存放环境、使用、维护和销毁等方面作出规定；

b）应建立移动存储介质安全管理制度，对移动存储介质的使用进行管控；（新增）

c）应确保介质存放在安全的环境中，对各类介质进行控制和保护，并实行存储环境专人管理；

d）应对介质在物理传输过程中的人员选择、打包、交付等情况进行控制，对介质归档和查询等进行登记记录，并根据存档介质的目录清单定期盘点；

e）应对存储介质的使用过程、送出维修以及销毁等进行严格的管理，对带出工作环境的存储介质进行内容加密和监控管理，对送出维修或销毁的介质应首先清除介质中的敏感数据，对保密性较高的存储介质未经批准不得自行销毁；

f）应根据数据备份的需要对某些介质实行异地存储，存储地的环境要求和管理方法应与本地相同；

g）对重要数据或软件采用加密介质存储，并根据所承载数据和软件的重要程度对介质进行分类和标识管理。（增强）

设备管理（G3）

本项要求包括：

a）应对信息系统相关的各种设备（包括备份和冗余设备）、线路等指定专门的部门或人员定期进行维护管理，每年至少维护一次；

b）应建立基于申报、审批和专人负责的设备安全管理制度，对信息系统的各种软硬件设备的选型、采购、发放和领用等过程进行规范化管理；

c）应建立配套设施、软硬件维护方面的管理制度，对其维护进行有效的管理，包括明确维护人员的责任、涉外维修和服务的审批、维修过程的监督控制等；

d）应对终端计算机、工作站、便携机、系统和网络等设备的操作和使用进行规范化管理，按操作规程实现主要设备（包括备份和冗余设备）的启动/停止、加电/断电等操作；

e）应确保信息处理设备必须经过审批才能带离机房或办公地点。

监控管理和安全管理中心（G3）

本项要求包括：

a）应对通信线路、主机、网络设备和应用软件的运行状况、网络流量、用户行为等进行监测和报警，形成记录并妥善保存；

b）应组织相关人员定期对监测和报警记录进行分析、评审，发现可疑行为，形成分析报告，并采取必要的应对措施；

c）应建立安全管理中心，对设备状态、恶意代码、补丁升级、安全审计等安全相关事项进行集中管理。

网络安全管理（G3）

本项要求包括：

a）应指定专人对网络进行管理，负责运行日志、网络监控记录的日常维护和报警信息分析和处理工作；

b）应建立网络安全管理制度，对网络安全配置、日志保存时间、安全策略、升级与打补丁、口令更新周期等方面作出规定；

c）应根据厂家提供的软件升级版本对网络设备进行更新，并在更新前对现有的重要文件进行备份；

d）应定期对网络系统进行漏洞扫描，对发现的网络系统安全漏洞进行及时的修补；

e）应实现设备的最小服务配置，并对配置文件进行定期离线备份；

f）应保证所有与外部系统的连接均得到授权和批准；

g）应依据安全策略允许或者拒绝便携式和移动式设备的网络接入；

h）应定期检查违反规定拨号上网或其他违反网络安全策略的行为。

系统安全管理（G3）

本项要求包括：

a）应根据业务需求和系统安全分析确定系统的访问控制策略；

b）应定期进行漏洞扫描，对发现的系统安全漏洞及时进行修补；

c）应安装系统的最新补丁程序，在安装系统补丁前，首先在测试环境中测试通过，并对重要文件进行备份后，方可实施系统补丁程序的安装；

d）应建立系统安全管理制度，对系统安全策略、安全配置、日志管理和日常操作流程等方面作出具体规定；

e）应指定专人对系统进行管理，划分系统管理员角色，明确各个角色的权限、责任和风险，权限设定应当遵循最小授权原则；

f）应依据操作手册对系统进行维护，详细记录操作日志，包括重要的日常操作、运行维护记录、参数的设置和修改等内容，严禁进行未经授权的操作；

g）应定期对运行日志和审计数据进行分析，以便及时发现异常行为。

恶意代码防范管理（G3）

本项要求包括：

a）应提高所有用户的防病毒意识，及时告知防病毒软件版本，在读取移动存储设备上的数据以及网络上接收文件或邮件之前，先进行病毒检查，对外来计算机或存储设备接入网络系统之前也应进行病毒检查；

b）应指定专人对网络和主机进行恶意代码检测并保存检测记录；

c）应对防恶意代码软件的授权使用、恶意代码库升级、定期汇报等作出明确规定；

d）应定期检查信息系统内各种产品的恶意代码库的升级情况并进行记录，对主机防病毒产品、防病毒网关和邮件防病毒网关上截获的危险病毒或恶意代码进行及时分析处理，并形成书面的报表和总结汇报。

密码管理（G3）

应建立密码使用管理制度，使用符合国家密码管理规定的密码技术和产品。

变更管理（G3）

本项要求包括：

a）应确认系统中要发生的变更，并制定变更方案；

b）应建立变更管理制度，系统发生变更前，向主管领导申请，变更和变更方案经过评审、审批后方可实施变更，并在实施后将变更情况向相关人员通告；

c）应建立变更控制的申报和审批文件化程序，对变更影响进行分析并文档化，记录变更实施过程，并妥善保存所有文档和记录；

d）应建立中止变更并从失败变更中恢复的文件化程序，明确过程控制方法和人员职责，必要时对恢复过程进行演练。

备份与恢复管理（G3）

本项要求包括：

a）应识别需要定期备份的重要业务信息、系统数据及软件系统等；

b）应建立备份与恢复管理相关的安全管理制度，对备份信息的备份方式、备份频度、存储介质和保存期等进行规范；

c）应根据数据的重要性和数据对系统运行的影响，制定数据的备份策略和恢复策略，备份策略须指明备份数据的放置场所、文件命名规则、介质替换频率和将数据离站运输的方法；

d）应建立控制数据备份和恢复过程的程序，对备份过程进行记录，所有文件和记录应妥善保存；

e）应定期执行恢复程序，检查和测试备份介质的有效性，确保可以在恢复程序规定的时间内完成备份的恢复。

安全事件处置（G3）

本项要求包括：

a）应报告所发现的安全弱点和可疑事件，但任何情况下用户均不应尝试验证弱点；

b）应制定安全事件报告和处置管理制度，明确安全事件的类型，规定安全事件的现场处理、事件报告和后期恢复的管理职责；

c）应根据国家相关管理部门对计算机安全事件等级划分方法和安全事件对本系统产生的影响，对本系统计算机安全事件进行等级划分；

d）应制定安全事件报告和响应处理程序，确定事件的报告流程，响应和处置的范围、程度，以及处理方法等；

e）应在安全事件报告和响应处理过程中，分析和鉴定事件产生的原因，收集证据，记录处理过程，总结经验教训，制定防止再次发生的补救措施，过程形成的所有文件和记录均应妥善保存；

f）对造成系统中断和造成信息泄密的安全事件应采用不同的处理程序和报告程序。

应急预案管理（G3）

本项要求包括：

a）应在统一的应急预案框架下制定不同事件的应急预案，应急预案框架应包括启动应急预案的条件、应急处理流程、系统恢复流程、事后教育和培训等内容；

b）应从人力、设备、技术和财务等方面确保应急预案的执行有足够的资源保障；

c）应对安全管理员、系统管理员、网络管理员等相关的人员进行应急预案培训，应急预案的培训应至少每年举办一次；（细化）

d）应定期对应急预案进行演练，根据不同的应急恢复内容，确定演练的周期；

应规定应急预案需要定期审查和根据实际情况更新的内容，并按照执行。

第十二节 电力行业生产控制信息系统类要求（摘录）

9 总体要求

总体技术要求

a）电力生产企业、电网企业、供电企业内部基于计算机和网络技术的业务系统，原则上划分为生产控制大区和管理信息大区，生产控制大区可以分为控制区（又称安全区Ⅰ）和非控制区（又称安全区Ⅱ）；（新增）

b）生产控制大区网络与管理信息大区网络应物理隔离；两网之间有信息通信交换时应部署符合电力系统要求的单向隔离装置，确保单向隔离装置策略配置安全有效，禁止任何穿越边界的 E-Mail、Web、Telnet、Rlogin、FTP 等通用网络服务；（新增）

c）在生产控制大区与广域网的纵向交接处应当设置经过国家指定部门检测认证的电力专用纵向加密认证装置或者加密认证网关及相应设施，确保纵向加密认证装置策略配置安全有效，实现双向身份认证、数据加密和访问控制；（新增）

d）电力调度数据网应当在专用通道上使用独立的网络设备组网，在物理层面上实现与其他数据网及外部公共信息网的安全隔离；（新增）

e）控制区的信息系统数据通信应使用电力调度数据网的实时子网或专用通道进行传输，非控制区的信息系统数据通信应使用电力调度数据网的非实时子网；（新增）

f）控制区与非控制区之间应采用国产防火墙，或采用具有访问控制功能的设备进行隔离；（新增）

g）二级系统统一成域，三级及以上系统单独成域；（新增）

h）三级及以上系统域由独立子网承载，每个域有唯一网络出口，可在网络出口处部署满足相应等级要求的等级保护专用装置为系统提供整体安全防护；（注1：等级保护装置）（新增）

i）省级以上及有实际业务需要的地区调度中心的电力监控系统、电力调度数据网上的关键应用、关键用户和关键设备应使用电力调度数字证书系统实现身份认证、安全数据传输及鉴权；（新增）

j）生产控制大区所部署的安全审计系统，可对网络运行日志、操作系统运行日志、数据库访问日志、业务应用系统运行日志、安全设施运行日志等进行集中收集、自动分析。（新增）

总体管理要求

a）如果本单位生产控制大区仅有一级信息系统时，通用管理要求等同采用一级；（新增）

b）如果本单位生产控制大区含有二级及以下等级信息系统时，通用管理要求等同采用二级；（新增）

c）如果本单位生产控制大区含有三级及以下等级信息系统时，通用管理要求等同采用三级；（新增）

d）如果本单位生产控制大区含有四级及以下等级信息系统时，通用管理要求等同采用四级。（新增）

第一级基本要求

技术要求

1.1.1 物理安全

1.1.1.1 物理访问控制（G1）

机房出入应安排专人负责，控制、鉴别和记录进入的人员。

1.1.1.2 防盗窃和防破坏（G1）

本项要求包括：

a）应将主要设备放置在机房内；

b）应将设备或主要部件进行固定，并设置明显的不易除去的标记。

1.1.1.3 防雷击（G1）

机房建筑应设置避雷装置。

1.1.1.4 防火（G1）

机房应设置灭火设备。

1.1.1.5 防水和防潮（G1）

本项要求包括：

a）应对穿过机房墙壁和楼板的水管增加必要的保护措施；

b）应采取措施防止雨水通过机房窗户、屋顶和墙壁渗透。

1.1.1.6 温湿度控制（G1）

机房应设置必要的温、湿度控制设施，使机房温、湿度的变化在设备运行所允许的范围之内。

1.1.1.7 电力供应（A1）

应在机房供电线路上配置稳压器和过电压防护设备。

1.1.2 网络安全

1.1.2.1 结构安全（G1）

本项要求包括：

a）应保证关键网络设备的业务处理能力满足基本业务需要；

b）应保证接入网络和核心网络的带宽满足基本业务需要；

c）应绘制与当前运行情况相符的网络拓扑结构图。

1.1.2.2 访问控制（G1）

本项要求包括：

a）应在网络边界部署访问控制设备，启用访问控制功能；

b）应根据访问控制列表对源地址、目的地址、源端口、目的端口和协议等进行检查，以允许/拒绝数据包出入；

c）应通过访问控制列表对系统资源实现允许或拒绝用户访问，控制力度至少为用户组。

1.1.2.3 网络设备防护（G1）

本项要求包括：

a）应对登录网络设备的用户进行身份鉴别；

b）应具有登录失败处理功能，可采取结束会话、限制非法登录次数和当网络登录连接超时自动退出等措施；

c）当对网络设备进行远程管理时，应采取必要措施防止鉴别信息在网络传输过程中被窃听。

1.1.3 主机安全

1.1.3.1 身份鉴别（S1）

应对登录操作系统和数据库系统的用户进行身份标识和鉴别。

1.1.3.2 访问控制（S1）

本项要求包括：

a）应启用访问控制功能，依据安全策略控制用户对资源的访问；

b）应限制默认账户的访问权限，重命名系统默认账户，修改这些账户的默认口令；

c）应及时删除多余的、过期的账户，避免共享账户的存在。

1.1.3.3 入侵防范（G1）

操作系统应遵循最小安装的原则，仅安装需要的组件和应用程序，并保持系统补丁及时得到更新。

1.1.3.4 恶意代码防范（G1）

应安装防恶意代码软件，并及时更新防恶意代码软件版本和恶意代码库。

1.1.4 应用安全

1.1.4.1 身份鉴别（S1）

本项要求包括：

a）应提供专用的登录控制模块对登录用户进行身份标识和鉴别；

b）应提供登录失败处理功能，可采取结束会话、限制非法登录次数和自动退出等措施；

c）应启用身份鉴别和登录失败处理功能，并根据安全策略配置相关参数。

1.1.4.2 访问控制（S1）

本项要求包括：

a）应提供访问控制功能控制用户组/用户对系统功能和用户数据的访问；

b）应由授权主体配置访问控制策略，并严格限制默认用户的访问权限。

1.1.4.3 通信完整性（S1）

应采用约定通信会话方式的方法保证通信过程中数据的完整性。

1.1.4.4 软件容错（A1）

应提供数据有效性检验功能，保证通过人机接口输入或通过通信接口输入的数据格式或长度符合系统设定要求。

1.1.5 数据安全及备份恢复

1.1.5.1 数据完整性（S1）

应能够检测到重要用户数据在传输过程中完整性受到破坏。

1.1.5.2 备份和恢复（A1）

应能够对重要信息进行备份和恢复。

管理要求

1.1.6 安全管理制度

1.1.6.1 管理制度（G1）

本项要求包括：

a）应按照"谁主管谁负责，谁运营谁负责"的原则，建立电力二次系统安全管理制度，制定信息安全工作的总体方针和安全策略，说明机构安全工作的总体目标、范围、原则和安全框架等，并将电力二次系统安全防护及其信息报送纳入日常安全生产管理体系，负责所辖范围内计算机及数据网络的安全管理；（新增）

b）应对安全管理活动中重要的管理内容建立安全管理制度，主要包括：门禁管理、人员管理、权限管理、访问控制管理、安全防护系统的维护管理、常规设备及各系统的维护管理、恶意代码的防护管理、审计管理、数据及系统的备份管理、用户口令密钥及数字证书的管理、培训管理等。（增强）

1.1.6.2　制定和发布（G1）

本项要求包括：

a）应指定或授权专门的人员负责安全管理制度的制定；

b）应将安全管理制度以某种方式发布到相关人员手中。

1.1.7　安全管理机构

1.1.7.1　岗位设置（G1）

本项要求包括：

a）应明确由主管安全生产的领导作为电力二次系统安全防护的主要责任人；（新增）

b）应设立系统管理员、网络管理员、安全管理员等岗位，并定义各个工作岗位的职责。

1.1.7.2　资金保障（G1）

本项要求包括：

a）应保障落实电力二次系统安全建设、运维及等级保护测评资金等；（新增）

b）系统建设资金筹措方案和年度系统维护经费应包括信息安全保障资金项目。（新增）

1.1.7.3

1.1.7.4　人员配备（G1）

应配备一定数量的系统管理员、网络管理员、安全管理员等。

1.1.7.5　授权和审批（G1）

本项要求包括：

a）应根据各个部门和岗位的职责明确授权审批部门及批准人，对系统投入运行、网络系统接入和重要资源的访问等关键活动进行审批。

b）接入电力调度数据网络的节点、设备和应用系统，其接入技术方案和安全防护措施须经负责本级电力调度数据网络的调度机构核准。（新增）

1.1.7.6　沟通和合作（G1）

应加强与行业信息安全监管部门、公安机关、通信运营商、银行及相关单位和部门的合作与沟通。（细化）

1.1.8　人员安全管理

1.1.8.1　人员录用（G1）

本项要求包括：

a）应指定或授权专门的部门或人员负责人员录用；

b）应对被录用人员的身份和专业资格等进行审查，并确保其具有基本的专业技术水平和安全管理知识。

1.1.8.2 人员离岗（G1）

本项要求包括：

a）应立即终止由于各种原因离岗员工的所有访问权限；

b）应收回各种身份证件、钥匙、徽章等以及机构提供的软硬件设备。（落实）

1.1.8.3 安全意识教育和培训（G1）

本项要求包括：

a）应对各类人员进行安全意识教育和岗位技能培训；

b）应告知人员相关的安全责任和惩戒措施。

c）应按照行业信息安全要求，制定安全教育和培训计划，对信息安全基础知识、岗位操作规程等进行的培训至少每年举办一次。（新增）

1.1.8.4 外部人员访问管理（G1）

应确保在外部人员访问受控区域前得到授权或审批。

1.1.9 系统建设管理

1.1.9.1 系统定级（G1）

本项要求包括：

a）应明确信息系统的边界和安全保护等级；

b）应以书面的形式说明信息系统确定为某个安全保护等级的方法和理由；

c）应确保信息系统的定级结果经过行业信息安全主管部门等相关部门的批准。（细化）

1.1.9.2 安全方案设计（G1）

本项要求包括：

a）应根据系统的安全保护等级选择基本安全措施，并依据电力二次系统安全防护要求和风险分析的结果补充和调整安全措施；（增强）

b）应以书面的形式描述对系统的安全保护要求和策略、安全措施等内容，形成系统的安全方案；

c）应对安全方案进行细化，形成能指导安全系统建设、安全产品采购和使用的详细设计方案。

1.1.9.3 产品采购和使用（G1）

本项要求包括：

a）应确保安全产品采购和使用符合国家的有关规定。

b）接入电力二次系统生产控制大区中的安全产品，其功能、性能应获得国家或行业指定机构安全检测证明，其电磁兼容性还需有电力系统电磁兼容检测证明。（新增）

1.1.9.4 自行软件开发（G1）

本项要求包括：

a）应确保开发环境与实际运行环境物理分开；

b）应确保软件设计相关文档由专人负责保管。

1.1.9.5 外包软件开发（G1）

本项要求包括：

a）应根据开发要求检测软件质量；

b）应在软件安装之前检测软件包中可能存在的恶意代码；

c）应确保提供软件设计的相关文档和使用指南；

d）应在外包开发合同中明确开发单位、供应商所提供的电力二次设备及系统应包含保密、生命周期、禁止关键技术和设备扩散等方面的条款。（新增）

1.1.9.6 工程实施（G1）

应指定或授权专门的部门或人员负责工程实施过程的管理。

1.1.9.7 测试验收（G1）

本项要求包括：

a）应对系统进行安全性测试验收；

b）在测试验收前应根据设计方案或合同要求等制订测试验收方案，在测试验收过程中应详细记录测试验收结果，并形成测试验收报告。

1.1.9.8 系统交付（G1）

本项要求包括：

a）应制定系统交付清单，并根据交付清单对所交接的设备、软件和文档等进行清点；

b）应对负责系统运行维护的技术人员进行相应的技能培训；

c）应确保提供系统建设过程中的文档和指导用户进行系统运行维护的文档。

1.1.9.9 安全服务商选择（G1）

本项要求包括：

a）应选择符合国家及行业有关规定的服务商开展安全服务；（增强）

b）应与选定的安全服务商签订与安全相关的协议，明确约定相关责任。

1.1.10 系统运维管理

1.1.10.1 环境管理（G1）

本项要求包括：

a）应指定专门的部门或人员定期对机房供配电、空调、温湿度控制等设施进行维护管理；

b）应对机房的出入、服务器的开机或关机等工作进行管理；

c）应建立机房安全管理制度，对有关机房物理访问，物品带进、带出机房和机房环境安全等方面的管理作出规定。

1.1.10.2 资产管理（G1）

应编制与信息系统相关的资产清单，包括资产责任部门、重要程度和所处位置等内容。

1.1.10.3 介质管理（G1）

本项要求包括：

a）应建立生产控制大区移动存储介质安全管理制度，对移动存储介质的使用进行限制；（新增）

b）应确保介质存放在安全的环境中，对各类介质进行控制和保护；

c）应对介质归档和查询等过程进行记录，并根据存档介质的目录清单定期盘点。

1.1.10.4 设备管理（G1）

本项要求包括：

a）应对信息系统相关的各种设备、线路等指定专门的部门或人员定期进行维护管理；

b）应建立基于申报、审批和专人负责的设备安全管理制度，对信息系统的各种软硬件设备的选型、采购、发放和领用等过程进行规范化管理。

1.1.10.5 网络安全管理（G1）

本项要求包括：

a）应指定人员对网络进行管理，负责运行日志、网络监控记录的日常维护和报警信息分析和处理工作；

b）应定期进行网络系统漏洞扫描，对发现的网络系统安全漏洞进行及时的修补。

1.1.10.6　系统安全管理（G1）

本项要求包括：

a）应根据业务需求和系统安全分析确定系统的访问控制策略；

b）应定期进行漏洞扫描，对发现的系统安全漏洞进行及时的修补；

c）应安装系统的最新补丁程序，在安装系统补丁前，应首先在测试环境中测试通过，并对重要文件进行备份后，方可实施系统补丁程序的安装；（增强）

d）电力调度机构应指定专人负责管理本级调度数字证书系统。（新增）

1.1.10.7　恶意代码防范管理（G1）

本项要求包括：

a）应提高所有用户的防病毒意识，告知及时升级防病毒软件，在读取移动存储设备上的数据以及网络上接收文件或邮件之前，先进行病毒检查，对外来计算机或存储设备接入网络系统之前也应进行病毒检查；

b）在更新恶意代码库、木马库以及 IDS 规则库前，应首先在测试环境中测试通过，更新操作应离线进行，生产控制大区恶意代码更新应由专人负责，并保存更新记录。（新增）

1.1.10.8　备份与恢复管理（G1）

本项要求包括：

a）应识别需要定期备份的重要业务信息、系统数据及软件系统等；

b）应规定备份信息的备份方式、备份频度、存储介质、保存期等。

1.1.10.9　安全事件处置（G1）

本项要求包括：

a）应建立电力二次系统联合防护和应急机制，负责处置跨部门电力二次系统安全事件；（新增）

b）应报告所发现的安全弱点和可疑事件，但任何情况下用户均不应尝试验证弱点；

c）应制定安全事件报告和处置管理制度，规定安全事件的现场处理、事件报告和后期恢复的管理职责。

第二级基本要求

技术要求

1.1.11　物理安全

1.1.11.1　物理位置的选择（G2）

机房和办公场地应选择在具有防震、防风和防雨等能力的建筑内。

1.1.11.2　物理访问控制（G2）

本项要求包括：

a）机房各出入口应安排专人值守或配置电子门禁系统，控制、鉴别和记录进入的人员；（增强）

b）进入机房的来访人员应经过申请和审批流程，并限制和监控其活动范围。

1.1.11.3　防盗窃和防破坏（G2）

本项要求包括：

a）应将主要设备放置在机房内；

b）应将设备或主要部件进行固定，并设置明显的不易除去的标记；

c）应将通信线缆铺设在隐蔽处，可铺设在地下或管道中；

d）应对介质分类标识，存储在介质库或档案室中；

e）主机房应安装必要的防盗报警设施。

1.1.11.4 防雷击（G2）

本项要求包括：

a）机房建筑应设置避雷装置；

b）机房应设置交流电源地线。

1.1.11.5 防火（G2）

机房应设置灭火设备和火灾自动报警系统。

1.1.11.6 防水和防潮（G2）

本项要求包括：

a）主机房尽量避开水源，与主机房无关的给排水管道不得穿过主机房，与主机房相关的给排水管道必须有可靠的防渗漏措施；（增强）

b）应采取措施防止雨水通过机房窗户、屋顶和墙壁渗透；

c）应采取措施防止机房内水蒸气结露和地下积水的转移与渗透。

1.1.11.7 防静电（G2）

主要设备采用必要的接地防静电措施。（增强）

1.1.11.8 温湿度控制（G2）

机房应设置温、湿度自动调节设施，使机房温、湿度的变化在设备运行所允许的范围之内。

1.1.11.9 电力供应（A2）

本项要求包括：

a）应在机房供电线路上配置稳压器和过电压防护设备；

b）应提供短期的备用电力供应，至少满足关键设备在断电情况下的正常运行要求。

1.1.11.10 电磁防护（S2）

电源线和通信线缆应隔离铺设，避免互相干扰。

1.1.12 网络安全

1.1.12.1 结构安全（G2）

本项要求包括：

a）应保证关键网络设备的业务处理能力具备冗余空间，满足业务高峰期需要；

b）应保证网络各个部分的带宽满足业务高峰期需要；（增强）

c）应绘制完整的网络拓扑结构图，有相应的网络配置表，包含设备 IP 地址等主要信息，与当前运行情况相符；（增强）

d）应根据各部门的工作职能、重要性和所涉及信息的重要程度等因素，划分不同的子网或网段，并按照方便管理和控制的原则为各子网、网段分配地址段。

1.1.12.2 访问控制（G2）

本项要求包括：

a）应在网络边界部署访问控制设备，启用访问控制功能；

b）访问控制设备应能根据会话状态信息为数据流提供明确的允许/拒绝访问的能力，控制力

度为端口级；（增强）

c）应按用户和系统之间的允许访问规则，边界的网络控制设备决定允许或拒绝用户对受控系统进行资源访问，控制力度为单个用户。以拨号或 VPN 等方式接入网络的，应采用强认证方式，并对用户访问权限进行严格限制；（增强）

d）生产控制大区的拨号访问服务，服务器和客户端均应使用经安全加固的达到国家二级等级保护要求的操作系统，并采取加密、数字证书认证和访问控制等安全防护措施；（新增）

e）应该采用严格的接入控制措施，保证业务系统接入的可信性。经过授权的节点允许接入电力调度数据网，进行广域网通信；（新增）

f）应限制具有拨号、VPN 等访问权限的用户数量。（增强）

1.1.12.3　安全审计（G2）

本项要求包括：

a）应在生产控制大区应部署专用审计系统，或启用设备或系统审计功能，应对网络系统中的网络设备运行状况、网络流量、用户行为等进行日志记录；（增强）

b）审计记录应包括事件的日期和时间、用户、事件类型、事件是否成功及其他与审计相关的信息。

1.1.12.4　边界完整性检查（S2）

应能够对内部网络中出现的内部用户未通过准许私自联到外部网络的行为进行检查。

1.1.12.5　入侵防范（G2）

应在网络边界处监视以下攻击行为：端口扫描、强力攻击、木马后门攻击、拒绝服务攻击、缓冲区溢出攻击、IP 碎片攻击和网络蠕虫攻击等。

1.1.12.6　网络设备防护（G2）

本项要求包括：

a）应对登录网络设备的用户进行身份鉴别；

b）应对网络设备的管理员登录地址进行限制；

c）网络设备标识应唯一；同一网络设备的用户标识应唯一；禁止多个人员共用一个账号；（增强）

d）身份鉴别信息应不易被冒用，口令复杂度应满足要求并定期更换。应修改默认用户和口令，不得使用缺省口令，口令长度不得小于 8 位，要求是字母和数字或特殊字符的混合并不得与用户名相同，口令应定期更换，并加密存储；（增强）

e）应具有登录失败处理功能，可采取结束会话、限制非法登录次数和当网络登录连接超时自动退出等措施；

f）当对网络设备进行远程管理时，采取必要措施防止鉴别信息在网络传输过程中被窃听；

g）应封闭不需要的网络端口，关闭不需要的网络服务。如需使用 SNMP 服务，应采用安全性增强版本；并应设定复杂的 Community 控制字段，不使用 Public、Private 等默认字段。（新增）

1.1.13　主机安全

1.1.13.1　身份鉴别（S2）

本项要求包括：

a）应对登录操作系统和数据库系统的用户进行身份标识和鉴别；

b）操作系统和数据库系统管理用户身份鉴别信息应不易被冒用，口令复杂度应满足要求并定期更换。口令长度不得小于 8 位，且为字母、数字或特殊字符的混合组合，用户名和口令禁

止相同；（增强）

c）启用登录失败处理功能，可采取结束会话、限制非法登录次数和自动退出等措施。限制同一用户连续失败登录次数；（增强）

d）当对服务器进行远程管理时，采取必要措施，防止鉴别信息在网络传输过程中被窃听；

e）应为操作系统和数据库系统的不同用户分配不同的用户名，确保用户名具有唯一性。

1.1.13.2 访问控制（S2）

本项要求包括：

a）应启用访问控制功能，依据安全策略控制用户对资源的访问；

b）应实现操作系统和数据库系统特权用户的权限分离；

c）应限制默认账户的访问权限，重命名系统默认账户，修改这些账户的默认口令；

d）应及时删除多余的、过期的账户，避免共享账户的存在。

1.1.13.3 安全审计（G2）

本项要求包括：

a）审计范围应覆盖到服务器上的每个操作系统用户和数据库用户；系统不支持该要求的，应以系统运行安全和效率为前提，采用第三方安全审计产品实现审计要求；（增强）

b）审计内容应包括重要用户行为、系统资源的异常使用和重要系统命令的使用等系统内重要的安全相关事件。审计内容至少包括：用户的添加和删除、审计功能的启动和关闭、审计策略的调整、权限变更、系统资源的异常使用、重要的系统操作（如用户登录、退出）等；（细化）

c）审计记录应包括事件的日期、时间、类型、主体标识、客体标识和结果等；

d）应保护审计记录，避免受到未预期的删除、修改或覆盖等。

1.1.13.4 入侵防范（G2）

操作系统应遵循最小安装的原则，仅安装必要的组件和应用程序，并通过设置升级服务器等方式保持系统补丁及时得到更新，补丁安装前应进行安全性和兼容性测试。（增强）

1.1.13.5 恶意代码防范（G2）

本项要求包括：

a）应在本机安装防恶意代码软件或独立部署恶意代码防护设备，并及时更新防恶意代码软件版本和恶意代码库；（增强）

b）应支持防恶意代码的统一管理。

1.1.13.6 资源控制（A2）

本项要求包括：

a）应通过设定终端接入方式、网络地址范围等条件限制终端登录；

b）应根据安全策略设置登录终端的操作超时锁定；

c）应根据需要限制单个用户对系统资源的最大或最小使用限度。

d）应关闭或拆除主机的软盘驱动、光盘驱动、USB接口、串行口等，确需保留的必须通过安全管理平台实施严格管理。（新增）

1.1.14 应用安全

1.1.14.1 身份鉴别（S2）

本项要求包括：

a）应提供专用的登录控制模块对登录用户进行身份标识和鉴别；

b）应用系统用户身份鉴别信息应不易被冒用，口令复杂度应满足要求，并定期更换口令。

应提供用户身份标识唯一和鉴别信息复杂度检查功能，保证应用系统中不存在重复用户身份标识；用户在第一次登录系统时修改分发的初始口令，口令长度不得小于 8 位，且为字母、数字或特殊字符的混合组合，用户名和口令禁止相同；应用软件不得明文存储口令数据；（增强）

c）应提供登录失败处理功能，可采取结束会话、限制非法登录次数和自动退出等措施；

a）应启用身份鉴别、用户身份标识唯一性检查、用户身份鉴别信息复杂度检查以及登录失败处理功能，并根据安全策略配置相关参数。

1.1.14.2　访问控制（S2）

本项要求包括：

a）应提供访问控制功能，依据安全策略控制用户对文件、数据库表等客体的访问；

b）访问控制的覆盖范围应包括与资源访问相关的主体、客体及它们之间的操作；

c）应由授权主体配置访问控制策略，并严格限制默认账户的访问权限；

a）应授予不同账户为完成各自承担任务所需的最小权限，并在它们之间形成相互制约的关系。

1.1.14.3　安全审计（G2）

本项要求包括：

a）应提供覆盖到每个用户的安全审计功能，对应用系统的用户登录、用户退出、增加用户、修改用户权限等重要安全事件进行审计；（增强）

b）应保证审计活动的完整性，保证无法删除、修改或覆盖审计记录；（增强）

c）审计记录的内容至少应包括事件的日期、时间、发起者信息、类型、描述和结果等。

1.1.14.4　通信完整性（S2）

应采用校验码技术保证通信过程中数据的完整性。

1.1.14.5　通信保密性（S2）

本项要求包括：

a）在通信双方建立连接之前，应用系统应利用密码技术进行会话初始化验证；

b）应对通信过程中的用户口令、会话密钥等敏感信息字段进行加密。（细化）

1.1.14.6　软件容错（A2）

本项要求包括：

a）应提供数据有效性检验功能，保证通过人机接口输入或通过通信接口输入的数据格式或长度符合系统设定要求；

b）在故障发生时，应用系统应能够继续提供部分功能，确保系统能够实施恢复措施。

1.1.14.7　资源控制（A2）

本项要求包括：

a）当应用系统的通信双方中的一方在一段时间内未作响应，另一方应能够自动结束会话；

b）应能够对应用系统的最大并发会话连接数进行限制；

c）应能够对单个账户的多重并发会话进行限制。

1.1.15　数据安全

1.1.15.1　数据完整性（S2）

应能够检测到鉴别信息和重要业务数据在传输过程中完整性受到破坏。

1.1.15.2　数据保密性（S2）

应采用加密或其他保护措施实现鉴别信息的存储保密性。

1.1.15.3　备份和恢复（A2）

本项要求包括：

a）应对重要信息进行备份和恢复；

b）应提供关键网络设备、通信线路和数据处理系统的硬件冗余，保证系统的可用性。

管理要求

1.1.16　安全管理制度

1.1.16.1　管理制度（G2）

本项要求包括：

a）应按照"谁主管谁负责，谁运营谁负责"的原则，建立电力二次系统安全管理制度，制定信息安全工作的总体方针和安全策略，说明机构安全工作的总体目标、范围、原则和安全框架等，并将电力二次系统安全防护及其信息报送纳入日常安全生产管理体系，负责所辖范围内计算机及数据网络的安全管理；（细化）

b）应对安全管理活动中重要的管理内容建立安全管理制度，主要包括：门禁管理、人员管理、权限管理、访问控制管理、安全防护系统的维护管理、常规设备及各系统的维护管理、恶意代码的防护管理、审计管理、数据及系统的备份管理、用户口令密钥及数字证书的管理、培训管理等；（增强）

c）应对安全管理人员或操作人员执行的重要管理操作建立操作规程。

1.1.16.2　制定和发布（G2）

本项要求包括：

a）应指定或授权专门的部门或人员负责安全管理制度的制定；

b）应组织相关人员对制定的安全管理制度进行论证和审定；

c）应将安全管理制度以某种方式发布到相关人员手中。

1.1.16.3　评审和修订（G2）

定期或在发生重大变更时对安全管理制度进行检查和审定，对存在不足或需要改进的安全管理制度进行修订。（增强）

1.1.17　安全管理机构

1.1.17.1　岗位设置（G2）

本项要求包括：

a）应明确由主管安全生产的领导作为电力二次系统安全防护的主要责任人；

b）应设立安全主管、安全管理各个方面的负责人岗位，并定义各负责人的职责；

c）应设立系统管理员、网络管理员、安全管理员等岗位，并定义各个工作岗位的职责。

1.1.17.2　人员配备（G2）

本项要求包括：

a）应配备一定数量的系统管理员、网络管理员、安全管理员等；

b）安全管理员不能兼任网络管理员、系统管理员、数据库管理员等。

1.1.17.3　资金保障（G2）

本项要求包括：

a）应保障落实电力二次系统安全建设、运维及等级保护测评资金等；（新增）

b）系统建设资金筹措方案和年度系统维护经费应包括信息安全保障资金项目。（新增）

1.1.17.4　授权和审批（G2）

本项要求包括：

a）应根据各个部门和岗位的职责明确授权审批部门及批准人，对系统投入运行、网络系统接入和重要资源的访问等关键活动进行审批；

b）应针对关键活动建立审批流程，并由批准人签字确认；

c）接入电力调度数据网络的节点、设备和应用系统，其接入技术方案和安全防护措施须经负责本级电力调度数据网络的调度机构核准。（增强）

1.1.17.5 沟通和合作（G2）

本项要求包括：

a）应加强各类管理人员之间、组织内部机构之间以及信息安全职能部门内部的合作与沟通；（细化）

b）应加强与行业信息安全监管部门、公安机关、通信运营商、银行及相关单位和部门的合作与沟通。（细化）

1.1.17.6 审核和检查（G2）

安全管理员应负责定期进行安全检查，检查内容包括系统日常运行、系统漏洞和数据备份等情况。

1.1.18 人员安全管理

1.1.18.1 人员录用（G2）

本项要求包括：

a）应指定或授权专门的部门或人员负责人员录用；

b）应规范人员录用过程，对被录用人员的身份、背景和专业资格等进行审查，对其所具有的技术技能进行考核；

c）应与安全管理员、系统管理员、网络管理员等关键岗位的人员签署保密协议。（细化）

1.1.18.2 人员离岗（G2）

本项要求包括：

a）应规范人员离岗过程，及时终止离岗员工的所有访问权限；

b）应取回各种身份证件、钥匙、徽章等以及机构提供的软硬件设备；

c）只有在收回访问权限和各种证件、设备之后方可办理调离手续。（细化）

1.1.18.3 人员考核（G2）

应定期对各个岗位的人员进行安全技能及安全认知的考核。

1.1.18.4 安全意识教育和培训（G2）

本项要求包括：

a）应对各类人员进行安全意识教育、岗位技能培训和相关安全技术培训；

b）应告知人员相关的安全责任和惩戒措施，并对违反违背安全策略和规定的人员进行惩戒；

c）应按照行业信息安全要求，制定安全教育和培训计划，对信息安全基础知识、岗位操作规程等进行的培训应至少每年举办一次。（增强）

1.1.18.5 外部人员访问管理（G2）

应确保在外部人员访问受控区域前得到授权或审批，批准后由专人全程陪同或监督，并登记备案。

1.1.19 系统建设管理

1.1.19.1 系统定级（G2）

本项要求包括：

a）应明确信息系统的边界和安全保护等级；

b）应以书面的形式说明信息系统确定为某个安全保护等级的方法和理由；

c）应确保信息系统的定级结果经过行业信息安全主管部门批准，方可到公安机关备案。（增强）

1.1.19.2 安全方案设计（G2）

本项要求包括：

a）应根据系统的安全保护等级选择基本安全措施，并依据电力二次系统安全防护要求和风险分析的结果补充和调整安全措施；

b）应以书面形式描述对系统的安全保护要求、策略和措施等内容，形成系统的安全方案；

c）应对安全方案进行细化，形成能指导安全系统建设、安全产品采购和使用的详细设计方案；

d）应组织相关部门和有关安全技术专家对安全设计方案的合理性和正确性进行论证和审定，并经过上级信息安全主管部门和相应电力调度机构的审核，方案实施完成后应当由相关机构共同组织验收。（增强）

1.1.19.3 产品采购和使用（G2）

本项要求包括：

a）应确保安全产品采购和使用符合国家的有关规定；

b）应确保密码产品采购和使用符合国家密码主管部门的要求；

c）应指定或授权专门的部门负责产品的采购；

d）接入电力二次系统生产控制大区中的安全产品，其功能、性能应获得国家或行业指定机构安全检测证明，其电磁兼容性还需有电力系统电磁兼容检测证明。（新增）

1.1.19.4 自行软件开发（G2）

本项要求包括：

a）应确保开发环境与实际运行环境物理分开；

b）应制定软件开发管理制度，明确说明开发过程的控制方法和人员行为准则；

c）应确保提供软件设计的相关文档和使用指南，并由专人负责保管。

1.1.19.5 外包软件开发（G2）

本项要求包括：

a）应根据开发要求检测软件质量；

b）应确保提供软件设计的相关文档和使用指南；

c）应在软件安装之前检测软件包中可能存在的恶意代码；

d）应在外包开发合同中明确开发单位、供应商所提供的电力二次设备及系统应包含保密、生命周期、禁止关键技术和设备扩散等方面的条款；（增强）

e）外包开发的软件应在本单位存有源代码备份，并已通过软件后门等安全性检测。（细化）

1.1.19.6 工程实施（G2）

本项要求包括：

a）应指定或授权专门的部门或人员负责工程实施过程的管理；

b）应制定详细的工程实施方案，控制工程实施过程。

1.1.19.7 测试验收（G2）

本项要求包括：

a）应对系统进行安全性测试验收；

b）在测试验收前应根据设计方案或合同要求等制订测试验收方案，在测试验收过程中应详细记录测试验收结果，并形成测试验收报告；

c）应组织相关部门和相关人员对系统测试验收报告进行审定，并签字确认。

1.1.19.8 系统交付（G2）

本项要求包括：

a）应制定系统交付清单，并根据交付清单对所交接的设备、软件和文档等进行清点；

b）应对负责系统运行维护的技术人员进行相应的技能培训；

c）应确保提供系统建设过程中的文档和指导用户进行系统运行维护的文档。

1.1.19.9 安全服务商选择（G2）

本项要求包括：

a）应选择符合国家及行业有关规定的服务商开展安全服务；（增强）

b）应与选定的安全服务商签订安全协议，明确安全责任；（增强）

c）应与服务商签订安全服务合同，确保提供技术培训，并明确服务承诺。（增强）

1.1.20 系统运维管理

1.1.20.1 环境管理（G2）

本项要求包括：

a）应指定专门的部门或人员定期对机房供配电、空调、温湿度控制等设施进行维护管理；

b）应配备机房安全管理人员，对机房的出入、服务器的开机或关机等工作进行管理；

c）应建立机房安全管理制度，对有关机房物理访问，物品带进、带出机房和机房环境安全等方面的管理作出规定；

d）应加强对办公环境的保密性管理，包括工作人员调离办公室应立即交还该办公室钥匙和不在办公区接待来访人员等。

1.1.20.2 资产管理（G2）

本项要求包括：

a）应编制与信息系统相关的资产清单，包括资产责任部门、重要程度和所处位置等内容；

b）应建立资产安全管理制度，规定信息系统资产管理的责任人员或责任部门，并规范资产管理和使用的行为。

1.1.20.3 介质管理（G2）

本项要求包括：

a）应建立生产控制大区移动存储介质安全管理制度，对移动存储介质的使用进行严格限制；（增强）

b）应确保介质存放在安全的环境中，对各类介质进行控制和保护，并实行存储环境专人管理；

c）应对介质归档和查询等过程进行记录，并根据存档介质的目录清单定期盘点；

d）应对需要送出维修或销毁的介质，首先清除其中的敏感数据，防止信息的非法泄漏；

e）应根据所承载数据和软件的重要程度对介质进行分类和标识管理。

1.1.20.4 设备管理（G2）

本项要求包括：

a）应对信息系统相关的各种设备（包括备份和冗余设备）、线路等指定专门的部门或人员定期进行维护管理；

b）应建立基于申报、审批和专人负责的设备安全管理制度，对信息系统的各种软硬件设备的选型、采购、发放和领用等过程进行规范化管理；

c）应对终端计算机、工作站、便携机、系统和网络等设备的操作和使用进行规范化管理，按操作规程实现关键设备（包括备份和冗余设备）的启动/停止、加电/断电等操作；

d）应确保信息处理设备必须经过审批才能带离机房或办公地点；

e）应确保信息处理设备必须经过审批才能带入机房或办公地点。（新增）

1.1.20.5 网络安全管理（G2）

本项要求包括：

a）应指定人员对网络进行管理，负责运行日志、网络监控记录的日常维护和报警信息分析和处理工作；

b）应建立网络安全管理制度，对网络安全配置、日志保存时间、安全策略、升级与打补丁、口令更新周期等方面作出规定；

c）应根据厂家提供的软件升级版本对网络设备进行更新，并在更新前对现有的重要文件进行备份；

d）应定期对网络系统进行漏洞扫描，对发现的网络系统安全漏洞进行及时的修补；

e）应对网络设备的配置文件进行定期备份；

f）应保证所有与外部系统的连接均得到授权和批准。

1.1.20.6 系统安全管理（G2）

本项要求包括：

a）应根据业务需求和系统安全分析确定系统的访问控制策略；

b）应定期进行漏洞扫描，对发现的系统安全漏洞及时进行修补；

c）应安装系统的最新补丁程序，在安装系统补丁前，应首先在测试环境中测试通过，并对重要文件进行备份后，方可实施系统补丁程序的安装；

d）应建立系统安全管理制度，对系统安全策略、安全配置、日志管理和日常操作流程等方面作出规定；

e）应依据操作手册对系统进行维护，详细记录操作日志，包括重要的日常操作、运行维护记录、参数的设置和修改等内容，严禁进行未经授权的操作；

f）应定期对运行日志和审计数据进行分析，以便及时发现异常行为；

g）电力调度机构应指定专人负责管理本级调度数字证书系统。（增强）

1.1.20.7 恶意代码防范管理（G2）

本项要求包括：

a）应提高所有用户的防病毒意识，告知及时升级防病毒软件，在读取移动存储设备上的数据以及网络上接收文件或邮件之前，先进行病毒检查，对外来计算机或存储设备接入网络系统之前也应进行病毒检查；

b）在更新恶意代码库、木马库以及 IDS 规则库前，应首先在测试环境中测试通过，更新操作应离线进行，生产控制大区恶意代码更新应由专人负责，并保存更新记录；（新增）

c）应指定专人对网络和主机进行恶意代码检测并保存检测记录；

d）应对防恶意代码软件的授权使用、恶意代码库升级、定期汇报等作出明确规定。

1.1.20.8 密码管理（G2）

应使用符合国家密码管理规定的密码技术和产品。

1.1.20.9 变更管理（G2）

本项要求包括：

a）应确认系统中要发生的重要变更，并制定相应的变更方案；

b）系统发生重要变更前，应向主管领导申请，审批后方可实施变更，并在实施后向相关人员通告。

1.1.20.10 备份与恢复管理（G2）

本项要求包括：

a）应识别需要定期备份的重要业务信息、系统数据及软件系统等；

b）应规定备份信息的备份方式、备份频度、存储介质、保存期等；

c）应根据数据的重要性及其对系统运行的影响，制定数据的备份策略和恢复策略，备份策略指明备份数据的放置场所、文件命名规则、介质替换频率和数据离站运输方法。

1.1.20.11 安全事件处置（G2）

本项要求包括：

a）应报告所发现的安全弱点和可疑事件，但任何情况下用户均不应尝试验证弱点；

b）应制定安全事件报告和处置管理制度，明确安全事件类型，规定安全事件的现场处理、事件报告和后期恢复的管理职责；

c）应根据国家相关管理部门对计算机安全事件等级划分方法和安全事件对本系统产生的影响，对本系统计算机安全事件进行等级划分；

d）应记录并保存所有报告的安全弱点和可疑事件，分析事件原因，监督事态发展，采取措施避免安全事件发生；

e）应建立电力二次系统联合防护和应急机制，负责处置跨部门电力二次系统安全事件。（新增）

1.1.20.12 应急预案管理（G2）

本项要求包括：

a）应在统一的应急预案框架下制定不同事件的应急预案，应急预案框架应包括启动应急预案的条件、应急处理流程、系统恢复流程、事后教育和培训等内容；

b）应制定电力二次系统联合防护和应急处置预案，并经过演练；（新增）

c）应对安全管理员、系统管理员、网络管理员等相关的人员进行应急预案培训，应急预案的培训应至少每年举办一次。（增强）

第三级基本要求

技术要求

1.1.21 物理安全

1.1.21.1 物理位置的选择（G3）

本项要求包括：

a）机房和办公场地应选择在具有防震、防风和防雨等能力的建筑内；

b）机房场地应避免设在建筑物的高层或地下室，以及用水设备的下层或隔壁，如果不可避免，应采取有效防水措施。（落实）

1.1.21.2 物理访问控制（G3）

本项要求包括：

a）机房各出入口应安排专人值守或配置电子门禁系统，控制、鉴别和记录进入的人员；（增强）

b）进入机房的来访人员应经过申请和审批流程，并限制和监控其活动范围；

c）应对机房划分区域进行管理，区域和区域之间应用物理方式隔断，在重要区域前设置交付或安装等过渡区域；（增强）

d）重要区域应配置电子门禁系统，控制、鉴别和记录进入的人员。

1.1.21.3　防盗窃和防破坏（G3）

本项要求包括：

a）应将主要设备放置在机房内；

b）应将设备或主要部件进行固定，并设置明显的不易除去的标记；

c）应将通信线缆铺设在隐蔽处，可铺设在地下或管道中；

d）应对介质分类标识，存储在介质库或档案室中；

e）应利用光、电等技术设置机房防盗报警系统；

f）应对机房设置监控报警系统。

1.1.21.4　防雷击（G3）

本项要求包括：

a）机房建筑应设置避雷装置；

b）应设置防雷保安器，防止感应雷；

c）机房应设置交流电源地线。

1.1.21.5　防火（G3）

本项要求包括：

a）机房应设置火灾自动消防系统，能够自动检测火情、自动报警，自动灭火；

b）机房及相关的工作房间和辅助房应采用具有耐火等级的建筑材料；

c）机房应采取区域隔离防火措施，将重要设备与其他设备隔离开。

1.1.21.6　防水和防潮（G3）

本项要求包括：

a）主机房尽量避开水源，与主机房无关的给排水管道不得穿过主机房，与主机房相关的给排水管道必须有可靠的防渗漏措施；（增强）

b）应采取措施防止雨水通过机房窗户、屋顶和墙壁渗透；

c）应采取措施防止机房内水蒸气结露和地下积水的转移与渗透；

d）应安装对水敏感的检测仪表或元件，对机房进行防水检测和报警。

1.1.21.7　防静电（G3）

本项要求包括：

a）主要设备采用必要的接地防静电措施；

b）机房应采用防静电地板。

1.1.21.8　温湿度控制（G3）

机房应设置温、湿度自动调节设施，使机房温、湿度的变化在设备运行所允许的范围之内。

1.1.21.9　电力供应（A3）

本项要求包括：

a）应在机房供电线路上配置稳压器和过电压防护设备；

b）应提供短期的备用电力供应，至少满足主要设备在断电情况下的正常运行要求；

c）设置冗余或并行的电力电缆线路为计算机系统供电，输入电源应采用双路自动切换供电方式；（增强）

d）应建立备用供电系统。

1.1.21.10　电磁防护（S3）

本项要求包括：

a）电源线和通信线缆应隔离铺设，避免互相干扰；

b）应采用接地方式防止外界电磁干扰和设备寄生耦合干扰；

c）应对关键设备和磁介质实施电磁屏蔽。

1.1.22　网络安全

1.1.22.1　结构安全（G3）

本项要求包括：

a）应保证主要网络设备的业务处理能力具备冗余空间，满足业务高峰期需要；

b）应保证网络各个部分的带宽满足业务高峰期需要；

c）应在业务终端与业务服务器之间进行路由控制建立安全的访问路径；

d）应绘制完整的网络拓扑结构图，有相应的网络配置表，包含设备 IP 地址等主要信息，与当前运行情况相符；（增强）

e）应根据各部门的工作职能、重要性和所涉及信息的重要程度等因素，划分不同的子网或网段，并按照方便管理和控制的原则为各子网、网段分配地址段；

f）单个系统应单独划分安全域，系统由独立子网承载，每个域的网络出口应唯一；（新增）

g）采用冗余技术设计网络拓扑结构，提供主要网络设备、通信线路的硬件冗余，避免关键节点存在单点故障；（增强）

h）应按照对业务服务的重要次序来指定带宽分配优先级别，保证在网络发生拥堵的时候优先保障重要业务服务的带宽。（增强）

1.1.22.2　访问控制（G3）

本项要求包括：

a）应在网络边界部署访问控制设备，启用访问控制功能；

b）访问控制设备应能根据会话状态信息为数据流提供明确的允许/拒绝访问的能力，控制力度为端口级；（增强）

c）应按用户和系统之间的允许访问规则，边界的网络控制设备决定允许或拒绝用户对受控系统进行资源访问，控制力度为单个用户。以拨号或 VPN 等方式接入网络的，应采用强认证方式，并对用户访问权限进行严格限制；（增强）

d）生产控制大区的拨号访问服务，服务器均应使用经安全加固的达到国家三级等级保护要求的操作系统，客户端应使用经安全加固的操作系统，并采取加密、数字证书认证和访问控制等安全防护措施；（新增）

e）应限制具有拨号、VPN 等访问权限的用户数量；（增强）

f）应该采用严格的接入控制措施，保证业务系统接入的可信性。经过授权的节点允许接入电力调度数据网，进行广域网通信；（新增）

g）应对进出网络的信息内容进行过滤，实现对应用层 HTTP、FTP、TELNET、SMTP、POP3

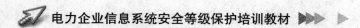

等协议命令级的控制；

h）应在会话处于非活跃一定时间或会话结束后终止网络连接；

i）在网络出口和核心网络接口处应限制网络最大流量数及网络连接数；（落实）

j）重要网段应采取技术手段防止地址欺骗。

1.1.22.3　安全审计（G3）

本项要求包括：

a）应在生产控制大区应部署专用审计系统，或启用设备或系统审计功能，应对网络系统中的网络设备运行状况、网络流量、用户行为等进行日志记录；（增强）

b）审计记录应包括事件的日期和时间、用户、事件类型、事件是否成功及其他与审计相关的信息；

c）应能够根据记录数据进行分析，并生成审计报表，网络设备不支持的应采用第三方工具生成审计报表；（增强）

d）应对审计记录进行保护，避免受到未预期的删除、修改或覆盖等。

1.1.22.4　边界完整性检查（S3）

本项要求包括：

a）应能够对非授权设备私自联到内部网络的行为进行检查，准确定出位置，并对其进行有效阻断；

b）应能够对内部网络用户私自联到外部网络的行为进行检查，准确定出位置，并对其进行有效阻断。

1.1.22.5　入侵防范（G3）

本项要求包括：

a）应在网络边界处监视以下攻击行为：端口扫描、强力攻击、木马后门攻击、拒绝服务攻击、缓冲区溢出攻击、IP碎片攻击和网络蠕虫攻击等；

b）当检测到攻击行为时，记录攻击源IP、攻击类型、攻击目的、攻击时间，在发生严重入侵事件时应提供报警。

1.1.22.6　恶意代码防范（G3）

本项要求包括：

a）应在网络边界处对恶意代码进行检测和清除；

b）应维护恶意代码库的升级和检测系统的更新。

1.1.22.7　网络设备防护（G3）

本项要求包括：

a）应对登录网络设备的用户进行身份鉴别；

b）应对网络设备的管理员登录地址进行限制；

c）网络设备标识应唯一；同一网络设备的用户标识应唯一；禁止多个人员共用一个账号；（增强）

d）身份鉴别信息应不易被冒用，口令复杂度应满足要求并定期更换。应修改默认用户和口令，不得使用缺省口令，口令长度不得小于 8 位，要求是字母和数字或特殊字符的混合并不得与用户名相同，口令应定期更换，并加密存储；（增强）

e）主要网络设备应对同一用户选择两种或两种以上组合的鉴别技术来进行身份鉴别；

f）应具有登录失败处理功能，可采取结束会话、限制非法登录次数和当网络登录连接超时自动退出等措施；

g）当对网络设备进行远程管理时，应采取必要措施防止鉴别信息在网络传输过程中被窃听；

h）应实现设备特权用户的权限分离，系统不支持的应部署日志服务器保证管理员的操作能够被审计，并且网络特权用户管理员无权对审计记录进行操作；（增强）

i）应封闭不需要的网络端口，关闭不需要的网络服务。如需使用 SNMP 服务，应采用安全性增强版本；并应设定复杂的 Community 控制字段，不使用 Public、Private 等默认字段。（新增）

1.1.23 主机安全

1.1.23.1 身份鉴别（S3）

本项要求包括：

a）应对登录操作系统和数据库系统的用户进行身份标识和鉴别；

b）操作系统和数据库系统管理用户身份鉴别信息应不易被冒用，口令复杂度应满足要求并定期更换。口令长度不得小于 8 位，且为字母、数字或特殊字符的混合组合，用户名和口令禁止相同；（增强）

c）启用登录失败处理功能，可采取结束会话、限制非法登录次数和自动退出等措施。限制同一用户连续失败登录次数；（增强）

d）当对服务器进行远程管理时，采取必要措施，防止鉴别信息在网络传输过程中被窃听；

e）应为操作系统和数据库系统的不同用户分配不同的用户名，确保用户名具有唯一性；

f）应采用两种或两种以上组合的鉴别技术对管理用户进行身份鉴别。

1.1.23.2 访问控制（S3）

本项要求包括：

a）应启用访问控制功能，依据安全策略控制用户对资源的访问；

b）应根据管理用户的角色分配权限，实现管理用户的权限分离，仅授予管理用户所需的最小权限；

c）应实现操作系统和数据库系统特权用户的权限分离；

d）应严格限制默认账户的访问权限，重命名系统默认账户，修改这些账户的默认口令；

e）应及时删除多余的、过期的账户，避免共享账户的存在；

f）应对重要信息资源设置敏感标记，系统不支持设置敏感标记的，应采用专用安全设备生成敏感标记，用以支持强制访问控制机制；（落实）

g）应依据安全策略严格控制用户对有敏感标记重要信息资源的操作。

1.1.23.3 安全审计（G3）

本项要求包括：

a）审计范围应覆盖到服务器和重要客户端上的每个操作系统用户和数据库用户；系统不支持该要求的，应以系统运行安全和效率为前提，采用第三方安全审计产品实现审计要求；（增强）

b）审计内容应包括重要用户行为、系统资源的异常使用和重要系统命令的使用等系统内重要的安全相关事件，审计内容至少包括：用户的添加和删除、审计功能的启动和关闭、审计策略的调整、权限变更、系统资源的异常使用、重要的系统操作（如用户登录、退出）等；（细化）

c）审计记录应包括事件的日期、时间、类型、主体标识、客体标识和结果等；

d）应保护审计记录，避免受到未预期的删除、修改或覆盖等；

e）应能够通过操作系统自身功能或第三方工具根据记录数据进行分析，并生成审计报表；（增强）

f）应保护审计进程，避免受到未预期的中断。

1.1.23.4　剩余信息保护（S3）

本项要求包括：

a）应保证操作系统和数据库系统用户的鉴别信息所在的存储空间，被释放或再分配给其他用户前得到完全清除，无论这些信息是存放在硬盘上还是在内存中；

b）应确保系统内的文件、目录和数据库记录等资源所在的存储空间，被释放或重新分配给其他用户前得到完全清除。

1.1.23.5　入侵防范（G3）

a）应能够检测到对重要服务器进行入侵的行为，能够记录入侵的源 IP、攻击的类型、攻击的目的、攻击的时间，并在发生严重入侵事件时提供报警；

b）应能够对重要程序的完整性进行检测，并具有完整性恢复的能力；（落实）

c）操作系统应遵循最小安装的原则，仅安装必要的组件和应用程序，并通过设置升级服务器等方式保持系统补丁及时得到更新，补丁安装前应进行安全性和兼容性测试。（增强）

1.1.23.6　恶意代码防范（G3）

本项要求包括：

a）应在本机安装防恶意代码软件或独立部署恶意代码防护设备，并及时更新防恶意代码软件版本和恶意代码库；（增强）

b）应支持防恶意代码的统一管理；

c）主机防恶意代码产品应具有与网络防恶意代码产品不同的恶意代码库。

1.1.23.7　资源控制（A3）

本项要求包括：

a）应通过设定终端接入方式、网络地址范围等条件限制终端登录；

b）应根据安全策略设置登录终端的操作超时锁定；

c）应根据需要限制单个用户对系统资源的最大或最小使用限度；

d）应对重要服务器进行监视，包括监视服务器的 CPU、硬盘、内存、网络等资源的使用情况；

e）应能够对系统的服务水平降低到预先规定的最小值进行检测和报警；

f）应关闭或拆除主机的软盘驱动、光盘驱动、USB 接口、串行口等，确需保留的必须通过安全管理平台实施严格管理。（新增）

1.1.24　应用安全

1.1.24.1　身份鉴别（S3）

本项要求包括：

a）应提供专用的登录控制模块对登录用户进行身份标识和鉴别；

b）应用系统用户身份鉴别信息应不易被冒用，口令复杂度应满足要求并定期更换。应提供用户身份标识唯一和鉴别信息复杂度检查功能，保证应用系统中不存在重复用户身份标识；用户在第一次登录系统时修改分发的初始口令，口令长度不得小于 8 位，且为字母、数字或特殊字符的混合组合，用户名和口令禁止相同；应用软件不得明文存储口令数据；（增强）

c）应对同一用户采用两种或两种以上组合的鉴别技术实现用户身份鉴别；

d）应提供登录失败处理功能，可采取结束会话、限制非法登录次数和自动退出等措施；

e）应启用身份鉴别、用户身份标识唯一性检查、用户身份鉴别信息复杂度检查以及登录失败处理功能，并根据安全策略配置相关参数。

1.1.24.2 访问控制（S3）

本项要求包括：

a）应提供访问控制功能，依据安全策略控制用户对文件、数据库表等客体的访问；

b）访问控制的覆盖范围应包括与资源访问相关的主体、客体及它们之间的操作；

c）应由授权主体配置访问控制策略，并严格限制默认账户的访问权限；

d）应授予不同账户为完成各自承担任务所需的最小权限，并在它们之间形成相互制约的关系；

e）应对重要信息资源设置敏感标记，系统不支持设置敏感标记的，应采用专用安全设备生成敏感标记，用以支持强制访问控制机制；

f）应依据安全策略严格控制用户对有敏感标记重要信息资源的操作。

1.1.24.3 安全审计（G3）

本项要求包括：

a）应提供覆盖到每个用户的安全审计功能，对应用系统的用户登录、用户退出、增加用户、修改用户权限等重要安全事件进行审计；（增强）

b）应保证审计活动的完整性和连续性，保证无法删除、修改或覆盖审计记录；（落实）

c）审计记录的内容至少应包括事件的日期、时间、发起者信息、类型、描述和结果等；

d）应提供对审计记录数据进行统计、查询、分析及生成审计报表的功能。

1.1.24.4 剩余信息保护（S3）

本项要求包括：

a）应保证用户鉴别信息所在的存储空间被释放或再分配给其他用户前得到完全清除，无论这些信息是存放在硬盘上还是在内存中；

b）应保证系统内的文件、目录和数据库记录等资源所在的存储空间被释放或重新分配给其他用户前得到完全清除。

1.1.24.5 通信完整性（S3）

应采用密码技术保证通信过程中数据的完整性。

1.1.24.6 通信保密性（S3）

本项要求包括：

a）在通信双方建立连接之前，应用系统应利用密码技术进行会话初始化验证；

b）应对通信过程中的整个报文或会话过程进行加密。

1.1.24.7 抗抵赖（G3）

本项要求包括：

a）应具有在请求的情况下为数据原发者或接收者提供数据原发证据的功能；

b）应具有在请求的情况下为数据原发者或接收者提供数据接收证据的功能。

1.1.24.8 软件容错（A3）

本项要求包括：

a）应提供数据有效性检验功能，保证通过人机接口输入或通过通信接口输入的数据格式或长度符合系统设定要求；

b）应提供自动保护功能，当故障发生时自动保护当前所有状态，保证系统能够进行恢复。

1.1.24.9 资源控制（A3）

本项要求包括：

a）当应用系统的通信双方中的一方在一段时间内未作响应，另一方应能够自动结束会话；

b）应能够对系统的最大并发会话连接数进行限制；

c）应能够对单个账户的多重并发会话进行限制；

d）应能够对一个时间段内可能的并发会话连接数进行限制；

e）应能够对一个访问账户或一个请求进程占用的资源分配最大限额和最小限额；

f）应能够对系统服务水平降低到预先规定的最小值进行检测和报警；

g）应提供服务优先级设定功能，并在安装后根据安全策略设定访问账户或请求进程的优先级，根据优先级分配系统资源。

1.1.25 数据安全

1.1.25.1 数据完整性（S3）

a）应能够检测到系统管理数据、鉴别信息和重要业务数据在传输过程中完整性受到破坏，并在检测到完整性错误时采取必要的恢复措施；

b）应能够检测到系统管理数据、鉴别信息和重要业务数据在存储过程中完整性受到破坏，并在检测到完整性错误时采取必要的恢复措施。

1.1.25.2 数据保密性（S3）

a）应采用加密或其他有效措施实现系统管理数据、鉴别信息和重要业务数据传输保密性；

b）应采用加密或其他保护措施实现系统管理数据、鉴别信息和重要业务数据存储保密性。

1.1.25.3 备份和恢复（A3）

本项要求包括：

a）应提供数据本地备份与恢复功能，完全数据备份至少每天一次，备份介质场外存放；

b）应提供异地数据备份功能，利用通信网络将关键数据定时批量传送至备用场地；

c）应提供主要网络设备、通信线路和数据处理系统的硬件冗余，保证系统的高可用性。

管理要求

1.1.26 安全管理制度

1.1.26.1 管理制度（G3）

本项要求包括：

a）应按照"谁主管谁负责，谁运营谁负责"的原则，建立电力二次系统安全管理制度，制定信息安全工作的总体方针和安全策略，说明机构安全工作的总体目标、范围、原则和安全框架等，并将电力二次系统安全防护及其信息报送纳入日常安全生产管理体系，负责所辖范围内计算机及数据网络的安全管理；（细化）

b）应对安全管理活动中各类管理内容建立安全管理制度，主要包括：门禁管理、人员管理、权限管理、访问控制管理、防尾随管理、安全防护系统的维护管理、常规设备及各系统的维护管理、恶意代码的防护管理、审计管理、数据及系统的备份管理、用户口令密钥及数字证书的管理、培训管理等；（增强）

c）应对安全管理人员或操作人员执行的重要管理操作建立操作规程；

d）应形成由安全策略、管理制度、操作规程等构成的全面的信息安全管理制度体系。

1.1.26.2 制定和发布（G3）

本项要求包括：

a）应指定或授权专门的部门或人员负责安全管理制度的制定；

b）安全管理制度应具有统一的格式，并进行版本控制；

c）应组织相关人员对制定的安全管理制度进行论证和审定；

d）安全管理制度应通过正式、有效的方式发布；

e）安全管理制度应注明发布范围，并对收发文进行登记。

1.1.26.3 评审和修订（G3）

a）信息安全领导小组应负责定期组织相关部门和相关人员对安全管理制度体系的合理性和适用性进行审定；

b）应定期或不定期或在发生重大变更时对安全管理制度进行检查和审定，对存在不足或需要改进的安全管理制度进行修订。（增强）

1.1.27 安全管理机构

1.1.27.1 岗位设置（G3）

本项要求包括：

a）应明确由主管安全生产的领导作为电力二次系统安全防护的主要责任人，成立指导和管理信息安全工作的委员会或领导小组，其最高领导由单位主管领导委任或授权；（增强）

b）应设立信息安全管理工作的职能部门，设立安全主管、安全管理各个方面的负责人岗位，并定义各负责人的职责；

c）应设立系统管理员、网络管理员、安全管理员等岗位，并定义各个工作岗位的职责；

d）应制定文件明确安全管理机构各个部门和岗位的职责、分工和技能要求。

1.1.27.2 人员配备（G3）

本项要求包括：

a）应配备一定数量的系统管理员、网络管理员、安全管理员等；

b）应配备专职安全管理员，不可兼任；

c）关键事务岗位应配备多人共同管理。

1.1.27.3 资金保障（G3）

本项要求包括：

a）应保障落实电力二次系统安全建设、运维及等级保护测评资金等；（新增）

b）系统建设资金筹措方案和年度系统维护经费应包括信息安全保障资金项目。（新增）

1.1.27.4 授权和审批（G3）

本项要求包括：

a）应根据各个部门和岗位的职责明确授权审批事项、审批部门及批准人，对系统投入运行、网络系统接入和重要资源的访问等关键活动进行审批；（细化）

b）应针对系统变更、重要操作、物理访问和系统接入等事项建立审批程序，按照审批程序执行审批过程，对重要活动建立逐级审批制度；

c）应定期审查审批事项，及时更新需授权和审批的项目、审批部门和审批人等信息；

d）应记录审批过程并保存审批文档；

e）接入电力调度数据网络的节点、设备和应用系统，其接入技术方案和安全防护措施须经负责本级电力调度数据网络的调度机构核准。（新增）

1.1.27.5 沟通和合作（G3）

本项要求包括：

a）应加强各类管理人员之间、组织内部机构之间以及信息安全职能部门内部的合作与沟通，定期或不定期召开协调会议，共同协作处理信息安全问题；

b）应加强与行业信息安全监管部门、公安机关、通信运营商、银行及相关单位和部门的合作与沟通；（细化）

c）应加强与供应商、业界专家、专业的安全公司、安全组织的合作与沟通；

d）应建立外联单位联系列表，包括外联单位名称、合作内容、联系人和联系方式等信息；

e）应聘请信息安全专家作为常年的安全顾问，指导信息安全建设，参与安全规划和安全评审等。

1.1.27.6　审核和检查（G3）

a）安全管理员应负责定期进行安全检查，检查内容包括系统日常运行、系统漏洞和数据备份等情况；

b）应由内部人员或上级单位定期进行全面安全检查，检查内容包括现有安全技术措施的有效性、安全配置与安全策略的一致性、安全管理制度的执行情况等；

c）应制定安全检查表格实施安全检查，汇总安全检查数据，形成安全检查报告，并对安全检查结果进行通报；

d）应制定安全审核和安全检查制度规范安全审核和安全检查工作，定期按照程序进行安全审核和安全检查活动。

1.1.28　人员安全管理

1.1.28.1　人员录用（G3）

本项要求包括：

a）应指定或授权专门的部门或人员负责人员录用；

b）应严格规范人员录用过程，对被录用人员的身份、背景、专业资格和资质等进行审查，对其所具有的技术技能进行考核；

c）应与安全管理员、系统管理员、网络管理员等关键岗位的人员签署保密协议；（细化）

d）应从内部人员中选拔从事关键岗位的人员，并签署岗位安全协议。

1.1.28.2　人员离岗（G3）

本项要求包括：

a）应严格规范人员离岗过程，及时终止离岗员工的所有访问权限；

b）应收回各种身份证件、钥匙、徽章等以及机构提供的软硬件设备；（落实）

c）应严格调离手续的办理程序，只有在收回访问权限和各种证件、设备后，关键岗位人员承诺履行调离后的保密义务后，方可办理调离手续。（细化）

1.1.28.3　人员考核（G3）

a）应定期对各个岗位的人员进行安全技能及安全认知的考核；

b）应对关键岗位的人员进行全面、严格的安全审查和技能考核；

c）应对考核结果进行记录并保存。

1.1.28.4　安全意识教育和培训（G3）

本项要求包括：

a）应对各类人员进行安全意识教育、岗位技能培训和相关安全技术培训；

b）应对安全责任和惩戒措施进行书面规定并告知相关人员，对违反违背安全策略和规定的人员进行惩戒；

c）应按照行业信息安全要求，对定期安全教育和培训进行书面规定，针对不同岗位制定不

同的培训计划，对信息安全基础知识、岗位操作规程等进行的培训应至少每年举办一次；（新增）

d）应对安全教育和培训的情况和结果进行记录并归档保存。

1.1.28.5 外部人员访问管理（G3）

a）应确保在外部人员访问受控区域前先提出书面申请，批准后由专人全程陪同或监督，并登记备案；

b）对外部人员允许访问的区域、系统、设备、信息等内容应进行书面的规定，并按照规定执行。

1.1.29 系统建设管理

1.1.29.1 系统定级（G3）

本项要求包括：

a）应明确信息系统的边界和安全保护等级；

b）应以书面的形式说明信息系统确定为某个安全保护等级的方法和理由；

c）应组织相关部门和有关安全技术专家对信息系统定级结果的合理性和正确性进行论证和审定；

d）应确保信息系统的定级结果经过行业信息安全主管部门批准，方可到公安机关备案。（增强）

1.1.29.2 安全方案设计（G3）

本项要求包括：

a）应根据系统的安全保护等级选择基本安全措施，并依据电力二次系统安全防护要求和风险分析的结果补充和调整安全措施；（增强）

b）应指定和授权专门的部门对信息系统的安全建设进行总体规划，制定近期和远期的安全建设工作计划；

c）应根据信息系统的等级划分情况，统一考虑安全保障体系的总体安全策略、安全技术框架、安全管理策略、总体建设规划和详细设计方案，并形成配套文件；

d）应组织相关部门和有关安全技术专家对总体安全策略、安全技术框架、安全管理策略、总体建设规划、详细设计方案等相关配套文件的合理性和正确性进行论证和审定，并经过上级信息安全主管部门和相应电力调度机构的审核，方案实施完成后应当由相关机构共同组织验收；（增强）

e）应根据等级测评、安全评估的结果定期调整和修订总体安全策略、安全技术框架、安全管理策略、总体建设规划、详细设计方案等相关配套文件。

1.1.29.3 产品采购和使用（G3）

本项要求包括：

a）应确保安全产品采购和使用符合国家的有关规定；

b）应确保密码产品采购和使用符合国家密码主管部门的要求；

c）应指定或授权专门的部门负责产品的采购；

d）应预先对产品进行选型测试，确定产品的候选范围，并定期审定和更新候选产品名单；

e）接入电力二次系统生产控制大区中的安全产品，其功能、性能应获得国家或行业指定机构安全检测证明，其电磁兼容性还需有电力系统电磁兼容检测证明。（新增）

1.1.29.4 自行软件开发（G3）

本项要求包括：

a）应确保开发环境与实际运行环境物理分开，开发人员和测试人员分离，测试数据和测试结果受到控制；

b）应制定软件开发管理制度，明确说明开发过程的控制方法和人员行为准则；

c）应制定代码编写安全规范，要求开发人员参照规范编写代码；

d）应确保提供软件设计的相关文档和使用指南，并由专人负责保管；

e）应确保对程序资源库的修改、更新、发布进行授权和批准。

1.1.29.5　外包软件开发（G3）

本项要求包括：

a）应根据开发要求检测软件质量；

b）应确保提供软件设计的相关文档和使用指南；

c）应在软件安装之前检测软件包中可能存在的恶意代码；

d）应在外包开发合同中明确开发单位、供应商所提供的电力二次设备及系统应包含保密、生命周期、禁止关键技术和设备扩散等方面的条款；（增强）

e）外包开发的软件应在本单位存有源代码备份，并已通过软件后门等安全性检测。（细化）

1.1.29.6　工程实施（G3）

本项要求包括：

a）应指定或授权专门的部门或人员负责工程实施过程的管理；

b）应制定详细的工程实施方案控制实施过程，并要求工程实施单位能正式地执行安全工程过程；

c）应制定工程实施方面的管理制度，明确说明实施过程的控制方法和人员行为准则。

1.1.29.7　测试验收（G3）

本项要求包括：

a）应委托公正的第三方测试单位对系统进行安全性测试，并出具安全性测试报告；

b）在测试验收前应根据设计方案或合同要求等制订测试验收方案，在测试验收过程中应详细记录测试验收结果，并形成测试验收报告；

c）应对系统测试验收的控制方法和人员行为准则进行书面规定；

d）应指定或授权专门的部门负责系统测试验收的管理，并按照管理规定的要求完成系统测试验收工作；

e）应组织相关部门和相关人员对系统测试验收报告进行审定，并签字确认。

1.1.29.8　系统交付（G3）

本项要求包括：

a）应制定详细的系统交付清单，并根据交付清单对所交接的设备、软件和文档等进行清点；

b）应对负责系统运行维护的技术人员进行相应的技能培训；

c）应确保提供系统建设过程中的文档和指导用户进行系统运行维护的文档；

d）应对系统交付的控制方法和人员行为准则进行书面规定；

e）应指定或授权专门的部门负责系统交付的管理工作，并按照管理规定的要求完成系统交付工作。

1.1.29.9　系统备案（G3）

本项要求包括：

a）应指定专门的部门或人员负责管理系统定级的相关材料，并控制这些材料的使用；

b）应将系统等级及相关材料报系统主管部门备案；

c）应将系统等级及其他要求的备案材料报相应公安机关备案。

1.1.29.10 等级测评（G3）

本项要求包括：

a）在系统运行过程中，应至少每年对系统进行一次等级测评，发现不符合相应等级保护标准要求的及时整改；

b）应在系统发生变更时及时对系统进行等级测评，发现级别发生变化的及时调整级别并进行安全改造，发现不符合相应等级保护标准要求的及时整改；

c）应选择具有国家相关技术资质和安全资质的并由行业信息安全主管部门指定的测评单位进行等级测评；（落实）

d）应指定或授权专门的部门或人员负责等级测评的管理。

1.1.29.11 安全服务商选择（G3）

本项要求包括：

a）应选择符合国家及行业有关规定的服务商开展安全服务；（增强）

b）应与选定的安全服务商签订安全协议，明确安全责任；（增强）

c）应与服务商签订安全服务合同，确保提供技术培训，并明确服务承诺。（增强）

1.1.30 系统运维管理

1.1.30.1 环境管理（G3）

本项要求包括：

a）应指定专门的部门或人员定期对机房供配电、空调、温湿度控制等设施进行维护管理；

b）应指定部门负责机房安全，并配备机房安全管理人员，对机房的出入、服务器的开机或关机等工作进行管理；

c）应建立机房安全管理制度，对有关机房物理访问，物品带进、带出机房和机房环境安全等方面的管理作出规定；

d）应加强对办公环境的保密性管理，包括工作人员调离办公室应立即交还该办公室钥匙和不在办公区接待来访人员、工作人员离开座位应确保终端计算机退出登录状态和桌面上没有包含敏感信息的纸档文件等。

1.1.30.2 资产管理（G3）

本项要求包括：

a）应编制与信息系统相关的资产清单，包括资产责任部门、重要程度和所处位置等内容；

b）应建立资产安全管理制度，规定信息系统资产管理的责任人员或责任部门，并规范资产管理和使用的行为。

c）应根据资产的重要程度对资产进行标识管理，根据资产的价值选择相应的管理措施；

d）应对信息分类与标识方法作出规定，并对信息的使用、传输和存储等进行规范化管理。

1.1.30.3 介质管理（G3）

本项要求包括：

a）应建立介质安全管理制度，对介质的存放环境、使用、维护和销毁等方面作出规定；

b）应建立生产控制大区移动存储介质安全管理制度，对移动存储介质的使用进行严格限制；（增强）

c）应确保介质存放在安全的环境中，对各类介质进行控制和保护，并实行存储环境专人管理；

d）应对介质在物理传输过程中的人员选择、打包、交付等情况进行控制，对介质归档和查询等过程进行记录，并根据存档介质的目录清单定期盘点；

e）应对存储介质的使用过程、送出维修以及销毁等进行严格的管理，对带出工作环境的存储介质进行内容加密和监控管理，对送出维修或销毁的介质应首先清除介质中的敏感数据，对保密性较高的存储介质未经批准不得自行销毁；

f）应根据数据备份的需要对某些介质实行异地存储，存储地的环境要求和管理方法应与本地相同；

g）应对重要介质中的数据和软件采取加密存储，并根据所承载数据和软件的重要程度对介质进行分类和标识管理。

1.1.30.4　设备管理（G3）

本项要求包括：

a）应对信息系统相关的各种设备（包括备份和冗余设备）、线路等指定专门的部门或人员定期进行维护管理；

b）应建立基于申报、审批和专人负责的设备安全管理制度，对信息系统的各种软硬件设备的选型、采购、发放和领用等过程进行规范化管理；

c）应建立配套设施、软硬件维护方面的管理制度，对其维护进行有效的管理，包括明确维护人员的责任、涉外维修和服务的审批、维修过程的监督控制等；

d）应对终端计算机、工作站、便携机、系统和网络等设备的操作和使用进行规范化管理，按操作规程实现关键设备（包括备份和冗余设备）的启动/停止、加电/断电等操作；

e）应确保信息处理设备必须经过审批才能带离机房或办公地点；

f）应确保信息处理设备必须经过审批才能带入机房或办公地点。（新增）

1.1.30.5　监控管理和安全管理中心（G3）

本项要求包括：

a）应对通信线路、主机、网络设备和应用软件的运行状况、网络流量、用户行为等进行监测和报警，形成记录并妥善保存；

b）应定期对监测和报警记录进行分析、评审，发现可疑行为，形成分析报告，并采取必要的应对措施；（落实）

c）应建立安全管理中心，对设备状态、恶意代码、补丁升级、安全审计等安全相关事项进行集中管理。

1.1.30.6　网络安全管理（G3）

本项要求包括：

a）应指定人员对网络进行管理，负责运行日志、网络监控记录的日常维护和报警信息分析和处理工作；

b）应建立网络安全管理制度，对网络安全配置、日志保存时间、安全策略、升级与打补丁、口令更新周期等方面作出规定；

c）应根据厂家提供的软件升级版本对网络设备进行更新，并在更新前对现有的重要文件进行测试和备份；（增强）

d）应定期对网络系统进行漏洞扫描，对发现的网络系统安全漏洞进行及时的修补；

e）应实现设备的最小服务配置，并对配置文件进行定期离线备份；

f）应保证所有与外部系统的连接均得到授权和批准；

g）应依据安全策略对允许或者拒绝便携式和移动式设备的网络接入；

h）应依据安全策略对接入网络的便携式和移动式设备的网络使用行为进行管控；（新增）

i）应定期检查违反规定拨号上网或其他违反网络安全策略的行为。

1.1.30.7 系统安全管理（G3）

本项要求包括：

a）应根据业务需求和系统安全分析确定系统的访问控制策略；

b）应定期进行漏洞扫描，对发现的系统安全漏洞及时进行修补；

c）应安装系统的最新补丁程序，在安装系统补丁前，应首先在测试环境中对补丁的兼容性和安全性进行测试通过，并对重要文件进行备份后，方可实施系统补丁程序的安装；（细化）

d）应建立系统安全管理制度，对系统安全策略、安全配置、日志管理和日常操作流程等方面作出规定；

e）应指定专人对系统进行管理，划分系统管理员角色，明确各个角色的权限、责任和风险，权限设定应当遵循最小授权原则；

f）应依据操作手册对系统进行维护，详细记录操作日志，包括重要的日常操作、运行维护记录、参数的设置和修改等内容，严禁进行未经授权的操作；

g）应定期对运行日志和审计数据进行分析，以便及时发现异常行为；

h）电力调度机构应指定专人负责管理本级调度数字证书系统。（增强）

1.1.30.8 恶意代码防范管理（G3）

本项要求包括：

a）应提高所有用户的防病毒意识，告知及时升级防病毒软件，在读取移动存储设备上的数据以及网络上接收文件或邮件之前，先进行病毒检查，对外来计算机或存储设备接入网络系统之前也应进行病毒检查；

b）在更新恶意代码库、木马库以及 IDS 规则库前，应首先在测试环境中对恶意代码库、木马库以及 IDS 规则库的安全性和兼容性进行测试通过，更新操作应离线进行，生产控制大区恶意代码更新应由专人负责，并保存更新记录；（新增）

c）应指定专人对网络和主机进行恶意代码检测并保存检测记录；

d）应对防恶意代码软件的授权使用、恶意代码库升级、定期汇报等作出明确规定；

e）应定期检查信息系统内各种产品的恶意代码库的升级情况并进行记录，对主机防病毒产品、防病毒网关和邮件防病毒网关上截获的危险病毒或恶意代码进行及时分析处理，并形成书面的报表和总结汇报。

1.1.30.9 密码管理（G3）

应建立密码使用管理制度，使用符合国家密码管理规定的密码技术和产品。

1.1.30.10 变更管理（G3）

本项要求包括：

a）应确认系统中要发生的重要变更，并制定相应的变更方案；

b）应建立变更管理制度，明确变更执行及变更校核程序，系统发生重要变更前，应向主管领导申请，审批后方可实施变更，并在实施后向相关人员通告；（增强）

c）应建立变更控制的申报和审批文件化程序，对变更影响进行分析并文档化，记录变更实施过程，并妥善保存所有文档和记录；

d）应建立中止变更并从失败变更中恢复的文件化程序，明确过程控制方法和人员职责，必要时对恢复过程进行演练。

1.1.30.11　备份与恢复管理（G3）

本项要求包括：

a）应识别需要定期备份的重要业务信息、系统数据及软件系统等；

b）应建立备份与恢复管理相关的安全管理制度，对备份信息的备份方式、备份频度、存储介质和保存期等进行规范；

c）应根据数据的重要性及其对系统运行的影响，制定数据的备份策略和恢复策略，备份策略指明备份数据的放置场所、文件命名规则、介质替换频率和数据离站运输方法；

d）应建立控制数据备份和恢复过程的程序，对备份过程进行记录，所有文件和记录应妥善保存；

e）应定期执行恢复程序，检查和测试备份介质的有效性，确保可以在恢复程序规定的时间内完成备份的恢复。

1.1.30.12　安全事件处置（G3）

本项要求包括：

a）应报告所发现的安全弱点和可疑事件，但任何情况下用户均不应尝试验证弱点；

b）应制定安全事件报告和处置管理制度，明确安全事件类型，规定安全事件的现场处理、事件报告和后期恢复的管理职责；

c）应根据国家相关管理部门对计算机安全事件等级划分方法和安全事件对本系统产生的影响，对本系统计算机安全事件进行等级划分；

d）应制定安全事件报告和响应处理程序，确定事件的报告流程，响应和处置的范围、程度，以及处理方法等；

e）应在安全事件报告和响应处理过程中，分析和鉴定事件产生的原因，收集证据，记录处理过程，总结经验教训，制定防止再次发生的补救措施，过程形成的所有文件和记录均应妥善保存；

f）对造成系统中断和造成信息泄密的安全事件应采用不同的处理程序和报告程序；

g）应建立电力二次系统联合防护和应急机制，负责处置跨部门电力二次系统安全事件。（新增）

1.1.30.13　应急预案管理（G3）

本项要求包括：

a）应在统一的应急预案框架下制定不同事件的应急预案，应急预案框架应包括启动应急预案的条件、应急处理流程、系统恢复流程、事后教育和培训等内容；

b）应从人力、设备、技术和财务等方面确保应急预案的执行有足够的资源保障；

c）应对安全管理员、系统管理员、网络管理员等相关的人员进行应急预案培训，应急预案的培训应至少每年举办一次。（增强）

d）应定期对应急预案进行演练，根据不同的应急恢复内容，确定演练的周期；

e）应制定电力二次系统联合防护和应急处置预案，并经过演练；（新增）

f）应规定应急预案需要定期审查和根据实际情况更新的内容，并按照执行。

第四级基本要求

技术要求

1.1.31 物理安全

1.1.31.1 物理位置的选择（G4）

本项要求包括：

a）机房和办公场地应选择在具有防震、防风和防雨等能力的建筑内；

b）机房场地应避免设在建筑物的高层或地下室，以及用水设备的下层或隔壁，如果不可避免，应采取有效防水措施。（落实）

1.1.31.2 物理访问控制（G4）

本项要求包括：

a）机房各出入口应安排专人值守并配置电子门禁系统，控制、鉴别和记录进入的人员；

b）进入机房的来访人员应经过申请和审批流程，并限制和监控其活动范围；

c）应对机房划分区域进行管理，区域和区域之间应用物理方式隔断，在重要区域前设置交付或安装等过渡区域；（增强）

d）重要区域应配置第二道电子门禁系统，控制、鉴别和记录进入的人员。

1.1.31.3 防盗窃和防破坏（G4）

本项要求包括：

a）应将主要设备放置在机房内；

b）应将设备或主要部件进行固定，并设置明显的不易除去的标记；

c）应将通信线缆铺设在隐蔽处，可铺设在地下或管道中；

d）应对介质分类标识，存储在介质库或档案室中；

e）应利用光、电等技术设置机房防盗报警系统；

f）应对机房设置监控报警系统。

1.1.31.4 防雷击（G4）

本项要求包括：

a）机房建筑应设置避雷装置；

b）应设置防雷保安器，防止感应雷；

c）机房应设置交流电源地线。

1.1.31.5 防火（G4）

本项要求包括：

a）机房应设置火灾自动消防系统，能够自动检测火情、自动报警，自动灭火；

b）机房及相关的工作房间和辅助房应采用具有耐火等级的建筑材料；

c）机房应采取区域隔离防火措施，将重要设备与其他设备隔离开。

1.1.31.6 防水和防潮（G4）

本项要求包括：

a）主机房尽量避开水源，与主机房无关的给排水管道不得穿过主机房，与主机房相关的给排水管道必须有可靠的防渗漏措施；（增强）

b）应采取措施防止雨水通过机房窗户、屋顶和墙壁渗透；

c）应采取措施防止机房内水蒸气结露和地下积水的转移与渗透；

d）应安装对水敏感的检测仪表或元件，对机房进行防水检测和报警。

1.1.31.7 防静电（G4）

本项要求包括：

a）主要设备采用必要的接地防静电措施；

b）机房应采用防静电地板；

c）应采用静电消除器等装置，减少静电的产生。

1.1.31.8　温湿度控制（G4）

机房应设置温、湿度自动调节设施，使机房温、湿度的变化在设备运行所允许的范围之内。

1.1.31.9　电力供应（A4）

本项要求包括：

a）应在机房供电线路上配置稳压器和过电压防护设备；

b）应提供短期的备用电力供应，至少满足设备在断电情况下的正常运行要求；

c）设置冗余或并行的电力电缆线路为计算机系统供电，输入电源应采用双路自动切换供电方式；（增强）

d）应建立备用供电系统。

1.1.31.10　电磁防护（S4）

本项要求包括：

a）电源线和通信线缆应隔离铺设，避免互相干扰；

b）应采用接地方式防止外界电磁干扰和设备寄生耦合干扰；

c）应对关键区域实施电磁屏蔽。

1.1.32　网络安全

1.1.32.1　结构安全（G4）

本项要求包括：

a）应保证网络设备的业务处理能力具备冗余空间，满足业务高峰期需要；

b）应保证网络各个部分的带宽满足业务高峰期需要；

c）应在业务终端与业务服务器之间进行路由控制建立安全的访问路径；

d）应绘制完整的网络拓扑结构图，有相应的网络配置表，包含设备 IP 地址等主要信息，与当前运行情况相符；（增强）

e）应根据各部门的工作职能、重要性和所涉及信息的重要程度等因素，划分不同的子网或网段，并按照方便管理和控制的原则为各子网、网段分配地址段；

f）单个系统应单独划分安全域，系统由独立子网承载，每个域的网络出口应唯一；（新增）

g）采用冗余技术设计网络拓扑结构，提供主要网络设备、通信线路的硬件冗余，避免关键节点存在单点故障；（增强）

h）应按照对业务服务的重要次序来指定带宽分配优先级别，保证在网络发生拥堵的时候优先保障重要业务服务的带宽。（增强）

1.1.32.2　访问控制（G4）

本项要求包括：

a）应在网络边界部署访问控制设备，启用访问控制功能；

b）应不允许数据带通用协议通过；

c）应根据数据的敏感标记允许或拒绝数据通过；

d）应不开放远程拨号访问功能。

1.1.32.3　安全审计（G4）

本项要求包括：

a）应在生产控制大区应部署专用审计系统，或启用设备或系统审计功能，应对网络系统中的网络设备运行状况、网络流量、用户行为等进行日志记录；（增强）

b）审计记录应包括事件的日期和时间、用户、事件类型、事件是否成功及其他与审计相关的信息；

c）应能够根据记录数据进行分析，并生成审计报表，网络设备不支持的应采用第三方工具生成审计报表；（增强）

d）应对审计记录进行保护，避免受到未预期的删除、修改或覆盖等；

e）应定义审计跟踪极限的阈值，当存储空间接近极限时，能采取必要的措施，当存储空间被耗尽时，终止可审计事件的发生；

f）应根据信息系统的统一安全策略，实现集中审计，时钟保持与时钟服务器同步。

1.1.32.4 边界完整性检查（S4）

本项要求包括：

a）应能够对非授权设备私自联到内部网络的行为进行检查，准确定出位置，并对其进行有效阻断；

b）应能够对内部网络用户私自联到外部网络的行为进行检查，准确定出位置，并对其进行有效阻断。

1.1.32.5 入侵防范（G4）

本项要求包括：

a）应在网络边界处监视以下攻击行为：端口扫描、强力攻击、木马后门攻击、拒绝服务攻击、缓冲区溢出攻击、IP碎片攻击和网络蠕虫攻击等；

b）当检测到攻击行为时，记录攻击源IP、攻击类型、攻击目的、攻击时间，在发生严重入侵事件时应提供报警，必要时可配置为自动采取相应动作。（落实）

1.1.32.6 恶意代码防范（G4）

本项要求包括：

a）应在网络边界处对恶意代码进行检测和清除；

b）应维护恶意代码库的升级和检测系统的更新。

1.1.32.7 网络设备防护（G4）

本项要求包括：

a）应对登录网络设备的用户进行身份鉴别；

b）应对网络设备的管理员登录地址进行限制；

c）网络设备标识应唯一；同一网络设备的用户标识应唯一；禁止多个人员共用一个账号；（增强）

d）身份鉴别信息应不易被冒用，口令复杂度应满足要求并定期更换。应修改默认用户和口令，不得使用缺省口令，口令长度不得小于8位，要求是字母和数字或特殊字符的混合并不得与用户名相同，口令应定期更换，并加密存储；（增强）

e）主要网络设备应对同一用户选择两种或两种以上组合的鉴别技术来进行身份鉴别；

f）网络设备用户的身份鉴别信息至少应有一种是不可伪造的；

g）应具有登录失败处理功能，可采取结束会话、限制非法登录次数和当网络登录连接超时自动退出等措施；

h）当对网络设备进行远程管理时，应采取必要措施防止鉴别信息在网络传输过程中被窃听；

i）应实现设备特权用户的权限分离，系统不支持的应部署日志服务器保证管理员的操作能够被审计，并且网络特权用户管理员无权对审计记录进行操作；（增强）

j）应封闭不需要的网络端口，关闭不需要的网络服务。如需使用 SNMP 服务，应采用安全性增强版本；并应设定复杂的 Community 控制字段，不使用 Public、Private 等默认字段。（新增）

1.1.33　主机安全

1.1.33.1　身份鉴别（S4）

本项要求包括：

a）应对登录操作系统和数据库系统的用户进行身份标识和鉴别；

b）操作系统和数据库系统管理用户身份鉴别信息应不易被冒用，口令复杂度应满足要求并定期更换。口令长度不得小于 8 位，且为字母、数字或特殊字符的混合组合，用户名和口令禁止相同；（增强）

c）启用登录失败处理功能，可采取结束会话、限制非法登录次数和自动退出等措施。限制同一用户连续失败登录次数；（增强）

d）应设置鉴别警示信息，描述未授权访问可能导致的后果；

e）当对服务器进行远程管理时，采取必要措施，防止鉴别信息在网络传输过程中被窃听；

f）应为操作系统和数据库系统的不同用户分配不同的用户名，确保用户名具有唯一性；

g）应采用两种或两种以上组合的鉴别技术对管理用户进行身份鉴别，并且身份鉴别信息至少有一种是不可伪造的。

1.1.33.2　安全标记（S4）

应对所有主体和客体设置敏感标记。

1.1.33.3　访问控制（S4）

本项要求包括：

a）应依据安全策略和所有主体和客体设置的敏感标记控制主体对客体的访问；

b）访问控制的力度应达到主体为用户级或进程级，客体为文件、数据库表、记录和字段级。

c）应根据管理用户的角色分配权限，实现管理用户的权限分离，仅授予管理用户所需的最小权限；

d）应实现操作系统和数据库系统特权用户的权限分离；

e）应严格限制默认账户的访问权限，重命名系统默认账户，修改这些账户的默认口令；

f）应及时删除多余的、过期的账户，避免共享账户的存在；

1.1.33.4　可信路径（S4）

本项要求包括：

a）在系统对用户进行身份鉴别时，系统与用户之间应能够建立一条安全的信息传输路径；

b）在用户对系统进行访问时，系统与用户之间应能够建立一条安全的信息传输路径。

1.1.33.5　安全审计（G4）

本项要求包括：

a）审计范围应覆盖到服务器和重要客户端上的每个操作系统用户和数据库用户；系统不支持该要求的，应以系统运行安全和效率为前提，采用第三方安全审计产品实现审计要求；（增强）

b）审计内容应包括重要用户行为、系统资源的异常使用和重要系统命令的使用等系统内重要的安全相关事件，审计内容至少包括：用户的添加和删除、审计功能的启动和关闭、审计策略的调整、权限变更、系统资源的异常使用、重要的系统操作（如用户登录、退出）等；（细化）

c）审计记录应包括事件的日期、时间、类型、主体标识、客体标识和结果等；

d）应保护审计记录，避免受到未预期的删除、修改或覆盖等；

e）应能够通过操作系统自身功能或第三方工具根据记录数据进行分析，并生成审计报表；（落实）

f）应保护审计进程，避免受到未预期的中断；

g）应能够根据信息系统的统一安全策略，实现集中审计。

1.1.33.6 剩余信息保护（S4）

本项要求包括：

a）应保证操作系统和数据库系统用户的鉴别信息所在的存储空间，被释放或再分配给其他用户前得到完全清除，无论这些信息是存放在硬盘上还是在内存中；

b）应确保系统内的文件、目录和数据库记录等资源所在的存储空间，被释放或重新分配给其他用户前得到完全清除。

1.1.33.7 入侵防范（G4）

a）应能够检测到对重要服务器进行入侵的行为，能够记录入侵的源 IP、攻击的类型、攻击的目的、攻击的时间，并在发生严重入侵事件时提供报警；

b）应能够对重要程序的完整性进行检测，并具有完整性恢复的能力；（落实）

c）操作系统应遵循最小安装的原则，仅安装必要的组件和应用程序，并通过设置升级服务器等方式保持系统补丁及时得到更新，补丁安装前应进行安全性和兼容性测试。（增强）

1.1.33.8 恶意代码防范（G4）

本项要求包括：

a）应在本机安装防恶意代码软件或独立部署恶意代码防护设备，并及时更新防恶意代码软件版本和恶意代码库；（增强）

b）应支持防恶意代码的统一管理；

c）主机防恶意代码产品应具有与网络防恶意代码产品不同的恶意代码库。

1.1.33.9 资源控制（A4）

本项要求包括：

a）应通过设定终端接入方式、网络地址范围等条件限制终端登录；

b）应根据安全策略设置登录终端的操作超时锁定；

c）应根据需要限制单个用户对系统资源的最大或最小使用限度；

d）应对重要服务器进行监视，包括监视服务器的 CPU、硬盘、内存、网络等资源的使用情况；

e）应能够对系统的服务水平降低到预先规定的最小值进行检测和报警；

f）应关闭或拆除主机的软盘驱动、光盘驱动、USB 接口、串行口等，确需保留的必须通过安全管理平台实施严格管理。（新增）

1.1.34 应用安全

1.1.34.1 身份鉴别（S4）

本项要求包括：

a）应提供专用的登录控制模块对登录用户进行身份标识和鉴别；

b）应用系统用户身份鉴别信息应不易被冒用，口令复杂度应满足要求并定期更换。应提供用户身份标识唯一和鉴别信息复杂度检查功能，保证应用系统中不存在重复用户身份标识；用户在第一次登录系统时修改分发的初始口令，口令长度不得小于 8 位，且为字母、数字或特殊字符的混合组合，用户名和口令禁止相同；应用软件不得明文存储口令数据；（增强）

c）应对同一用户采用两种或两种以上组合的鉴别技术实现用户身份鉴别，其中一种是不可伪造的；

d）应提供登录失败处理功能，可采取结束会话、限制非法登录次数和自动退出等措施；

e）应启用身份鉴别、用户身份标识唯一性检查、用户身份鉴别信息复杂度检查以及登录失败处理功能，并根据安全策略配置相关参数。

1.1.34.2　安全标记（S4）

应提供为主体和客体设置安全标记的功能并在安装后启用。

1.1.34.3　访问控制（S4）

本项要求包括：

a）应提供自主访问控制功能，依据安全策略控制用户对文件、数据库表等客体的访问；

b）自主访问控制的覆盖范围应包括与信息安全直接相关的主体、客体及它们之间的操作；

c）应由授权主体配置访问控制策略，并禁止默认账户的访问；

d）应授予不同账户为完成各自承担任务所需的最小权限，并在它们之间形成相互制约的关系；

e）应通过比较安全标记来确定是授予还是拒绝主体对客体的访问。

1.1.34.4　可信路径（S4）

本项要求包括：

a）在应用系统对用户进行身份鉴别时，应能够建立一条安全的信息传输路径；

b）在用户通过应用系统对资源进行访问时，应用系统应保证在被访问的资源与用户之间应能够建立一条安全的信息传输路径。

1.1.34.5　安全审计（G4）

本项要求包括：

a）应提供覆盖到每个用户的安全审计功能，对应用系统的用户登录、用户退出、增加用户、修改用户权限等重要安全事件进行审计；（增强）

b）应保证审计活动的完整性和连续性，保证无法删除、修改或覆盖审计记录；（落实）

c）审计记录的内容至少应包括事件的日期、时间、发起者信息、类型、描述和结果等；

d）应提供对审计记录数据进行统计、查询、分析及生成审计报表的功能；

e）应根据系统统一安全策略，提供集中审计接口。

1.1.34.6　剩余信息保护（S4）

本项要求包括：

a）应保证用户鉴别信息所在的存储空间被释放或再分配给其他用户前得到完全清除，无论这些信息是存放在硬盘上还是在内存中；

b）应保证系统内的文件、目录和数据库记录等资源所在的存储空间被释放或重新分配给其他用户前得到完全清除。

1.1.34.7　通信完整性（S4）

应采用密码技术保证通信过程中数据的完整性。

1.1.34.8　通信保密性（S4）

本项要求包括：

a）在通信双方建立连接之前，应用系统应利用密码技术进行会话初始化验证；

b）应对通信过程中的整个报文或会话过程进行加密；

c）应基于硬件化的设备对重要通信过程进行加解密运算和密钥管理。

1.1.34.9 抗抵赖（G4）

本项要求包括：

a）应具有在请求的情况下为数据原发者或接收者提供数据原发证据的功能；

b）应具有在请求的情况下为数据原发者或接收者提供数据接收证据的功能。

1.1.34.10 软件容错（A4）

本项要求包括：

a）应提供数据有效性检验功能，保证通过人机接口输入或通过通信接口输入的数据格式或长度符合系统设定要求；

b）应提供自动保护功能，当故障发生时自动保护当前所有状态；

c）应提供自动恢复功能，当故障发生时立即自动启动新的进程，恢复原来的工作状态。

1.1.34.11 资源控制（A4）

本项要求包括：

a）当应用系统的通信双方中的一方在一段时间内未作响应，另一方应能够自动结束会话；

b）应能够对系统的最大并发会话连接数进行限制；

c）应能够对单个账户的多重并发会话进行限制；

d）应能够对一个时间段内可能的并发会话连接数进行限制；

e）应能够对一个访问账户或一个请求进程占用的资源分配最大限额和最小限额；

f）应能够对系统服务水平降低到预先规定的最小值进行检测和报警；

g）应提供服务优先级设定功能，并在安装后根据安全策略设定访问账户或请求进程的优先级，根据优先级分配系统资源。

1.1.35 数据安全

1.1.35.1 数据完整性（S4）

a）应能够检测到系统管理数据、鉴别信息和重要业务数据在传输过程中完整性受到破坏，并在检测到完整性错误时采取必要的恢复措施；

b）应能够检测到系统管理数据、鉴别信息和重要业务数据在存储过程中完整性受到破坏，并在检测到完整性错误时采取必要的恢复措施；

c）应对重要通信提供专用通信协议或安全通信协议服务，避免来自基于通用通信协议的攻击破坏数据完整性。

1.1.35.2 数据保密性（S4）

a）应采用加密或其他有效措施实现系统管理数据、鉴别信息和重要业务数据传输保密性；

b）应采用加密或其他保护措施实现系统管理数据、鉴别信息和重要业务数据存储保密性；

c）应对重要通信提供专用通信协议或安全通信协议服务，避免来自基于通用通信协议的攻击破坏数据保密性。

1.1.35.3 备份和恢复（A4）

本项要求包括：

a）应提供数据本地备份与恢复功能，完全数据备份至少每天一次，备份介质场外存放；

b）应建立异地灾难备份中心，配备灾难恢复所需的通信线路、网络设备和数据处理设备，提供业务应用的实时无缝切换；

c）应提供异地实时备份功能，利用通信网络将数据实时备份至灾难备份中心；

d）应提供主要网络设备、通信线路和数据处理系统的硬件冗余，保证系统的高可用性。

管理要求

1.1.36　安全管理制度

1.1.36.1　管理制度（G4）

本项要求包括：

a）应按照"谁主管谁负责，谁运营谁负责"的原则，建立电力二次系统安全管理制度，制定信息安全工作的总体方针和安全策略，说明机构安全工作的总体目标、范围、原则和安全框架等，并将电力二次系统安全防护及其信息报送纳入日常安全生产管理体系，负责所辖范围内计算机及数据网络的安全管理；（细化）

b）应对安全管理活动中各类管理内容建立安全管理制度，主要包括：门禁管理、人员管理、权限管理、访问控制管理、防尾随管理、安全防护系统的维护管理、常规设备及各系统的维护管理、恶意代码的防护管理、审计管理、数据及系统的备份管理、用户口令密钥及数字证书的管理、培训管理等；（增强）

c）应对安全管理人员或操作人员执行的重要管理操作建立操作规程；

d）应形成由安全策略、管理制度、操作规程等构成的全面的信息安全管理制度体系。

1.1.36.2　制定和发布（G4）

本项要求包括：

a）应指定或授权专门的部门或人员负责安全管理制度的制定；

b）安全管理制度应具有统一的格式，并进行版本控制；

c）应组织相关人员对制定的安全管理制度进行论证和审定；

d）安全管理制度应通过正式、有效的方式发布；

e）安全管理制度应注明发布范围，并对收发文进行登记；

f）有密级的安全管理制度，应注明安全管理制度密级，并进行密级管理。

1.1.36.3　评审和修订（G4）

a）信息安全领导小组应负责定期组织相关部门和相关人员对安全管理制度体系的合理性和适用性进行审定；

b）应定期或不定期或在发生重大变更时对安全管理制度进行检查和审定，对存在不足或需要改进的安全管理制度进行修订；（增强）

c）应明确需要定期修订的安全管理制度，并指定负责人或负责部门负责制度的日常维护；

d）应根据安全管理制度的相应密级确定评审和修订的操作范围。

1.1.37　安全管理机构

1.1.37.1　岗位设置（G4）

本项要求包括：

a）应明确由主管安全生产的领导作为电力二次系统安全防护的主要责任人，成立指导和管理信息安全工作的委员会或领导小组，其最高领导由单位主管领导委任或授权；（增强）

b）应设立信息安全管理工作的职能部门，设立安全主管、安全管理各个方面的负责人岗位，并定义各负责人的职责；

c）应设立系统管理员、网络管理员、安全管理员等岗位，并定义各个工作岗位的职责；

d）应制定文件明确安全管理机构各个部门和岗位的职责、分工和技能要求。

1.1.37.2 人员配备（G4）

本项要求包括：

a）应配备一定数量的系统管理员、网络管理员、安全管理员等；

b）应配备专职安全管理员，不可兼任；

c）关键事务岗位应配备多人共同管理。

1.1.37.3 资金保障（G4）

本项要求包括：

a）应保障落实电力二次系统安全建设、运维及等级保护测评资金等；（新增）

b）系统建设资金筹措方案和年度系统维护经费应包括信息安全保障资金项目。（新增）

1.1.37.4 授权和审批（G4）

本项要求包括：

a）应根据各个部门和岗位的职责明确授权审批事项、审批部门及批准人，对系统投入运行、网络系统接入和重要资源的访问等关键活动进行审批；（细化）

b）应针对系统变更、重要操作、物理访问和系统接入等事项建立审批程序，按照审批程序执行审批过程，对重要活动建立逐级审批制度；

c）应定期审查审批事项，及时更新需授权和审批的项目、审批部门和审批人等信息；

d）应记录审批过程并保存审批文档；

e）接入电力调度数据网络的节点、设备和应用系统，其接入技术方案和安全防护措施须经负责本级电力调度数据网络的调度机构核准。（新增）

1.1.37.5 沟通和合作（G4）

本项要求包括：

a）应加强各类管理人员之间、组织内部机构之间以及信息安全职能部门内部的合作与沟通，定期或不定期召开协调会议，共同协作处理信息安全问题；

b）应加强与行业信息安全监管部门、公安机关、通信运营商、银行及相关单位和部门的合作与沟通。（细化）

c）应加强与供应商、业界专家、专业的安全公司、安全组织的合作与沟通；

d）应建立外联单位联系列表，包括外联单位名称、合作内容、联系人和联系方式等信息；

e）应聘请信息安全专家作为常年的安全顾问，指导信息安全建设，参与安全规划和安全评审等。

1.1.37.6 审核和检查（G4）

a）安全管理员应负责定期进行安全检查，检查内容包括系统日常运行、系统漏洞和数据备份等情况；

b）应由内部人员或上级单位定期进行全面安全检查，检查内容包括现有安全技术措施的有效性、安全配置与安全策略的一致性、安全管理制度的执行情况等；

c）应制定安全检查表格实施安全检查，汇总安全检查数据，形成安全检查报告，并对安全检查结果进行通报；

d）应制定安全审核和安全检查制度规范安全审核和安全检查工作，定期按照程序进行安全审核和安全检查活动。

1.1.38 人员安全管理

1.1.38.1 人员录用（G4）

本项要求包括：

a）应指定或授权专门的部门或人员负责人员录用；

b）应严格规范人员录用过程，对被录用人员的身份、背景、专业资格和资质等进行审查，对其所具有的技术技能进行考核；

c）应与安全管理员、系统管理员、网络管理员等关键岗位的人员签署保密协议；（细化）

d）应从内部人员中选拔从事关键岗位的人员，并签署岗位安全协议。

1.1.38.2 人员离岗（G4）

本项要求包括：

a）应制定有关管理规范，严格规范人员离岗过程，及时终止离岗员工的所有访问权限；

b）应收回各种身份证件、钥匙、徽章等以及机构提供的软硬件设备；（落实）

c）应严格调离手续的办理程序，只有在收回访问权限和各种证件、设备后，关键岗位人员承诺履行调离后的保密义务后，方可办理调离手续。（细化）

1.1.38.3 人员考核（G4）

a）应定期对各个岗位的人员进行安全技能及安全认知的考核；

b）应对关键岗位的人员进行全面、严格的安全审查和技能考核；

c）应建立保密制度，并定期或不定期的对保密制度执行情况进行检查或考核；

d）应对考核结果进行记录并保存。

1.1.38.4 安全意识教育和培训（G4）

本项要求包括：

a）应对各类人员进行安全意识教育、岗位技能培训和相关安全技术培训；

b）应对安全责任和惩戒措施进行书面规定并告知相关人员，对违反违背安全策略和规定的人员进行惩戒；

c）应按照行业信息安全要求，对定期安全教育和培训进行书面规定，针对不同岗位制定不同的培训计划，对信息安全基础知识、岗位操作规程等进行的培训应至少每年举办一次；（新增）

d）应对安全教育和培训的情况和结果进行记录并归档保存。

1.1.38.5 外部人员访问管理（G4）

a）应确保在外部人员访问受控区域前先提出书面申请，批准后由专人全程陪同或监督，并登记备案；

b）对外部人员允许访问的区域、系统、设备、信息等内容应进行书面的规定，并按照规定执行；

c）对关键区域不允许外部人员访问。

1.1.39 系统建设管理

1.1.39.1 系统定级（G4）

本项要求包括：

a）应明确信息系统的边界和安全保护等级；

b）应以书面的形式说明信息系统确定为某个安全保护等级的方法和理由；

c）应组织相关部门和有关安全技术专家对信息系统定级结果的合理性和正确性进行论证和审定；

d）应确保信息系统的定级结果经过行业信息安全主管部门批准，方可到公安机关备案。

（增强）

1.1.39.2　安全方案设计（G4）

本项要求包括：

a）应根据系统的安全保护等级选择基本安全措施，并依据电力二次系统安全防护要求和风险分析的结果补充和调整安全措施；（增强）

b）应指定和授权专门的部门对信息系统的安全建设进行总体规划，制定近期和远期的安全建设工作计划；

c）应根据信息系统的等级划分情况，统一考虑安全保障体系的总体安全策略、安全技术框架、安全管理策略、总体建设规划和详细设计方案，并形成配套文件；

d）应组织相关部门和有关安全技术专家对总体安全策略、安全技术框架、安全管理策略、总体建设规划、详细设计方案等相关配套文件的合理性和正确性进行论证和审定，并经过上级信息安全主管部门和相应电力调度机构的审核，方案实施完成后应当由相关机构共同组织验收；（增强）

e）应根据等级测评、安全评估的结果定期调整和修订总体安全策略、安全技术框架、安全管理策略、总体建设规划、详细设计方案等相关配套文件。

1.1.39.3　产品采购和使用（G4）

本项要求包括：

a）应确保安全产品采购和使用符合国家的有关规定；

b）应确保密码产品采购和使用符合国家密码主管部门的要求；

c）应指定或授权专门的部门负责产品的采购；

d）应预先对产品进行选型测试，确定产品的候选范围，并定期审定和更新候选产品名单；

e）应对重要部位的产品委托专业测评单位进行专项测试，根据测试结果选用产品；

f）接入电力二次系统生产控制大区中的安全产品，其功能、性能应获得国家或行业指定机构安全检测证明，其电磁兼容性还需有电力系统电磁兼容检测证明。（新增）

1.1.39.4　自行软件开发（G4）

本项要求包括：

a）应确保开发环境与实际运行环境物理分开，开发人员和测试人员分离，测试数据和测试结果受到控制；

b）应制定软件开发管理制度，明确说明开发过程的控制方法和人员行为准则；

c）应制定代码编写安全规范，要求开发人员参照规范编写代码；

d）应确保提供软件设计的相关文档和使用指南，并由专人负责保管；

e）应确保对程序资源库的修改、更新、发布进行授权和批准；

f）应确保开发人员为专职人员，开发人员的开发活动受到控制、监视和审查。

1.1.39.5　外包软件开发（G4）

本项要求包括：

a）应根据开发要求检测软件质量；

b）应确保提供软件设计的相关文档和使用指南；

c）应在软件安装之前检测软件包中可能存在的恶意代码；

d）应在外包开发合同中明确开发单位、供应商所提供的电力二次设备及系统应包含保密、生命周期、禁止关键技术和设备扩散等方面的条款；（增强）

e）外包开发的软件应在本单位存有源代码备份，并已通过软件后门和隐蔽信道等安全性检测。（细化）

1.1.39.6 工程实施（G4）

本项要求包括：

a）应指定或授权专门的部门或人员负责工程实施过程的管理；

b）应制定详细的工程实施方案控制实施过程，并要求工程实施单位能正式地执行安全工程过程；

c）应制定工程实施方面的管理制度，明确说明实施过程的控制方法和人员行为准则；

d）应通过第三方工程监理控制项目的实施过程。

1.1.39.7 测试验收（G4）

本项要求包括：

a）应委托公正的第三方测试单位对系统进行安全性测试，并出具安全性测试报告；

b）在测试验收前应根据设计方案或合同要求等制订测试验收方案，在测试验收过程中应详细记录测试验收结果，并形成测试验收报告；

c）应对系统测试验收的控制方法和人员行为准则进行书面规定；

d）应指定或授权专门的部门负责系统测试验收的管理，并按照管理规定的要求完成系统测试验收工作；

e）应组织相关部门和相关人员对系统测试验收报告进行审定，并签字确认。

1.1.39.8 系统交付（G4）

本项要求包括：

a）应制定详细的系统交付清单，并根据交付清单对所交接的设备、软件和文档等进行清点；

b）应对负责系统运行维护的技术人员进行相应的技能培训；

c）应确保提供系统建设过程中的文档和指导用户进行系统运行维护的文档；

d）应对系统交付的控制方法和人员行为准则进行书面规定；

e）应指定或授权专门的部门负责系统交付的管理工作，并按照管理规定的要求完成系统交付工作。

1.1.39.9 系统备案（G4）

本项要求包括：

a）应指定专门的部门或人员负责管理系统定级的相关材料，并控制这些材料的使用；

b）应将系统等级及相关材料报系统主管部门备案；

c）应将系统等级及其他要求的备案材料报相应公安机关备案。

1.1.39.10 等级测评（G4）

本项要求包括：

a）在系统运行过程中，应至少每半年对系统进行一次等级测评，发现不符合相应等级保护标准要求的及时整改；

b）应在系统发生变更时及时对系统进行等级测评，发现级别发生变化的及时调整级别并进行安全改造，发现不符合相应等级保护标准要求的及时整改；

c）应选择具有国家相关技术资质和安全资质的并由行业信息安全主管部门指定的测评单位进行等级测评；（落实）

d）应指定或授权专门的部门或人员负责等级测评的管理。

1.1.39.11 安全服务商选择（G4）

本项要求包括：

a）应选择符合国家及行业有关规定的服务商开展安全服务；（增强）

b）应与选定的安全服务商签订安全协议，明确安全责任；（增强）

c）应与服务商签订安全服务合同，确保提供技术培训，并明确服务承诺。（增强）

1.1.40 系统运维管理

1.1.40.1 环境管理（G4）

本项要求包括：

a）应指定专门的部门或人员定期对机房供配电、空调、温湿度控制等设施进行维护管理；

b）应指定部门负责机房安全，并配备机房安全管理人员，对机房的出入、服务器的开机或关机等工作进行管理；

c）应建立机房安全管理制度，对有关机房物理访问，物品带进、带出机房和机房环境安全等方面的管理作出规定；

d）应加强对办公环境的保密性管理，包括工作人员调离办公室应立即交还该办公室钥匙和不在办公区接待来访人员、工作人员离开座位应确保终端计算机退出登录状态和桌面上没有包含敏感信息的纸档文件等；

e）应对机房和办公环境实行统一策略的安全管理，对出入人员进行相应级别的授权，对进入重要安全区域的活动行为实时监视和记录。

1.1.40.2 资产管理（G4）

本项要求包括：

a）应编制与信息系统相关的资产清单，包括资产责任部门、重要程度和所处位置等内容；

b）应建立资产安全管理制度，规定信息系统资产管理的责任人员或责任部门，并规范资产管理和使用的行为；

c）应根据资产的重要程度对资产进行标识管理，根据资产的价值选择相应的管理措施；

d）应对信息分类与标识方法作出规定，并对信息的使用、传输和存储等进行规范化管理。

1.1.40.3 介质管理（G4）

本项要求包括：

a）应建立介质安全管理制度，对介质的存放环境、使用、维护和销毁等方面作出规定；

b）应建立生产控制大区移动存储介质安全管理制度，对移动存储介质的使用进行严格限制；（增强）

c）应确保介质存放在安全的环境中，对各类介质进行控制和保护，并实行存储环境专人管理；

d）应对介质在物理传输过程中的人员选择、打包、交付等情况进行控制，对介质归档和查询等过程进行记录，并根据存档介质的目录清单定期盘点；

e）应对存储介质的使用过程、送出维修以及销毁等进行严格的管理，重要数据的存储介质带出工作环境必须进行内容加密并进行监控管理，对于需要送出维修或销毁的介质应采用多次读写覆盖、清除敏感或秘密数据、对无法执行删除操作的受损介质必须销毁，保密性较高的信息存储介质应获得批准并在双人监控下才能销毁，销毁记录应妥善保存；

f）应根据数据备份的需要对某些介质实行异地存储，存储地的环境要求和管理方法应与本地相同；

g）应对重要介质中的数据和软件采取加密存储，并根据所承载数据和软件的重要程度对介质进行分类和标识管理。

1.1.40.4 设备管理（G4）

本项要求包括：

a）应对信息系统相关的各种设备（包括备份和冗余设备）、线路等指定专门的部门或人员定期进行维护管理；

b）应建立基于申报、审批和专人负责的设备安全管理制度，对信息系统的各种软硬件设备的选型、采购、发放和领用等过程进行规范化管理；

c）应建立配套设施、软硬件维护方面的管理制度，对其维护进行有效的管理，包括明确维护人员的责任、涉外维修和服务的审批、维修过程的监督控制等；

d）应对终端计算机、工作站、便携机、系统和网络等设备的操作和使用进行规范化管理，按操作规程实现关键设备（包括备份和冗余设备）的启动/停止、加电/断电等操作；

e）应确保信息处理设备必须经过审批才能带离机房或办公地点；

f）应确保信息处理设备必须经过审批才能带入机房或办公地点。（新增）

1.1.40.5 监控管理和安全管理中心（G4）

本项要求包括：

a）应对通信线路、主机、网络设备和应用软件的运行状况、网络流量、用户行为等进行监测和报警，形成记录并妥善保存；

b）应定期对监测和报警记录进行分析、评审，发现可疑行为，形成分析报告，并采取必要的应对措施；（落实）

c）应建立安全管理中心，对设备状态、恶意代码、补丁升级、安全审计等安全相关事项进行集中管理。

1.1.40.6 网络安全管理（G4）

本项要求包括：

a）应指定人员对网络进行管理，负责运行日志、网络监控记录的日常维护和报警信息分析和处理工作；

b）应建立网络安全管理制度，对网络安全配置、日志保存时间、安全策略、升级与打补丁、口令更新周期等方面作出规定；

c）应根据厂家提供的软件升级版本对网络设备进行更新，并在更新前对现有的重要文件进行测试和备份；（增强）

d）应定期对网络系统进行漏洞扫描，对发现的网络系统安全漏洞进行及时的修补；

e）应实现设备的最小服务配置，并对配置文件进行定期离线备份；

f）应保证所有与外部系统的连接均得到授权和批准；

g）应禁止便携式和移动式设备接入网络；

h）应定期检查违反规定拨号上网或其他违反网络安全策略的行为；

i）应严格控制网络管理用户的授权，授权程序中要求必须有两人在场，并经双重认可后方可操作，操作过程应保留不可更改的审计日志。

1.1.40.7 系统安全管理（G4）

本项要求包括：

a）应根据业务需求和系统安全分析确定系统的访问控制策略；

b）应定期进行漏洞扫描，对发现的系统安全漏洞及时进行修补；

c）应安装系统的最新补丁程序，在安装系统补丁前，应首先在测试环境中对补丁的兼容性和安全性进行测试通过，并对重要文件进行备份后，方可实施系统补丁程序的安装；（细化）

d）应建立系统安全管理制度，对系统安全策略、安全配置、日志管理和日常操作流程等方面作出规定；

e）应指定专人对系统进行管理，划分系统管理员角色，明确各个角色的权限、责任和风险，权限设定应当遵循最小授权原则；

f）应依据操作手册对系统进行维护，详细记录操作日志，包括重要的日常操作、运行维护记录、参数的设置和修改等内容，严禁进行未经授权的操作；

g）应定期对运行日志和审计数据进行分析，以便及时发现异常行为；

h）应对系统资源的使用进行预测，以确保充足的处理速度和存储容量，管理人员应随时注意系统资源的使用情况，包括处理器、存储设备和输出设备；

i）电力调度机构应指定专人负责管理本级调度数字证书系统。（增强）

1.1.40.8　恶意代码防范管理（G4）

本项要求包括：

a）应提高所有用户的防病毒意识，告知及时升级防病毒软件，在读取移动存储设备上的数据以及网络上接收文件或邮件之前，先进行病毒检查，对外来计算机或存储设备接入网络系统之前也应进行病毒检查；

b）在更新恶意代码库、木马库以及 IDS 规则库前，应首先在测试环境中对恶意代码库、木马库以及 IDS 规则库的安全性和兼容性进行测试通过，更新操作应离线进行，生产控制大区恶意代码更新应由专人负责，并保存更新记录；（新增）

c）应指定专人对网络和主机进行恶意代码检测并保存检测记录；

d）应对防恶意代码软件的授权使用、恶意代码库升级、定期汇报等作出明确规定；

e）应定期检查信息系统内各种产品的恶意代码库的升级情况并进行记录，对主机防病毒产品、防病毒网关和邮件防病毒网关上截获的危险病毒或恶意代码进行及时分析处理，并形成书面的报表和总结汇报。

1.1.40.9　密码管理（G4）

应建立密码使用管理制度，使用符合国家密码管理规定的密码技术和产品。

1.1.40.10　变更管理（G4）

本项要求包括：

a）应确认系统中要发生的重要变更，并制定相应的变更方案；

b）应建立变更管理制度，明确变更执行及变更校核程序，系统发生重要变更前，应向主管领导申请，审批后方可实施变更，并在实施后向相关人员通告；（增强）

c）应建立变更控制的申报和审批文件化程序，对变更影响进行分析并文档化，记录变更实施过程，并妥善保存所有文档和记录；

d）应建立中止变更并从失败变更中恢复的文件化程序，明确过程控制方法和人员职责，必要时对恢复过程进行演练；

e）应定期检查变更控制的申报和审批程序的执行情况，评估系统现有状况与文档记录的一致性。

1.1.40.11　备份与恢复管理（G4）

本项要求包括：

a）应识别需要定期备份的重要业务信息、系统数据及软件系统等；

b）应建立备份与恢复管理相关的安全管理制度，对备份信息的备份方式、备份频度、存储介质和保存期等进行规范；

c）应根据数据的重要性及其对系统运行的影响，制定数据的备份策略和恢复策略，备份策略指明备份数据的放置场所、文件命名规则、介质替换频率和数据离站运输方法；

d）应建立控制数据备份和恢复过程的程序，记录备份过程，对需要采取加密或数据隐藏处理的备份数据，进行备份和加密操作时要求两名工作人员在场，所有文件和记录应妥善保存；

e）应定期执行恢复程序，检查和测试备份介质的有效性，确保可以在恢复程序规定的时间内完成备份的恢复；

f）应根据信息系统的备份技术要求，制定相应的灾难恢复计划，并对其进行测试以确保各个恢复规程的正确性和计划整体的有效性，测试内容包括运行系统恢复、人员协调、备用系统性能测试、通信连接等，根据测试结果，对不适用的规定进行修改或更新。

1.1.40.12　安全事件处置（G4）

本项要求包括：

a）应报告所发现的安全弱点和可疑事件，但任何情况下用户均不应尝试验证弱点；

b）应制定安全事件报告和处置管理制度，明确安全事件类型，规定安全事件的现场处理、事件报告和后期恢复的管理职责；

c）应根据国家相关管理部门对计算机安全事件等级划分方法和安全事件对本系统产生的影响，对本系统计算机安全事件进行等级划分；

d）应制定安全事件报告和响应处理程序，确定事件的报告流程，响应和处置的范围、程度，以及处理方法等；

e）应在安全事件报告和响应处理过程中，分析和鉴定事件产生的原因，收集证据，记录处理过程，总结经验教训，制定防止再次发生的补救措施，过程形成的所有文件和记录均应妥善保存；

f）对造成系统中断和造成信息泄密的安全事件应采用不同的处理程序和报告程序；

g）发生可能涉及国家秘密的重大失、泄密事件，应按照有关规定向公安、安全、保密等部门汇报；

h）应严格控制参与涉及国家秘密事件处理和恢复的人员，重要操作要求至少两名工作人员在场并登记备案；

i）应建立电力二次系统联合防护和应急机制，负责处置跨部门电力二次系统安全事件。（新增）

1.1.40.13　应急预案管理（G4）

本项要求包括：

a）应在统一的应急预案框架下制定不同事件的应急预案，应急预案框架应包括启动应急预案的条件、应急处理流程、系统恢复流程、事后教育和培训等内容；

b）应从人力、设备、技术和财务等方面确保应急预案的执行有足够的资源保障；

c）应对安全管理员、系统管理员、网络管理员等相关的人员进行应急预案培训，应急预案

的培训应至少每年举办一次。（增强）

  d）应定期对应急预案进行演练，根据不同的应急恢复内容，确定演练的周期；

  e）应制定电力二次系统联合防护和应急处置预案，并经过演练；（新增）

  f）应规定应急预案需要定期审查和根据实际情况更新的内容，并按照执行；

  g）应随着信息系统的变更定期对原有的应急预案重新评估，修订完善。

附录 A 电力监控系统安全防护规定

第一章 总 则

第一条 为了加强电力监控系统的信息安全管理，防范黑客及恶意代码等对电力监控系统的攻击及侵害，保障电力系统的安全稳定运行，根据《电力监管条例》、《中华人民共和国计算机信息系统安全保护条例》和国家有关规定，结合电力监控系统的实际情况，制定本规定。

第二条 电力监控系统安全防护工作应当落实国家信息安全等级保护制度，按照国家信息安全等级保护的有关要求，坚持"安全分区、网络专用、横向隔离、纵向认证"的原则，保障电力监控系统的安全。

第三条 本规定所称电力监控系统，是指用于监视和控制电力生产及供应过程的、基于计算机及网络技术的业务系统及智能设备，以及作为基础支撑的通信及数据网络等。

第四条 本规定适用于发电企业、电网企业以及相关规划设计、施工建设、安装调试、研究开发等单位。

第五条 国家能源局及其派出机构依法对电力监控系统安全防护工作进行监督管理。

第二章 技 术 管 理

第六条 发电企业、电网企业内部基于计算机和网络技术的业务系统，应当划分为生产控制大区和管理信息大区。

生产控制大区可以分为控制区（安全区Ⅰ）和非控制区（安全区Ⅱ）；管理信息大区内部在不影响生产控制大区安全的前提下，可以根据各企业不同安全要求划分安全区。根据应用系统实际情况，在满足总体安全要求的前提下，可以简化安全区的设置，但是应当避免形成不同安全区的纵向交叉连接。

第七条 电力调度数据网应当在专用通道上使用独立的网络设备组网，在物理层面上实现与电力企业其他数据网及外部公用数据网的安全隔离。

电力调度数据网划分为逻辑隔离的实时子网和非实时子网，分别连接控制区和非控制区。

第八条 生产控制大区的业务系统在与其终端的纵向连接中使用无线通信网、电力企业其他数据网（非电力调度数据网）或者外部公用数据网的虚拟专用网络方式（VPN）等进行通信的，应当设立安全接入区。

第九条 在生产控制大区与管理信息大区之间必须设置经国家指定部门检测认证的电力专用横向单向安全隔离装置。生产控制大区内部的安全区之间应当采用具有访问控制功能的设备、防火墙或者相当功能的设施，实现逻辑隔离。安全接入区与生产控制大区中其他部分的连接处必须设置经国家指定部门检测认证的电力专用横向单向安全隔离装置。

第十条 在生产控制大区与广域网的纵向连接处应当设置经过国家指定部门检测认证的电力专用纵向加密认证装置或者加密认证网关及相应设施。

第十一条 安全区边界应当采取必要的安全防护措施，禁止任何穿越生产控制大区和管理信息大区之间边界的通用网络服务。生产控制大区中的业务系统应当具有高安全性和高可靠性，禁止采用安全风险高的通用网络服务功能。

第十二条 依照电力调度管理体制建立基于公钥技术的分布式电力调度数字证书及安全标签，生产控制大区中的重要业务系统应当采用认证加密机制。

第十三条 电力监控系统在设备选型及配置时，应当禁止选用经国家相关管理部门检测认定并经国家能源局通报存在漏洞和风险的系统及设备；对于已经投入运行的系统及设备，应当按照国家能源局及其派出机构的要求及时进行整改，同时应当加强相关系统及设备的运行管理和安全防护。生产控制大区中除安全接入区外，应当禁止选用具有无线通信功能的设备。

第三章 安 全 管 理

第十四条 电力监控系统安全防护是电力安全生产管理体系的有机组成部分。电力企业应当按照"谁主管谁负责，谁运营谁负责"的原则，建立健全电力监控系统安全防护管理制度，将电力监控系统安全防护工作及其信息报送纳入日常安全生产管理体系，落实分级负责的责任制。电力调度机构负责直接调度范围内的下一级电力调度机构、变电站、发电厂涉网部分的电力监控系统安全防护的技术监督，发电厂内其他监控系统的安全防护可以由其上级主管单位实施技术监督。

第十五条 电力调度机构、发电厂、变电站等运行单位的电力监控系统安全防护实施方案必须经本企业的上级专业管理部门和信息安全管理部门以及相应电力调度机构的审核，方案实施完成后应当由上述机构验收。接入电力调度数据网络的设备和应用系统，其接入技术方案和安全防护措施必须经直接负责的电力调度机构同意。

第十六条 建立健全电力监控系统安全防护评估制度，采取以自评估为主、检查评估为辅的方式，将电力监控系统安全防护评估纳入电力系统安全评价体系。

第十七条 建立健全电力监控系统安全的联合防护和应急机制，制定应急预案。电力调度机构负责统一指挥调度范围内的电力监控系统安全应急处理。当遭受网络攻击，生产控制大区的电力监控系统出现异常或者故障时，应当立即向其上级电力调度机构以及当地国家能源局派出机构报告，并联合采取紧急防护措施，防止事态扩大，同时应当注意保护现场，以便进行调查取证。

第四章 保 密 管 理

第十八条 电力监控系统相关设备及系统的开发单位、供应商应当以合同条款或者保密协议的方式保证其所提供的设备及系统符合本规定的要求，并在设备及系统的全生命周期内对其负责。电力监控系统专用安全产品的开发单位、使用单位及供应商，应当按国家有关要求做好保密工作，禁止关键技术和设备的扩散。

第十九条 对生产控制大区安全评估的所有评估资料和评估结果，应当按国家有关要求做好保密工作。

第五章 监 督 管 理

第二十条 国家能源局及其派出机构负责制定电力监控系统安全防护相关管理和技术规范，并监督实施。

第二十一条 对于不符合本规定要求的，相关单位应当在规定的期限内整改；逾期未整改的，由国家能源局及其派出机构依据国家有关规定予以处罚。

第二十二条 对于因违反本规定，造成电力监控系统故障的，由其上级单位按相关规程规

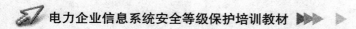

定进行处理；发生电力设备事故或者造成电力安全事故（事件）的，按国家有关事故（事件）调查规定进行处理。

第六章　附　　则

第二十三条　本规定下列用语的含义或范围：

（一）电力监控系统具体包括电力数据采集与监控系统、能量管理系统、变电站自动化系统、换流站计算机监控系统、发电厂计算机监控系统、配电自动化系统、微机继电保护和安全自动装置、广域相量测量系统、负荷控制系统、水调自动化系统和水电梯级调度自动化系统、电能量计量系统、实时电力市场的辅助控制系统、电力调度数据网络等。

（二）电力调度数据网络，是指各级电力调度专用广域数据网络、电力生产专用拨号网络等。

（三）控制区，是指由具有实时监控功能、纵向连接使用电力调度数据网的实时子网或者专用通道的各业务系统构成的安全区域。

（四）非控制区，是指在生产控制范围内由在线运行但不直接参与控制、是电力生产过程的必要环节、纵向连接使用电力调度数据网的非实时子网的各业务系统构成的安全区域。

第二十四条　本规定自 2014 年 9 月 1 日起施行。2004 年 12 月 20 日原国家电力监管委员会发布的《电力二次系统安全防护规定》（国家电力监管委员会令第 5 号）同时废止。

附录 B 电力行业网络与信息安全管理办法

【法规标题】国家能源局关于印发《电力行业网络与信息安全管理办法》的通知
【颁布单位】国家能源局
【发文字号】国能安全【2014】317 号
【颁布时间】2014-7-2

第一章 总 则

第一条 为加强电力行业网络与信息安全监督管理，规范电力行业网络与信息安全工作，根据《中华人民共和国计算机信息系统安全保护条例》及国家有关规定，制定本办法。

第二条 电力行业网络与信息安全工作的目标是建立健全网络与信息安全保障体系和工作责任体系，提高网络与信息安全防护能力，保障网络与信息安全，促进信息化工作健康发展。

第三条 电力行业网络与信息安全工作坚持"积极防御、综合防范"的方针，遵循"统一领导、分级负责，统筹规划、突出重点"的原则。

第二章 监 督 管 理 职 责

第四条 国家能源局是电力行业网络与信息安全主管部门，履行电力行业网络与信息安全监督管理职责。国家能源局派出机构根据国家能源局的授权，负责具体实施本辖区电力企业网络与信息安全监督管理。

第五条 国家能源局依法履行电力行业网络与信息安全监督管理工作职责，主要内容为：

（一）组织落实国家关于基础信息网络和重要信息系统安全保障工作的方针、政策和重大部署，并与电力生产安全监督管理工作相衔接；

（二）组织制定电力行业网络与信息安全的发展战略和总体规划；

（三）组织制定电力行业网络与信息安全等级保护、风险评估、信息通报、应急处置、事件调查与处理、工控设备安全性检测、专业人员管理、容灾备份、安全审计、信任体系建设等方面的政策规定及技术规范，并监督实施；

（四）组织制定电力行业网络与信息安全应急预案，督促、指导电力企业网络与信息安全应急工作，组织或参加信息安全事件的调查与处理；

（五）组织建立电力行业网络与信息安全工作评价与考核机制，督促电力企业落实网络与信息安全责任、保障网络与信息安全经费、开展网络与信息安全工程建设等工作；

（六）组织开展电力行业网络与信息安全信息通报、从业人员技能培训考核等工作；

（七）组织开展电力行业网络与信息安全的技术研发工作；

（八）电力行业网络与信息安全监督管理的其他事项。

第三章 电 力 企 业 职 责

第六条 电力企业是本单位网络与信息安全的责任主体，负责本单位的网络与信息安全工作。

第七条 电力企业主要负责人是本单位网络与信息安全的第一责任人。电力企业应当建立健全网络与信息安全管理制度体系，成立工作领导机构，明确责任部门，设立专兼职岗位，定义岗位职责，明确人员分工和技能要求，建立健全网络与信息安全责任制。

第八条 电力企业应当按照电力监控系统安全防护规定及国家信息安全等级保护制度的要求，对本单位的网络与信息系统进行安全保护。

第九条 电力企业应当选用符合国家有关规定、满足网络与信息安全要求的信息技术产品和服务，开展信息系统安全建设或改建工作。

第十条 电力企业规划设计信息系统时，应明确系统的安全保护需求，设计合理的总体安全方案，制定安全实施计划，负责信息系统安全建设工程的实施。

第十一条 电力企业应当按照国家有关规定开展电力监控系统安全防护评估和信息安全等级测评工作，未达到要求的应当及时进行整改。

第十二条 电力企业应当按照国家有关规定开展信息安全风险评估工作，建立健全信息安全风险评估的自评估和检查评估制度，完善信息安全风险管理机制。

第十三条 电力企业应当按照网络与信息安全通报制度的规定，建立健全本单位信息通报机制，开展信息安全通报预警工作，及时向国家能源局或其派出机构报告有关情况。

第十四条 电力企业应当按照电力行业网络与信息安全应急预案，制定或修订本单位网络与信息安全应急预案，定期开展应急演练。

第十五条 电力企业发生信息安全事件后，应当及时采取有效措施降低损害程度，防止事态扩大，尽可能保护好现场，按规定做好信息上报工作。

第十六条 电力企业应当按照国家有关规定，建立健全容灾备份制度，对关键系统和核心数据进行有效备份。

第十七条 电力企业应当建立网络与信息安全资金保障制度，有效保障信息系统安全建设、运维、检查、等级测评和安全评估、应急及其他的信息安全资金。

第十八条 电力企业应当加强信息安全从业人员考核和管理。从业人员应当定期接受相应的政策规范和专业技能培训，并经培训合格后上岗。

第四章 监 督 检 查

第十九条 国家能源局及其派出机构依法对电力企业网络与信息安全工作进行监督检查。

第二十条 国家能源局及其派出机构进行监督检查和事件调查时，可以采取下列措施：

（一）进入电力企业进行检查；

（二）询问相关单位的工作人员，要求其对有关检查事项作出说明；

（三）查阅、复制与检查事项有关的文件、资料，对可能被转移、隐匿、损毁的文件、资料予以封存；

（四）对检查中发现的问题，责令其当场改正或者限期改正。

第五章 附 则

第二十一条 本办法由国家能源局负责解释。

第二十二条 本办法自发布之日起实施，有效期五年。2007 年 12 月 4 日原国家电力监管委员会发布的《电力行业网络与信息安全监督管理暂行规定》（电监信息〔2007〕50 号）同时废止。